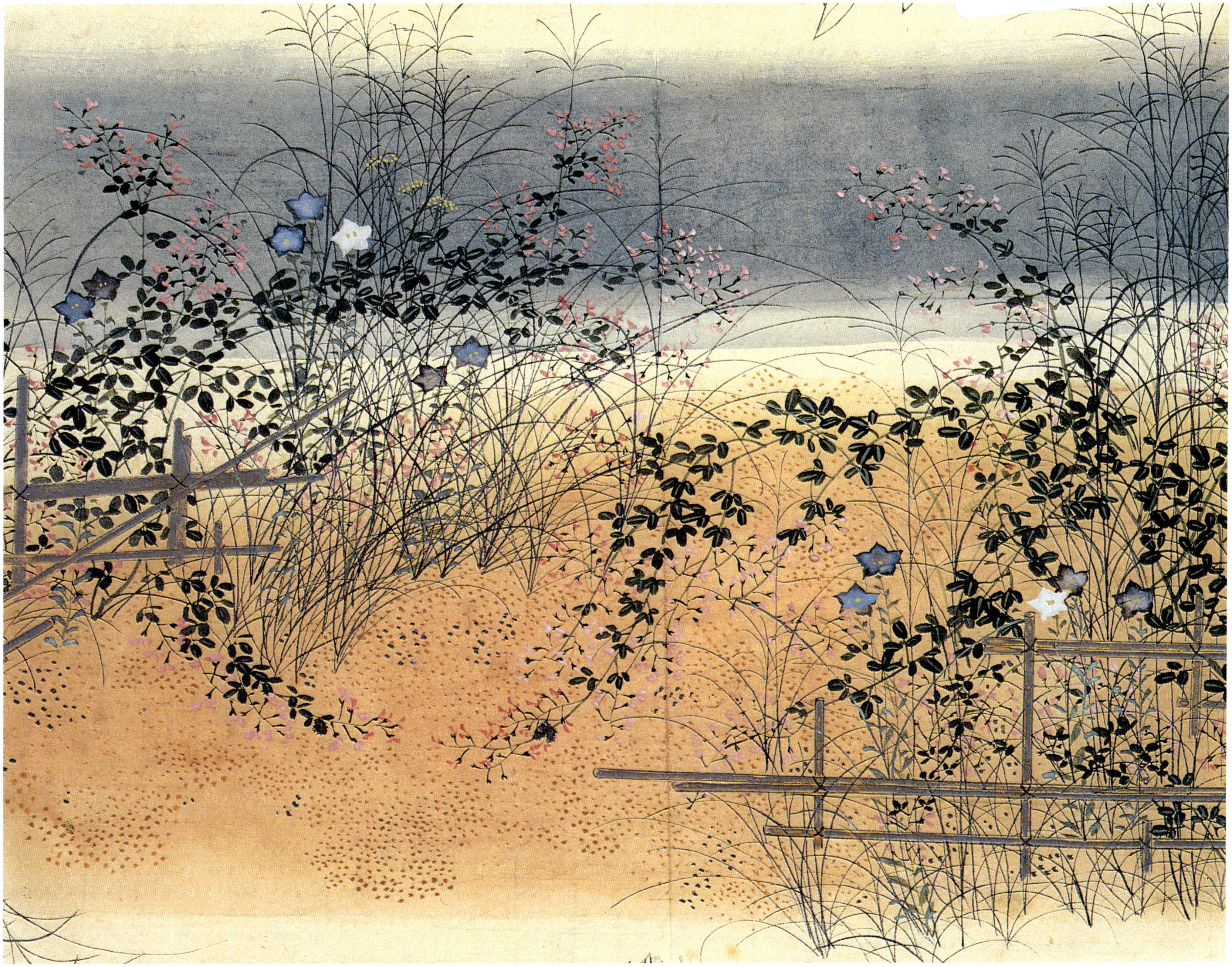

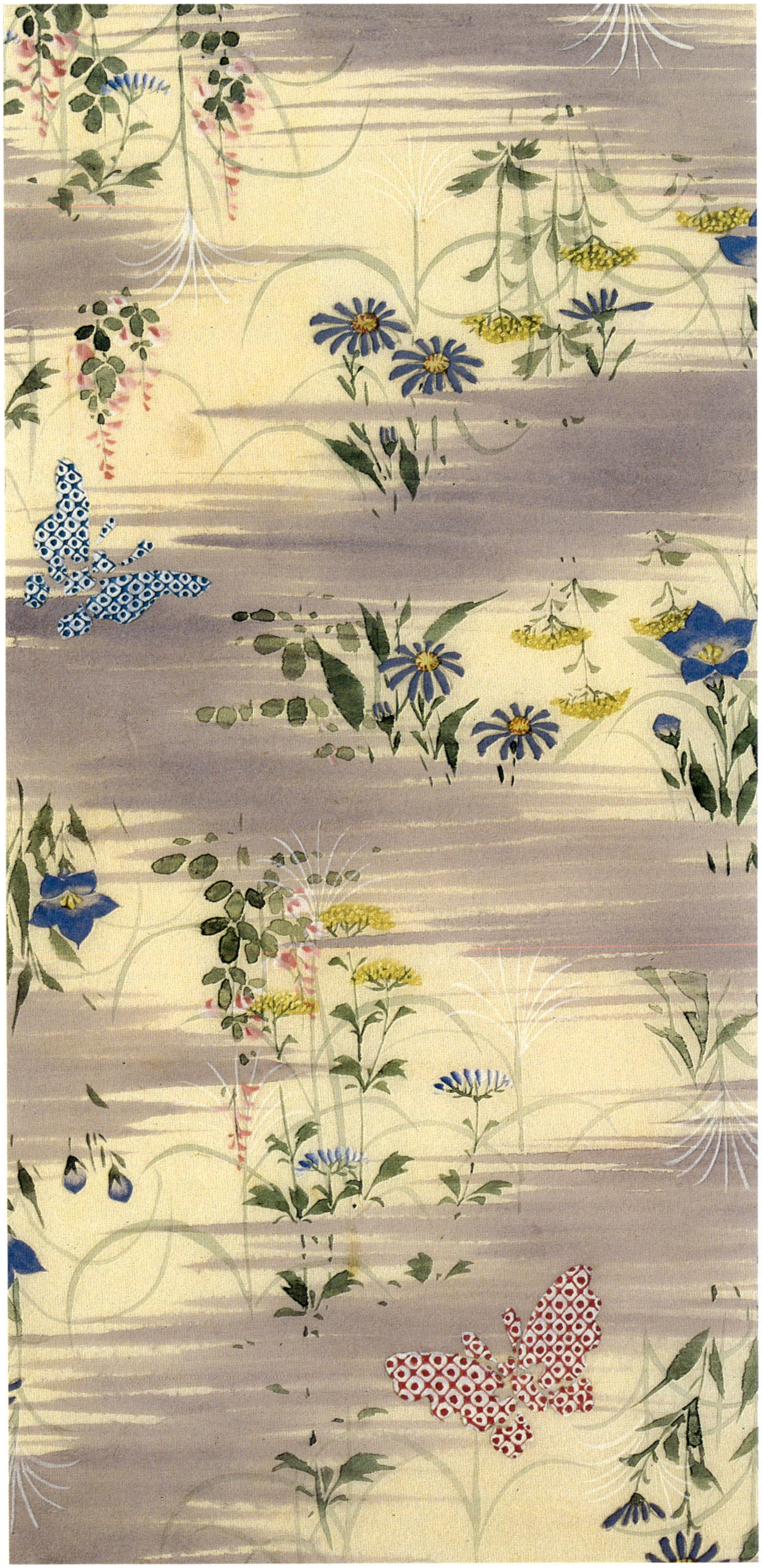

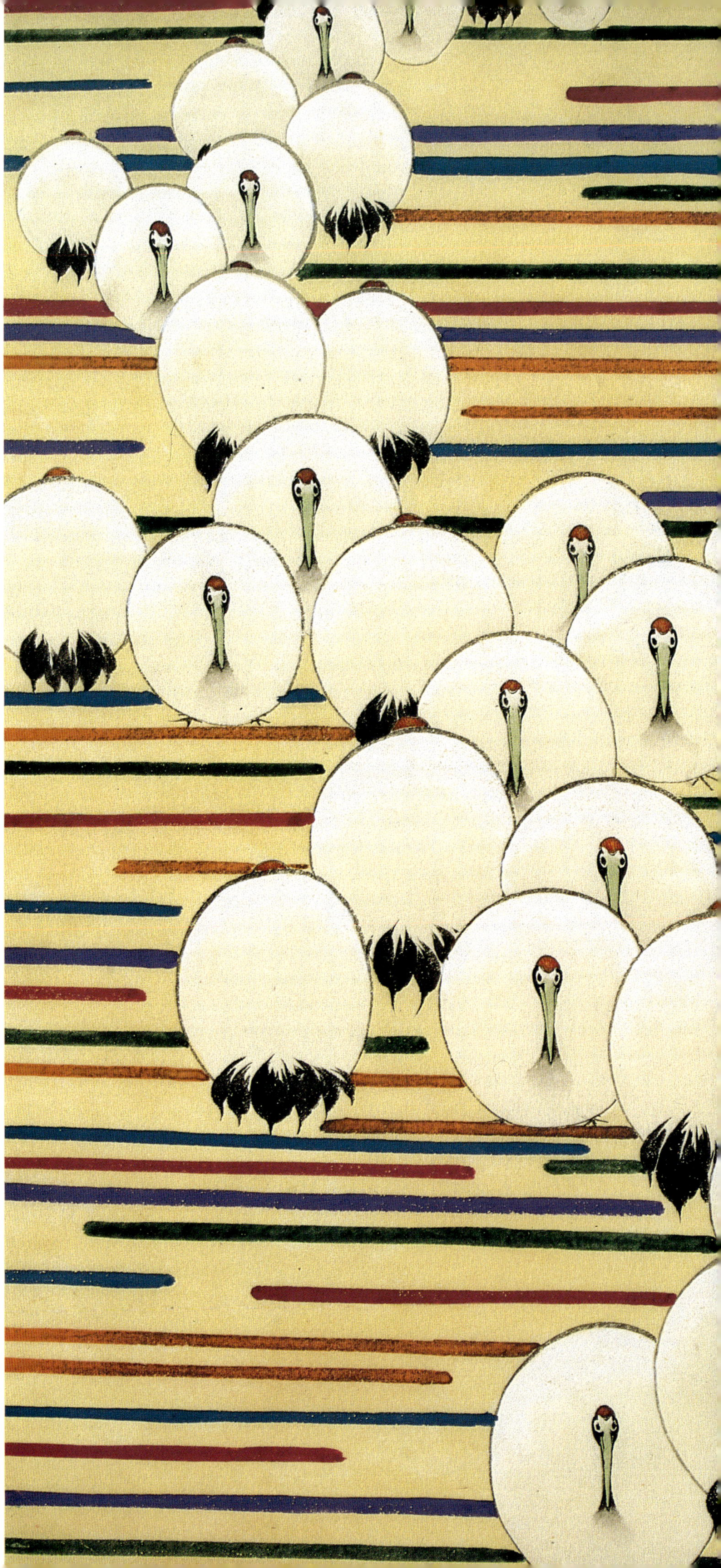

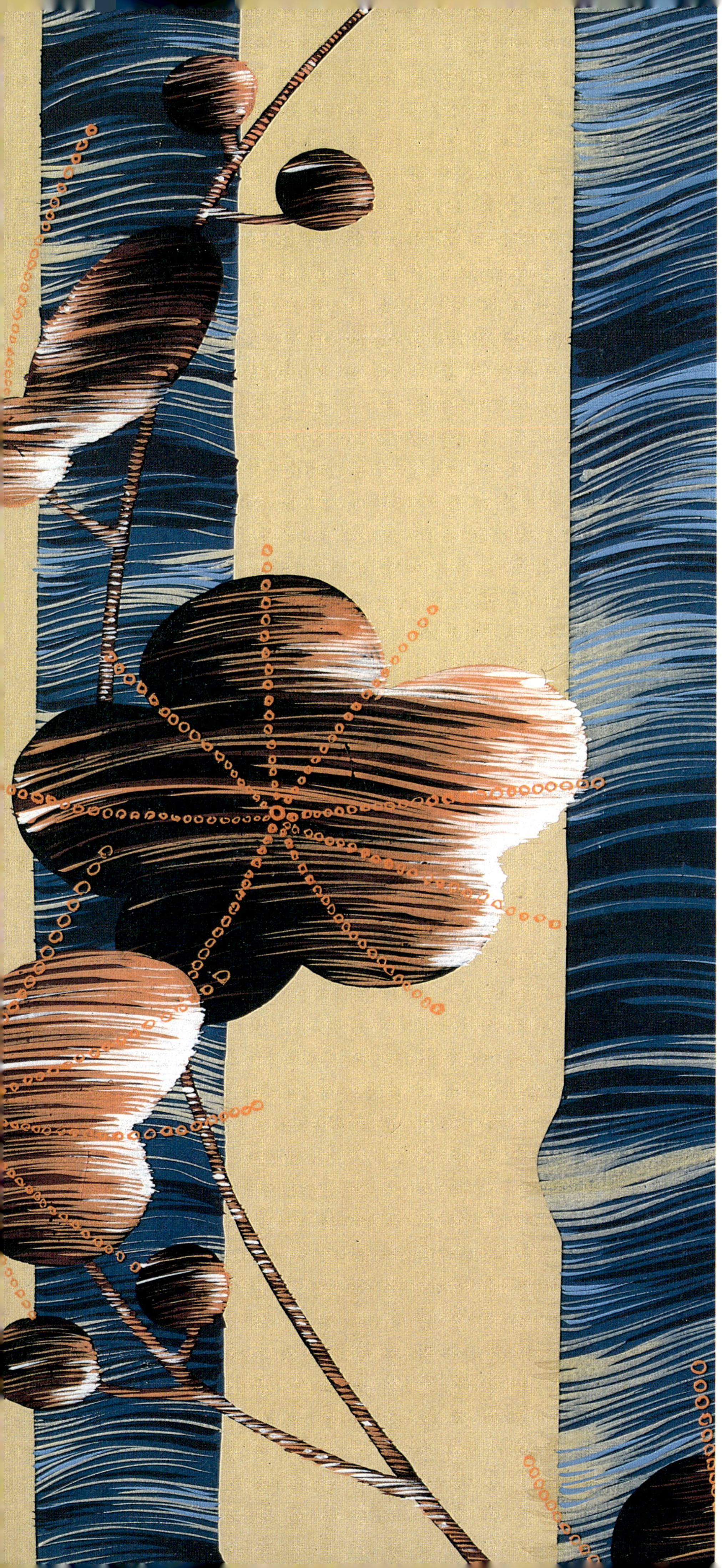

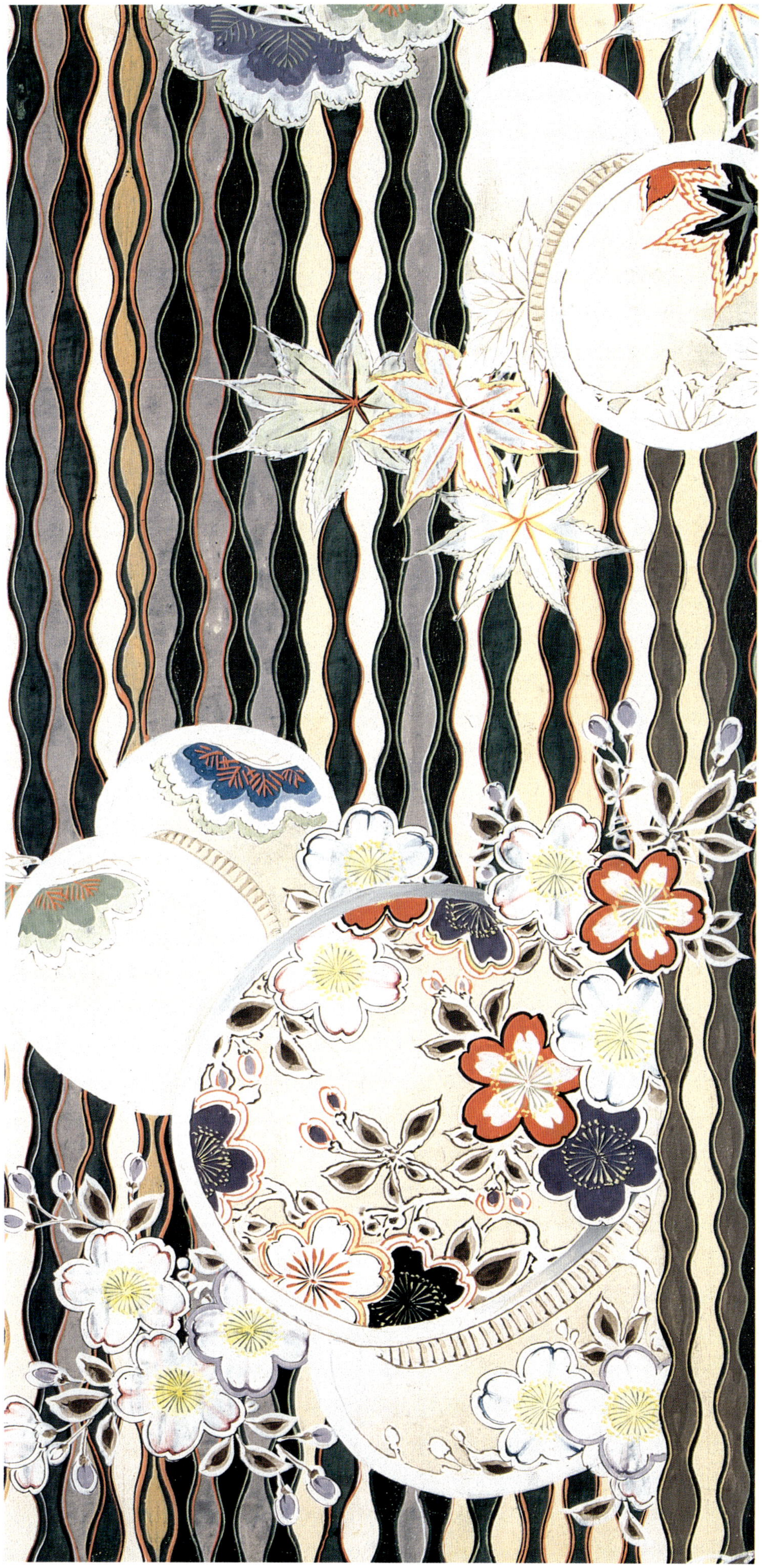

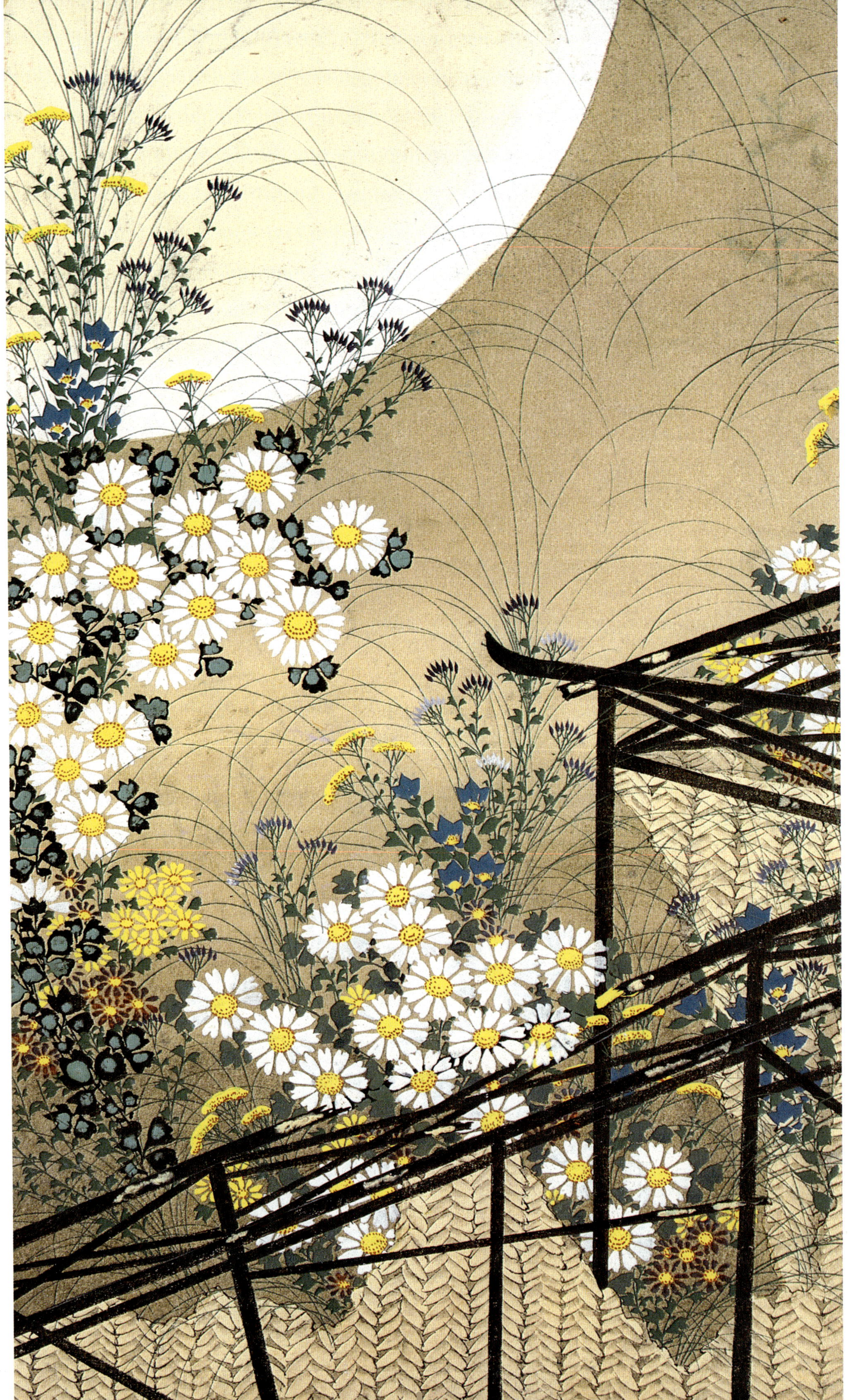

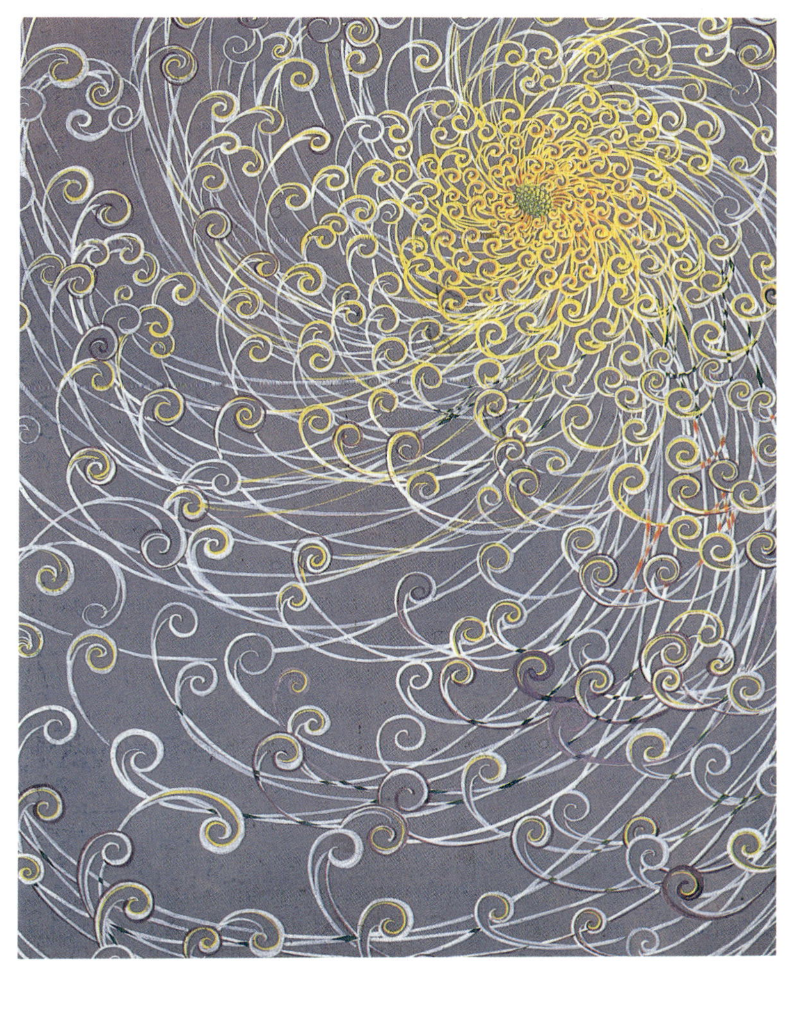

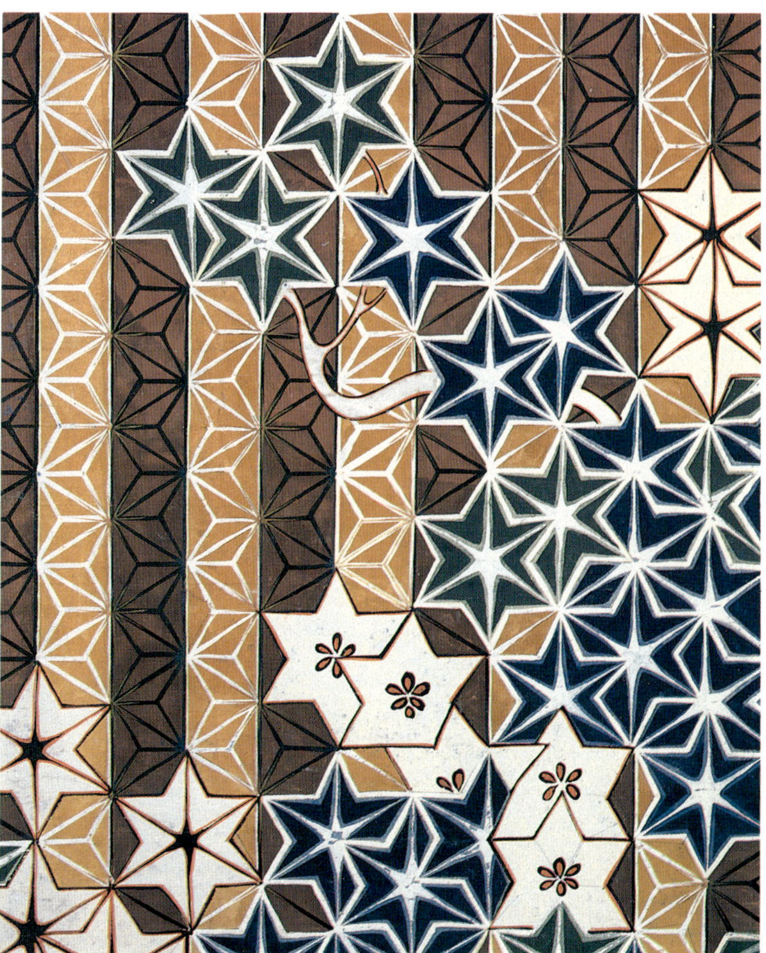

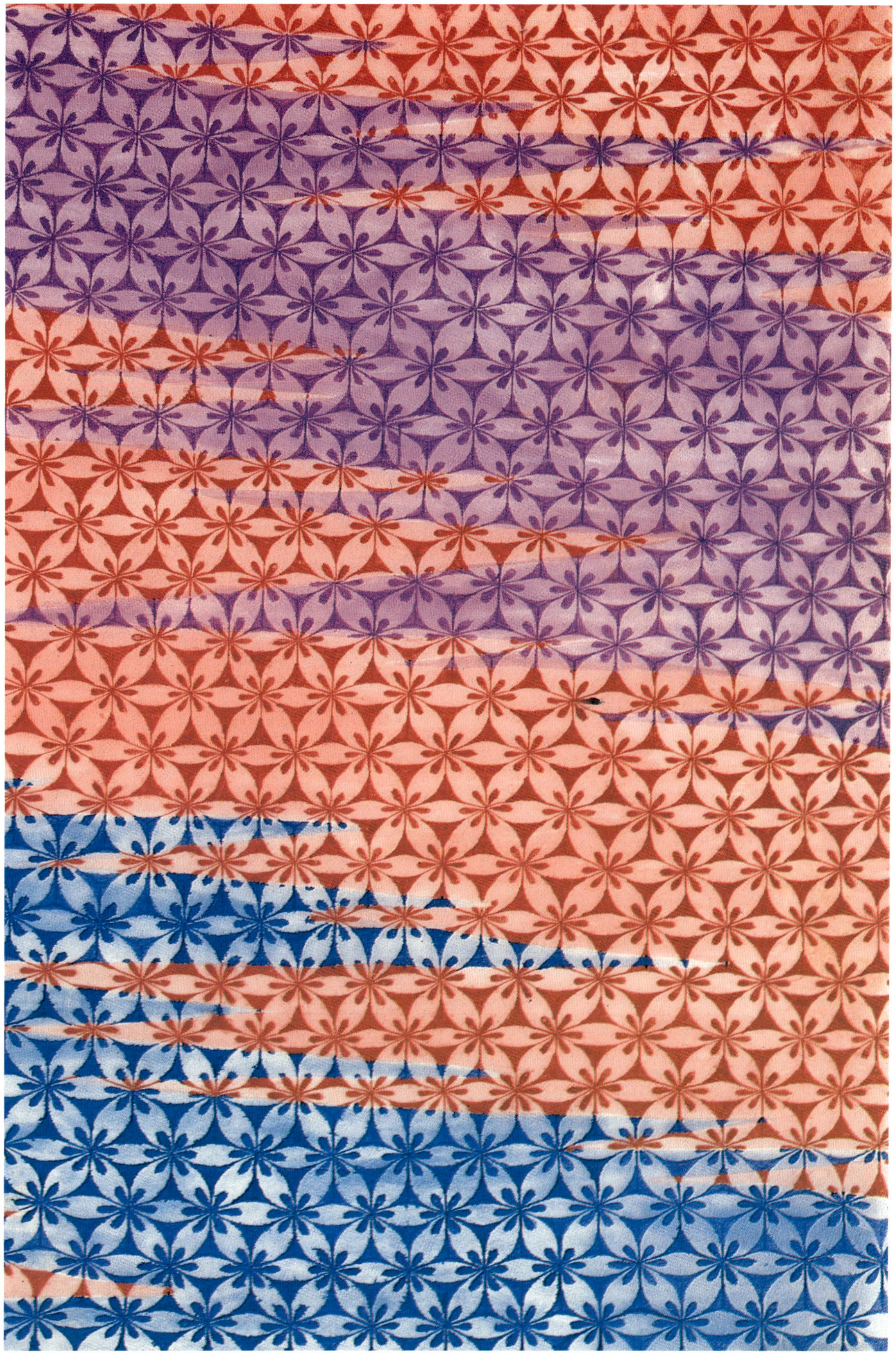

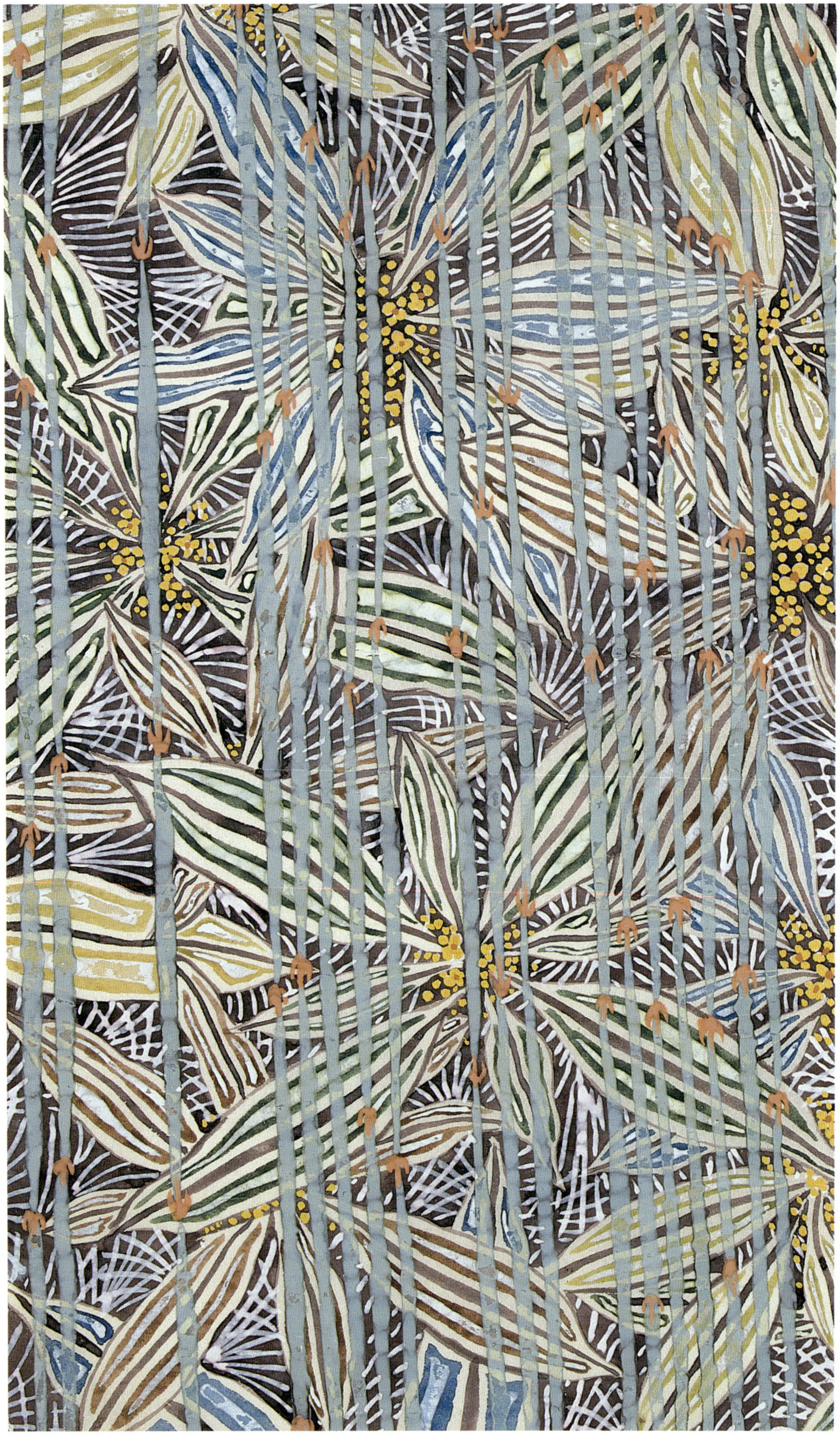

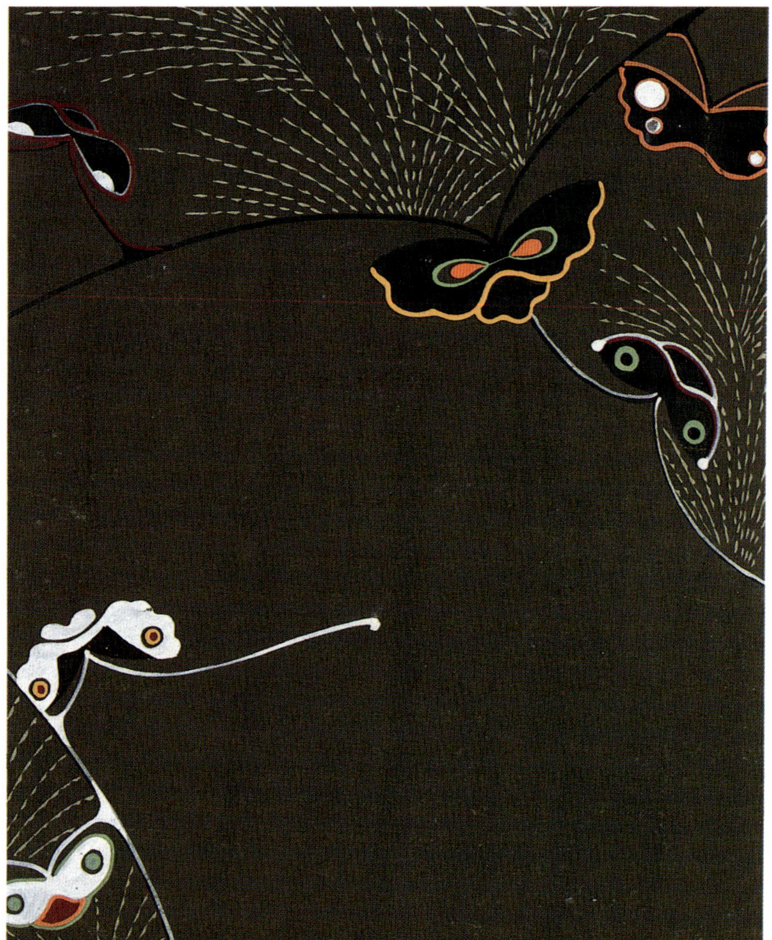

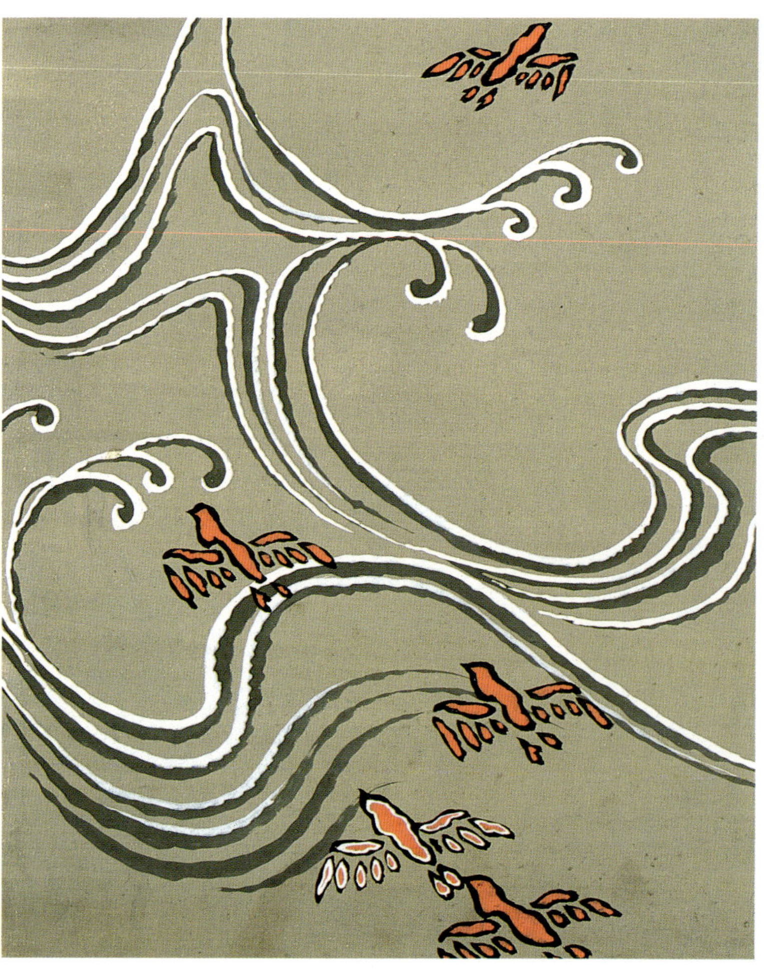

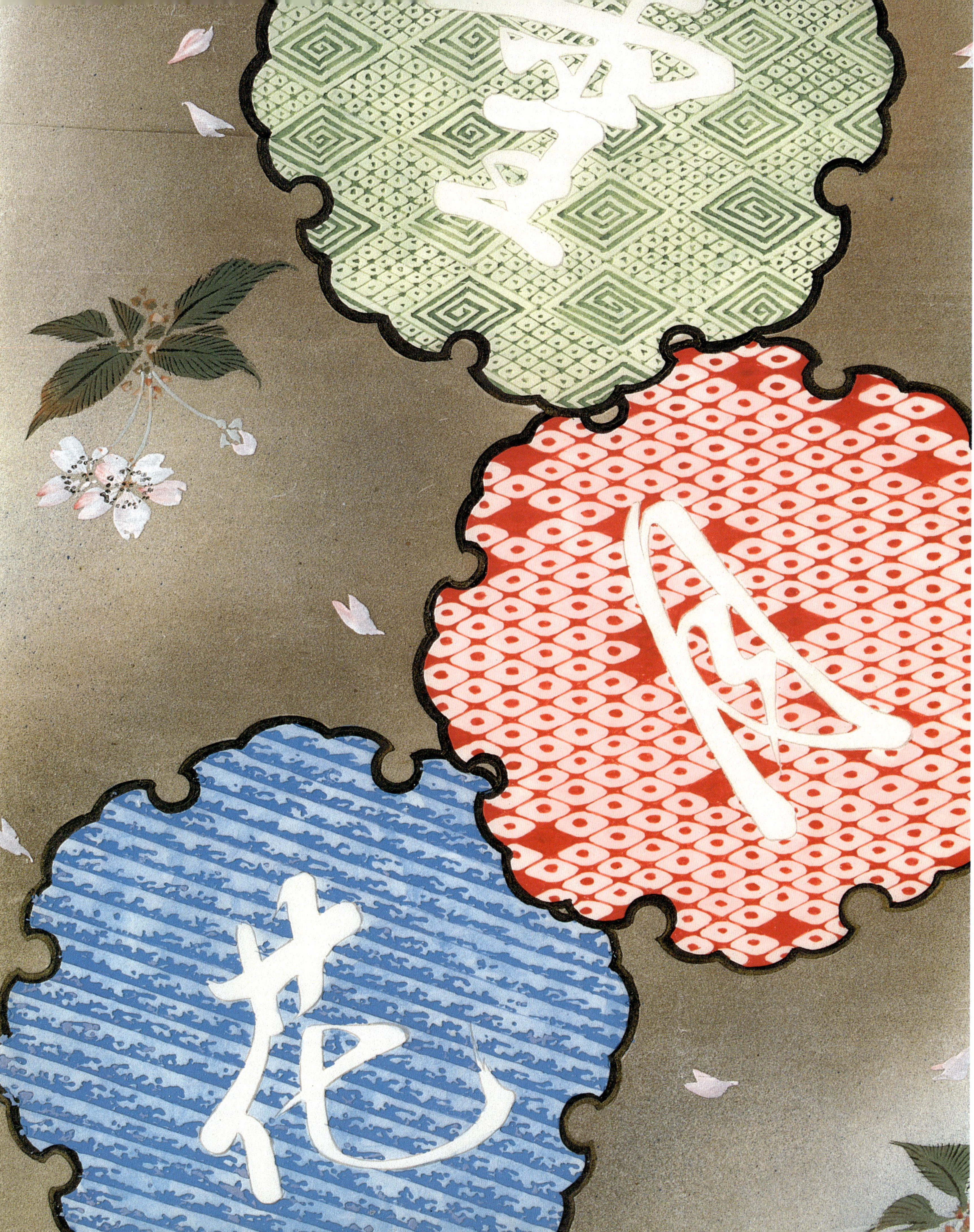

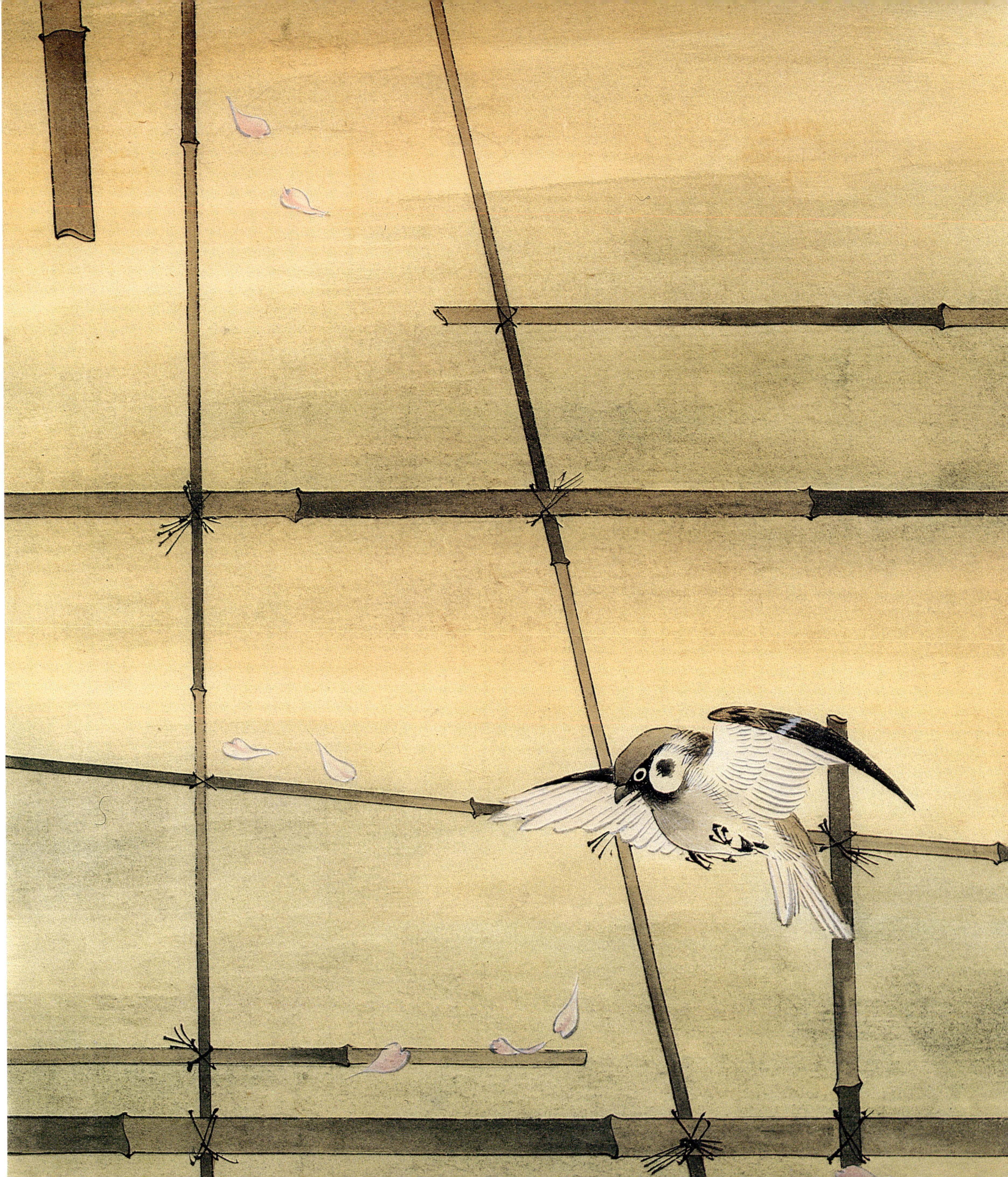

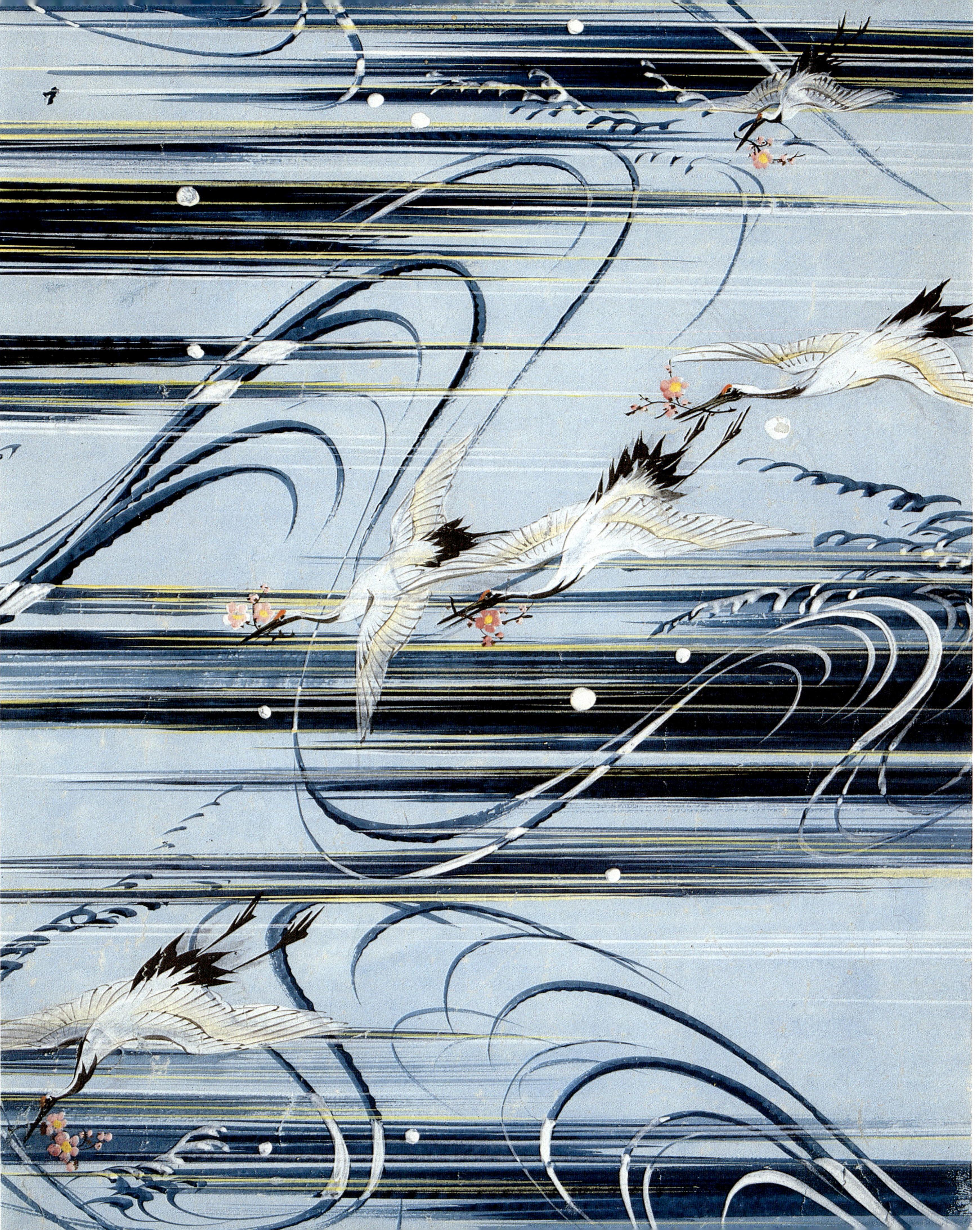

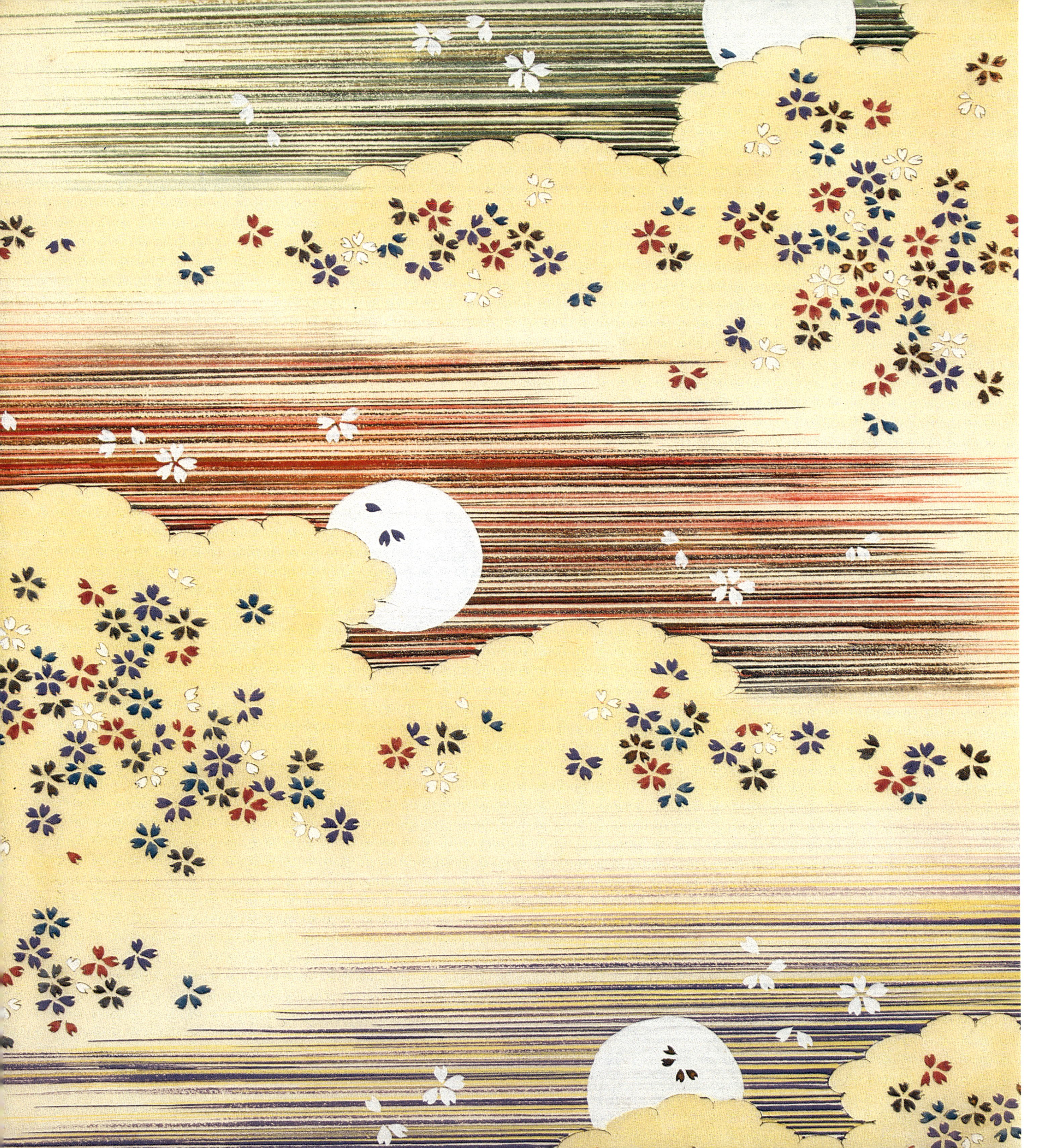

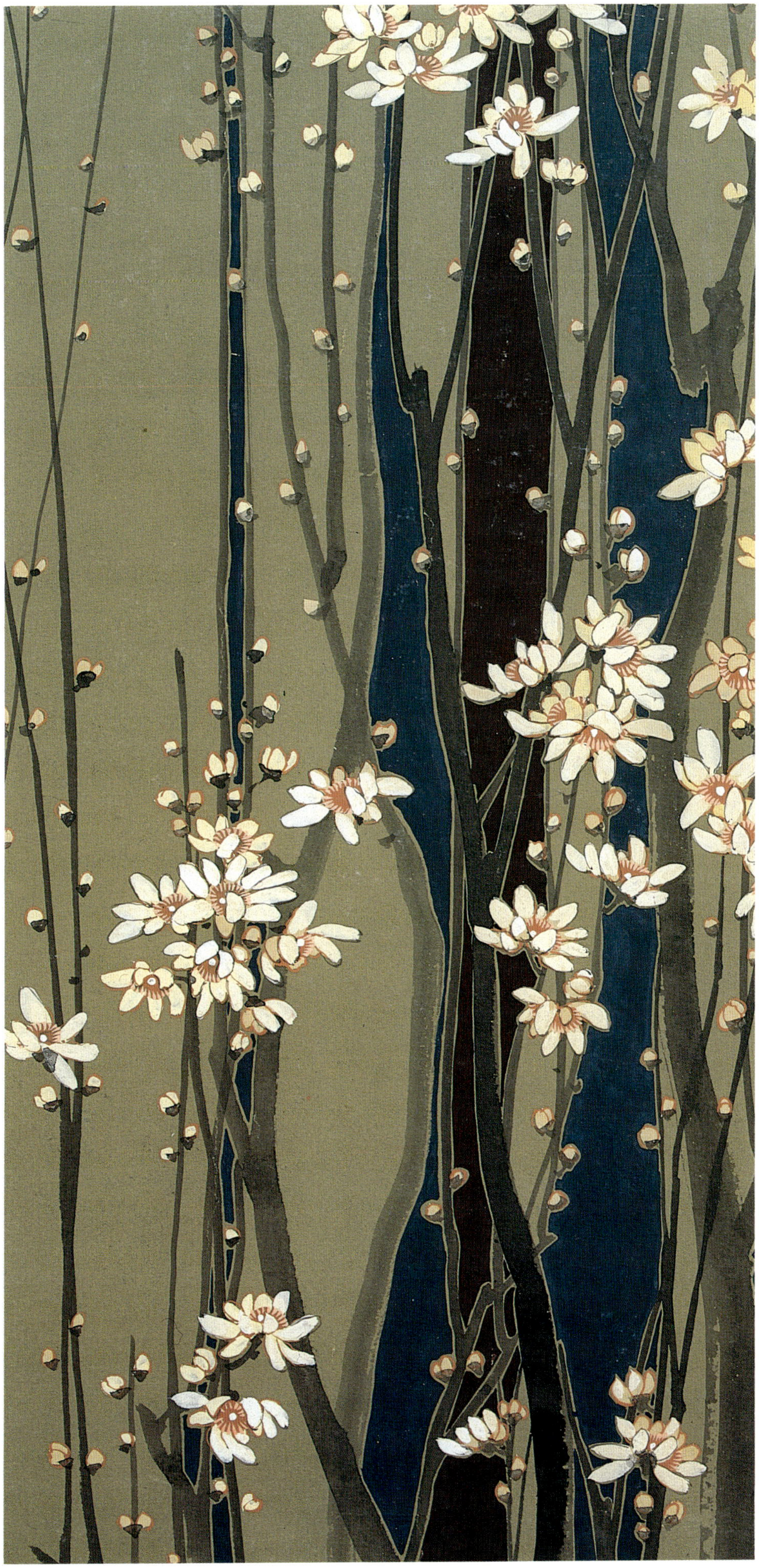

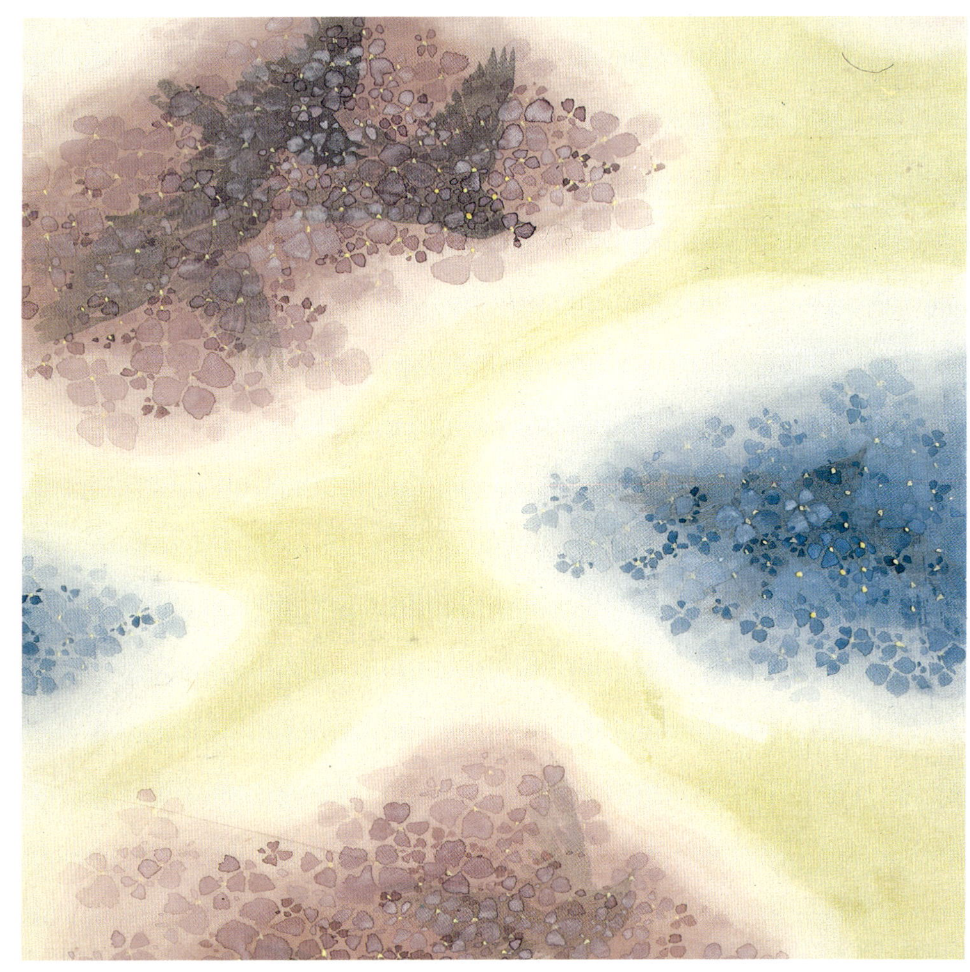

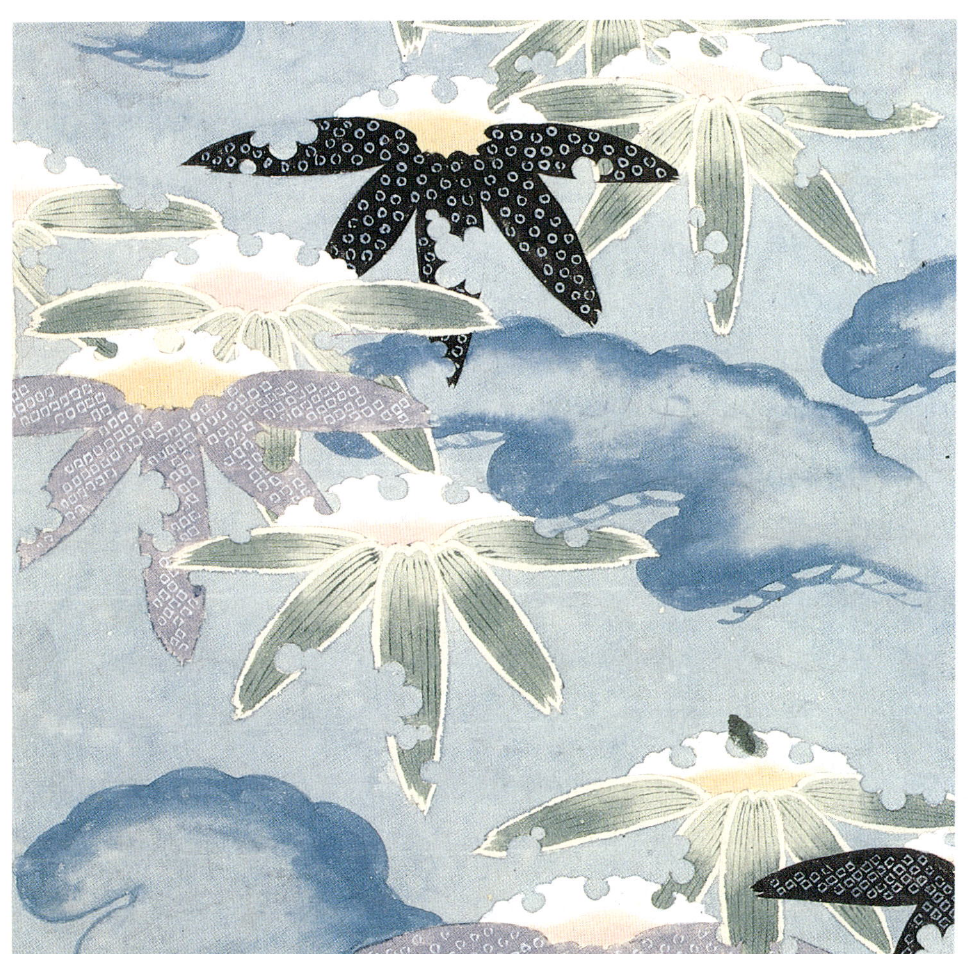

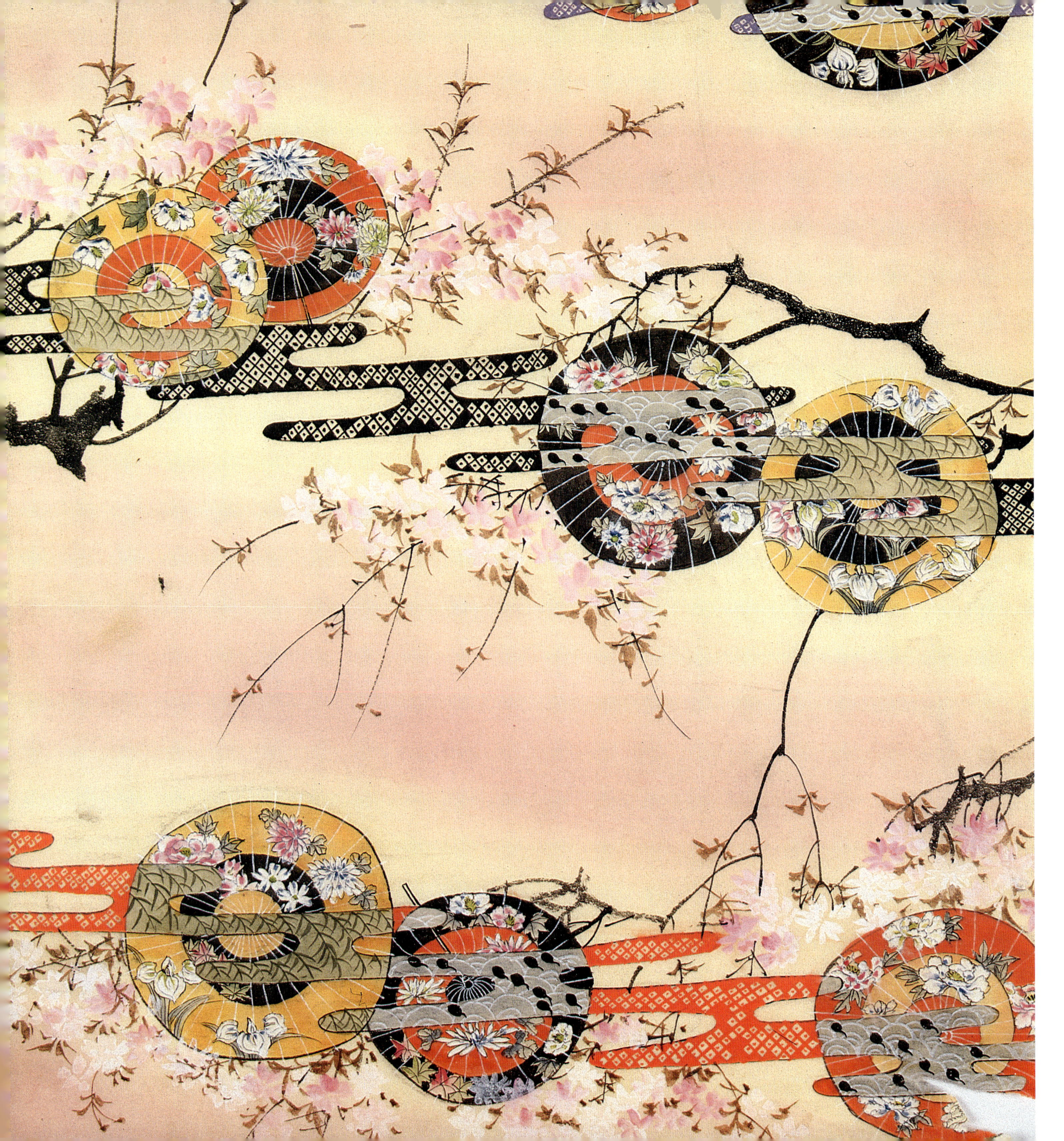

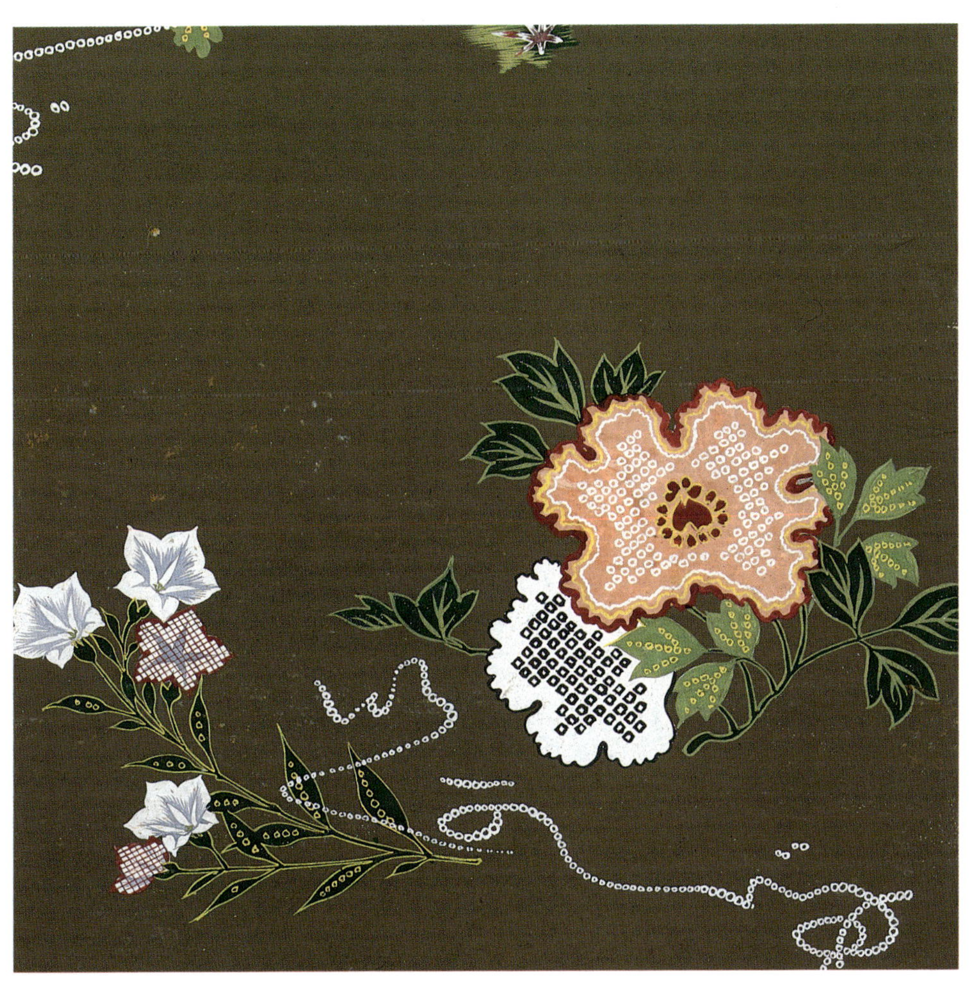

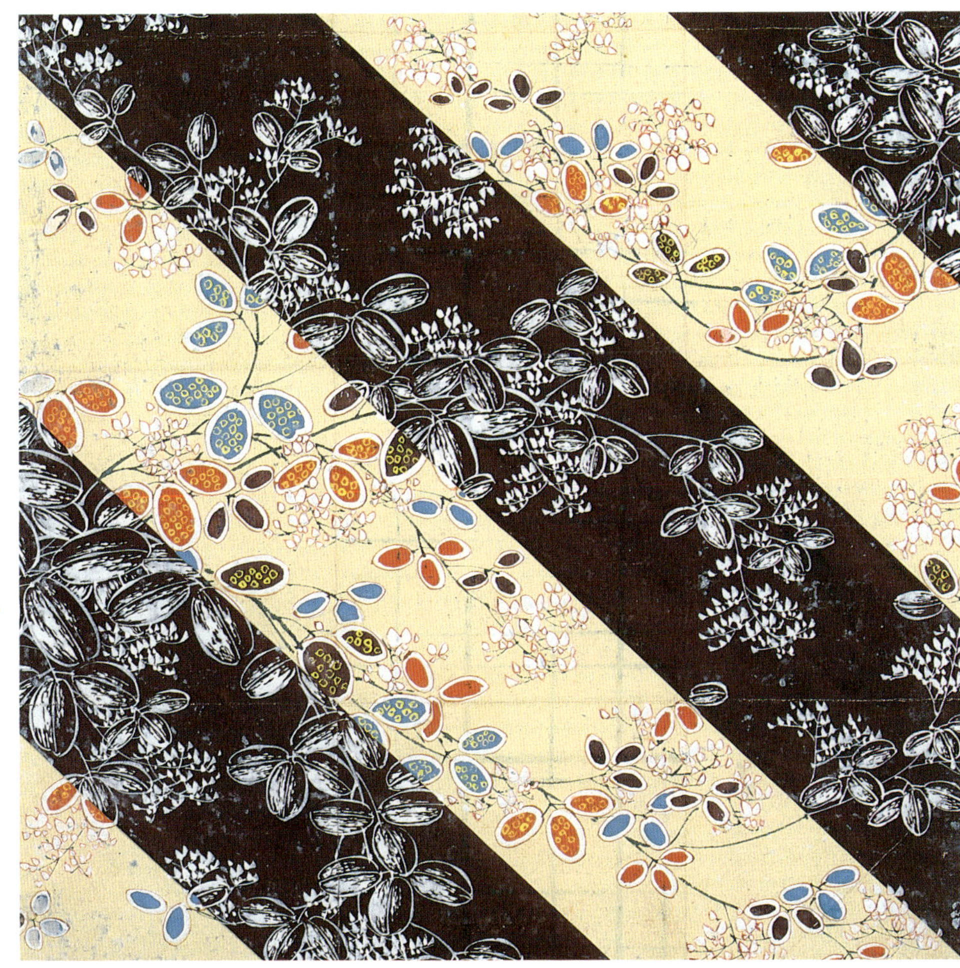

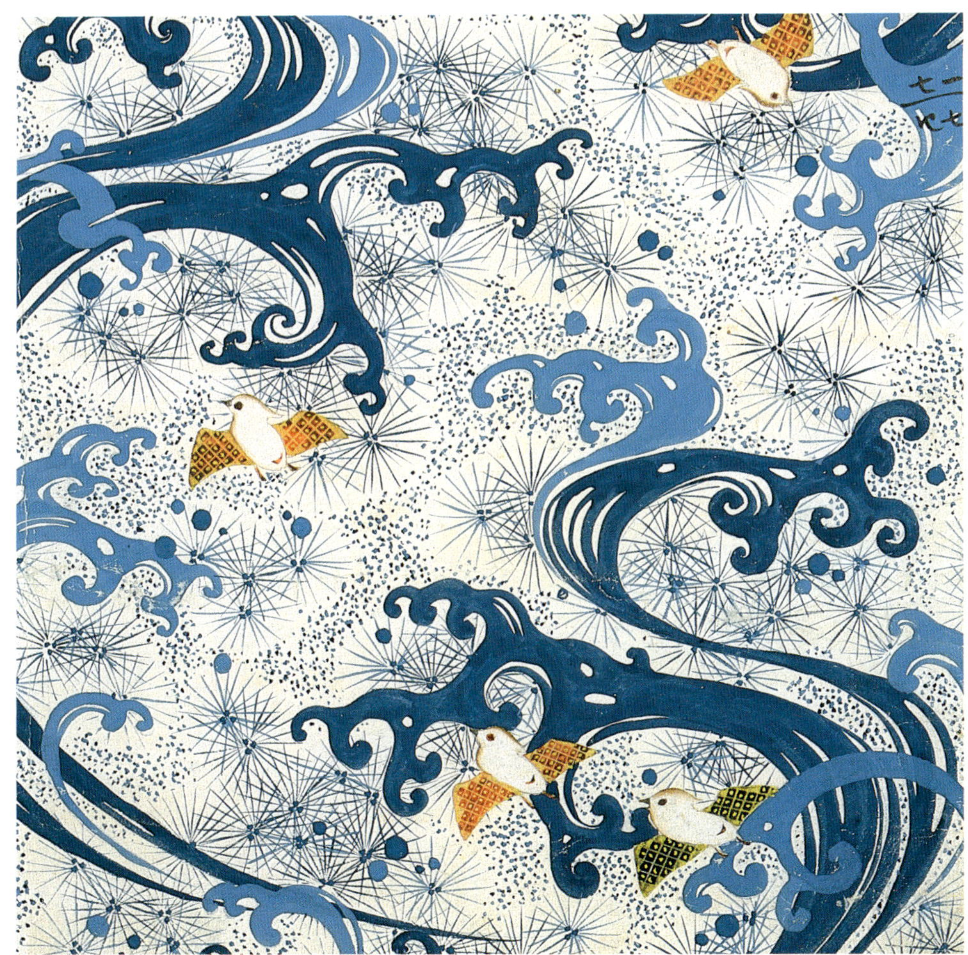

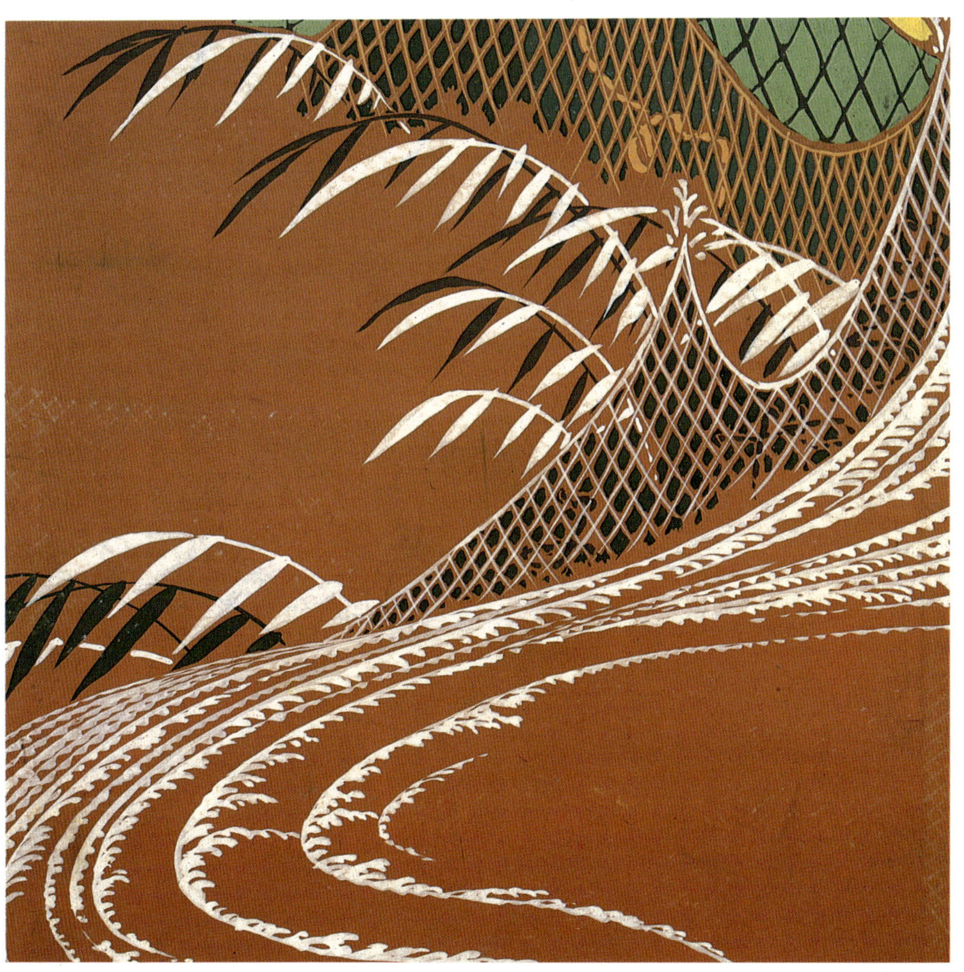

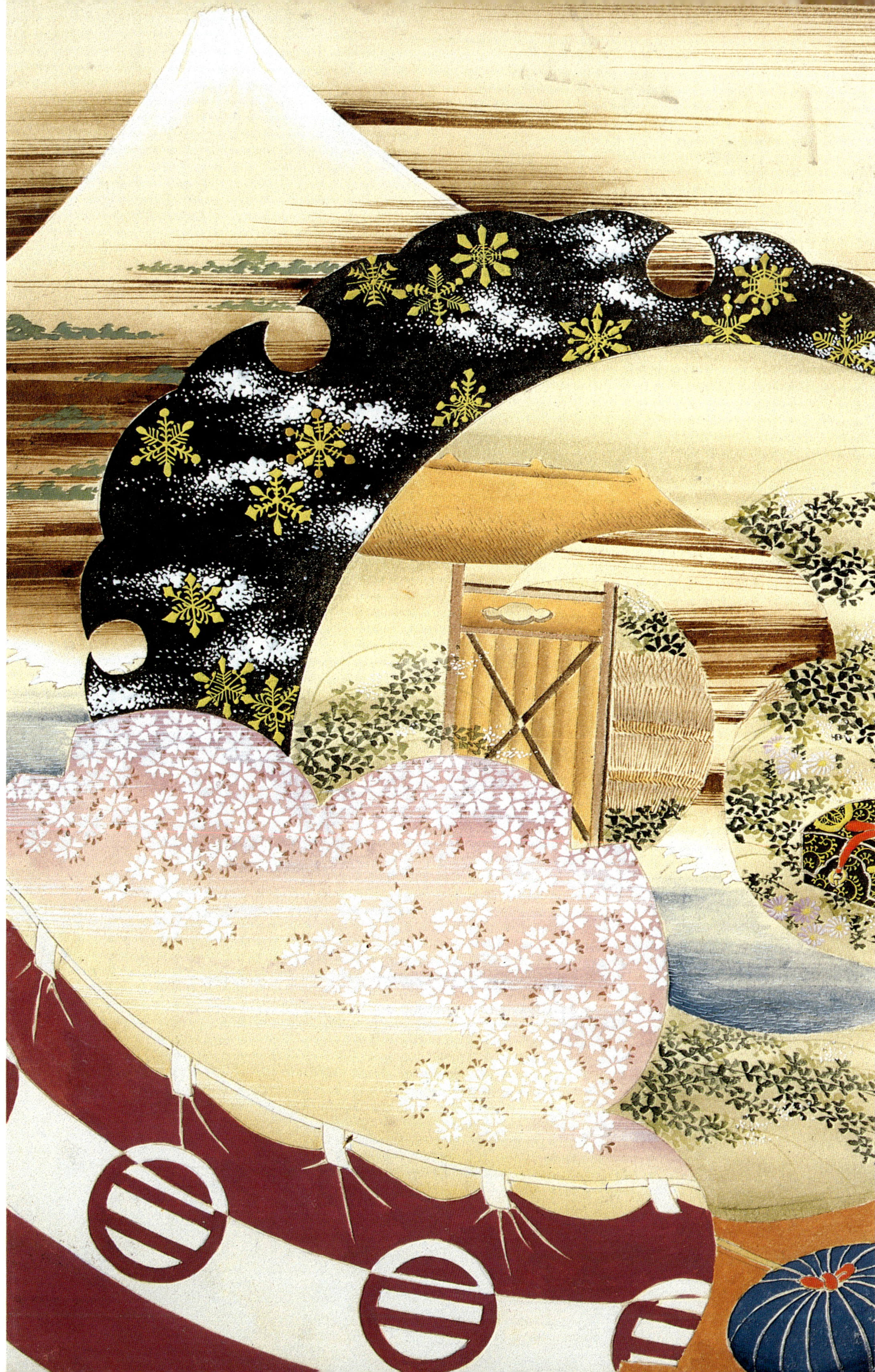

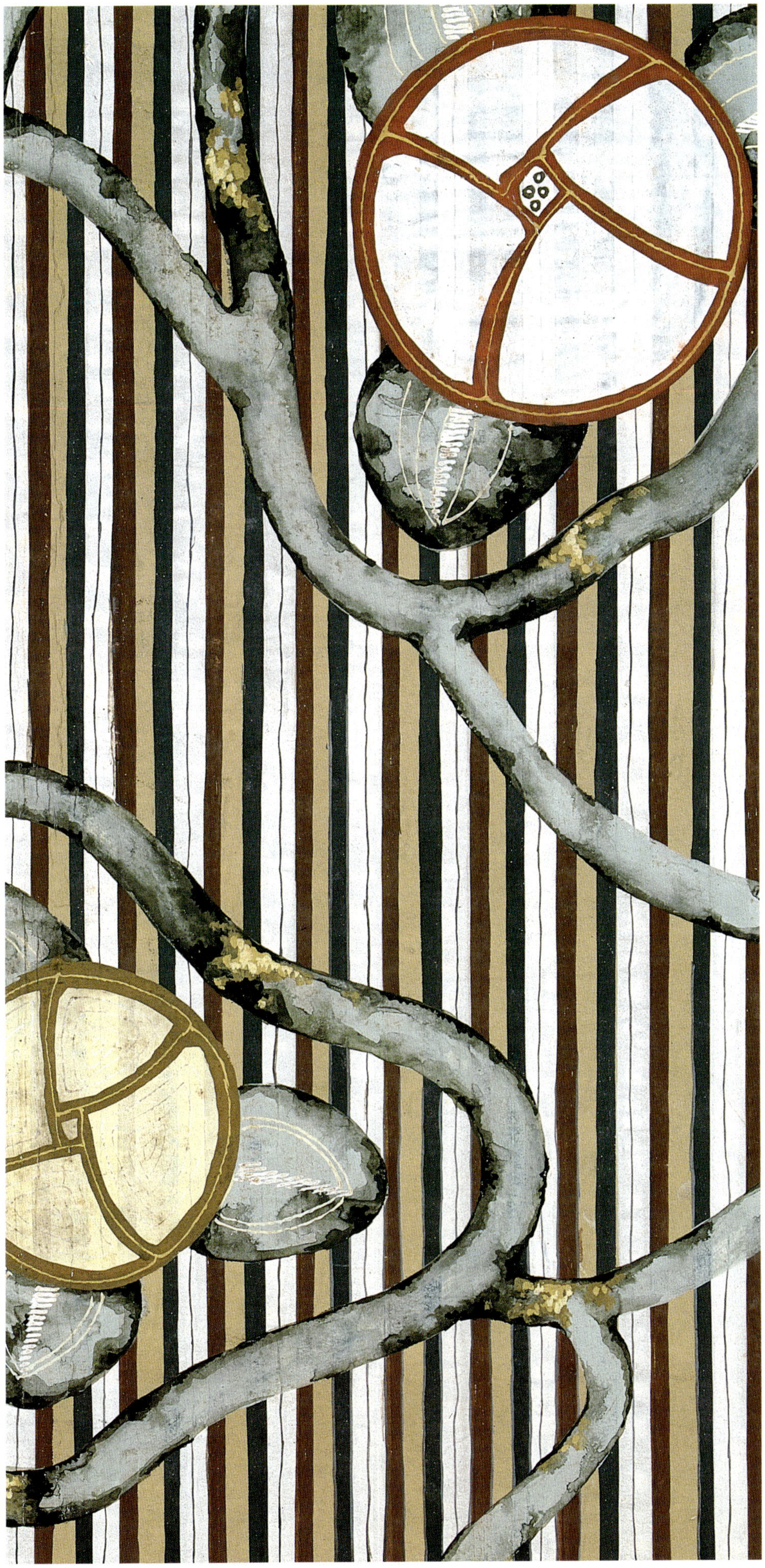

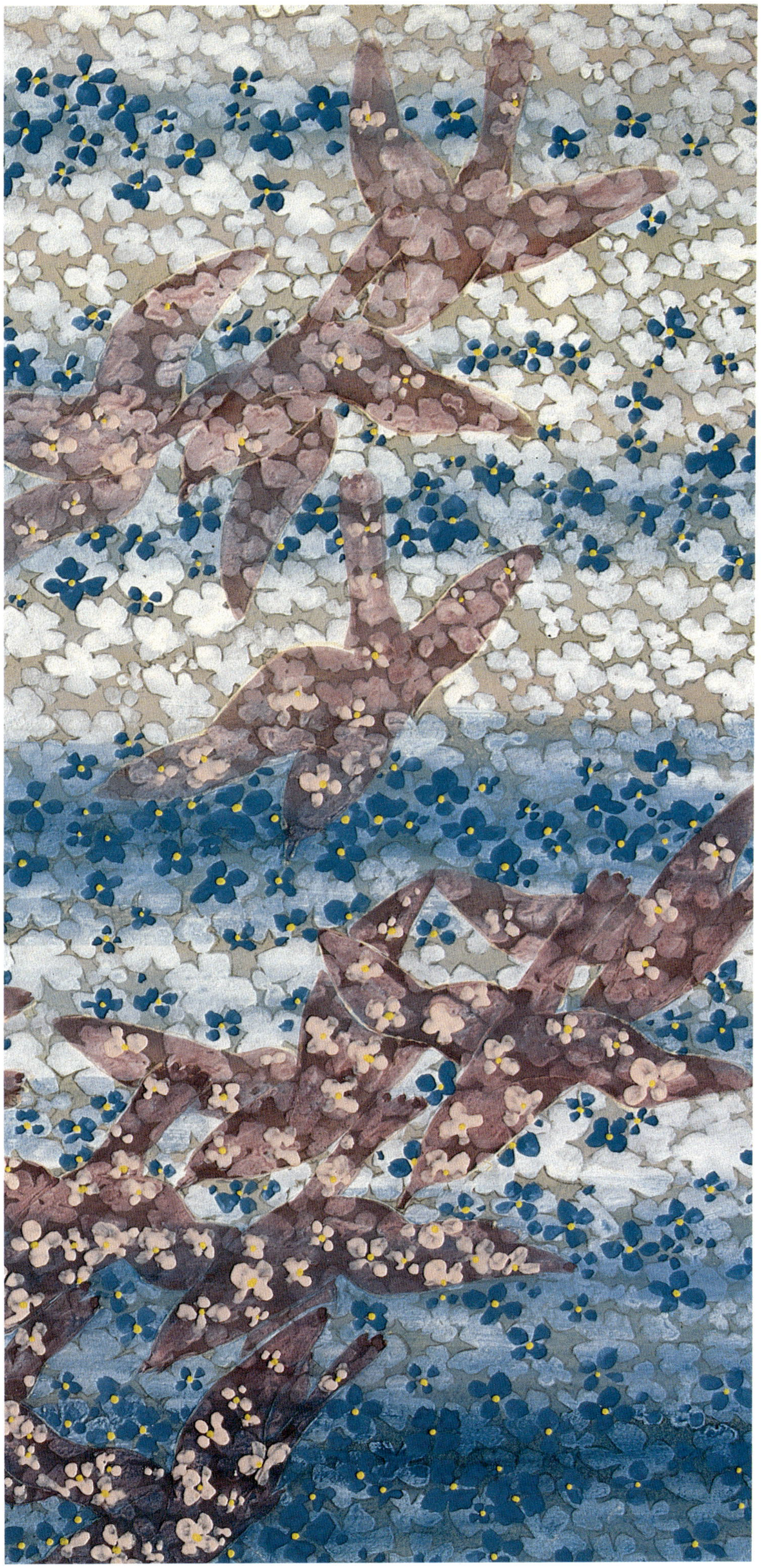

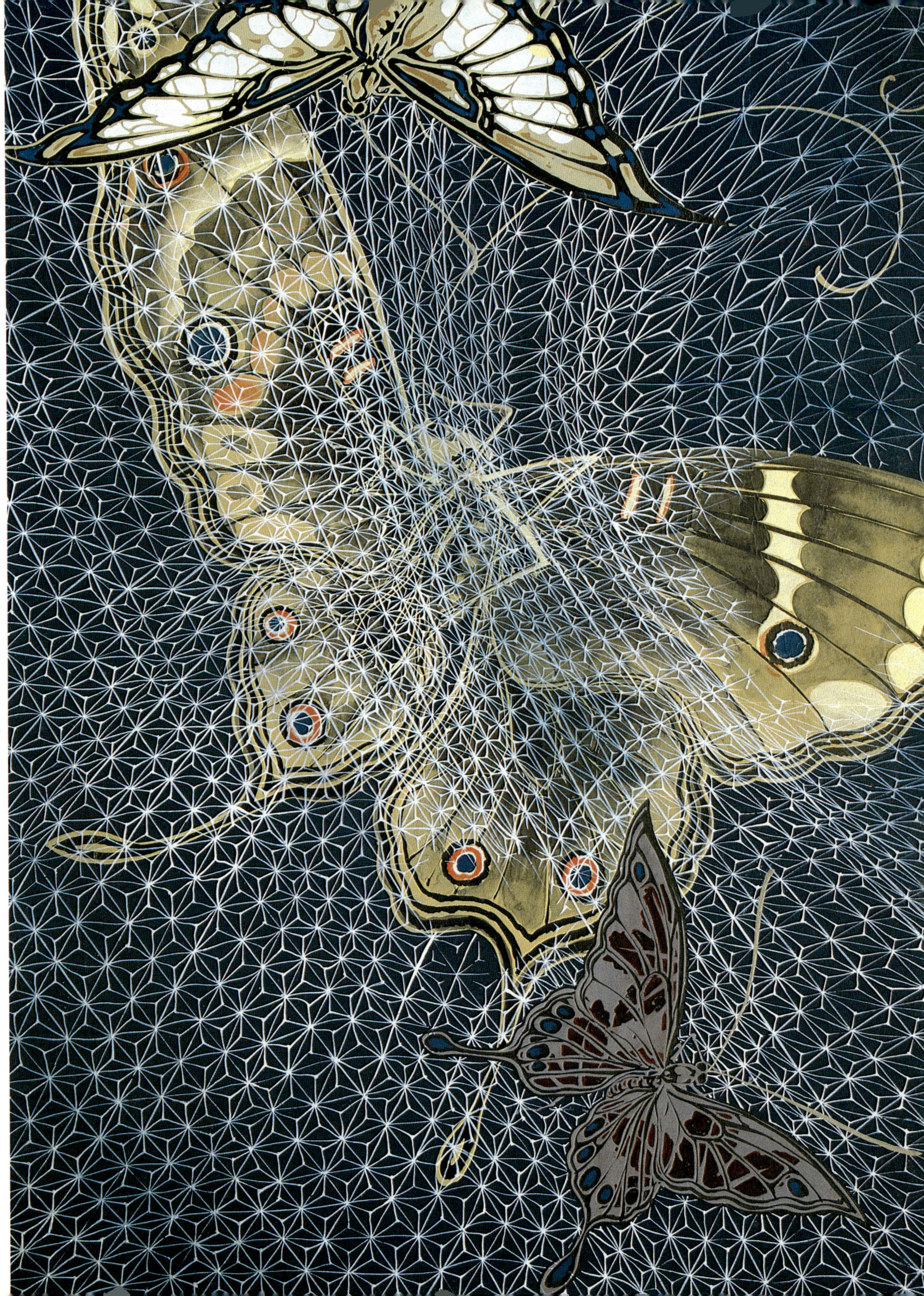

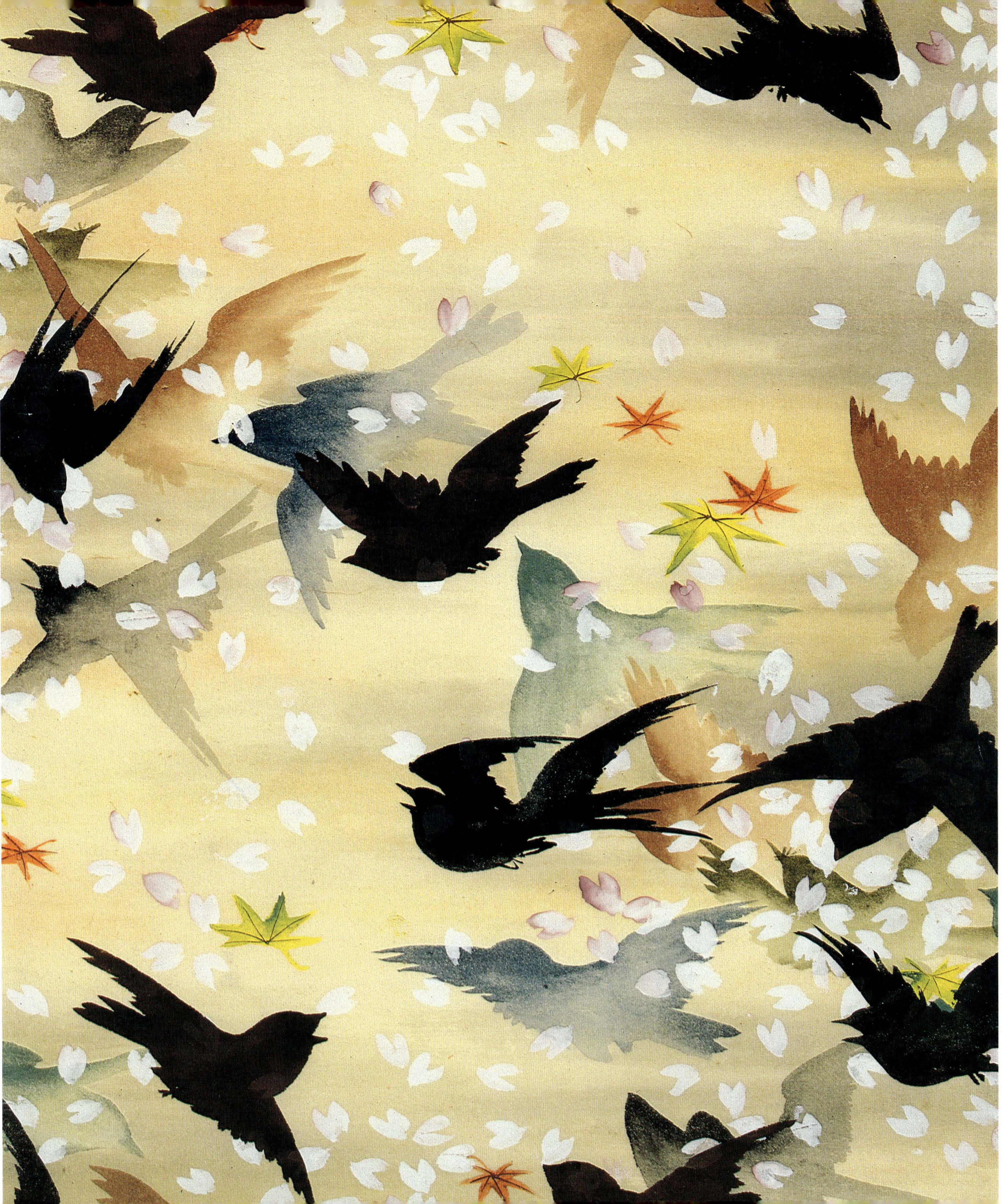

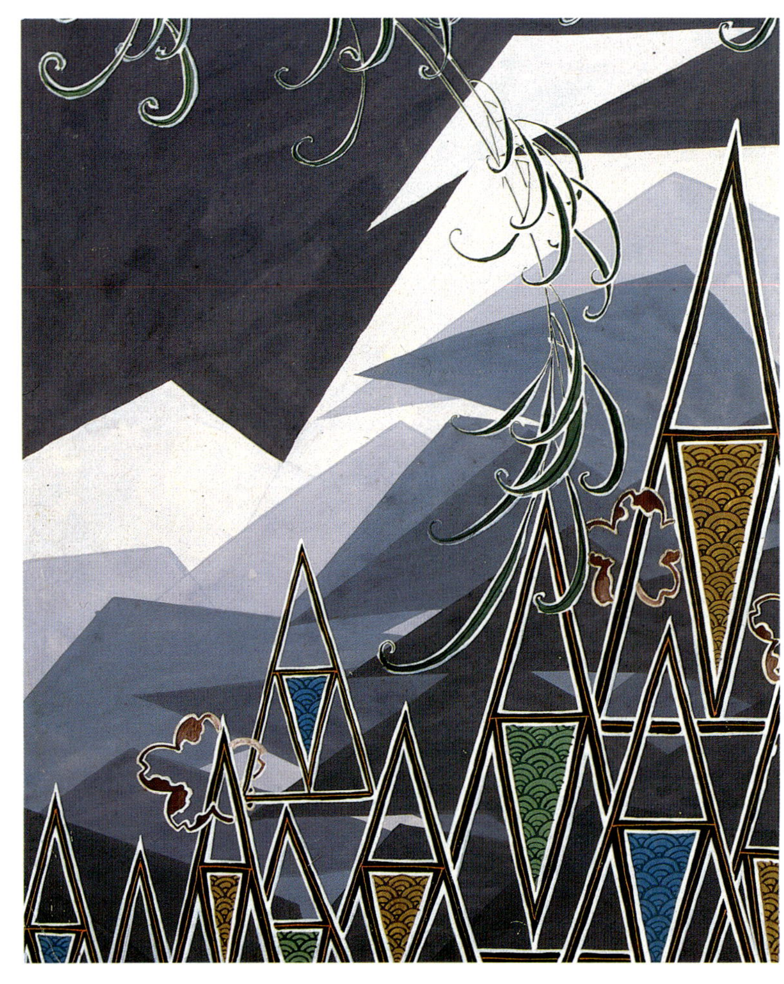

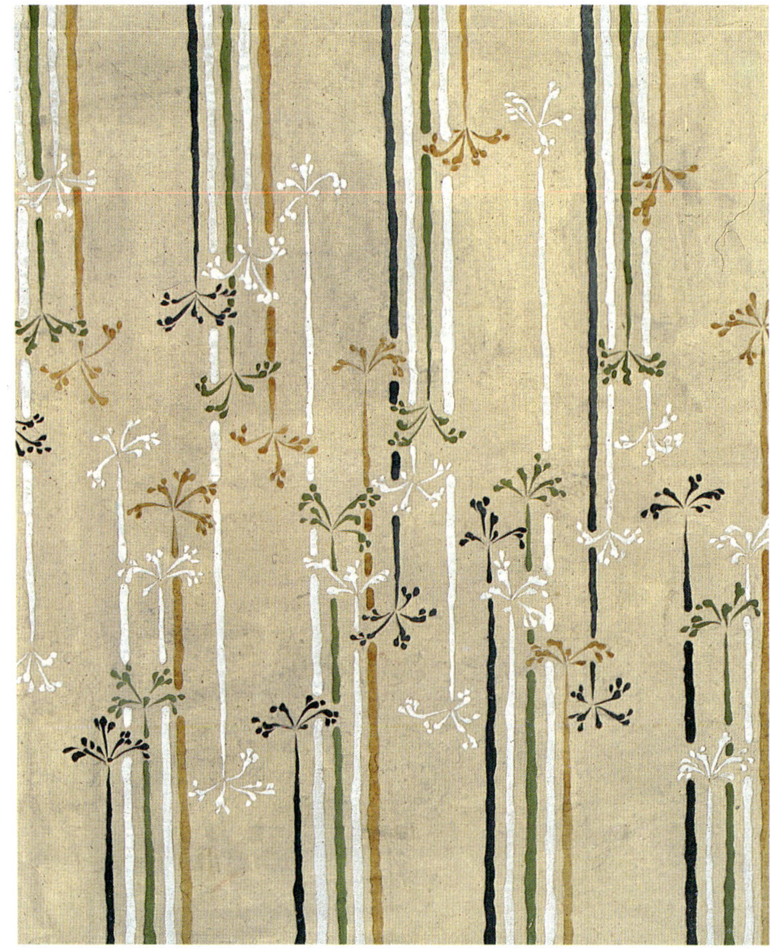

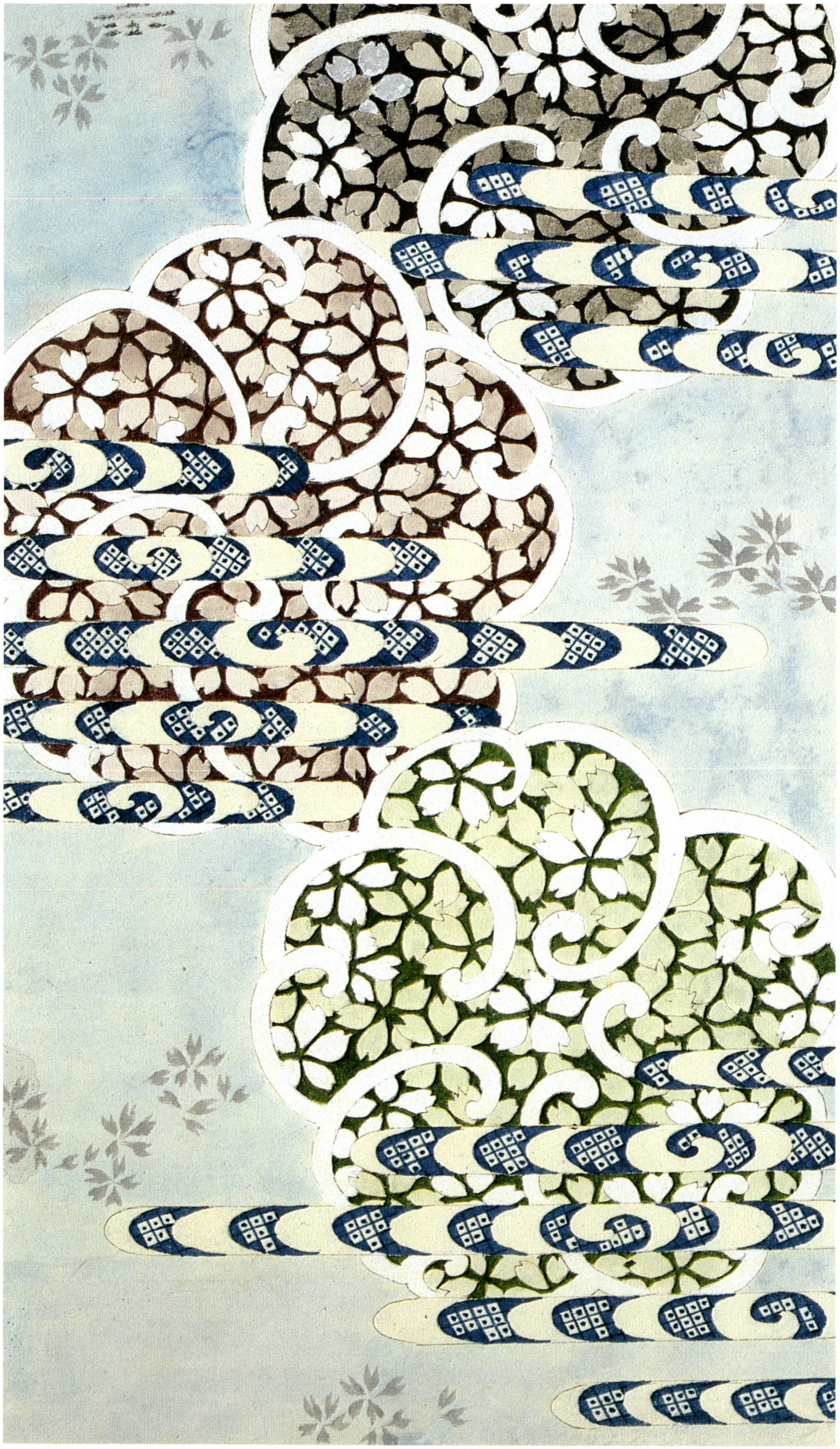

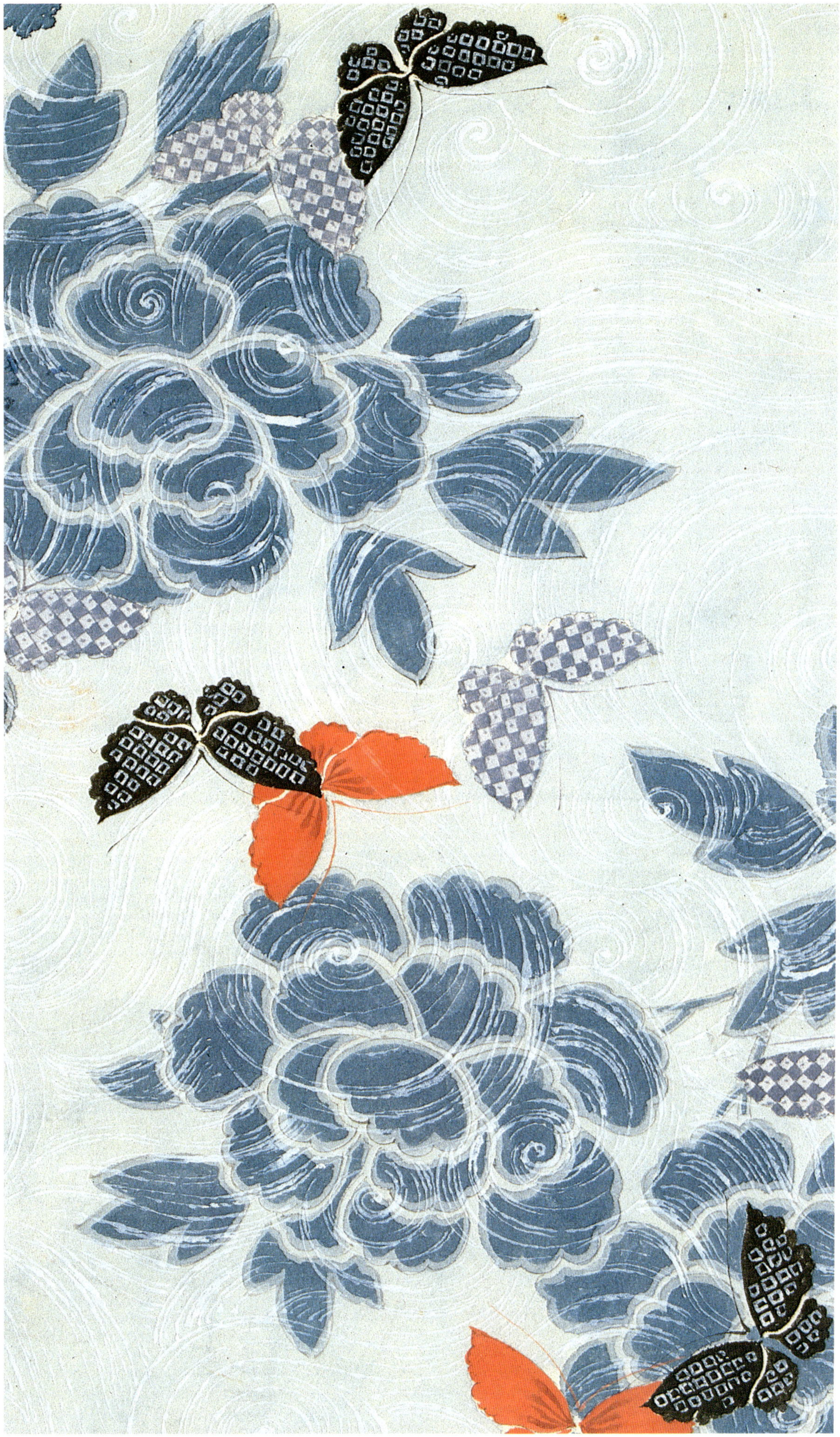

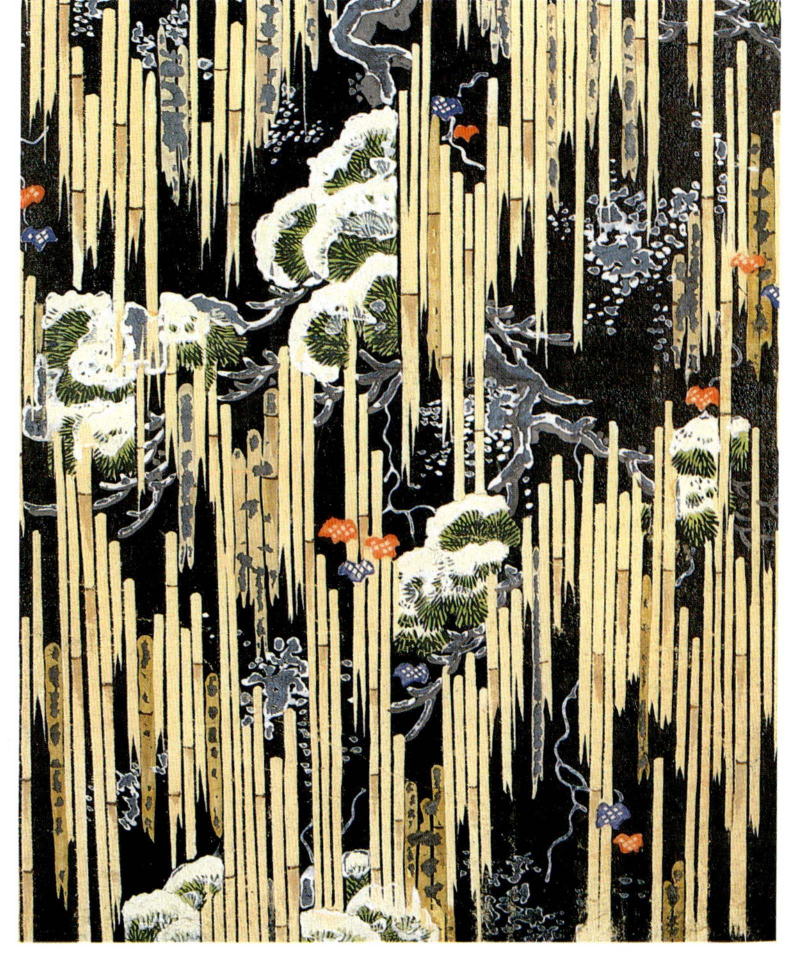

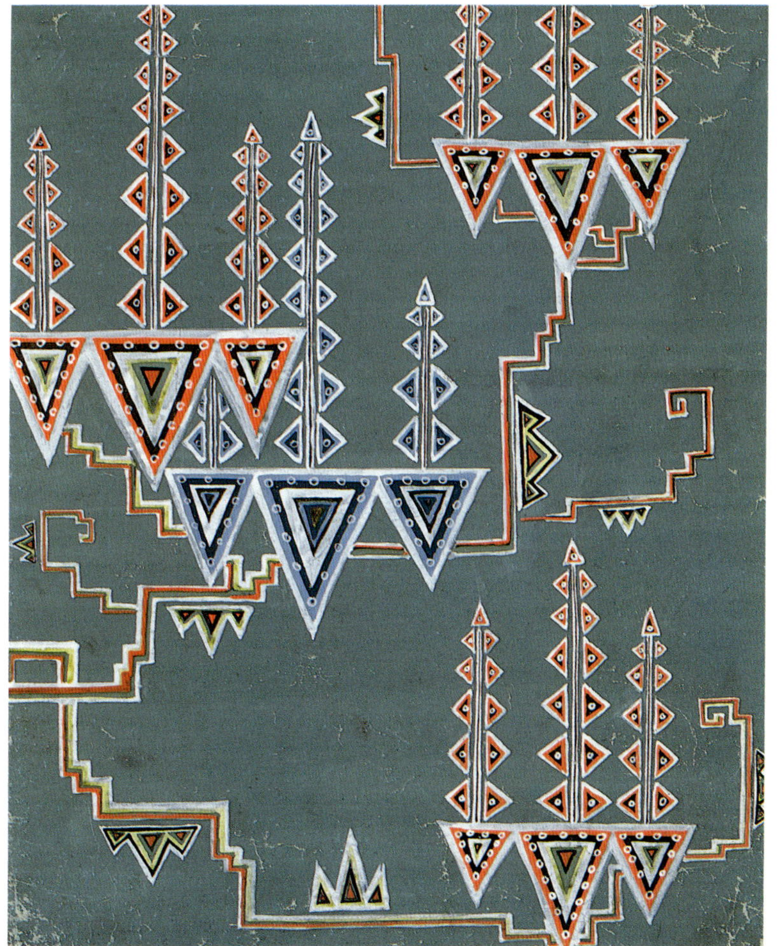

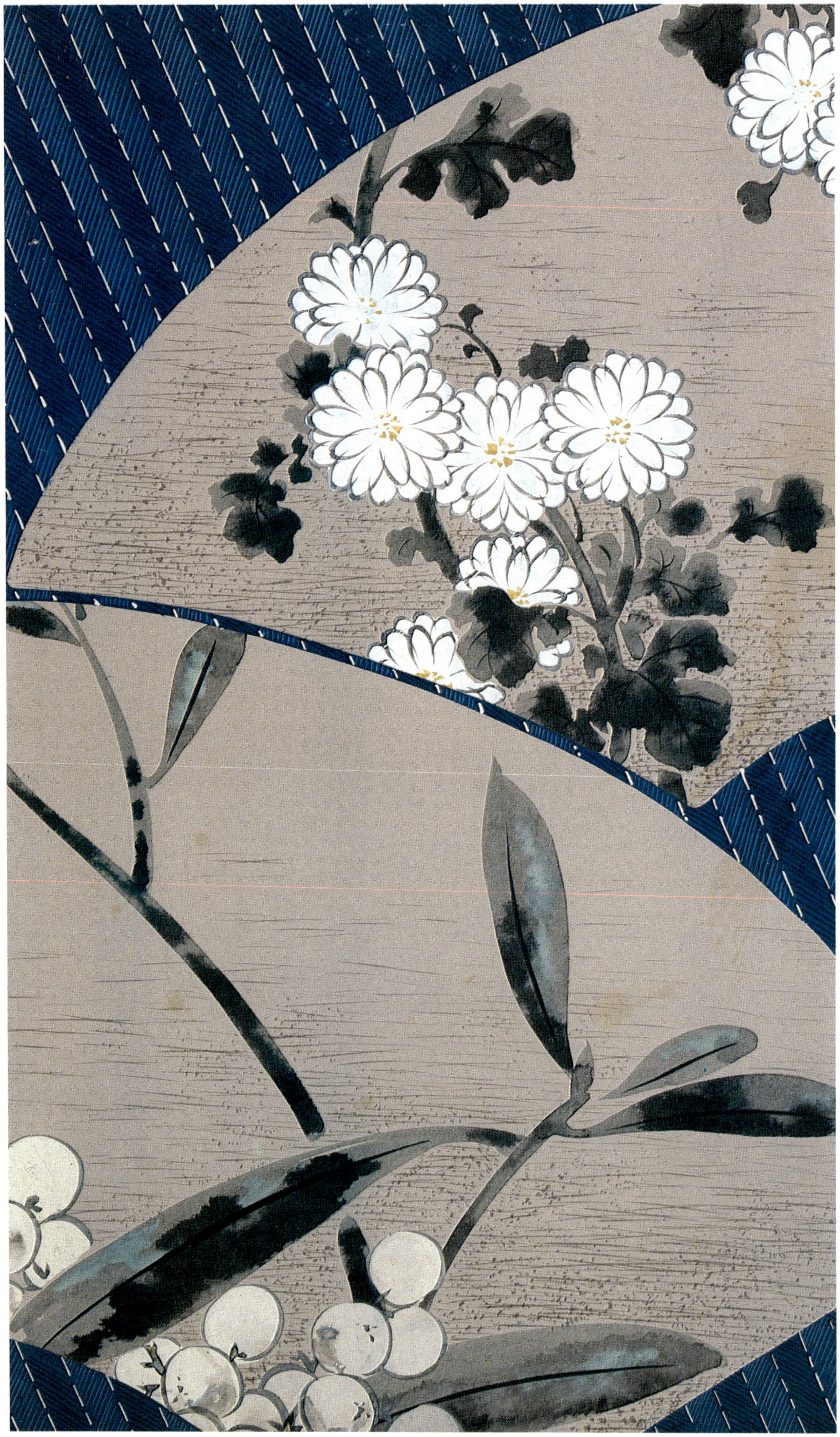

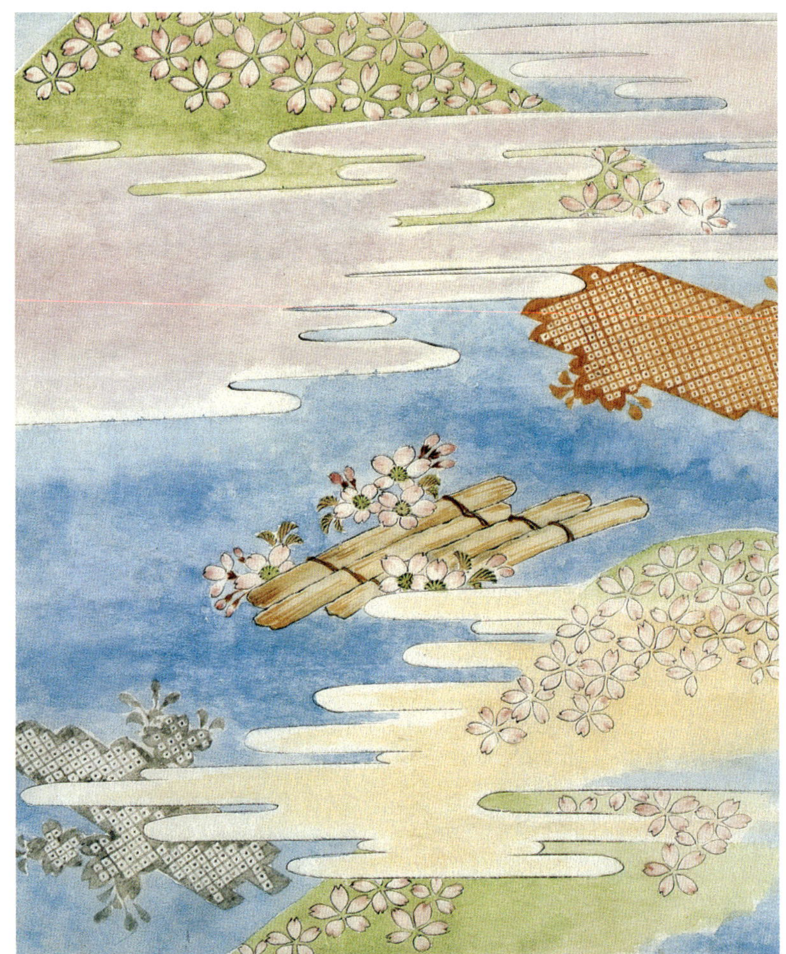

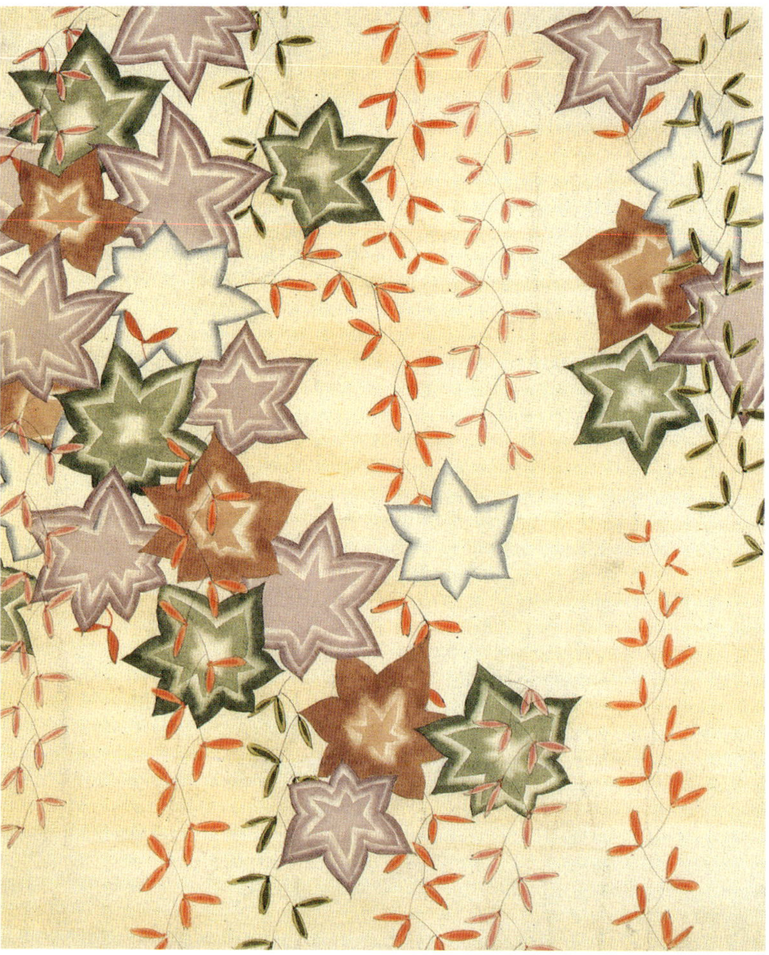

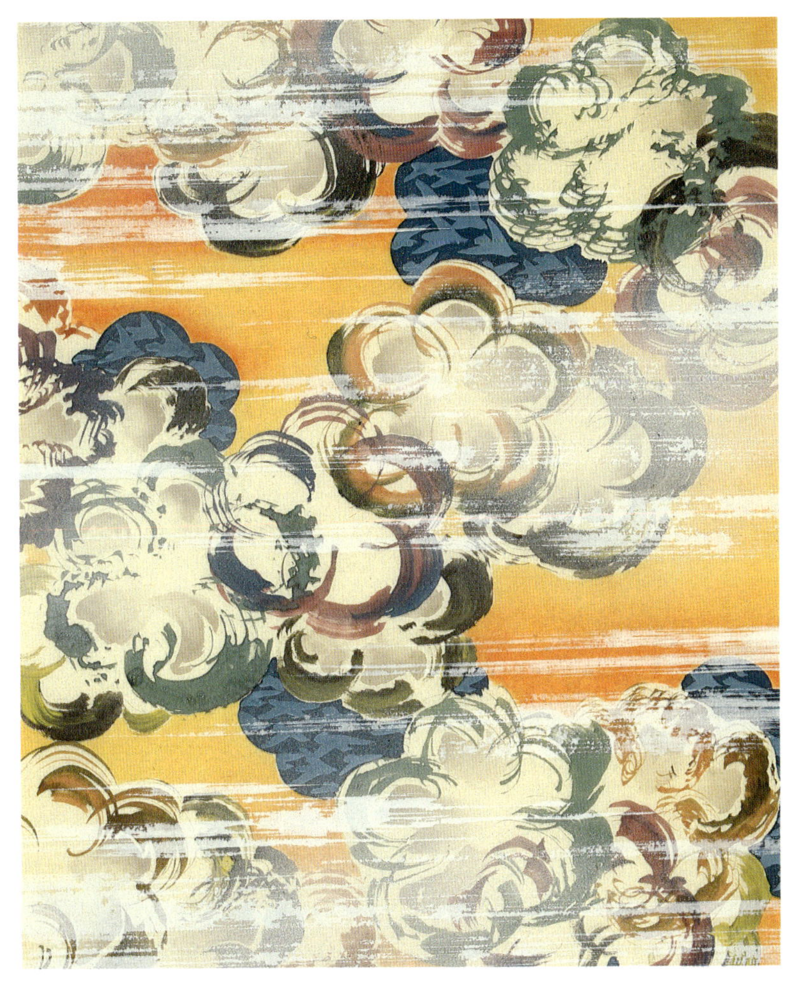

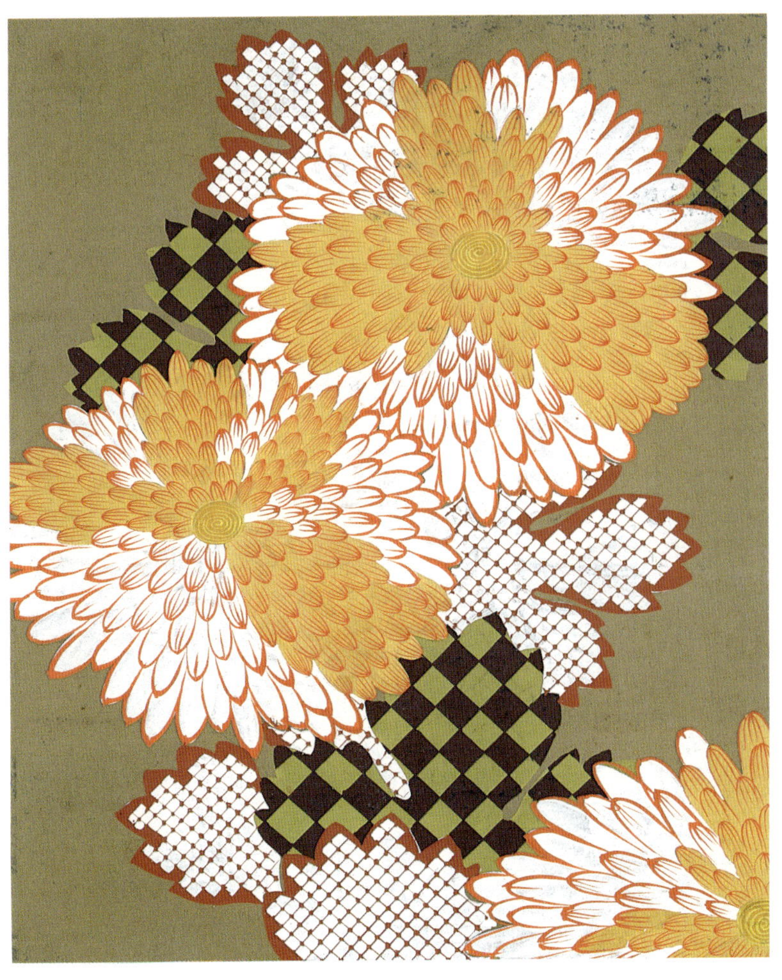

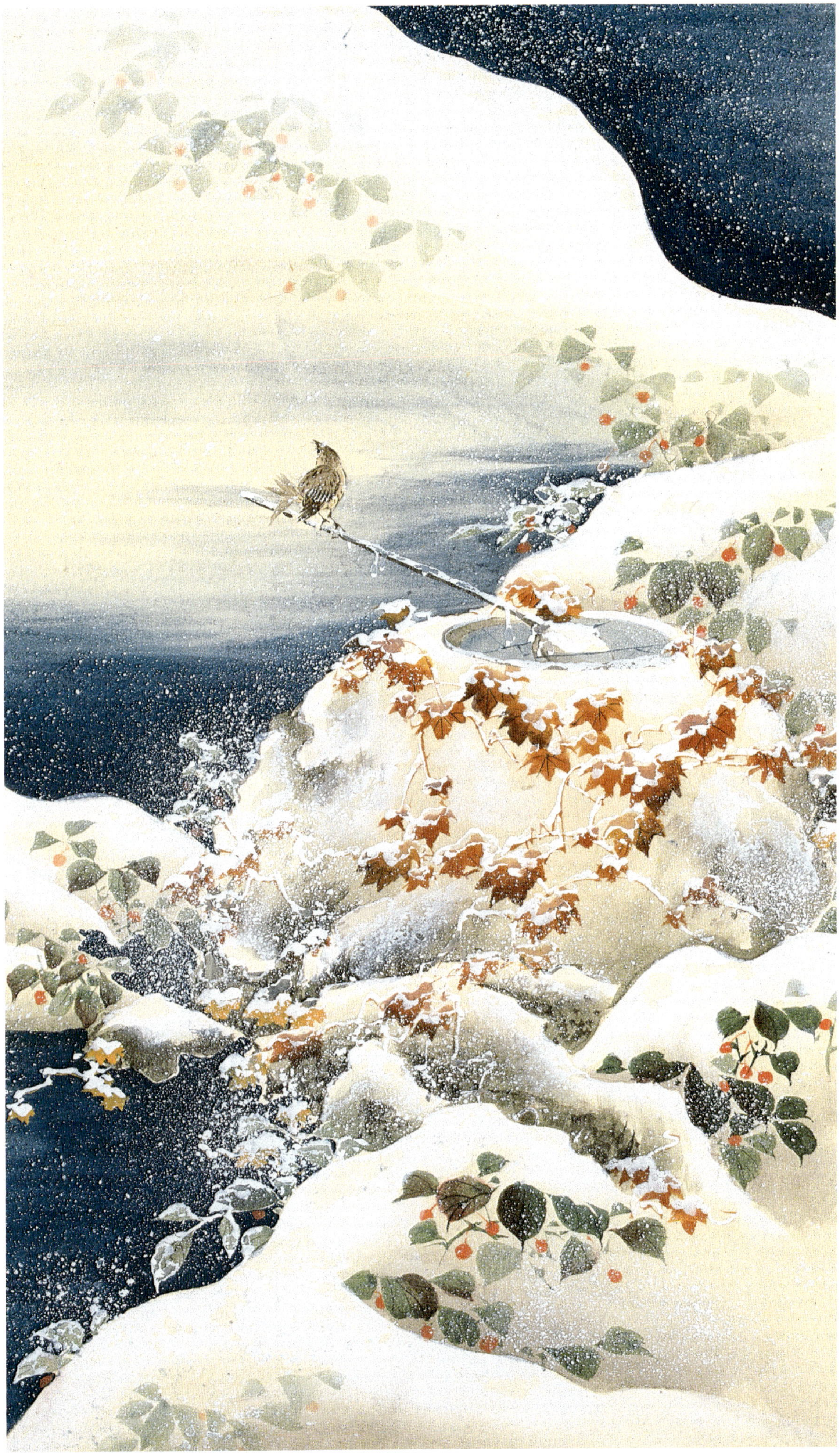

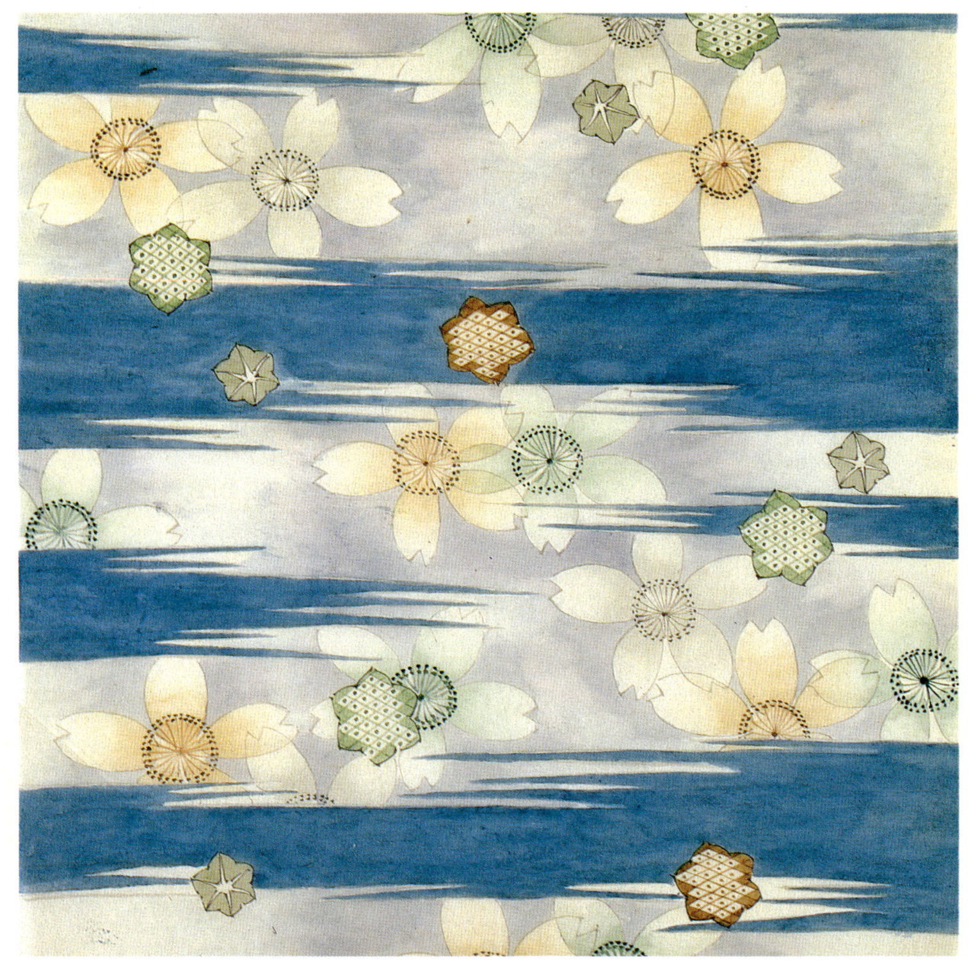
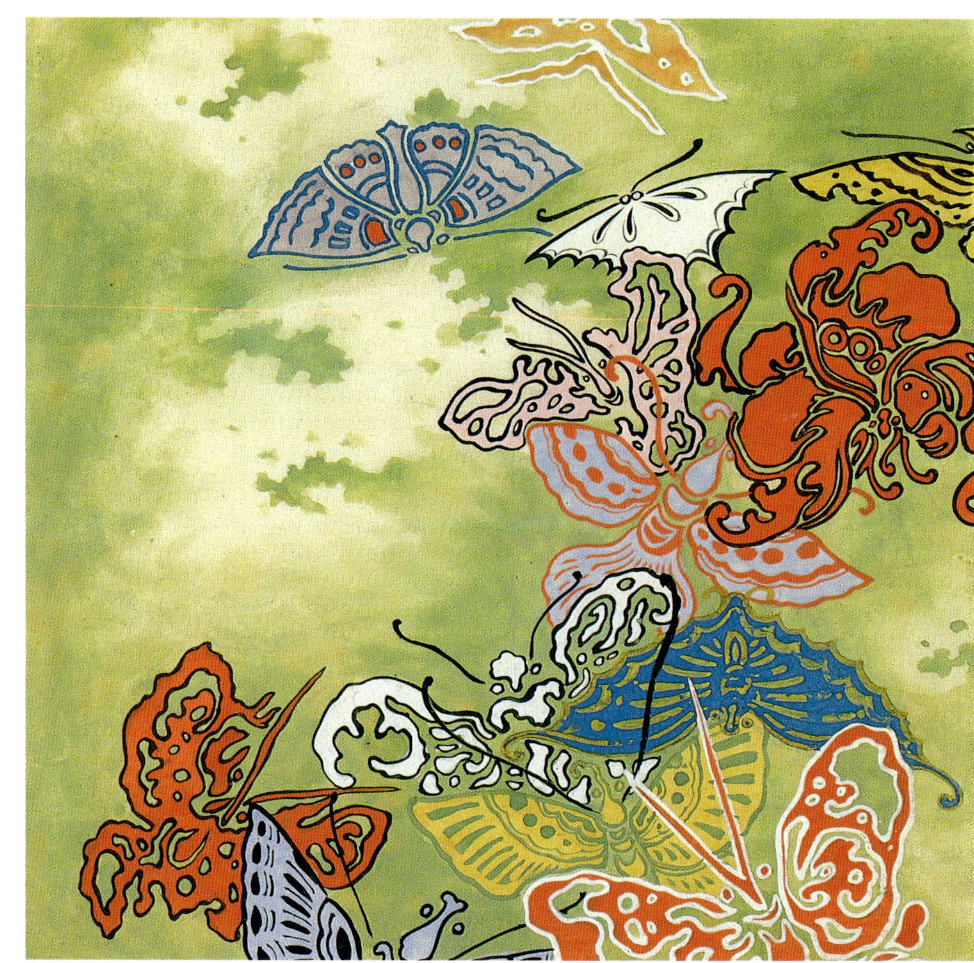

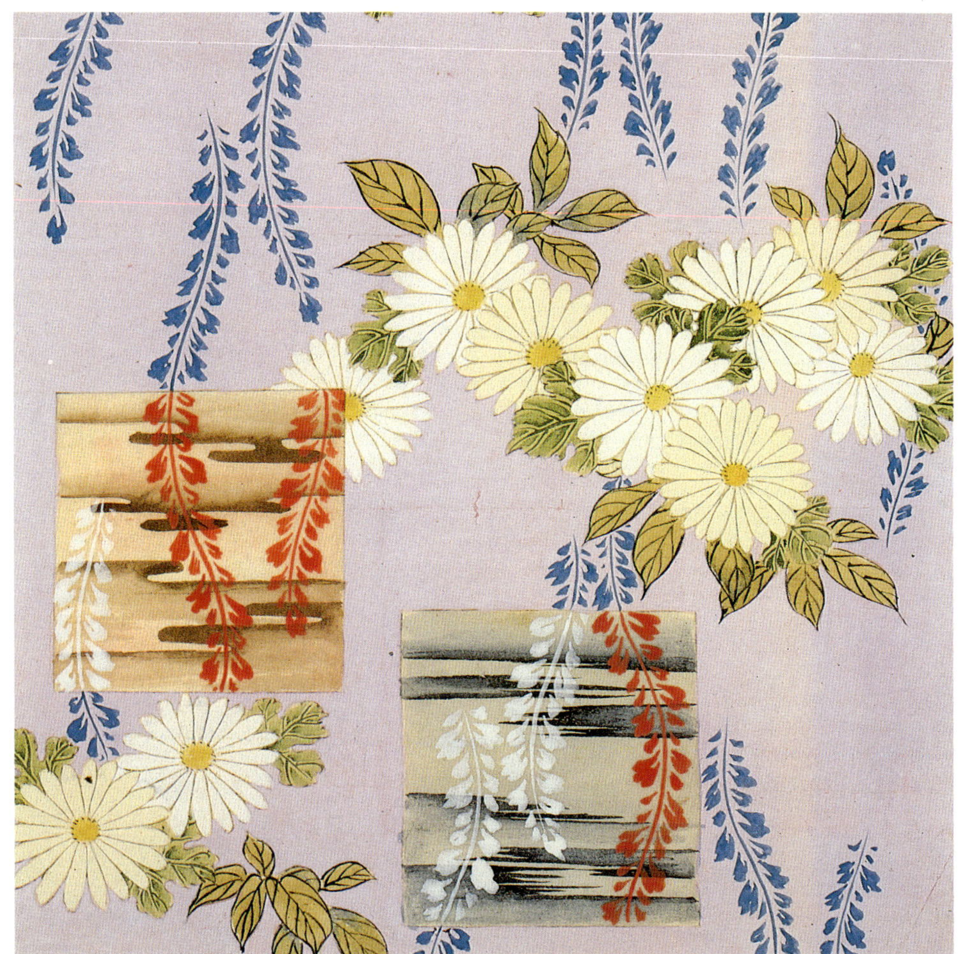
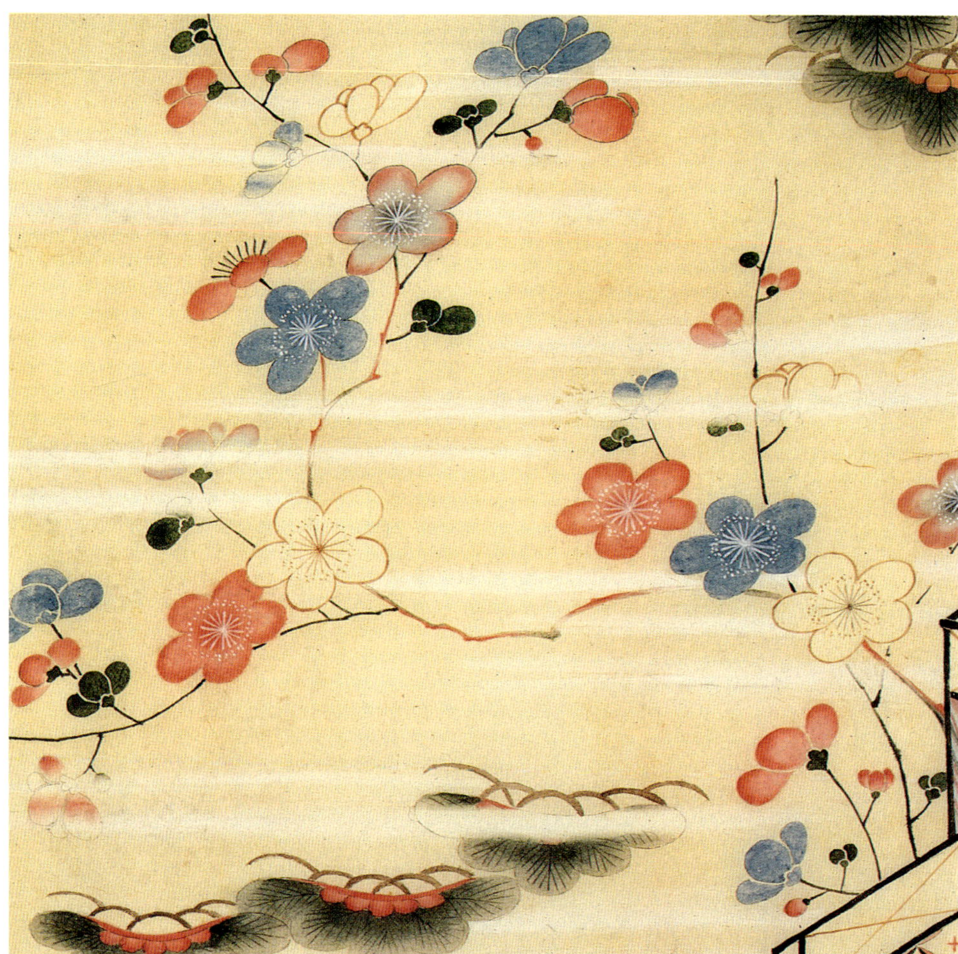

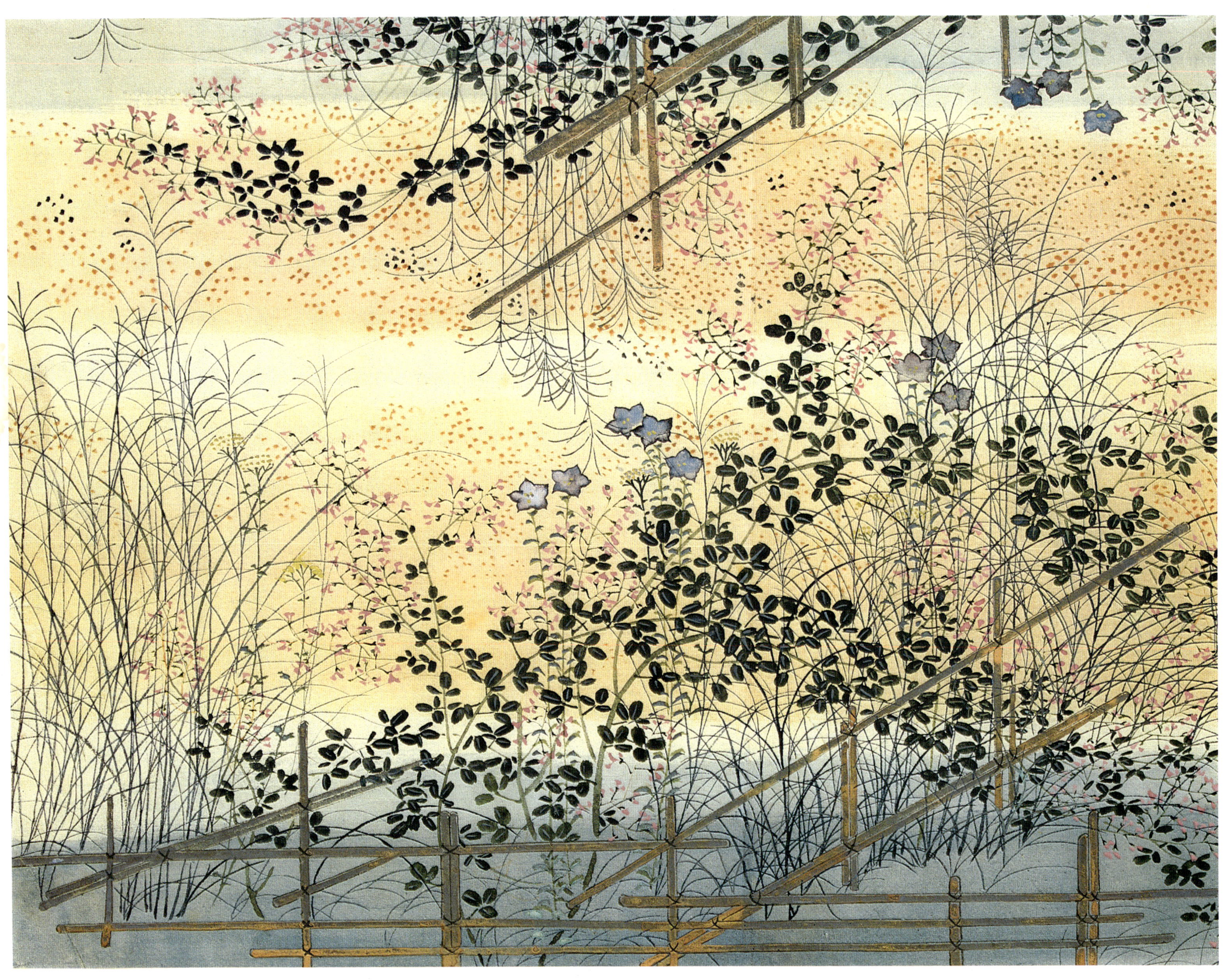

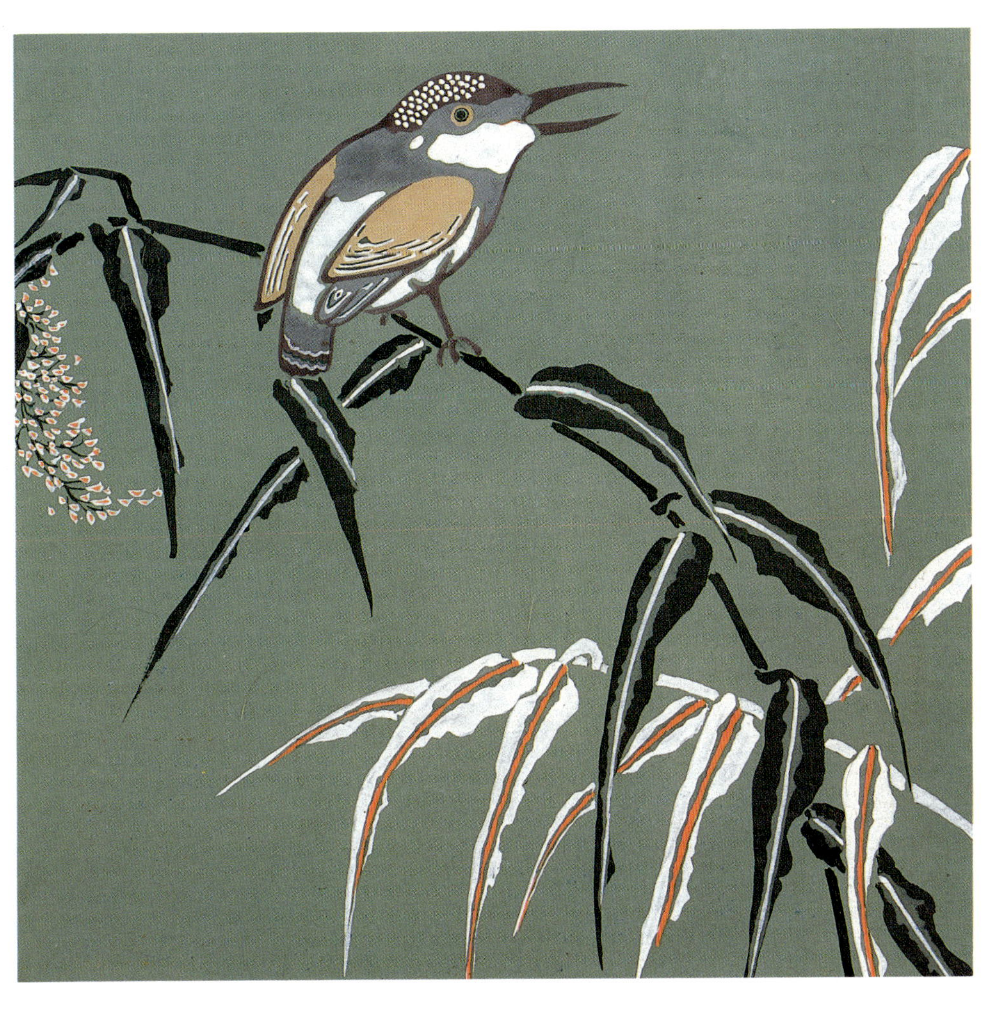
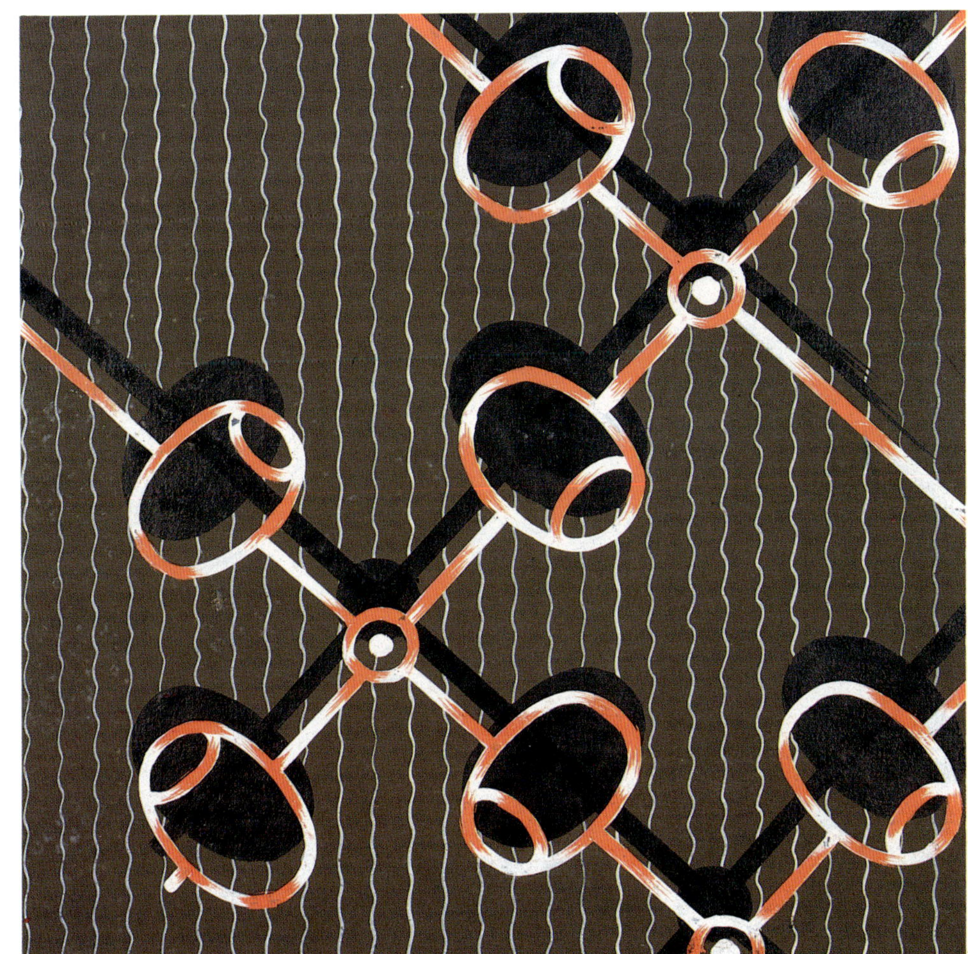

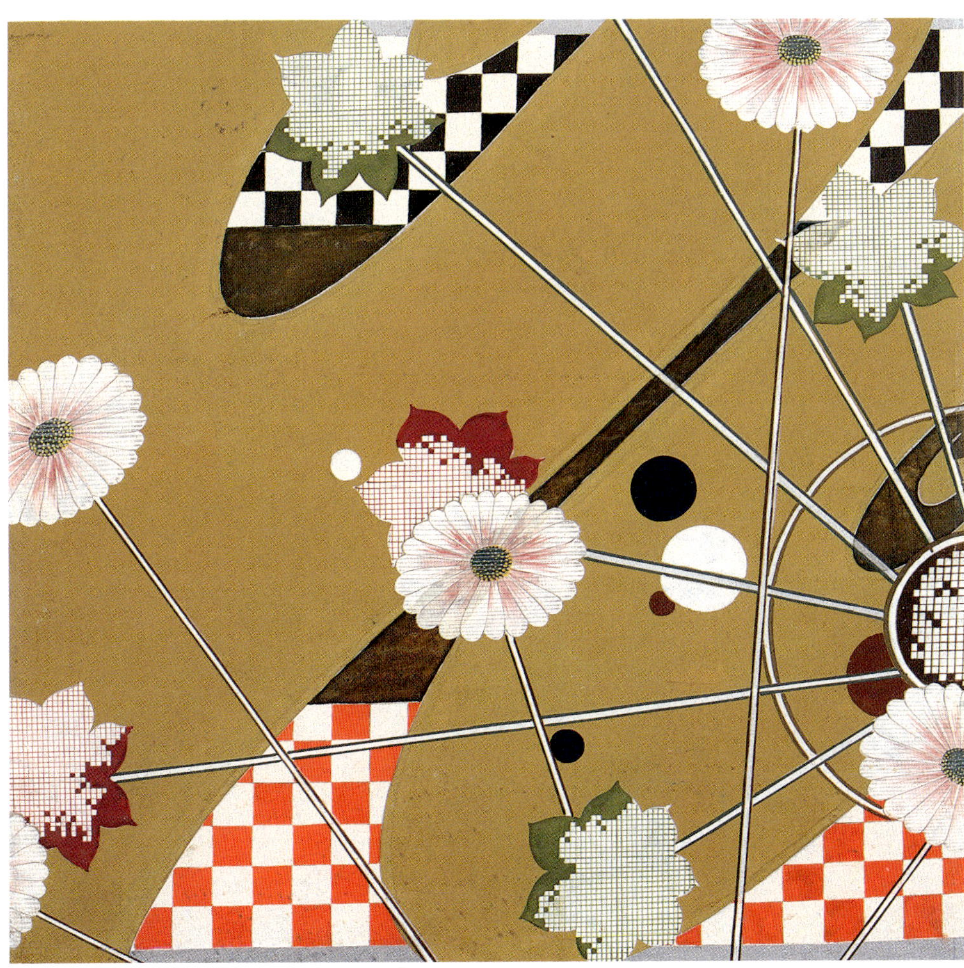
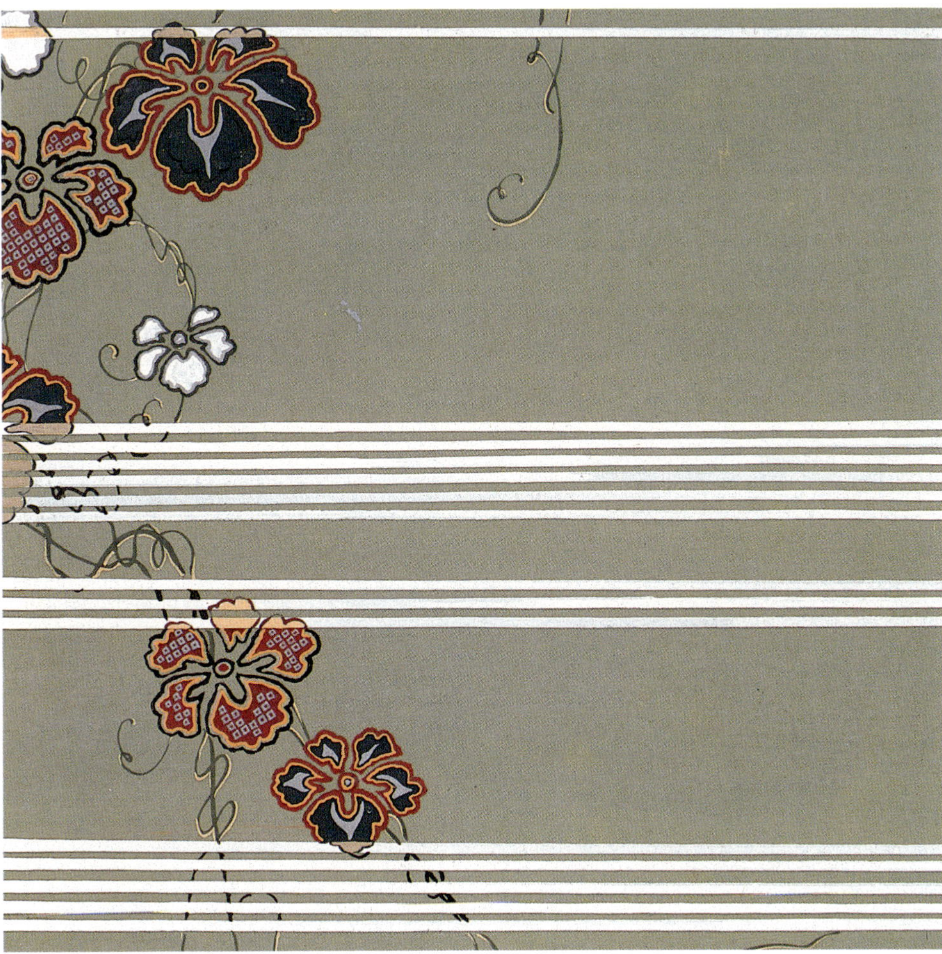

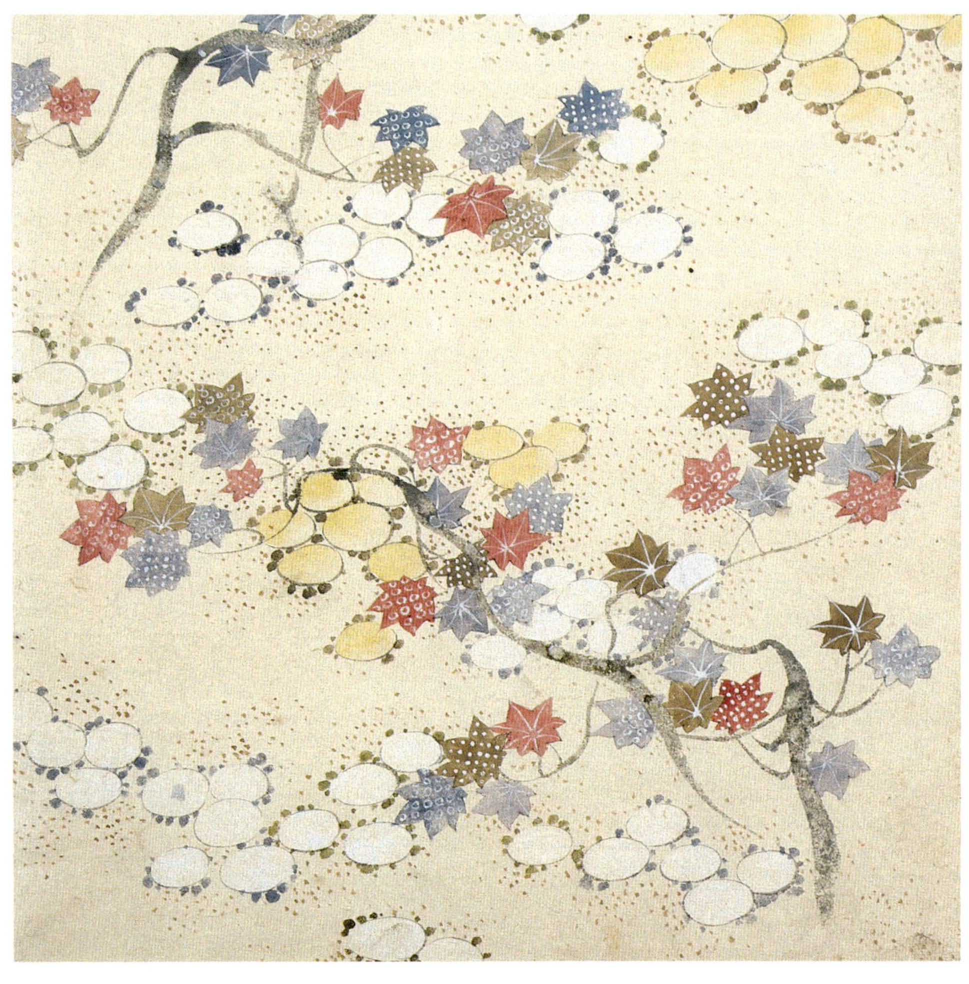

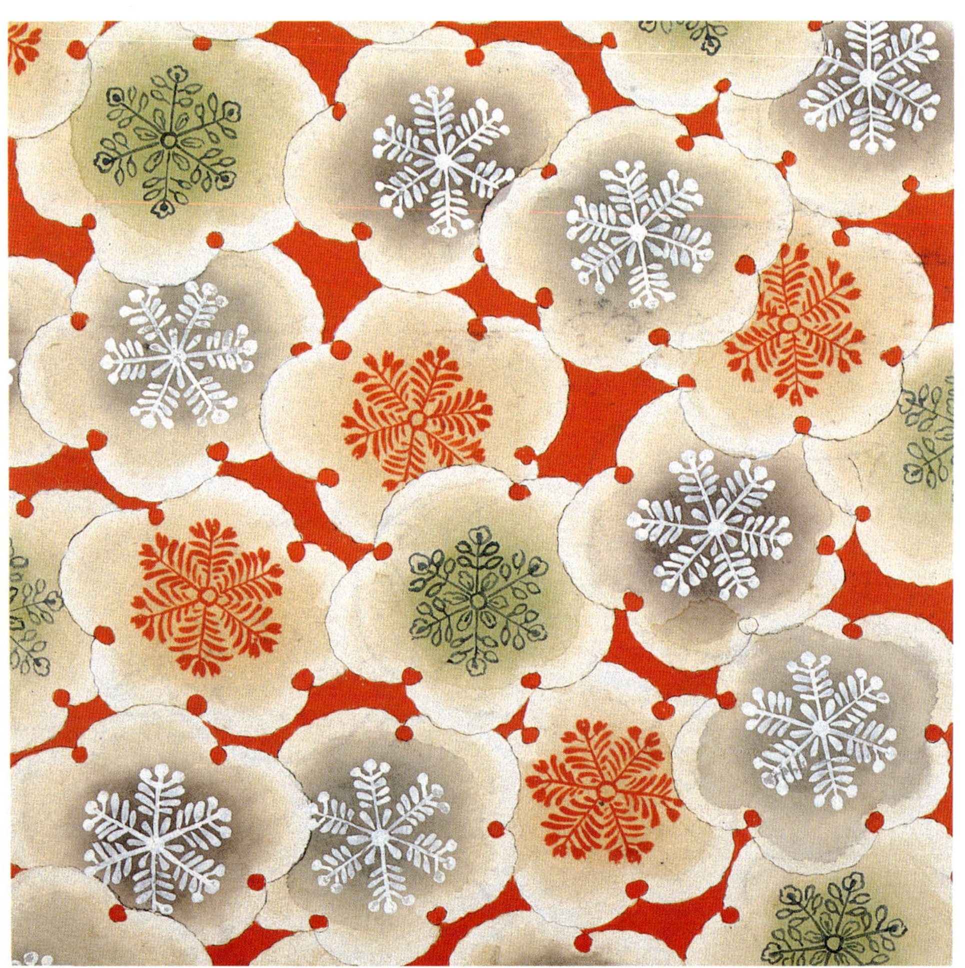

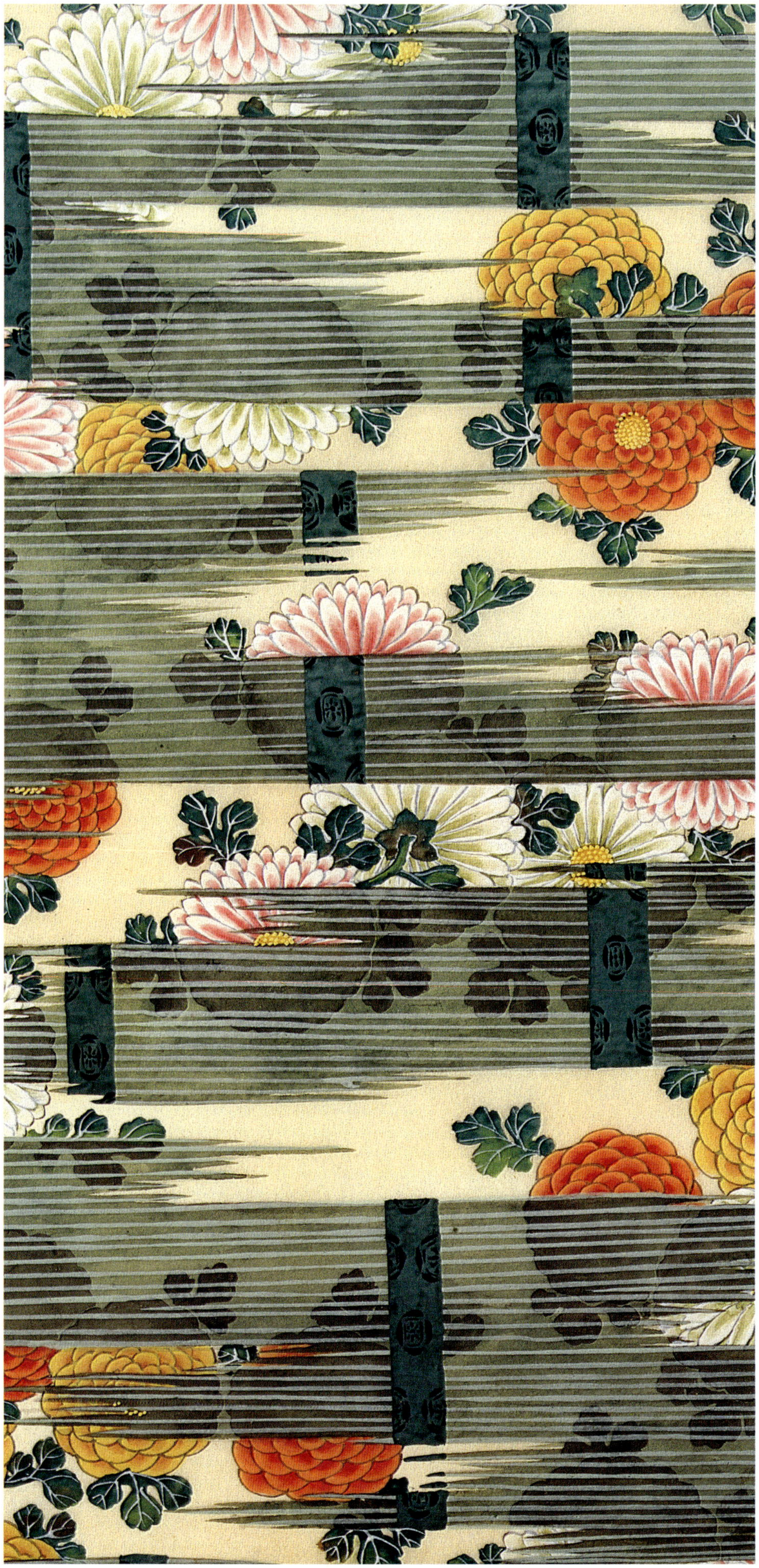

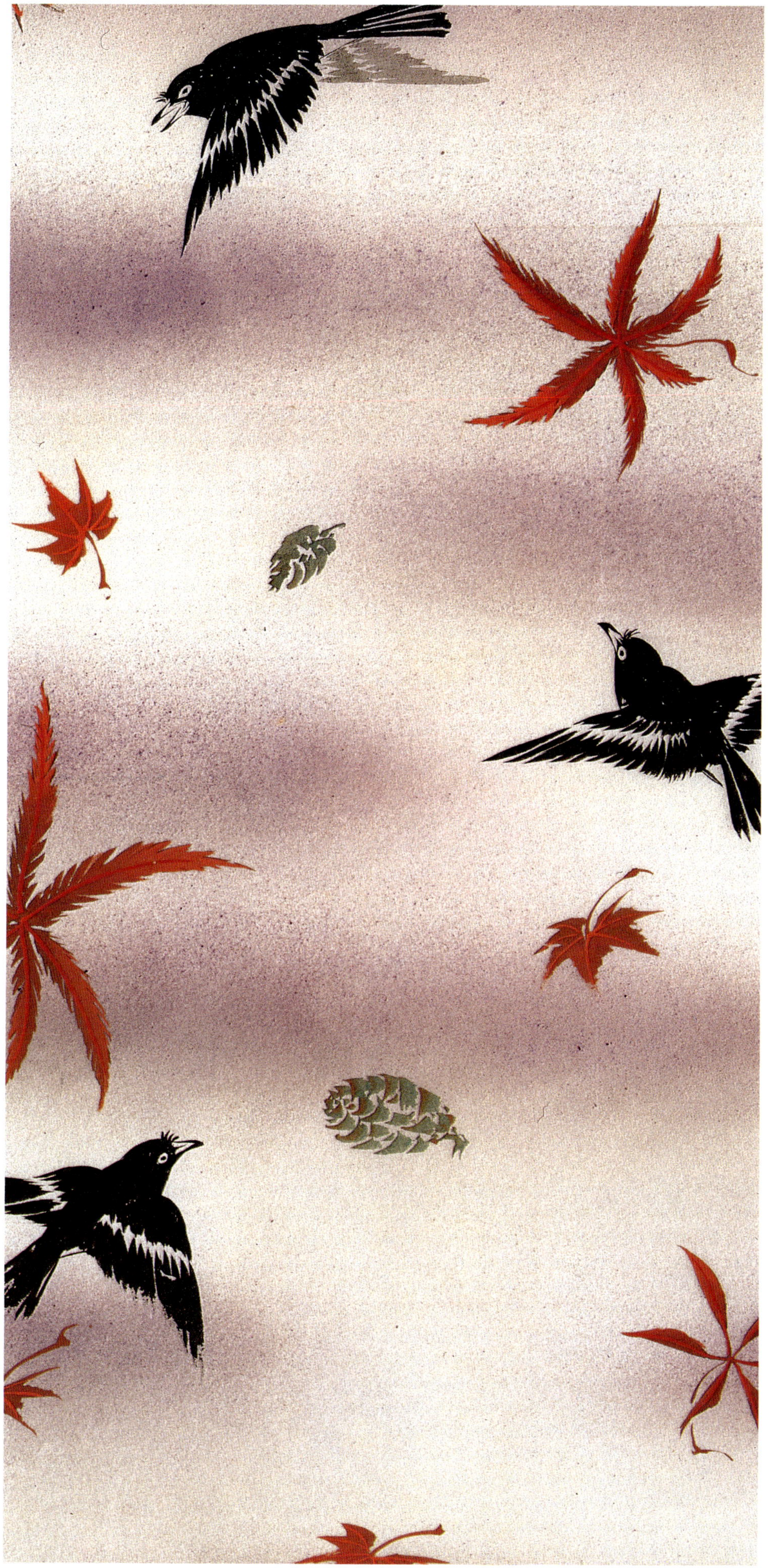

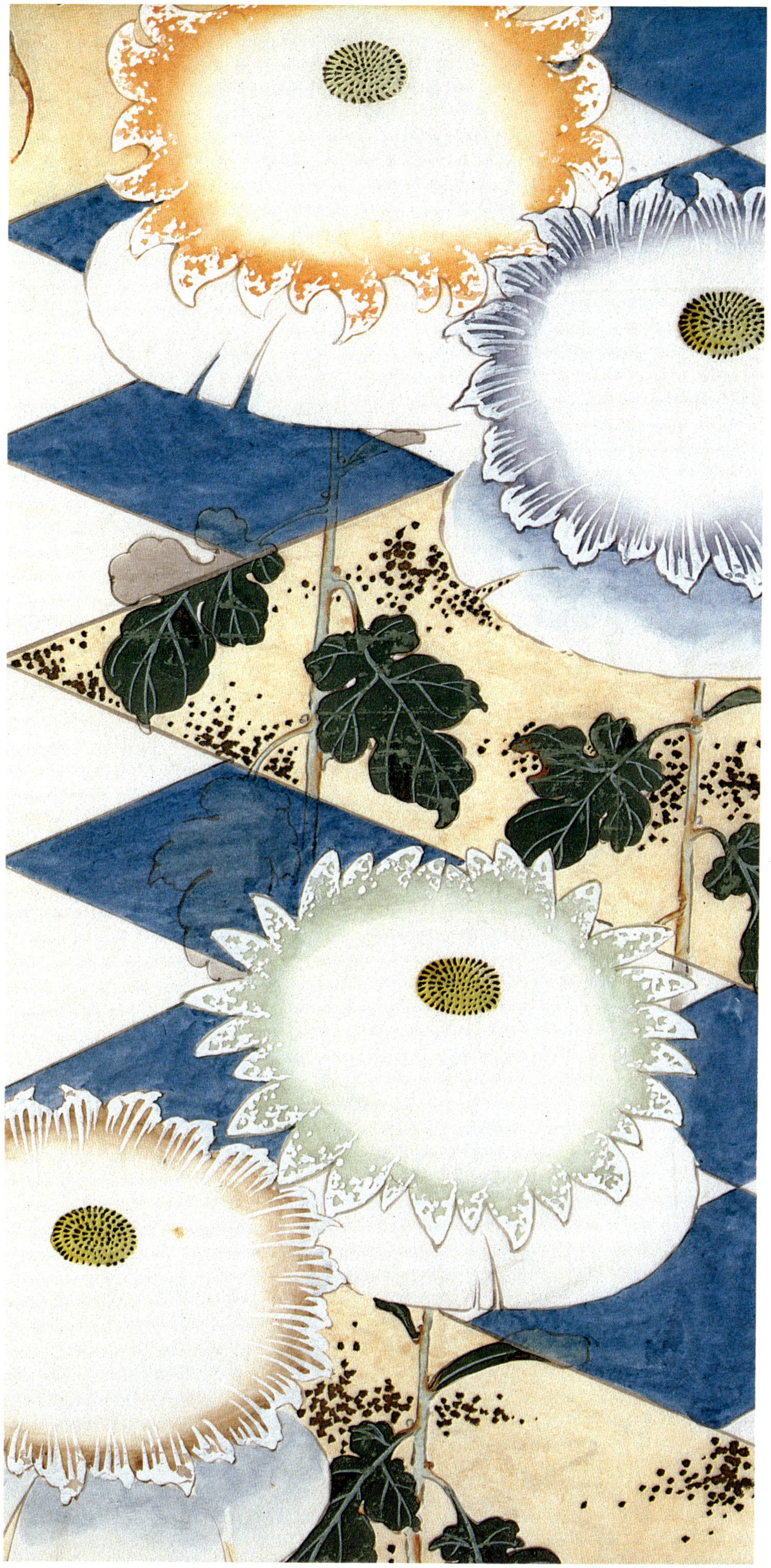

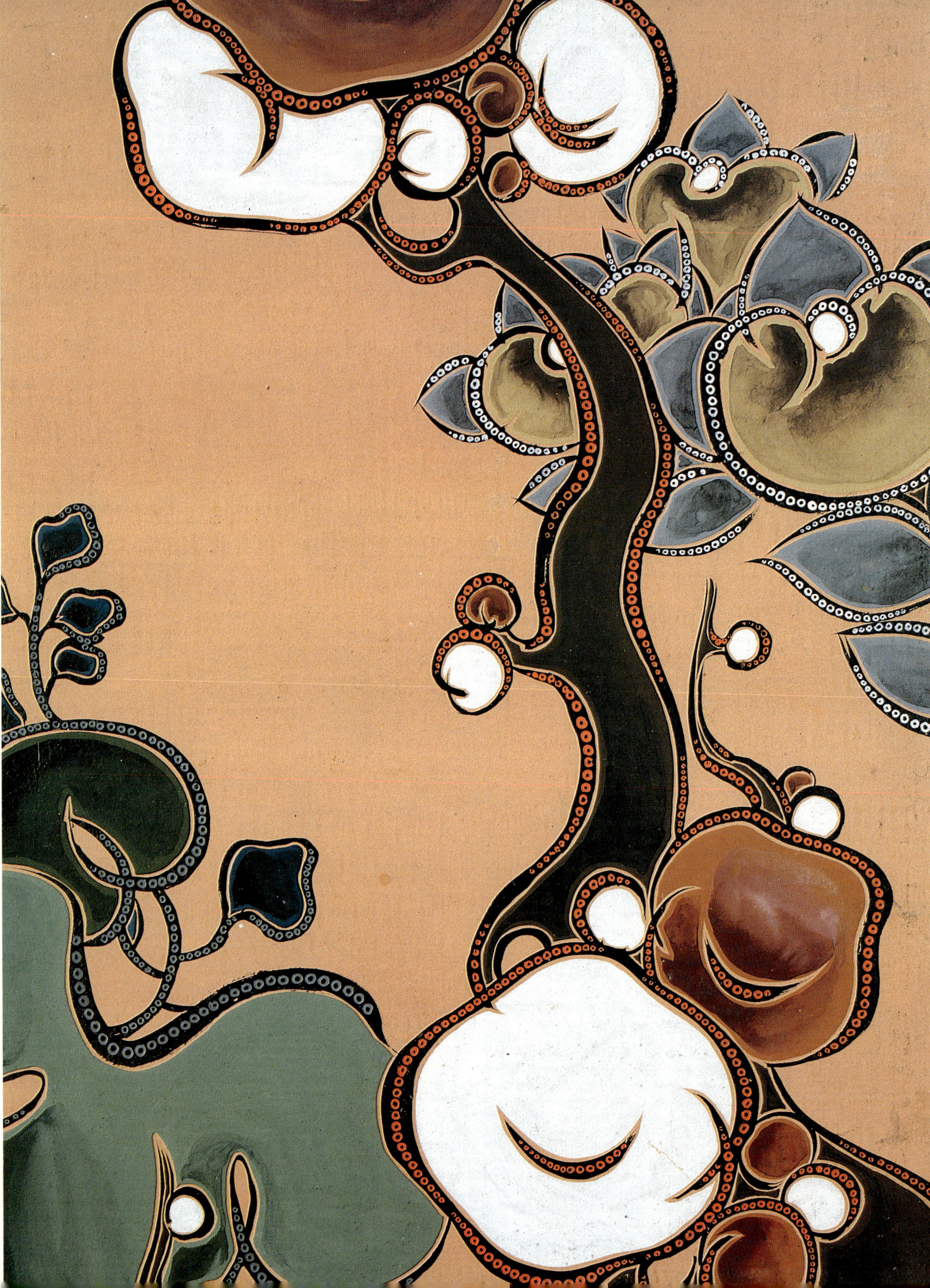

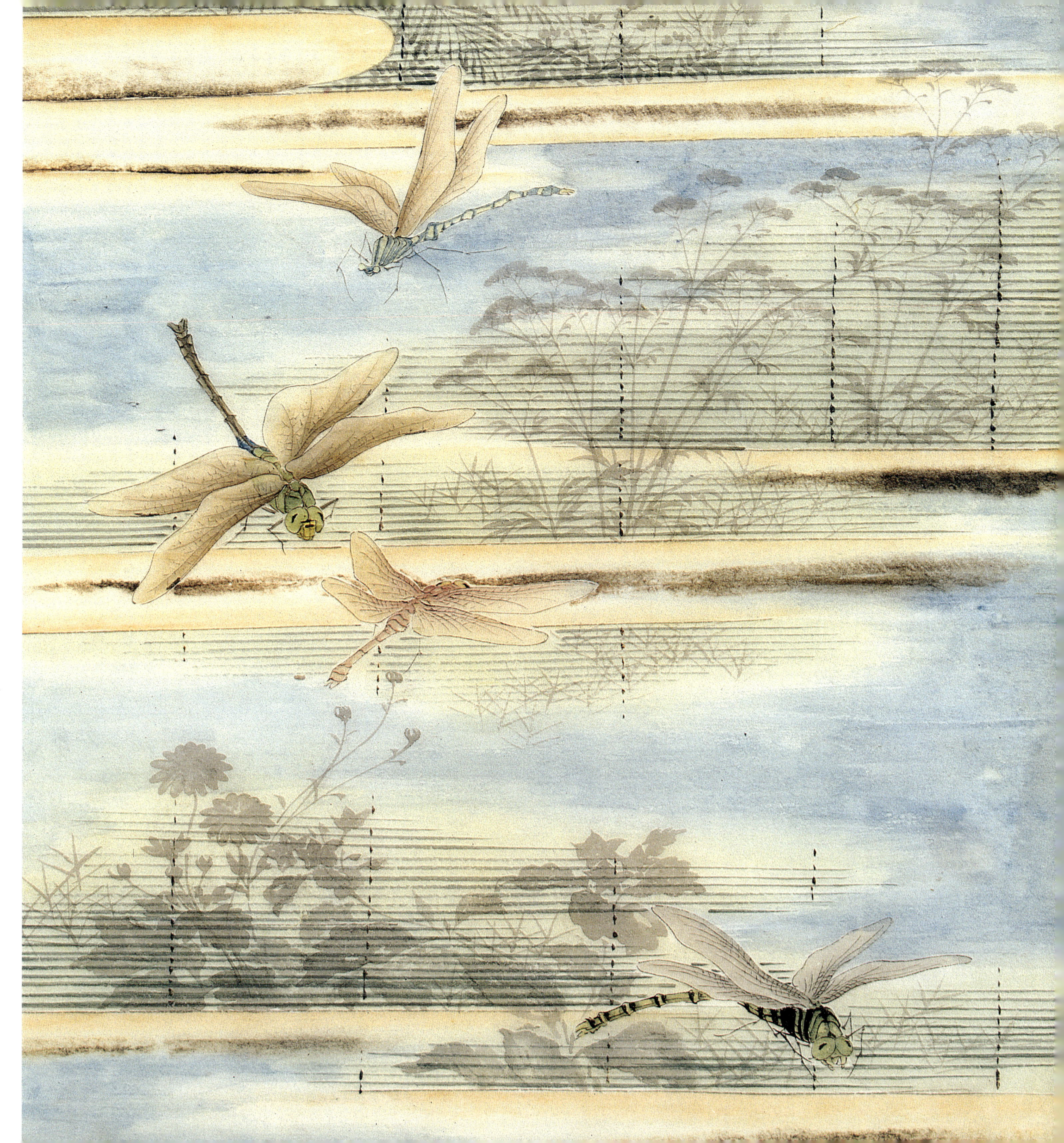

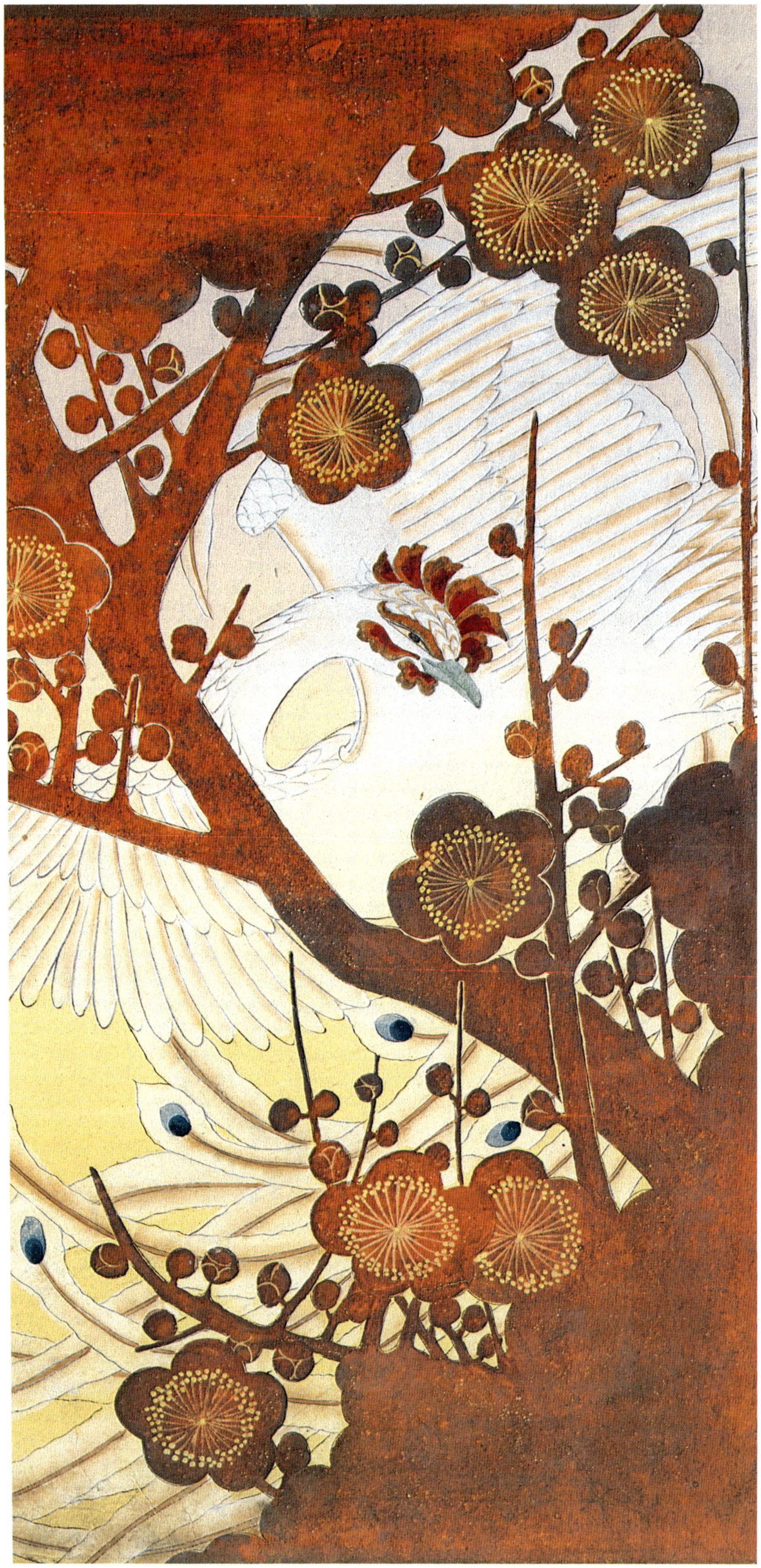

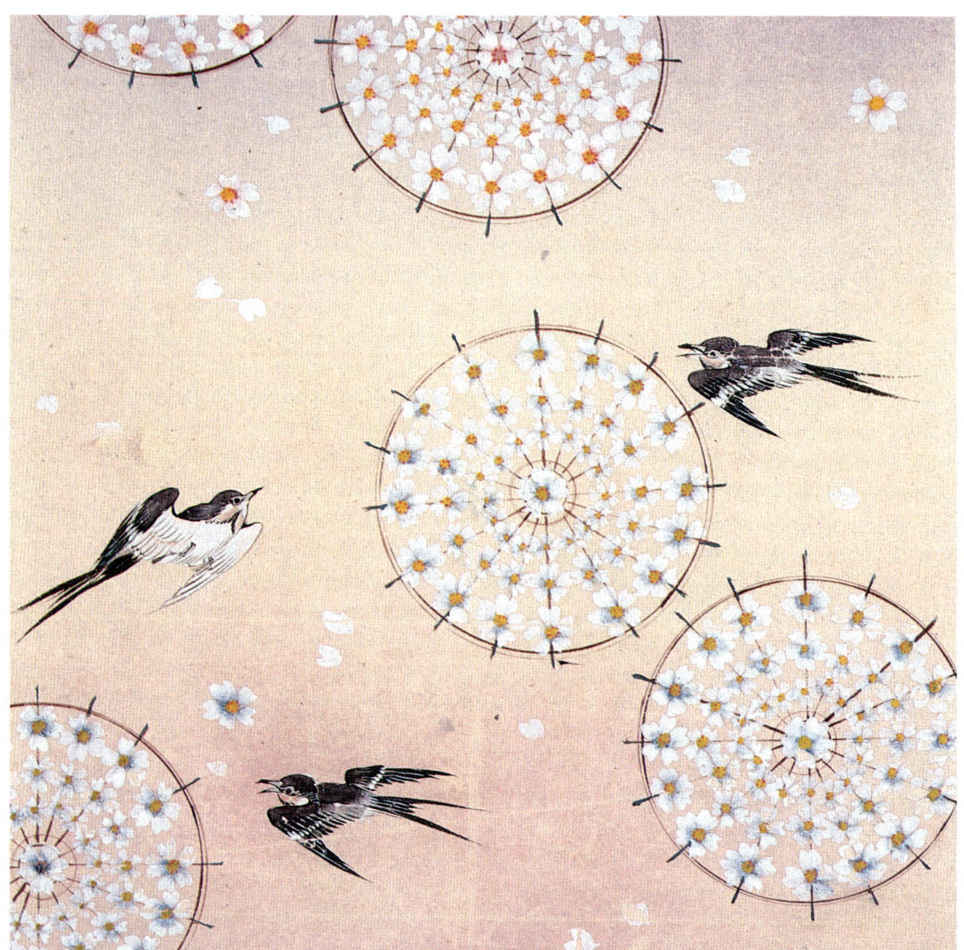

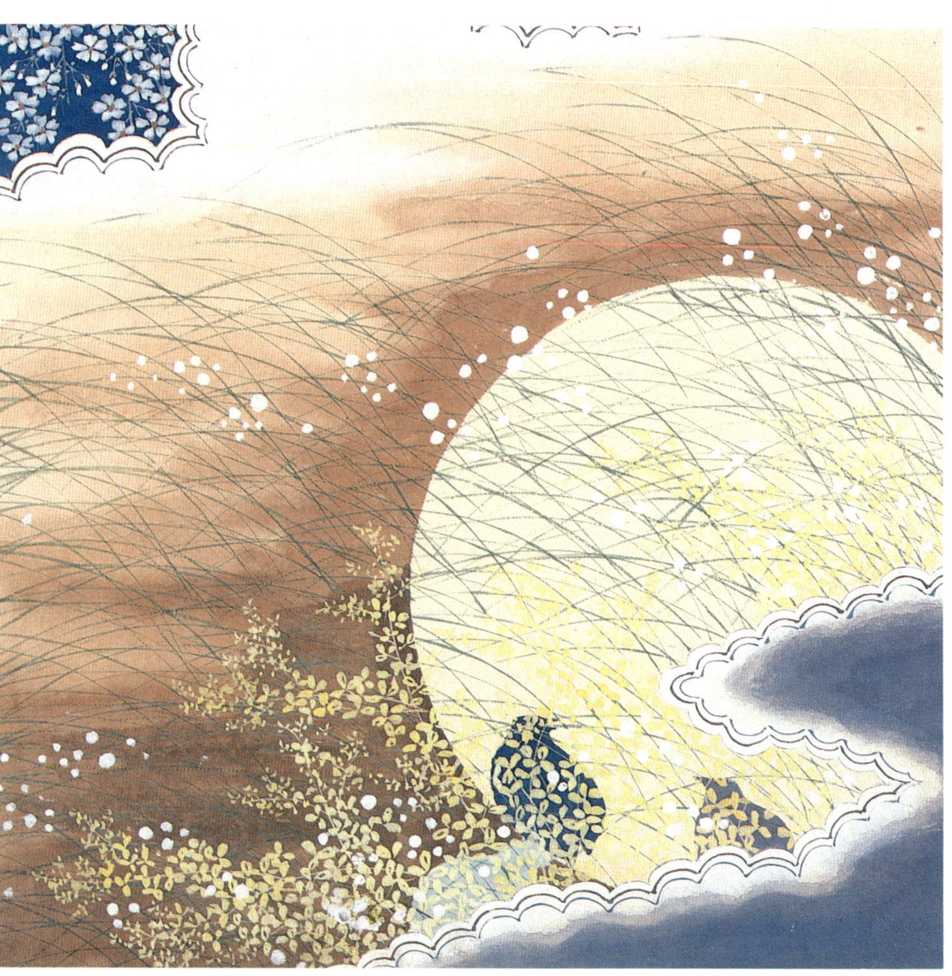

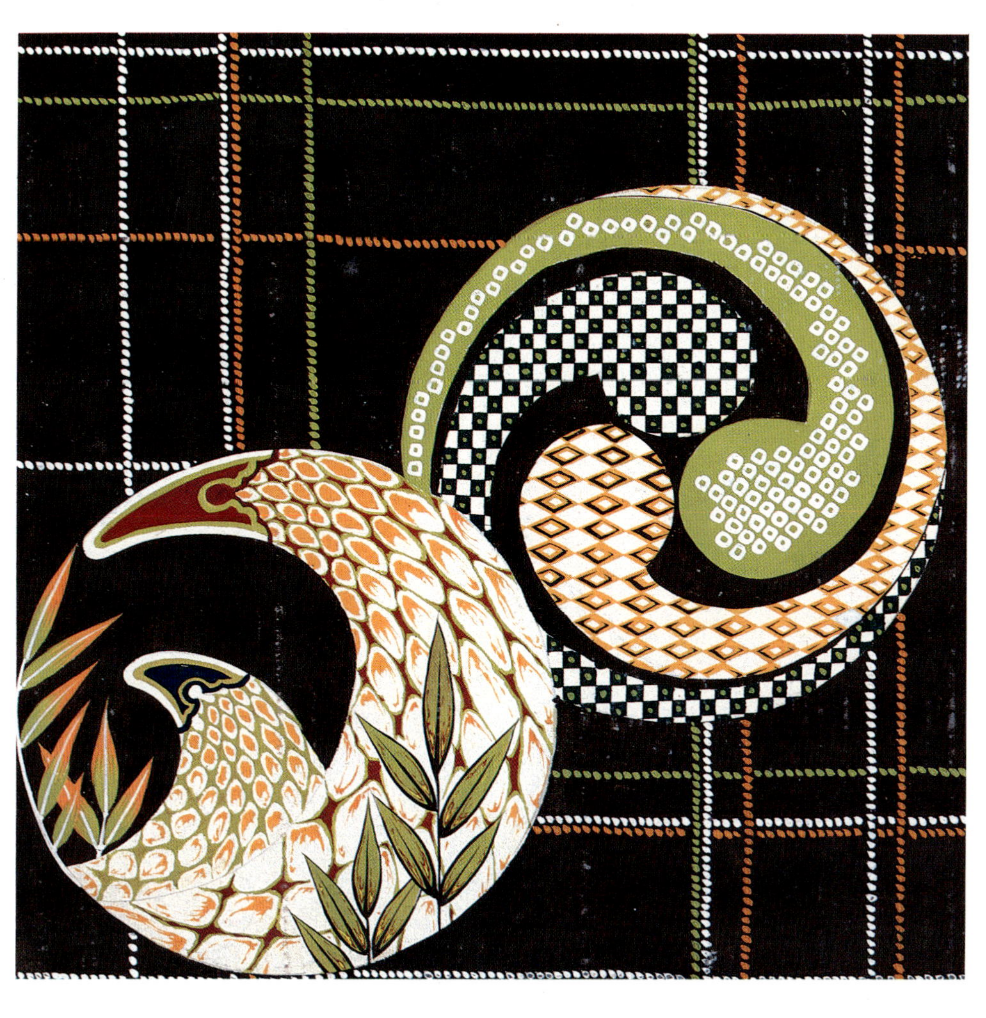
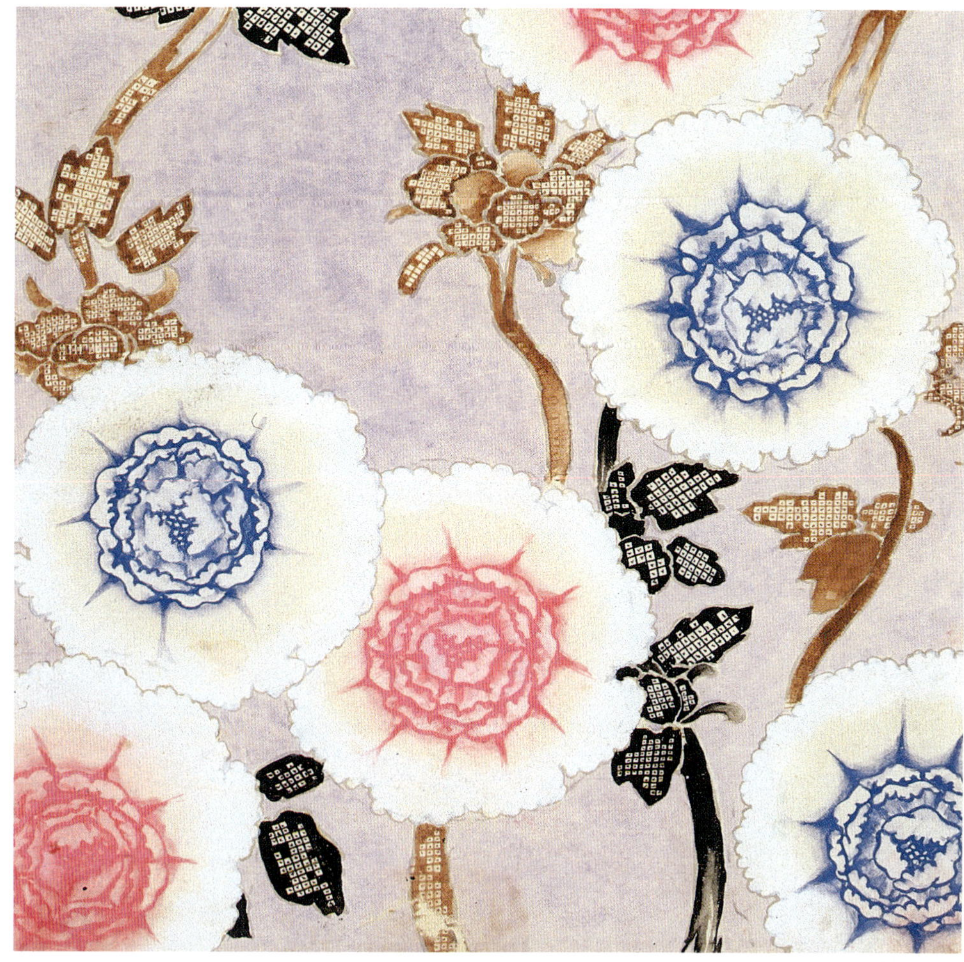

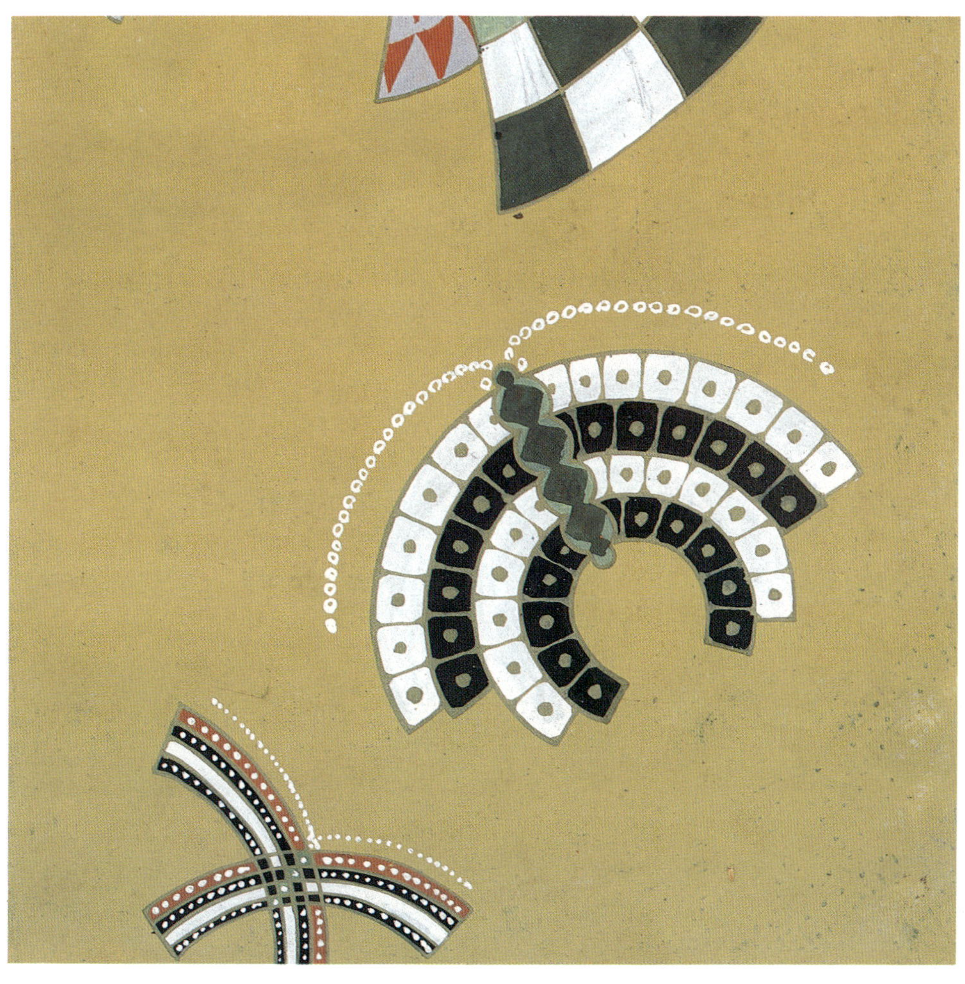
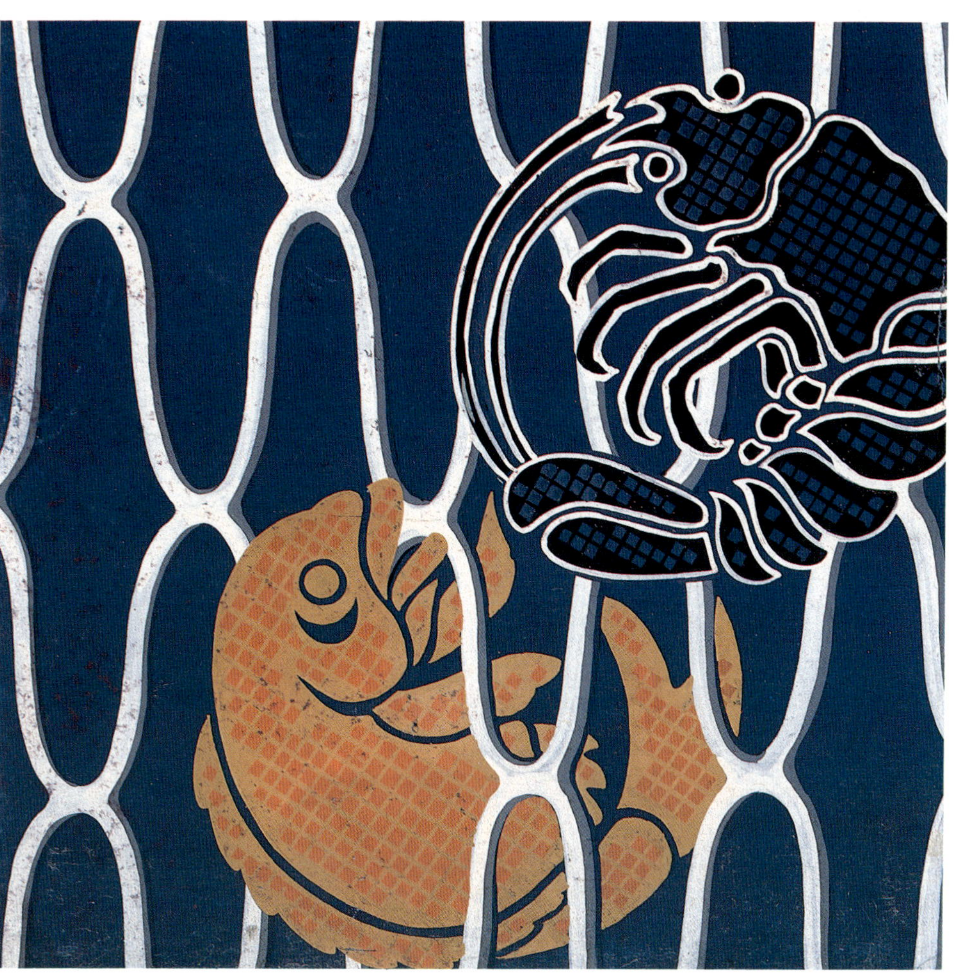

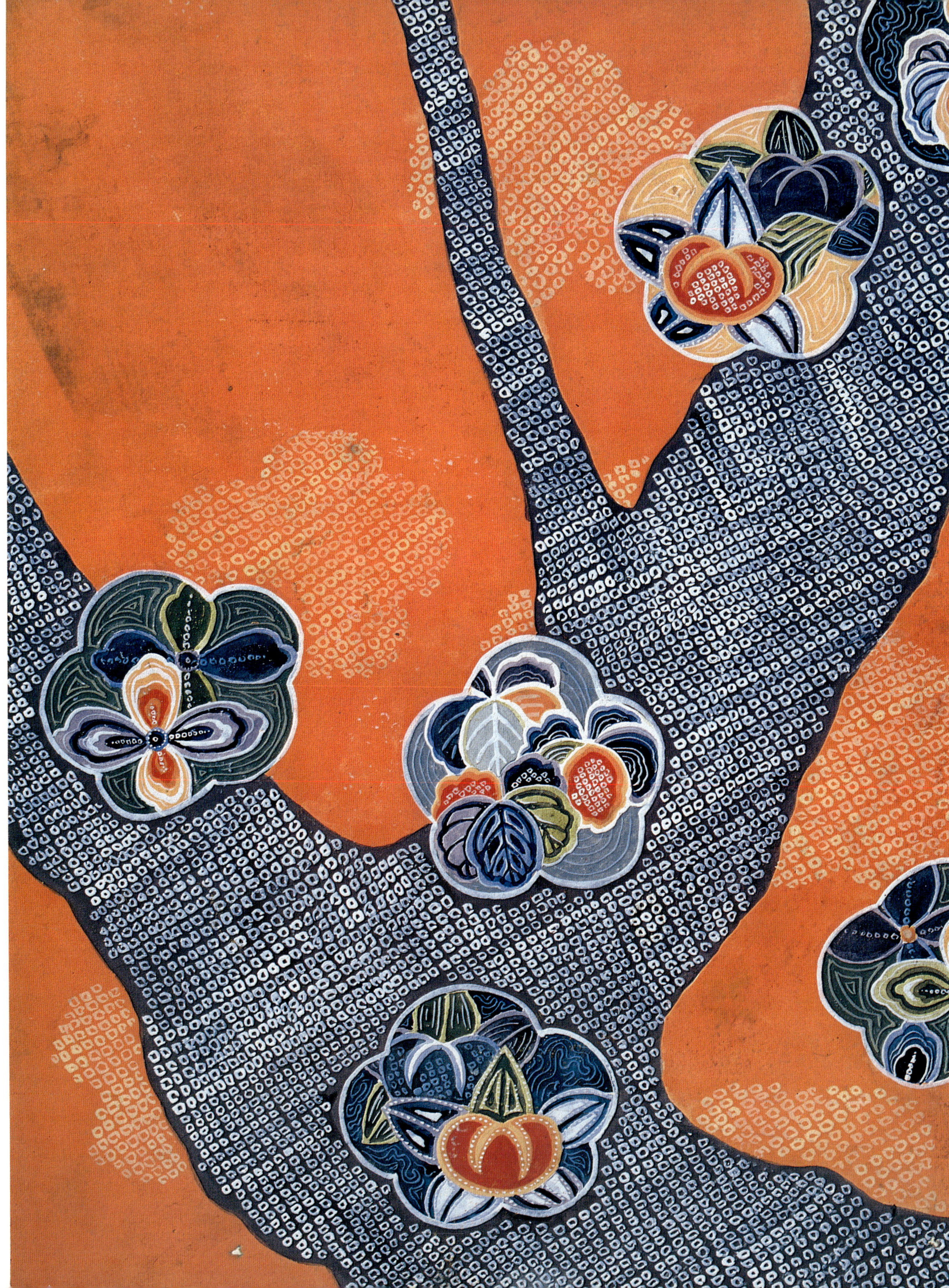

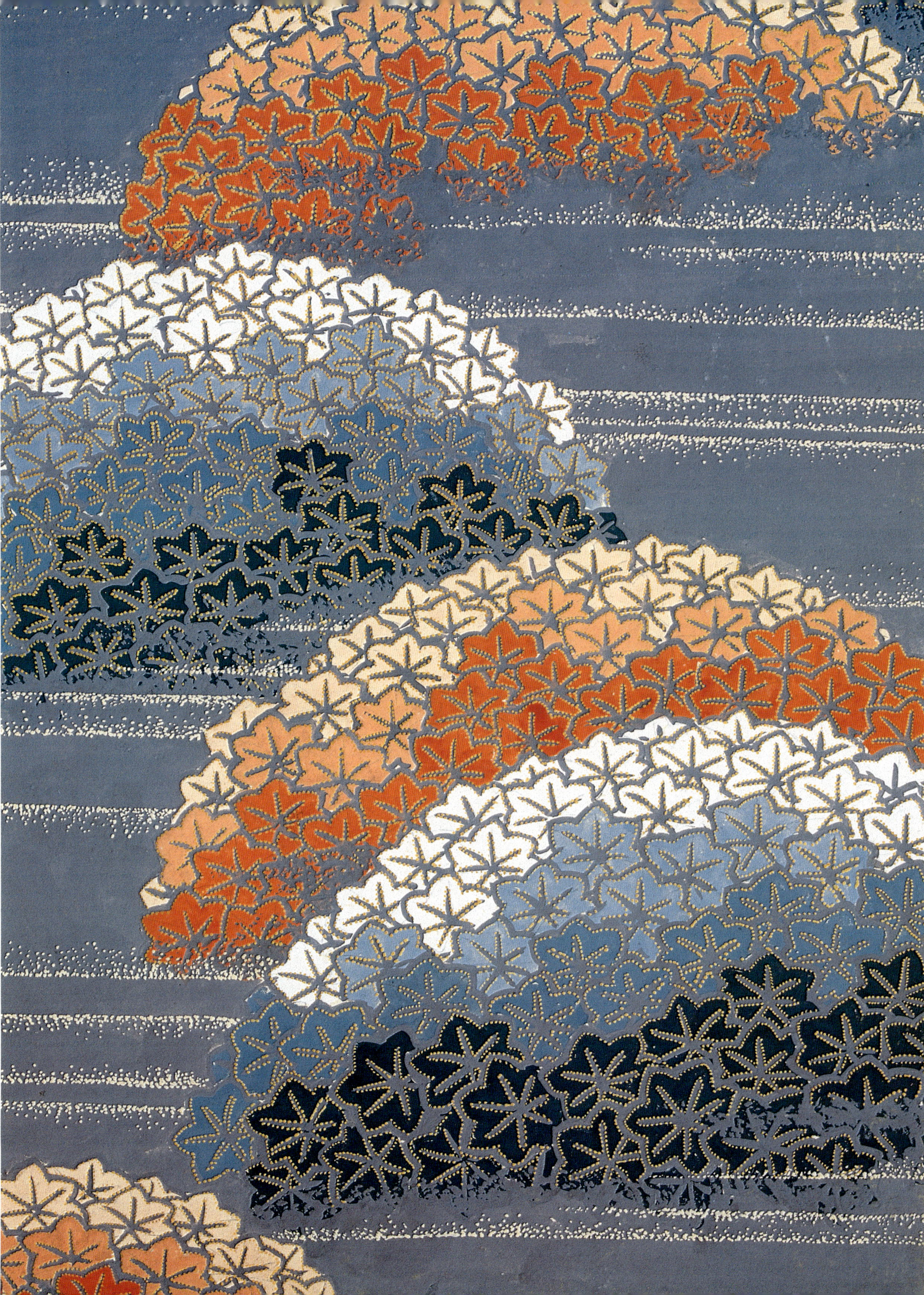

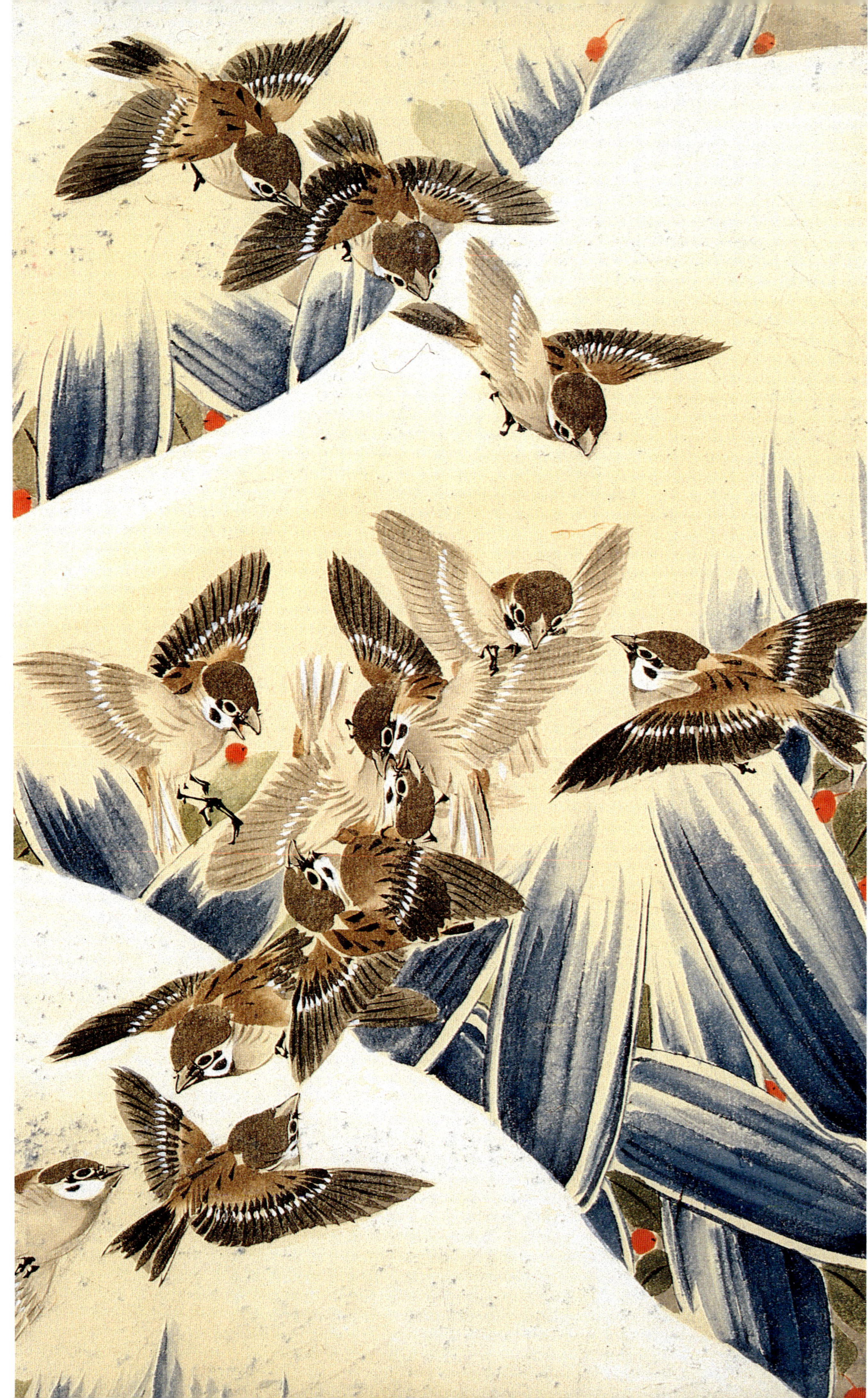

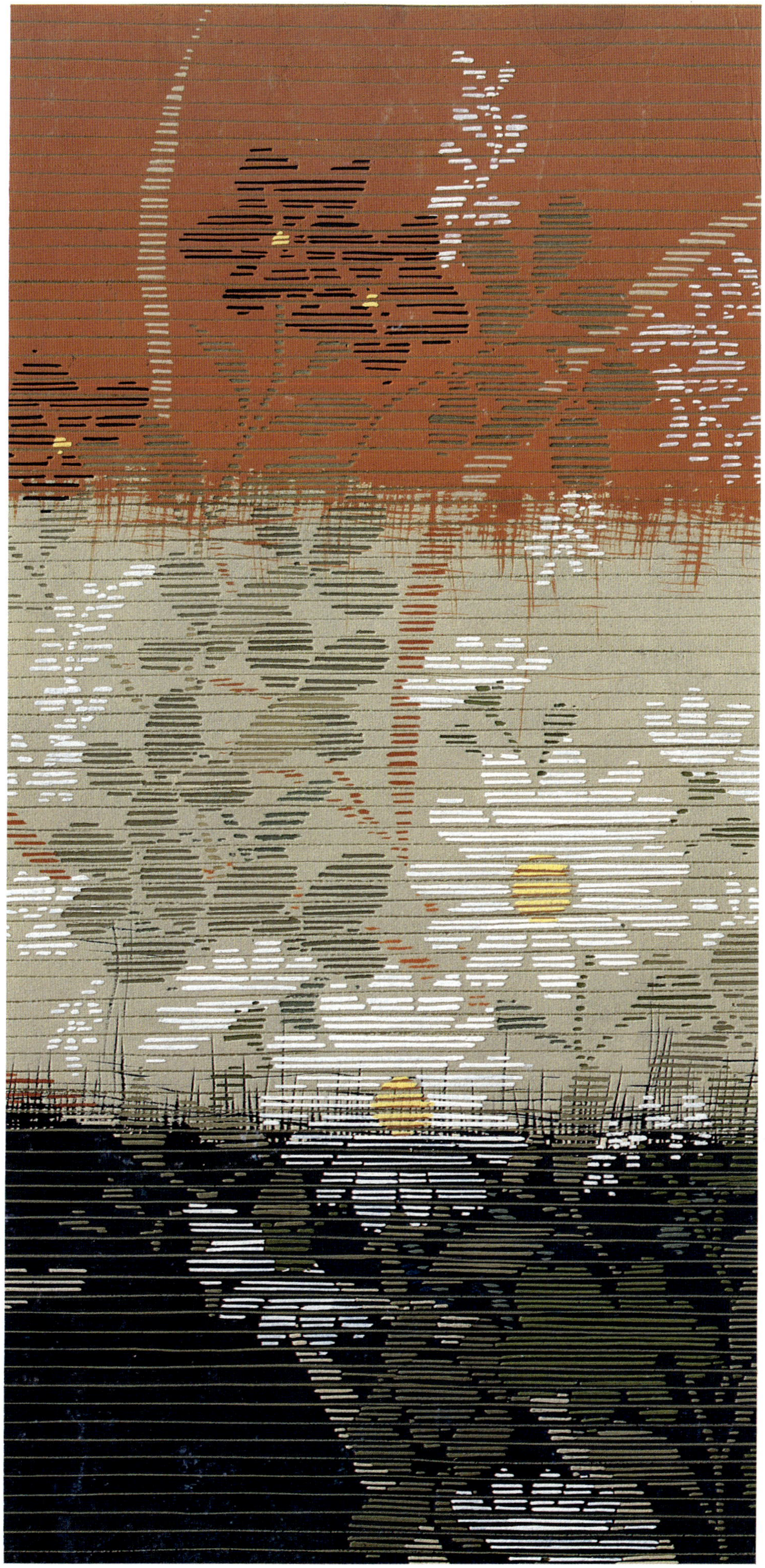

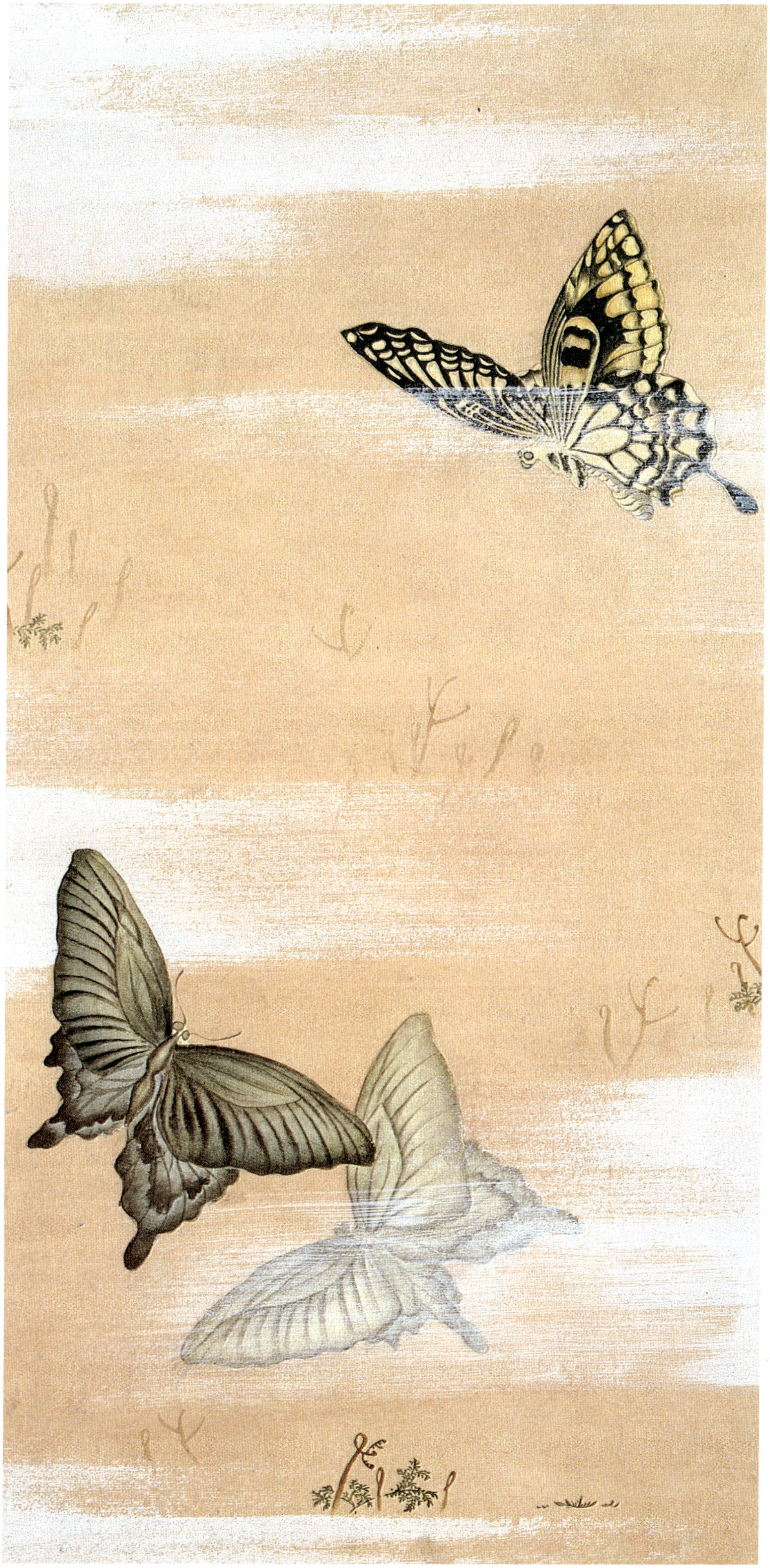

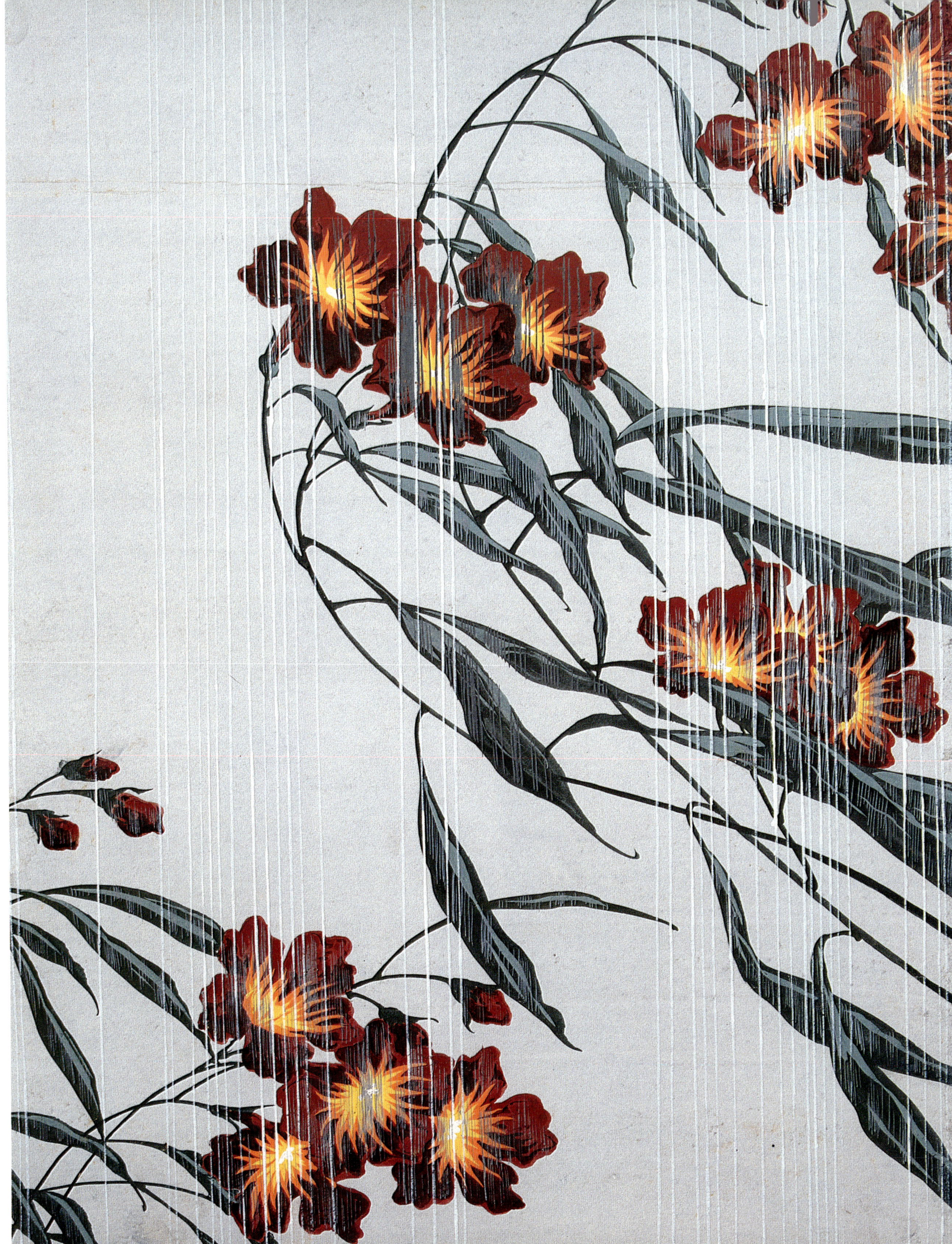

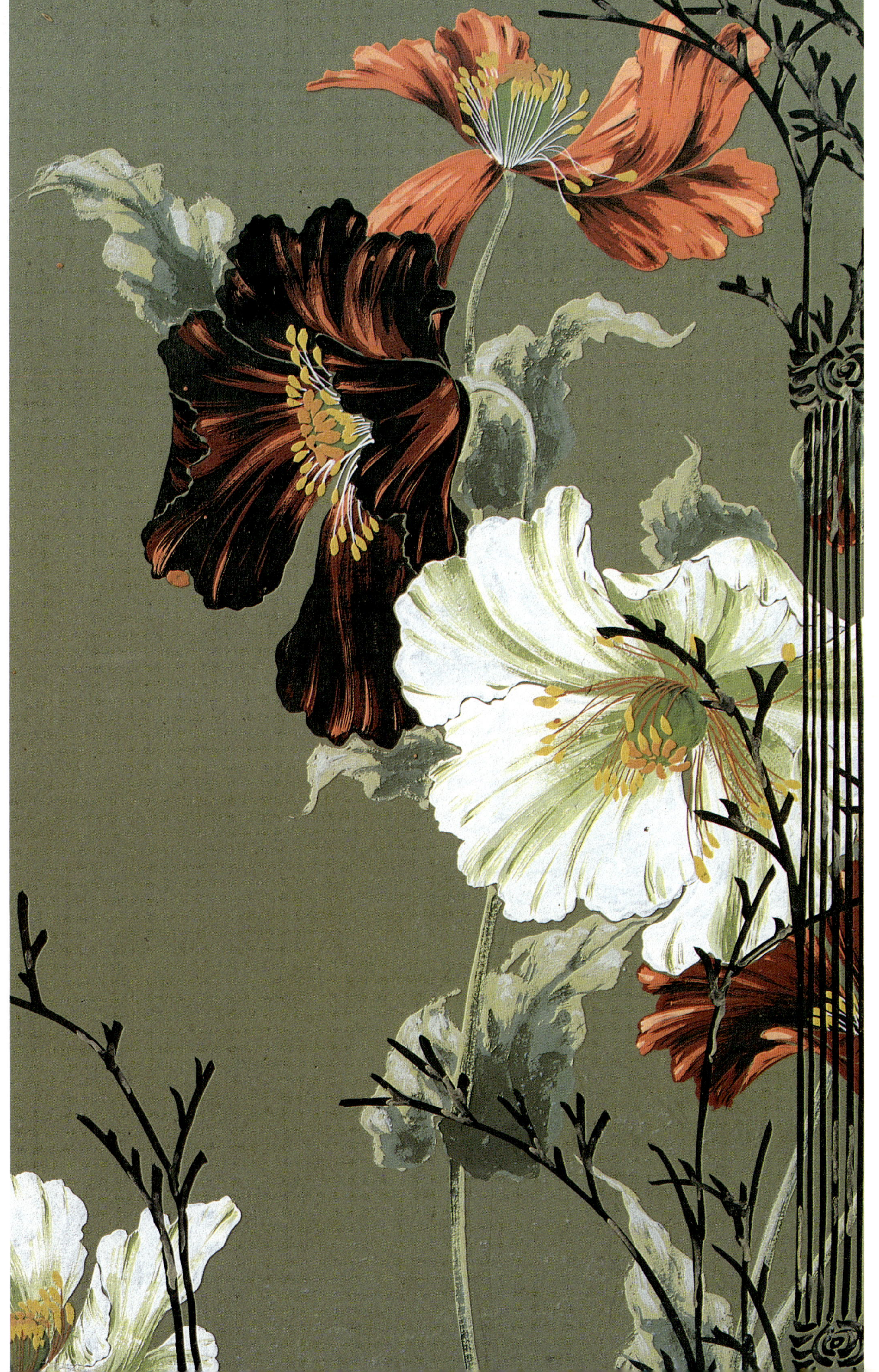

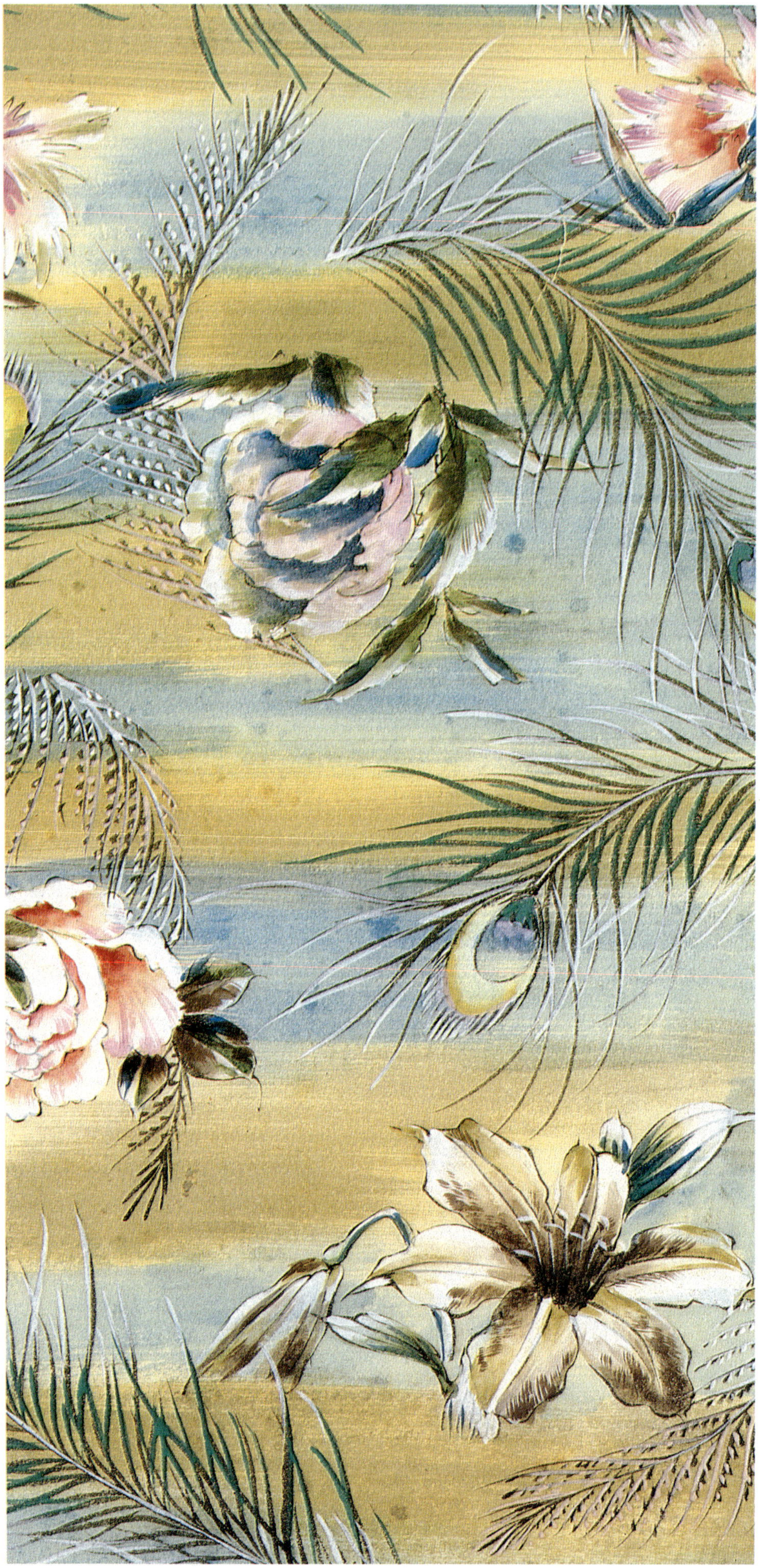

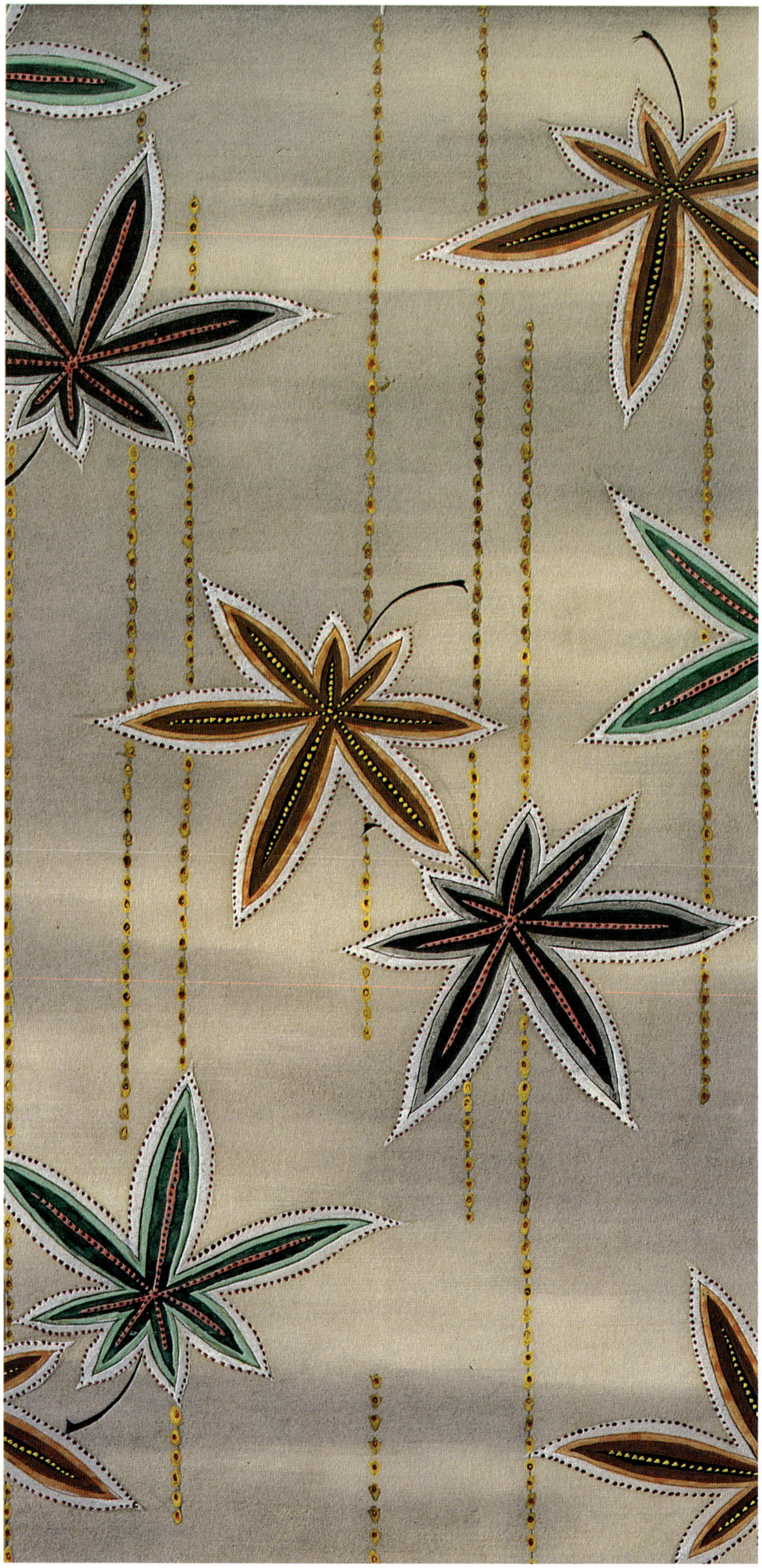

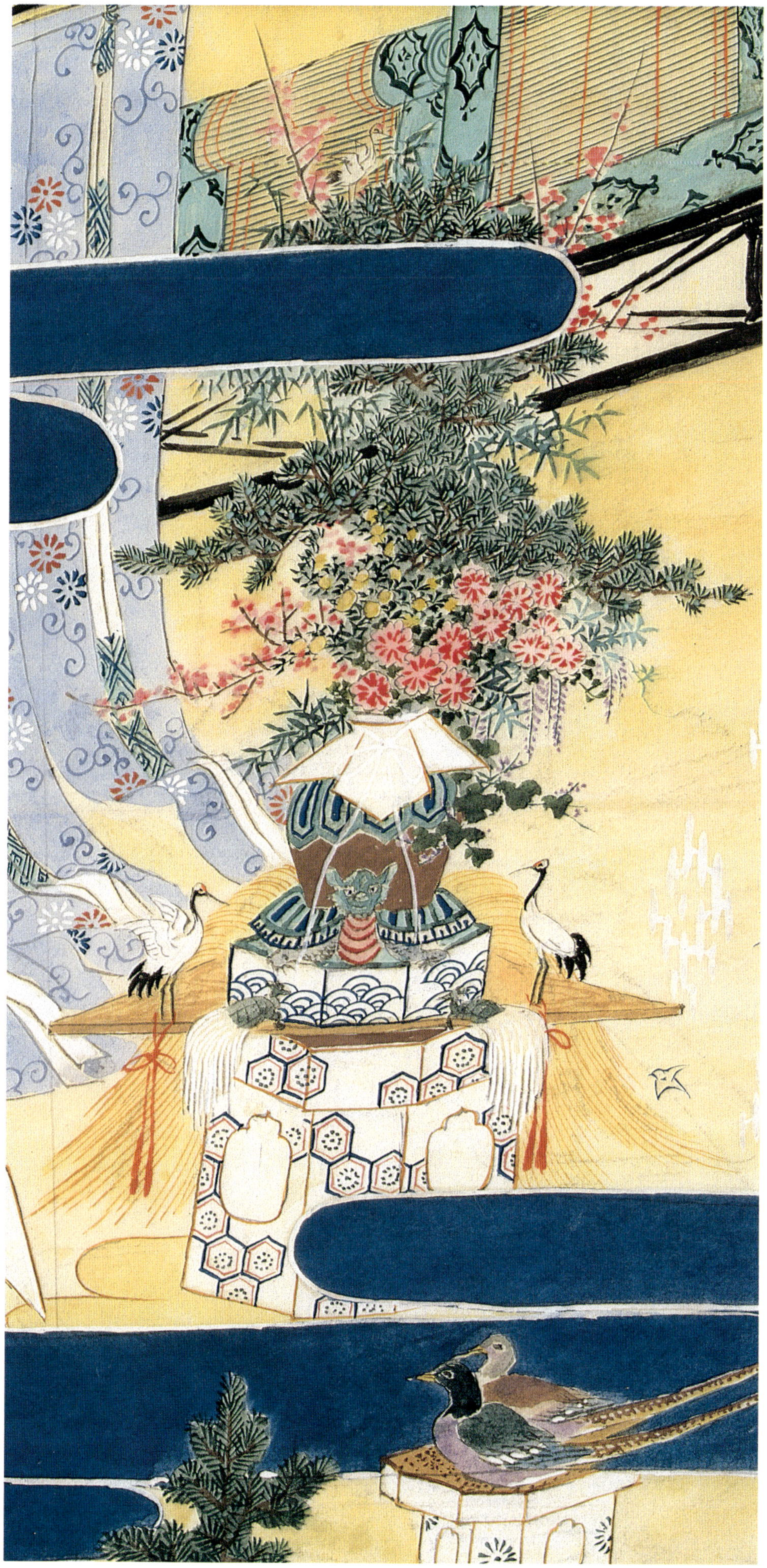

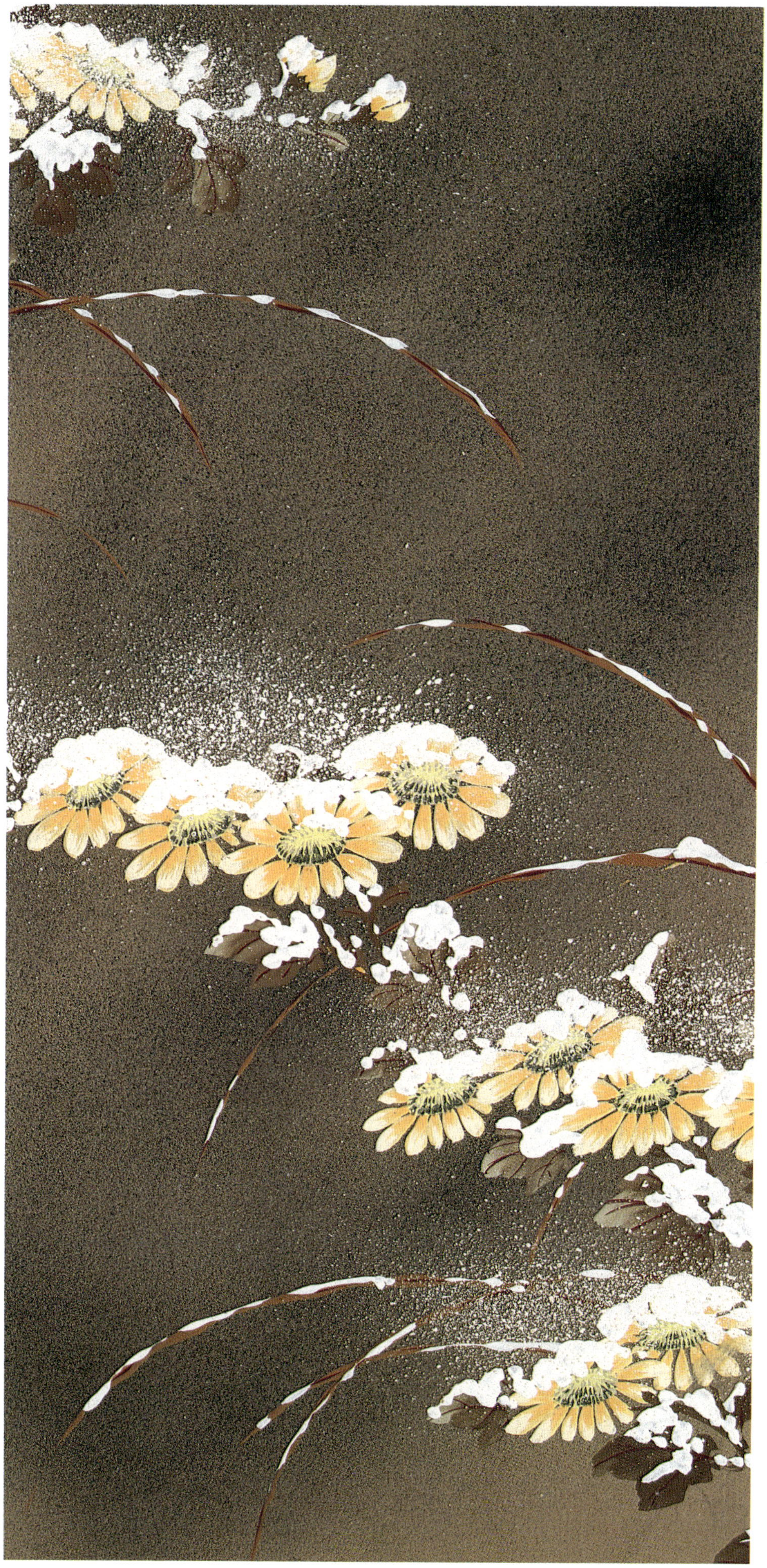

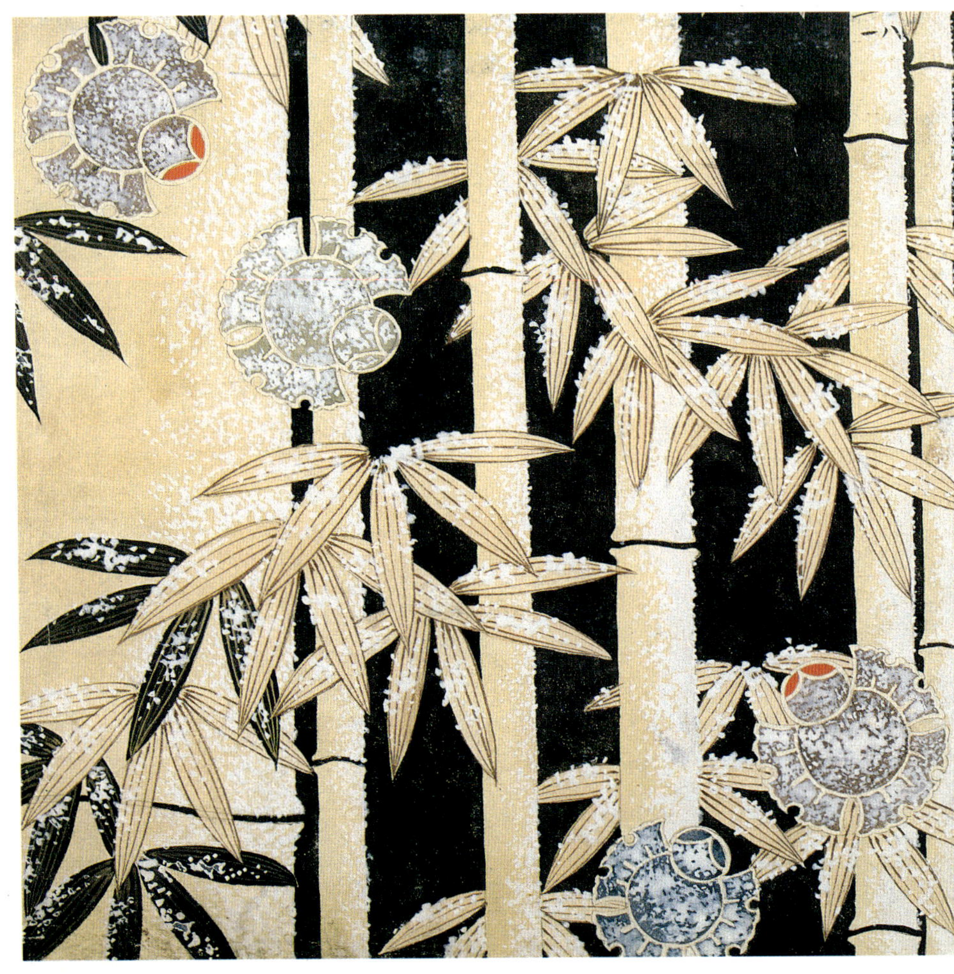

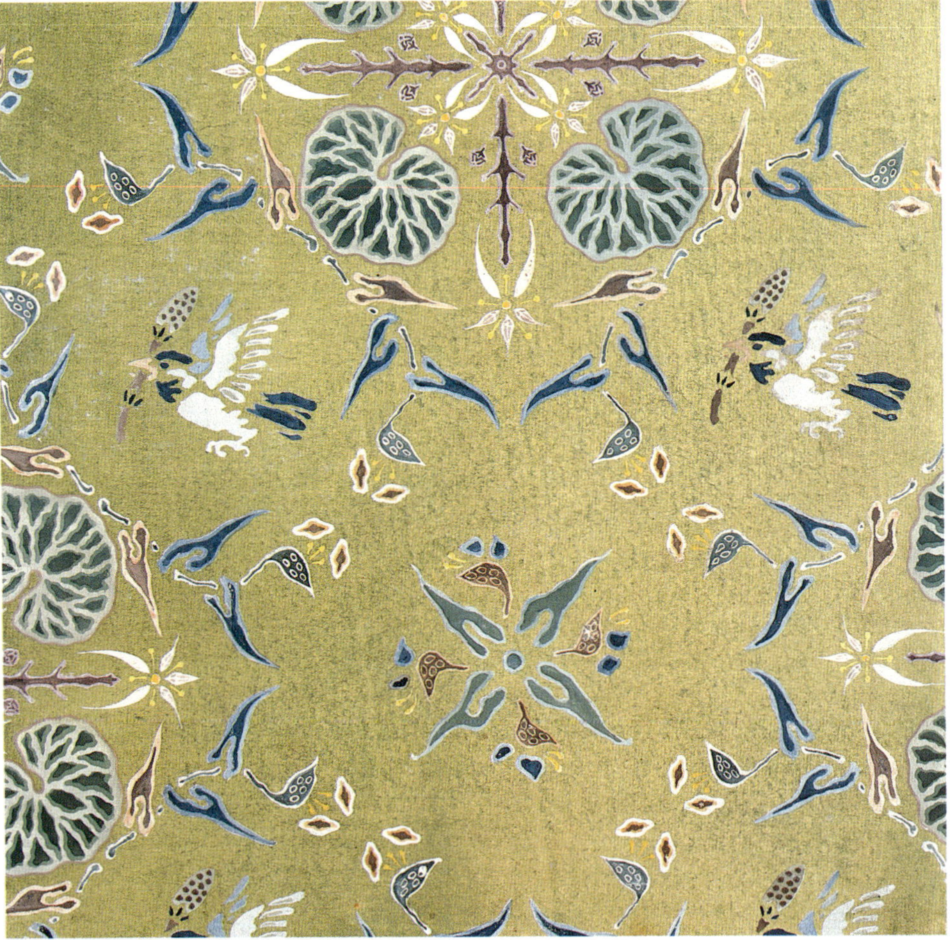

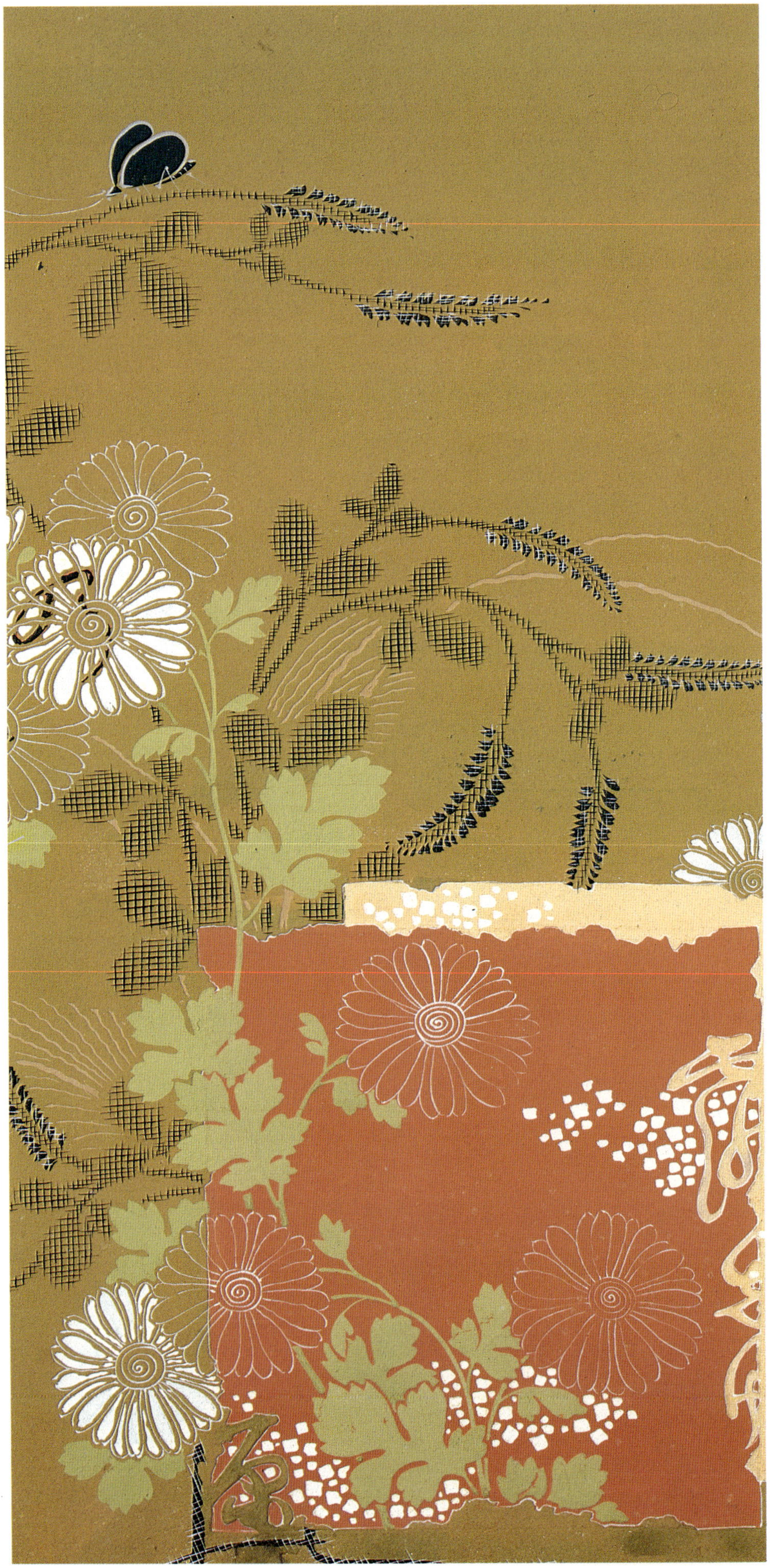

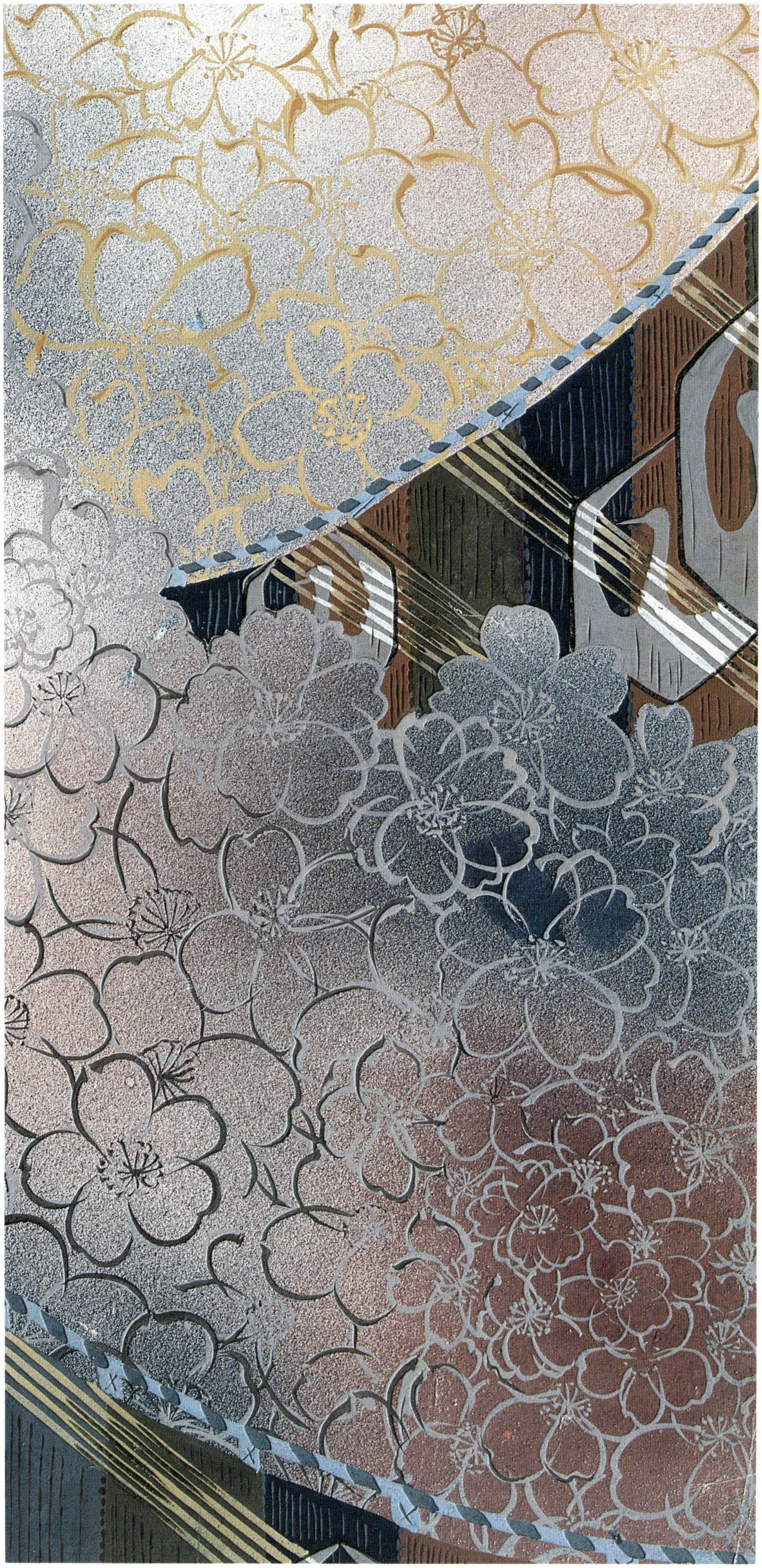

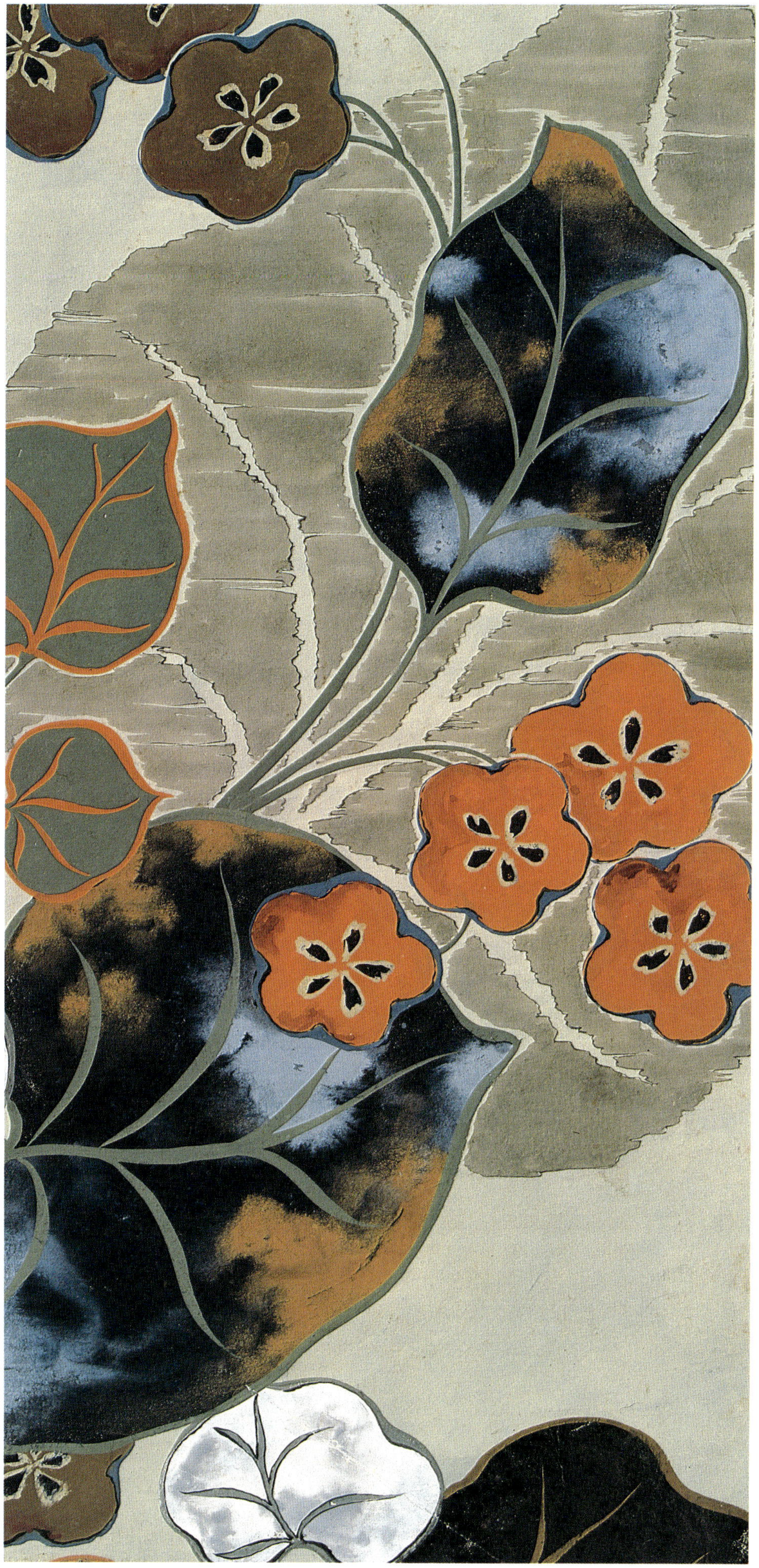

45

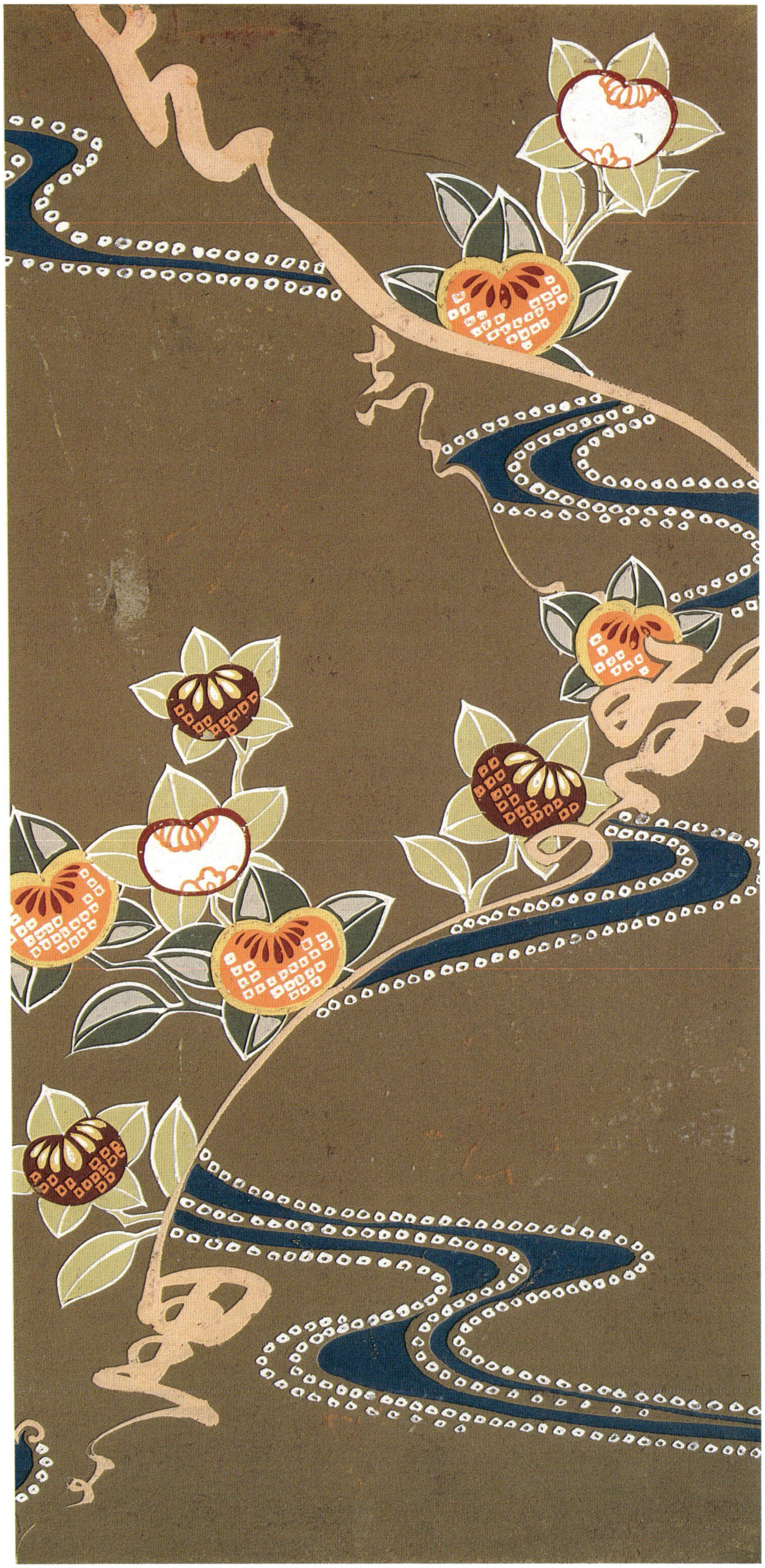

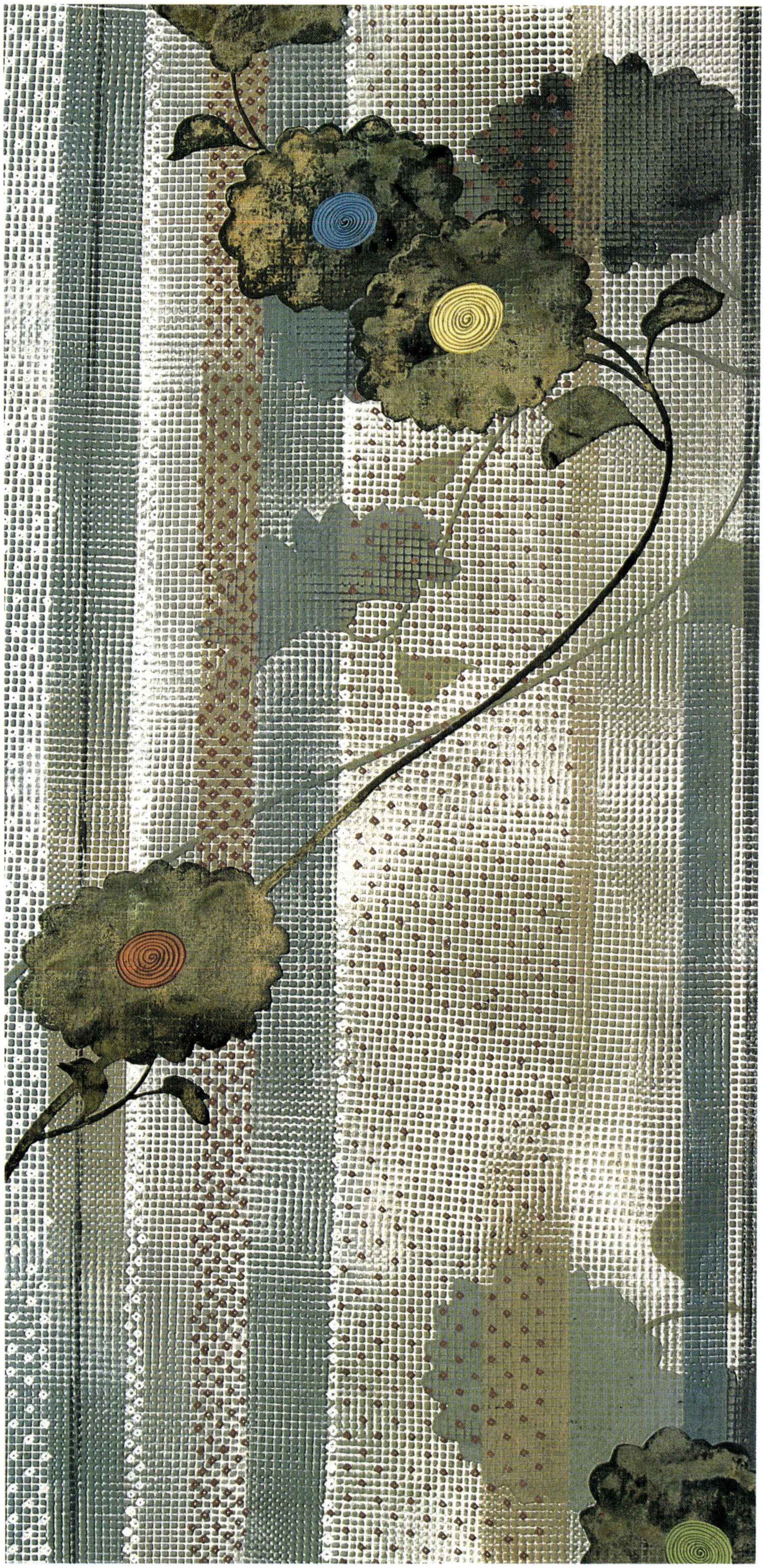

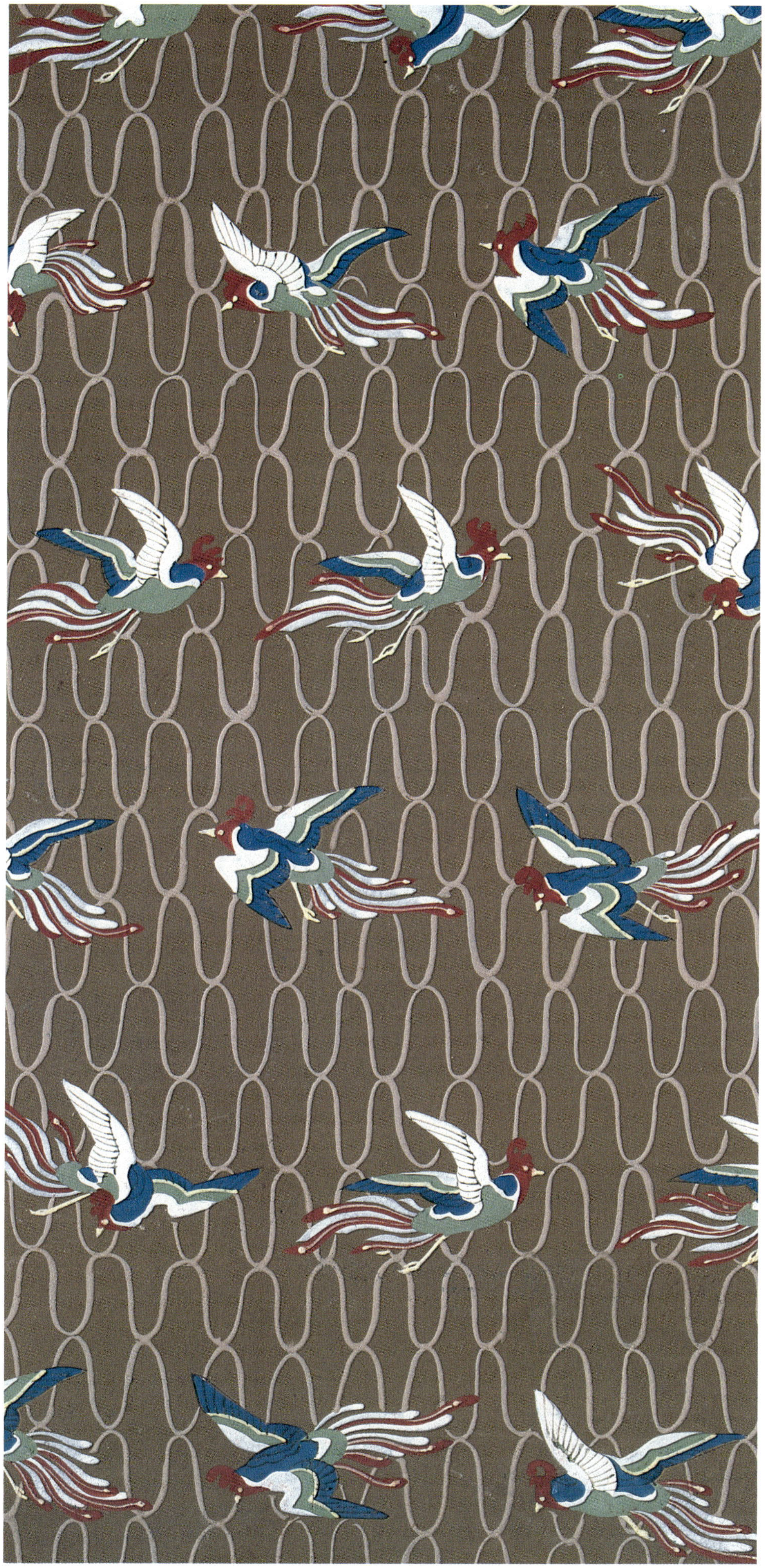

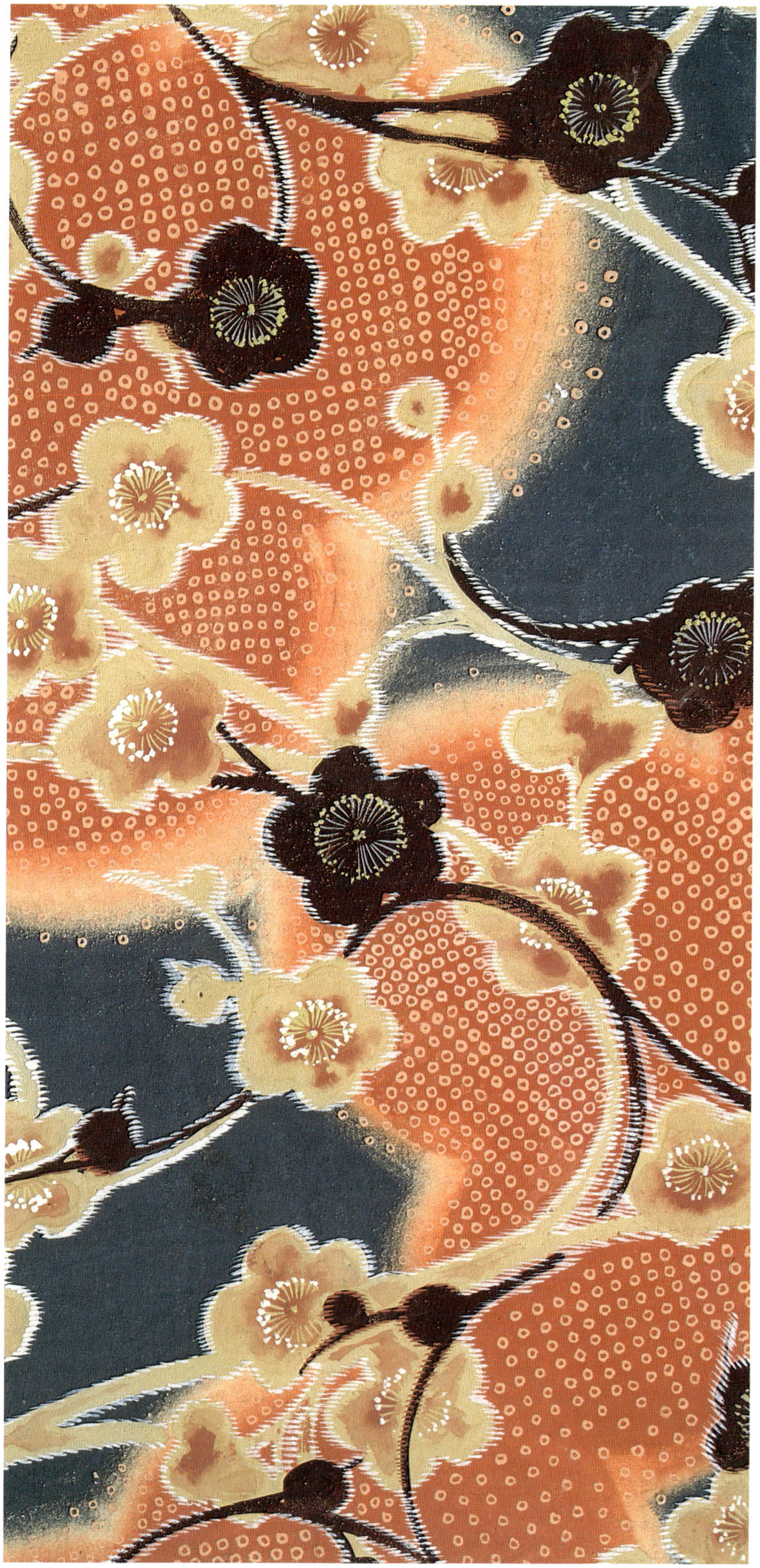

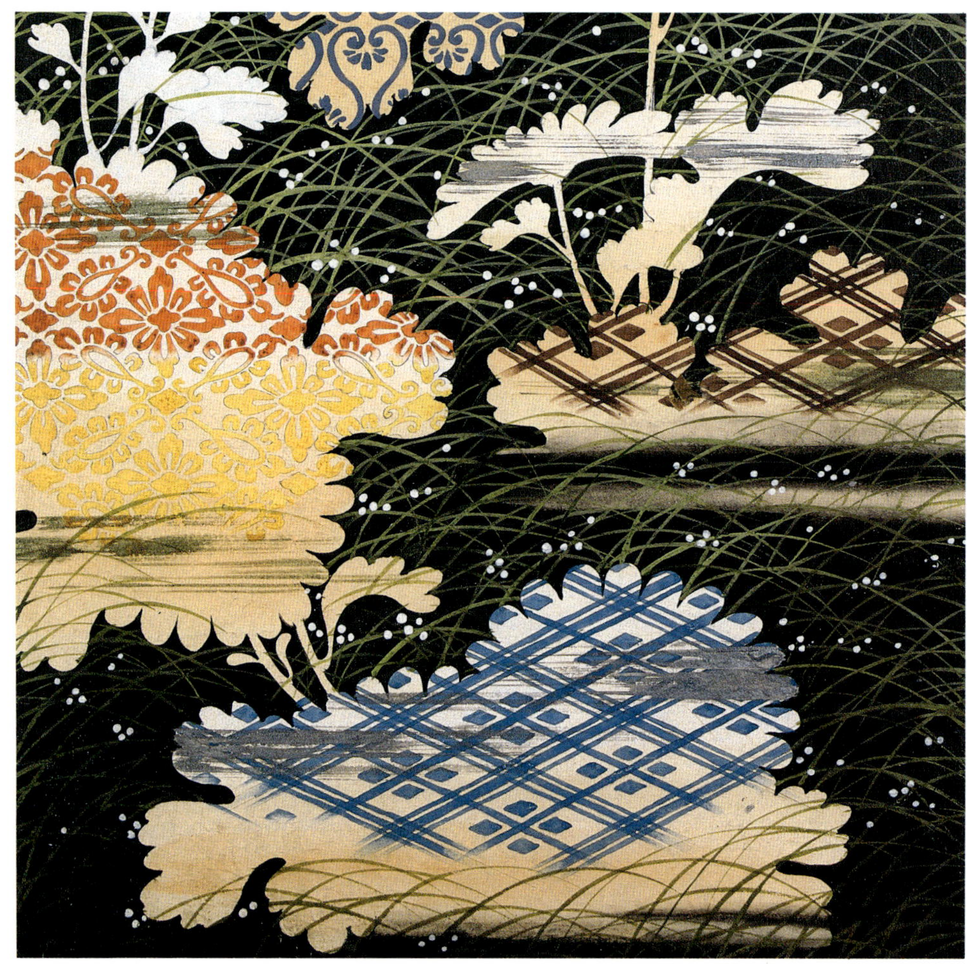

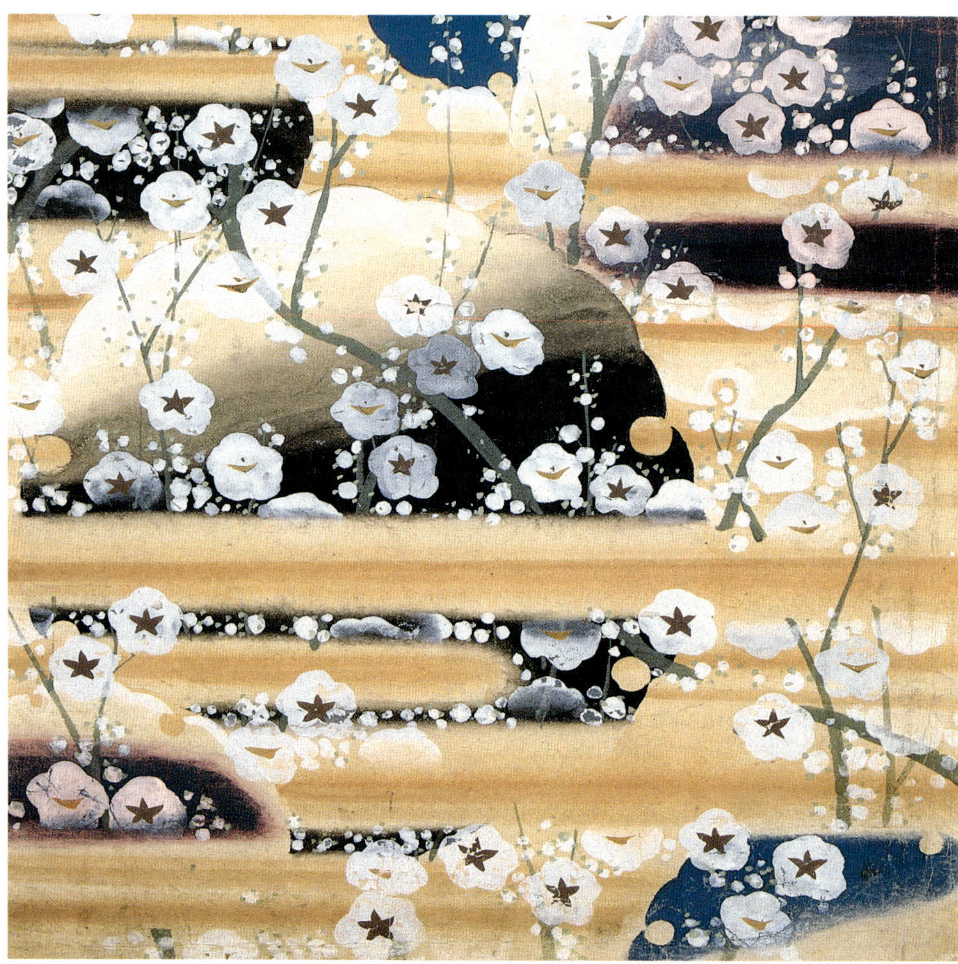

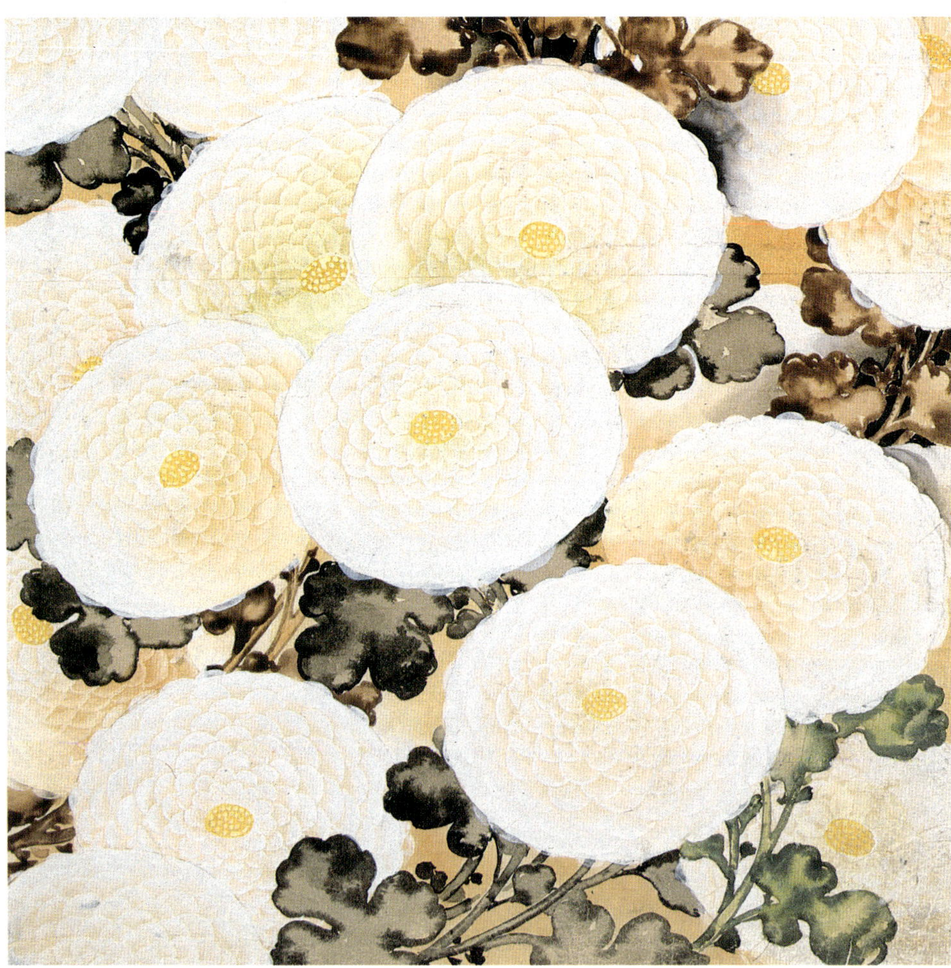

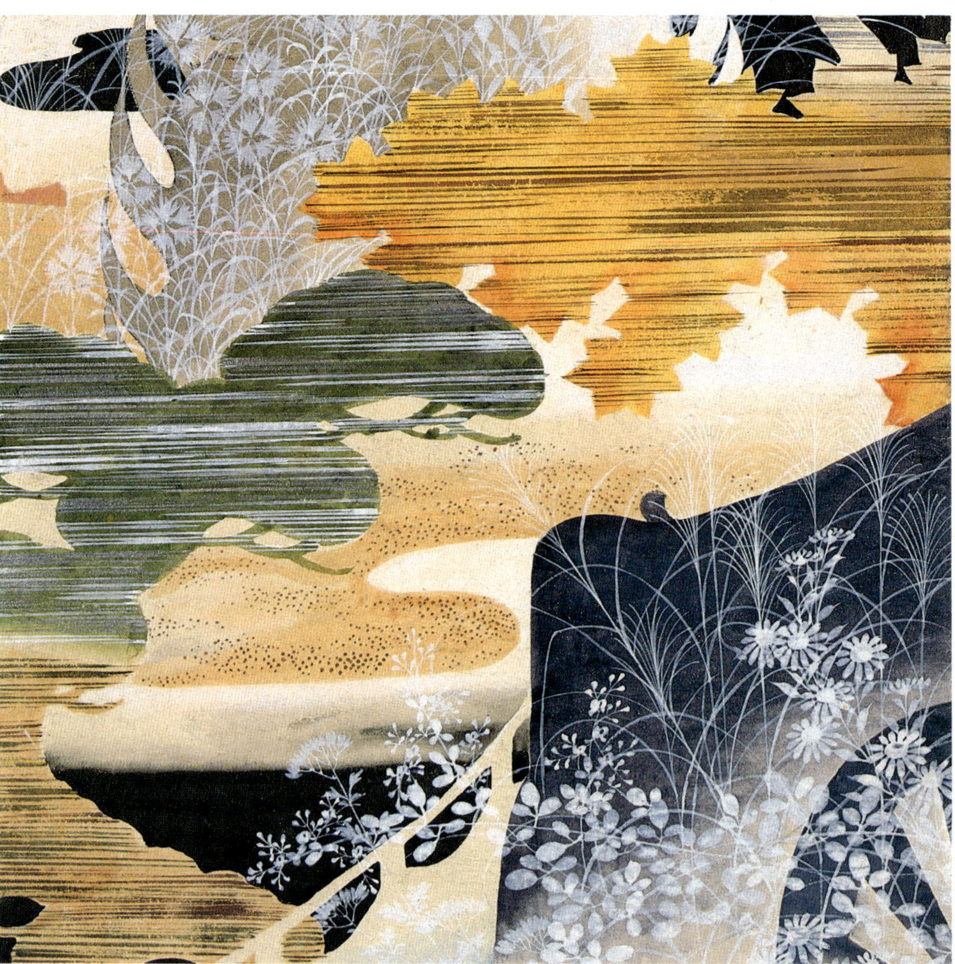

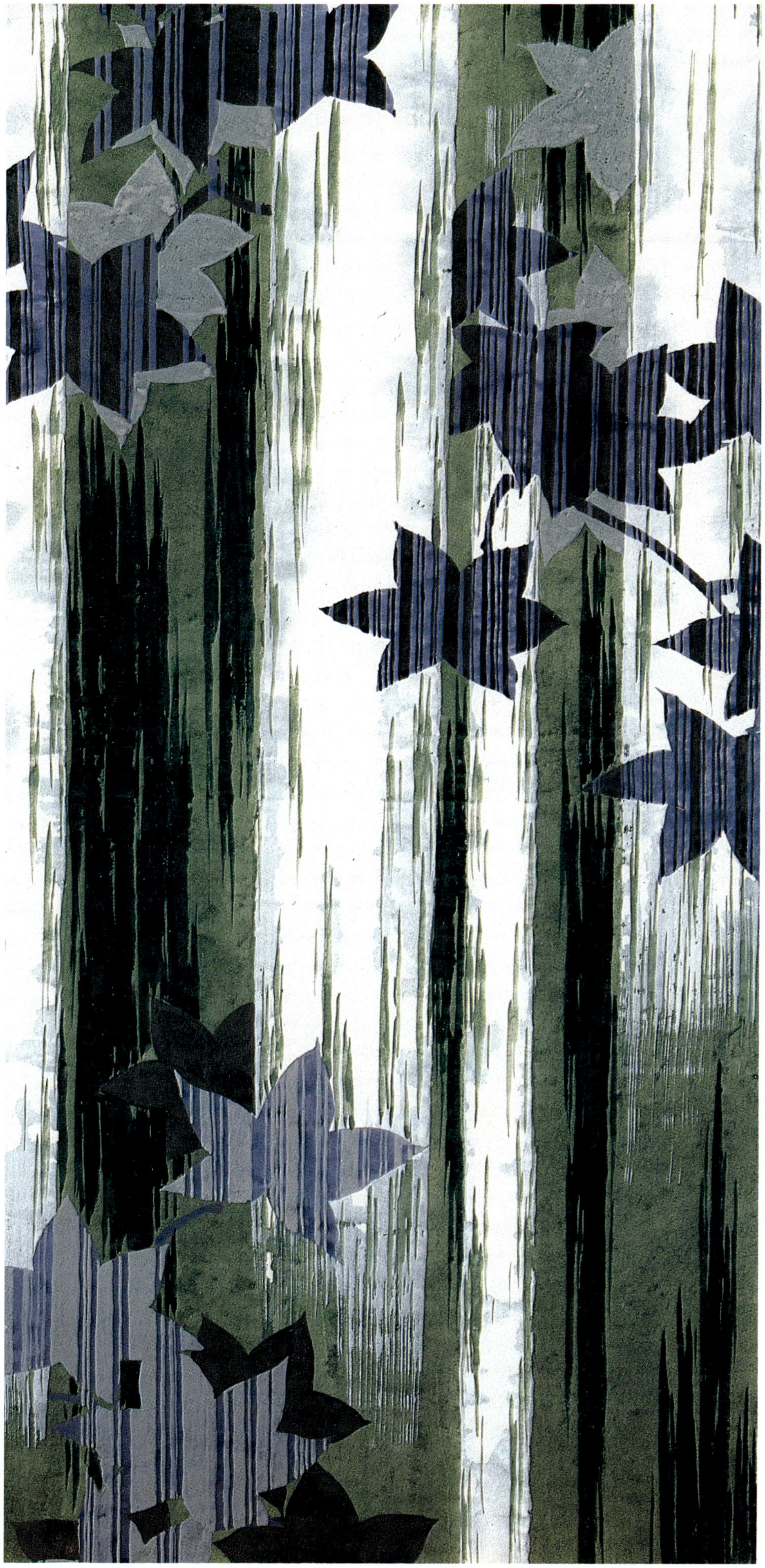

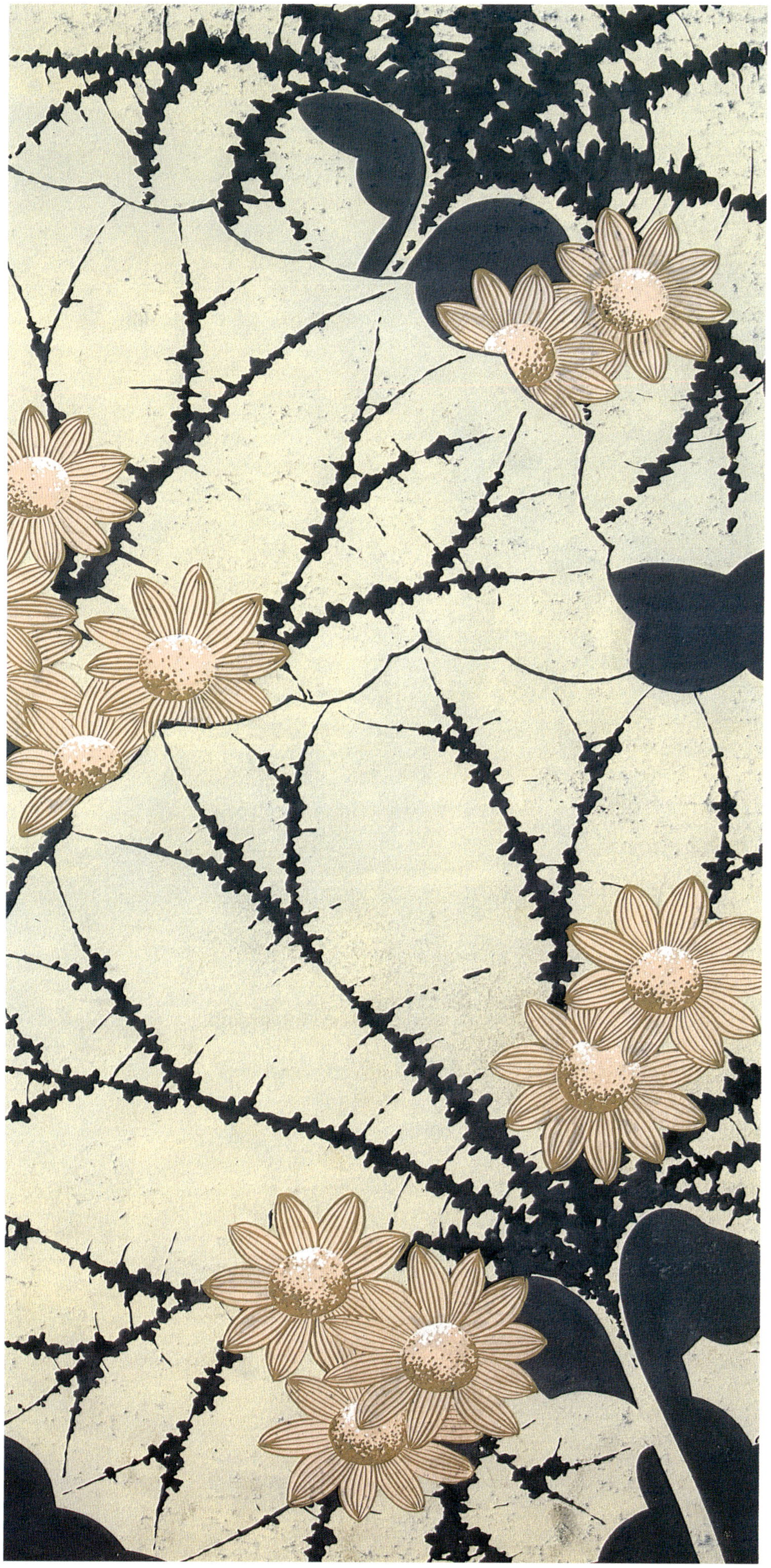

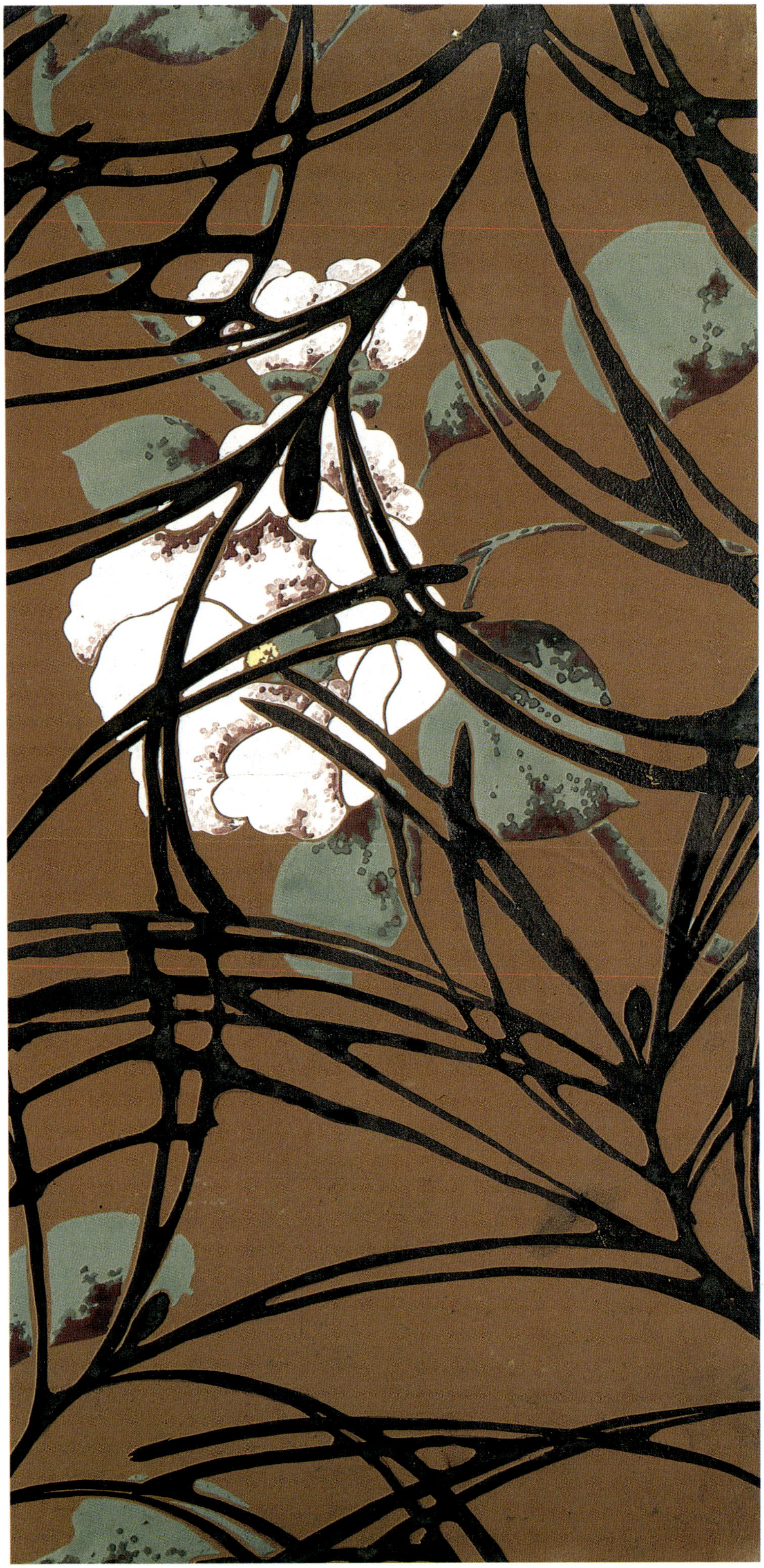

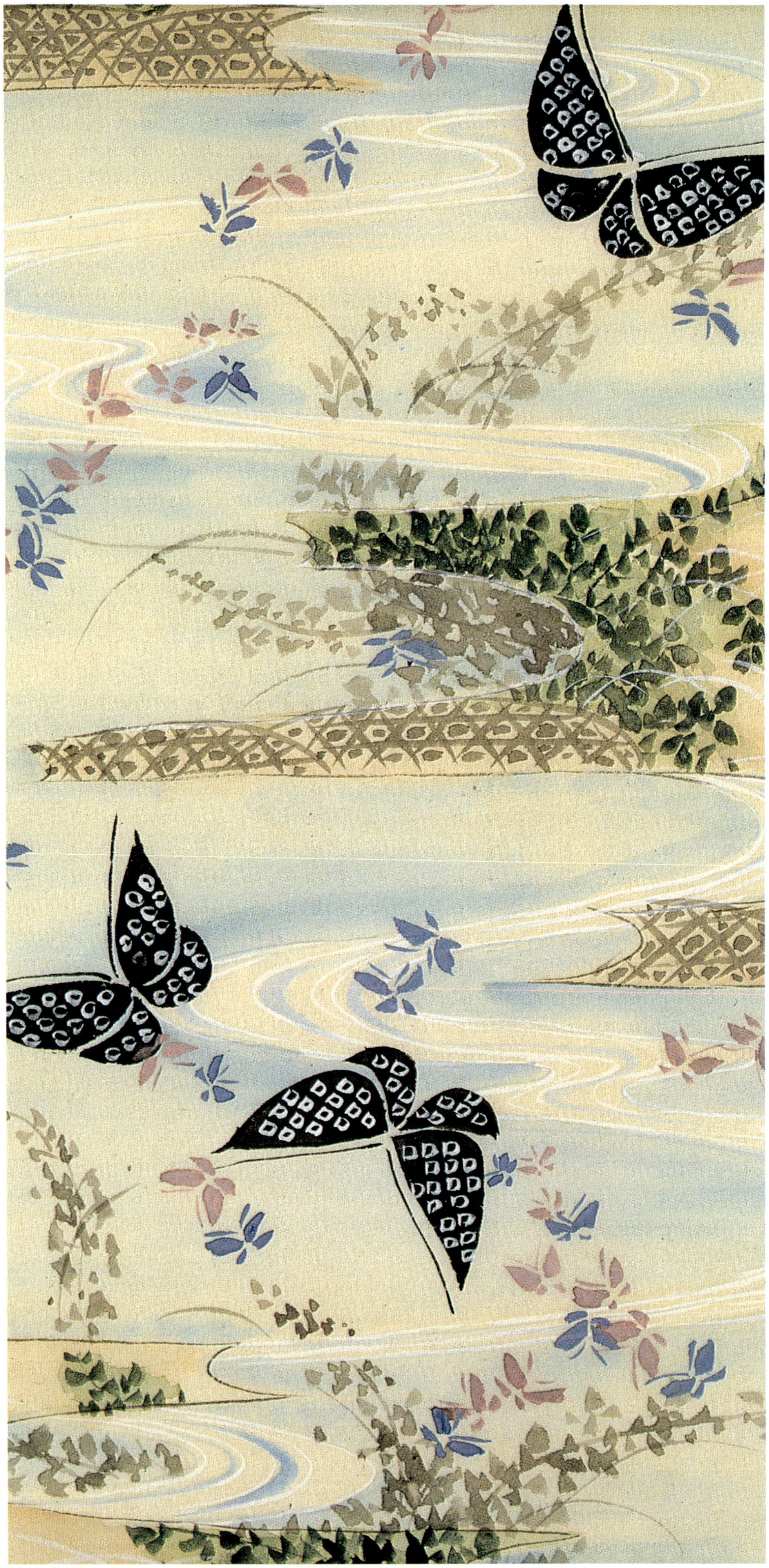

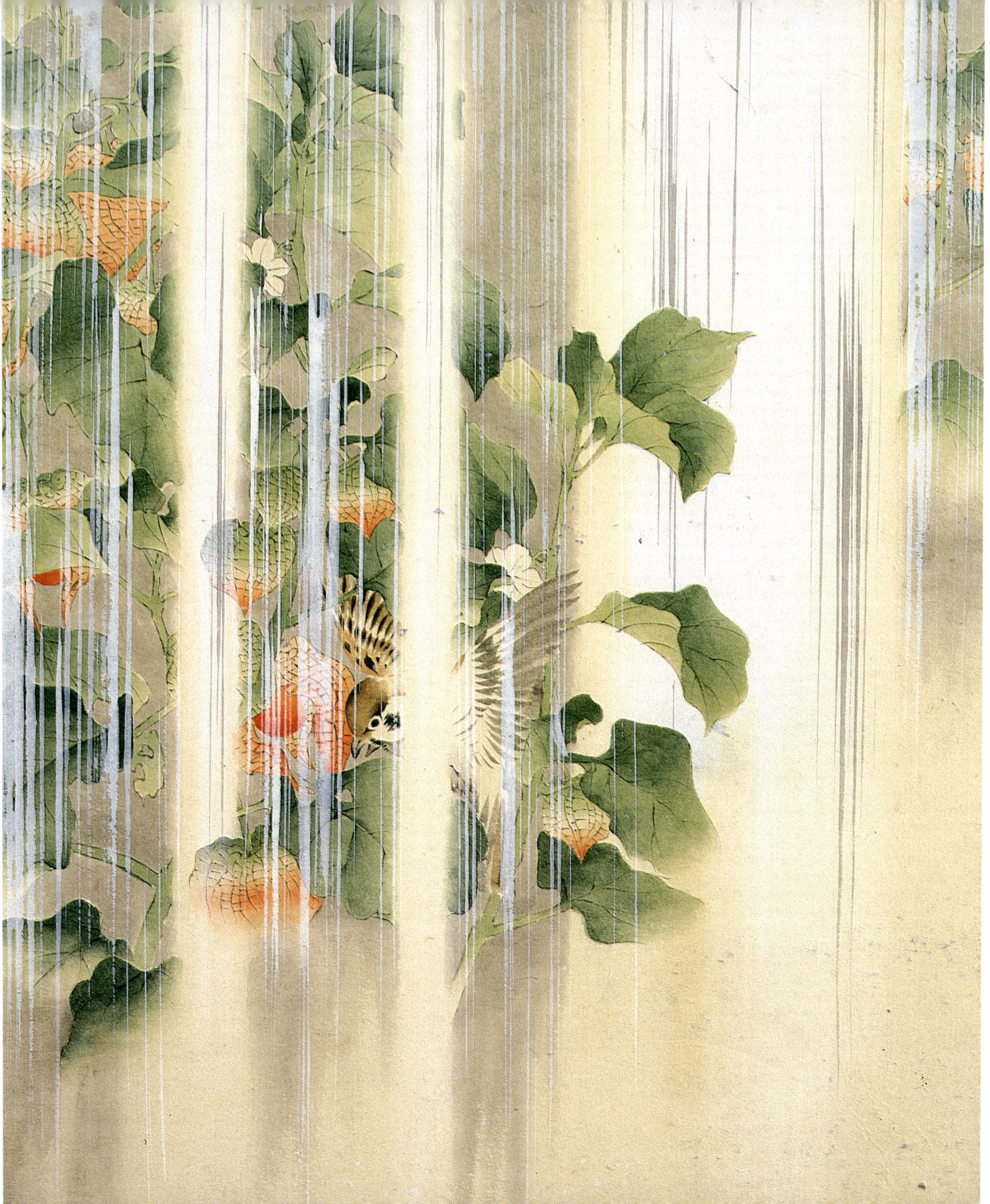

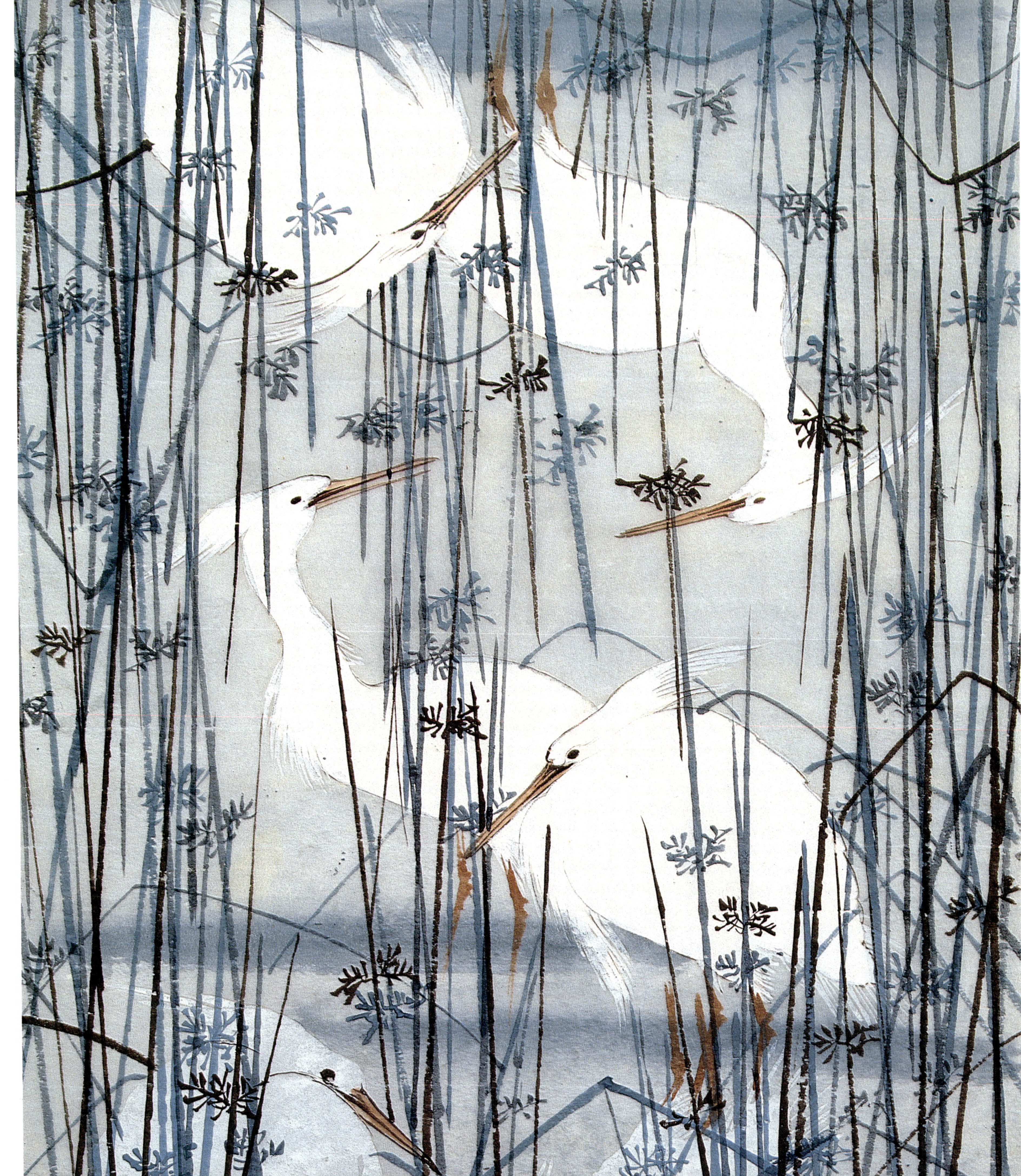

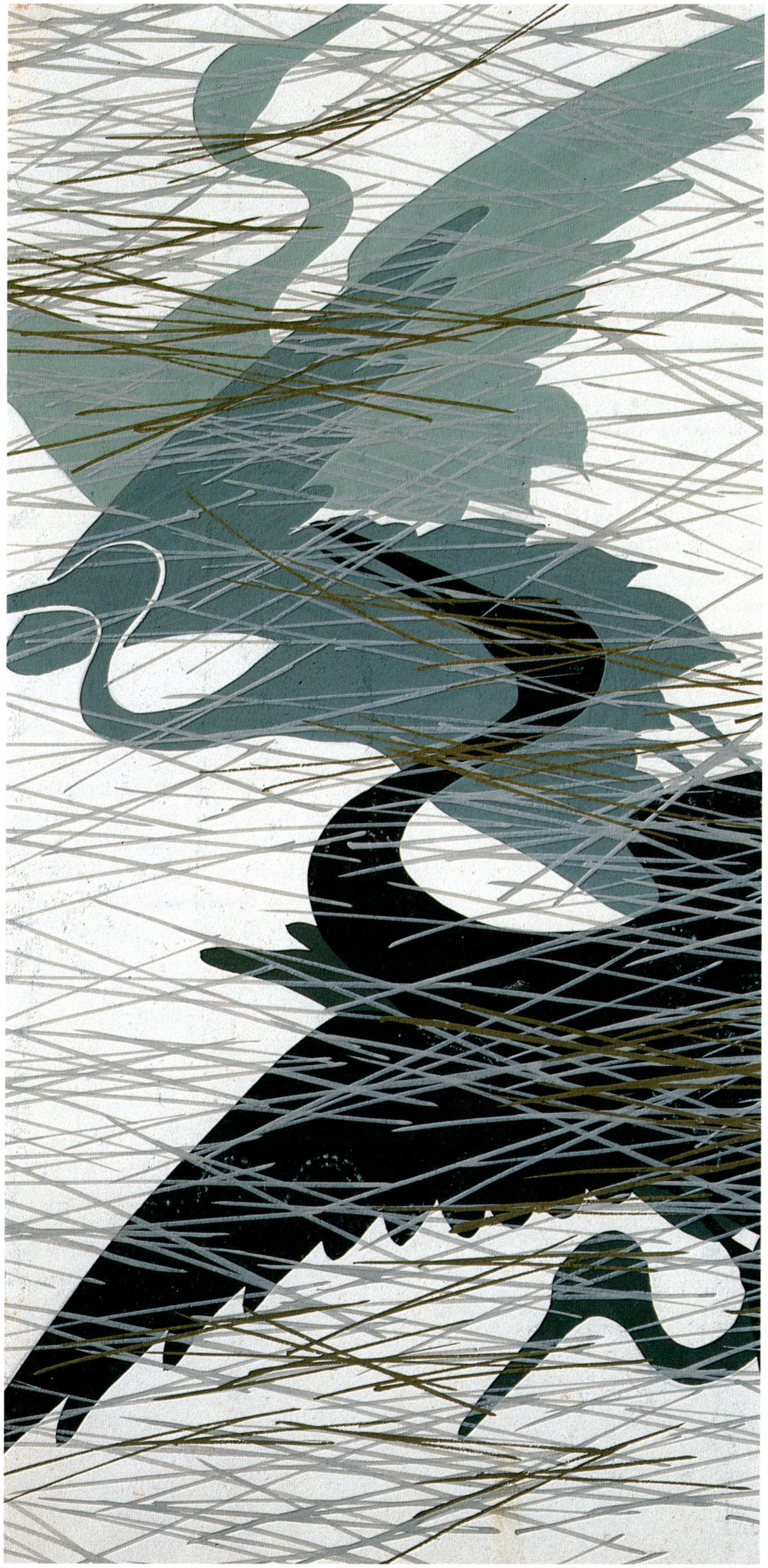

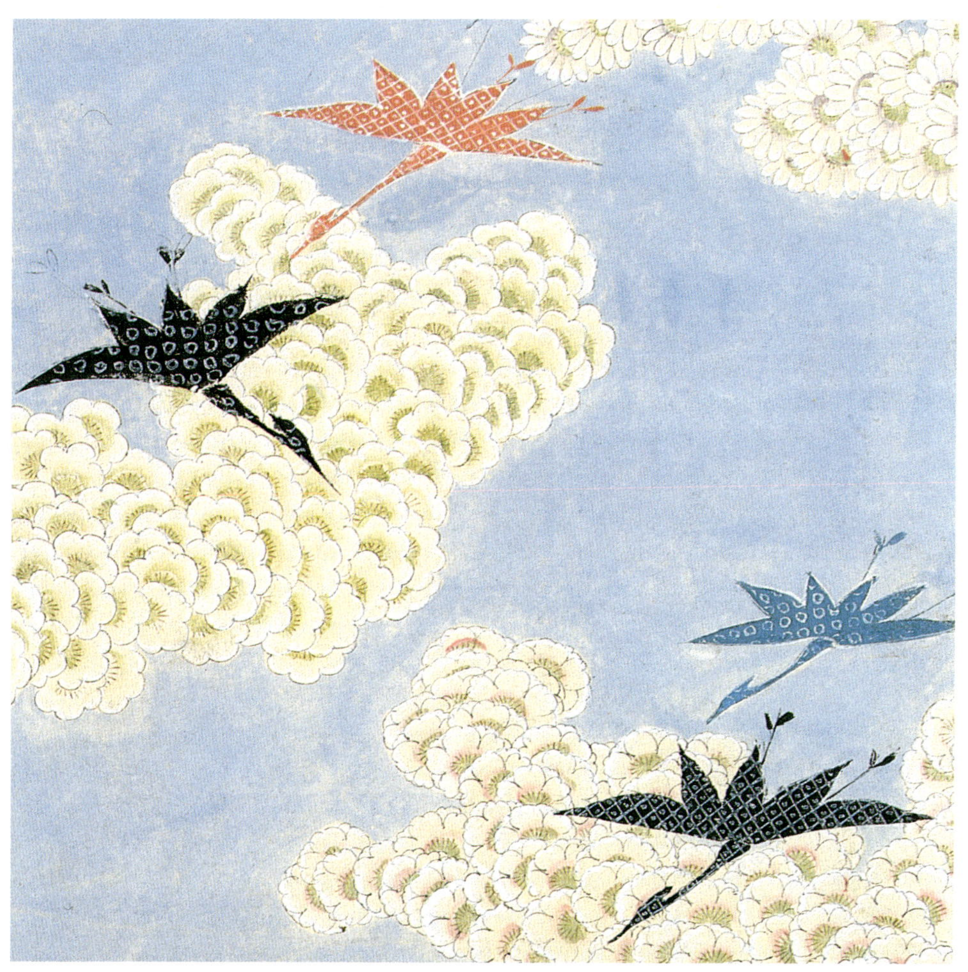

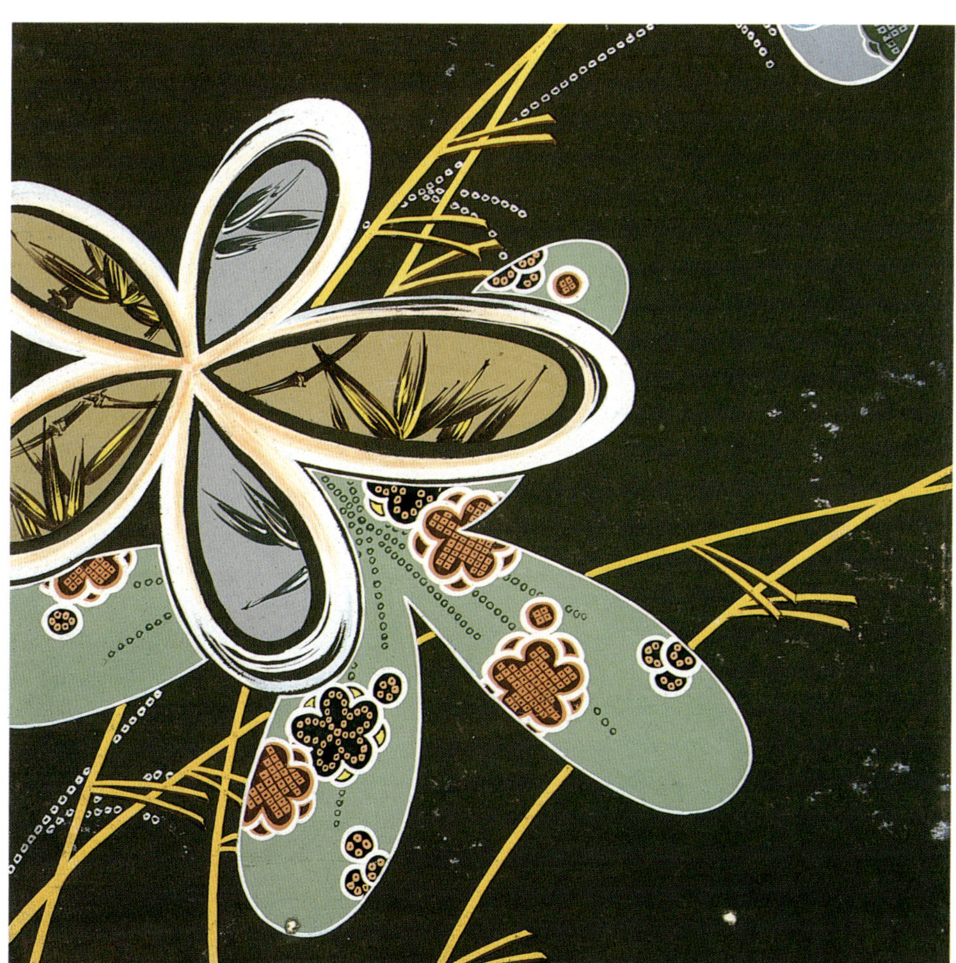

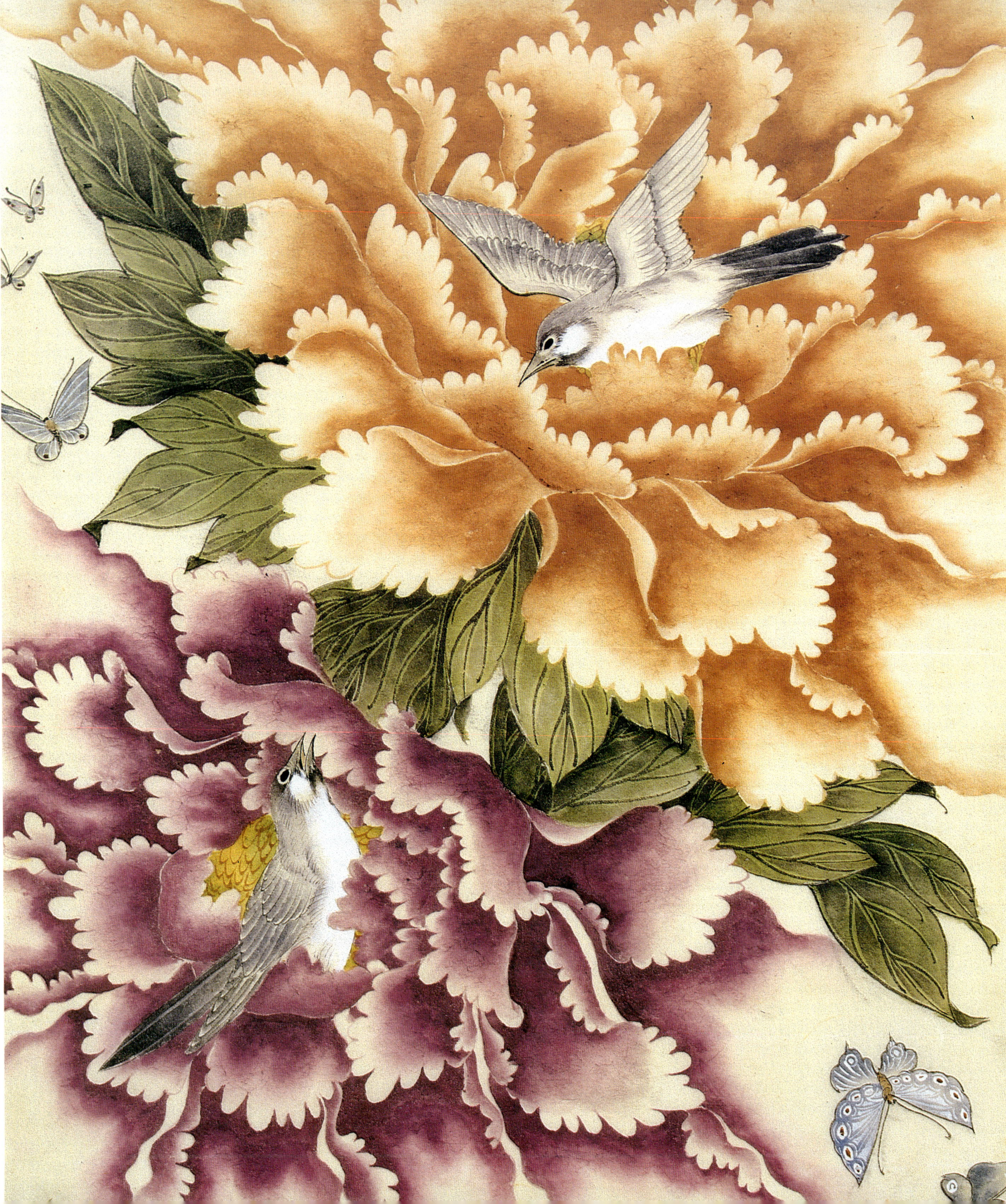

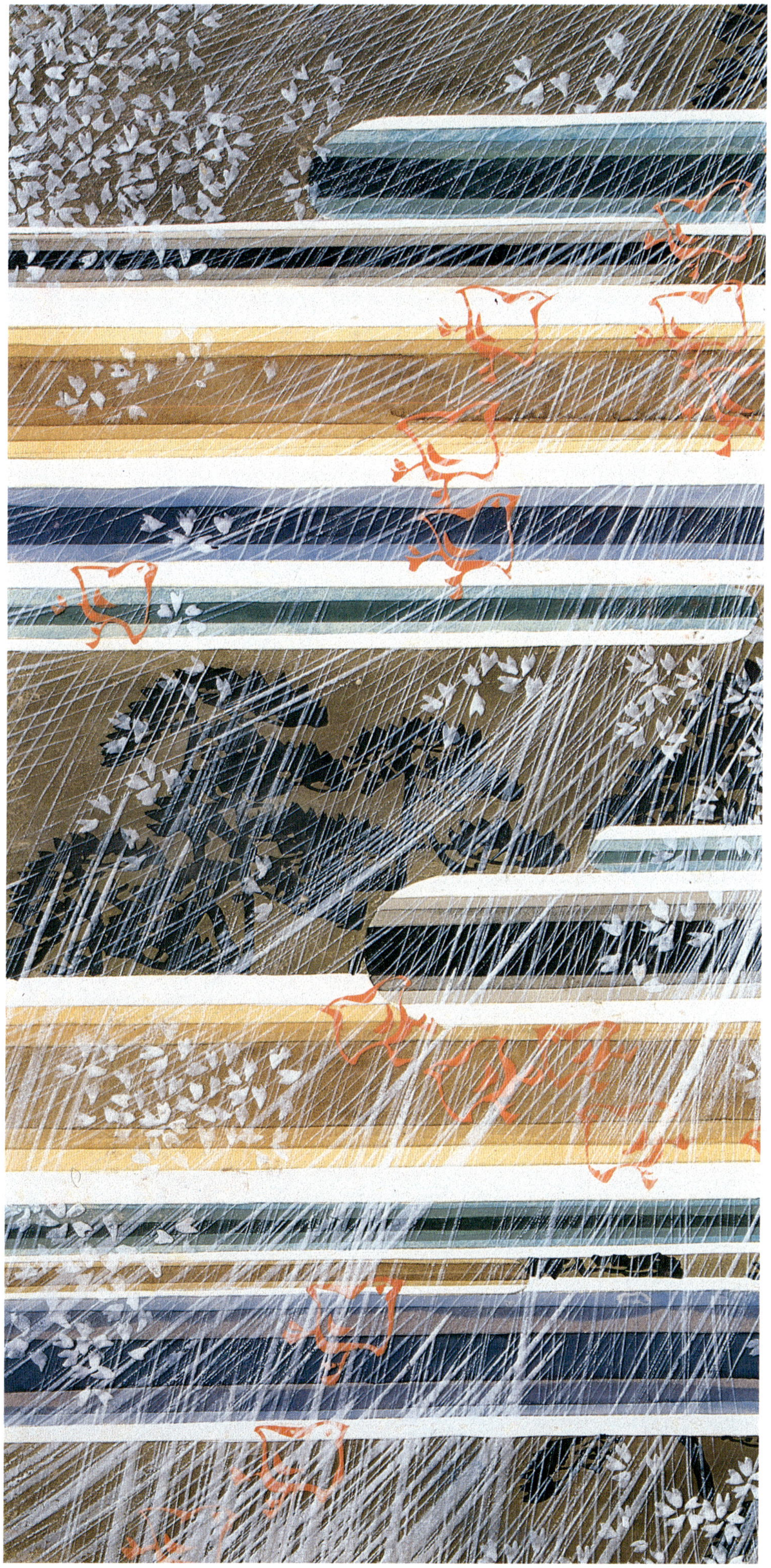

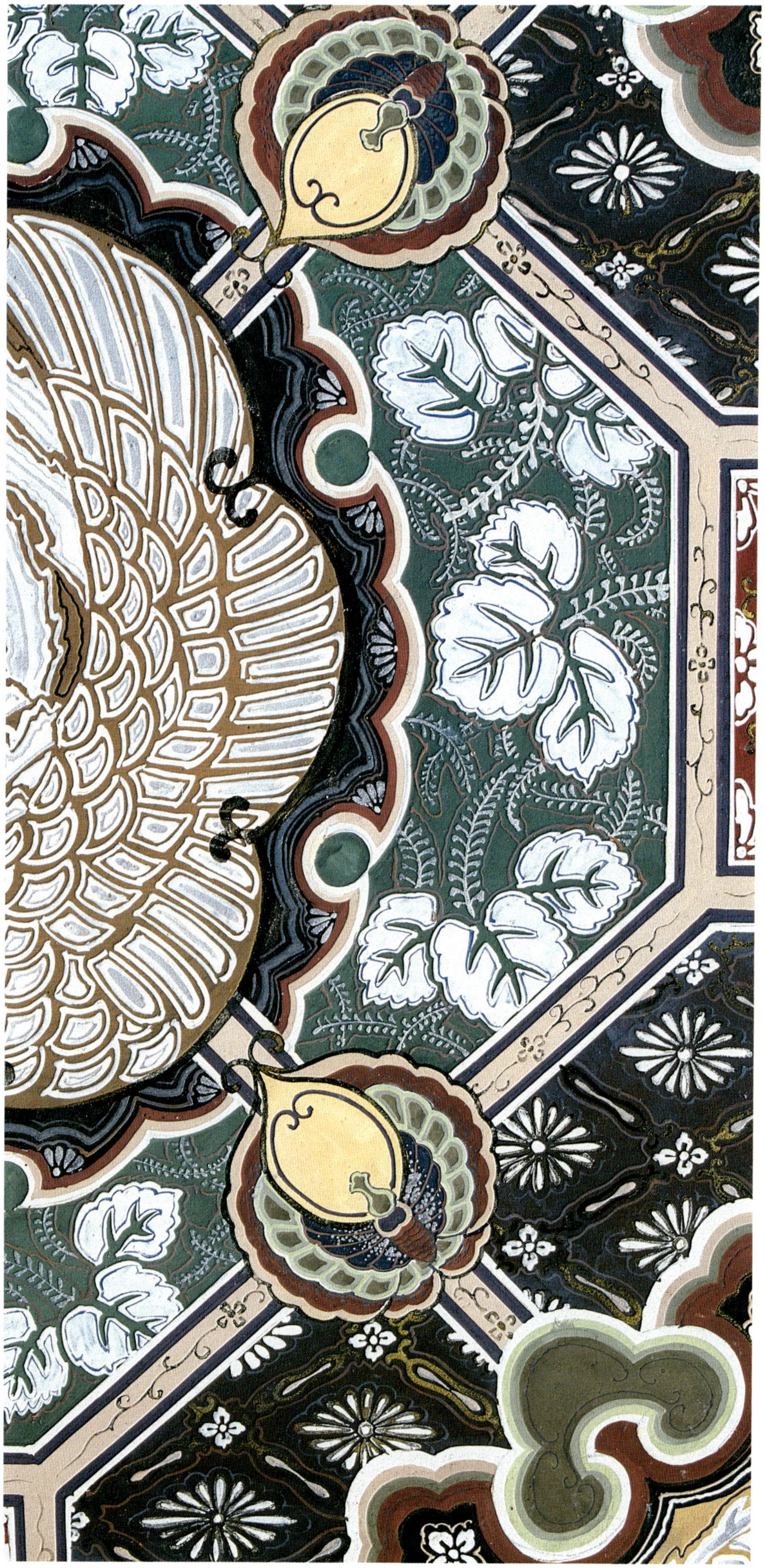

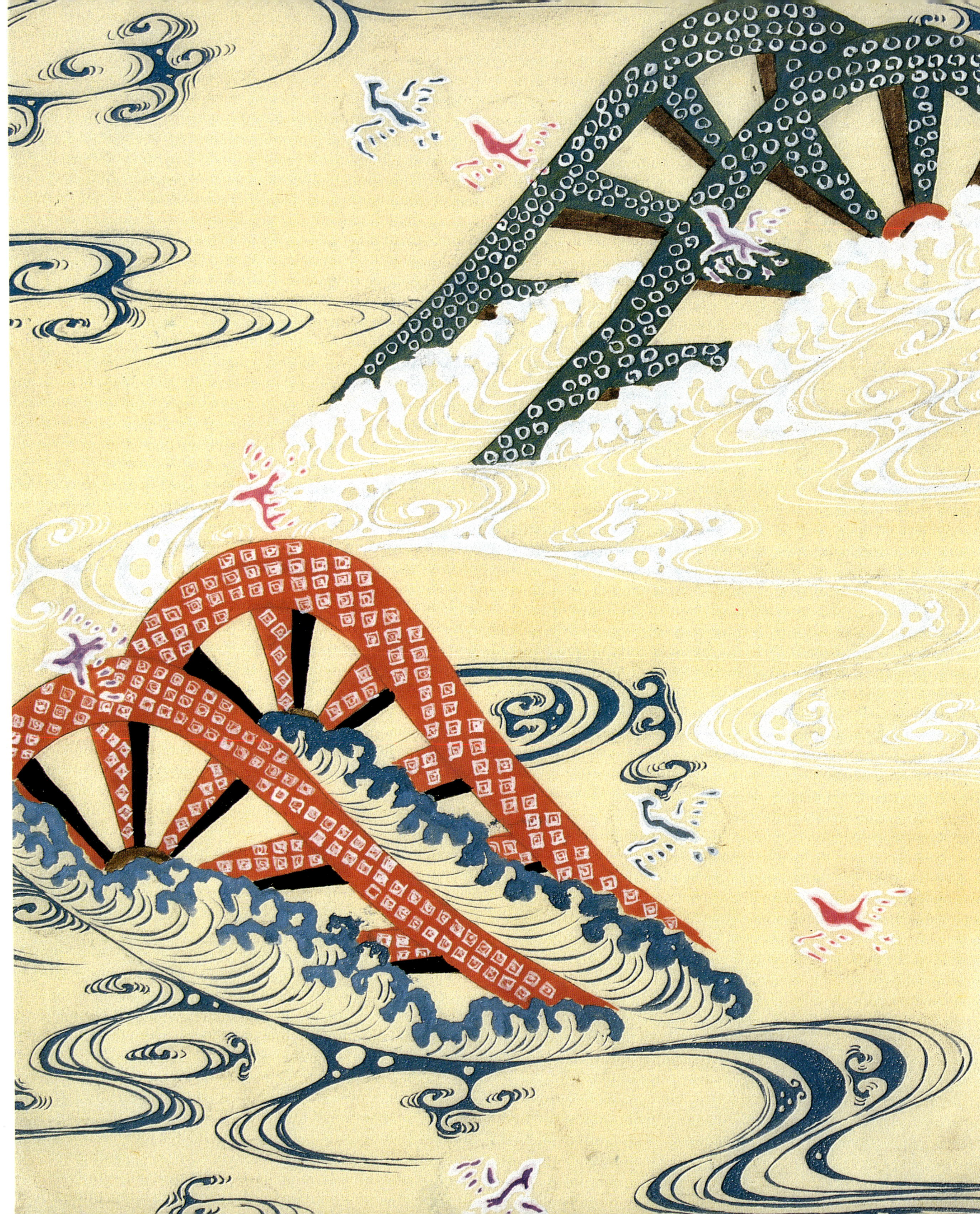

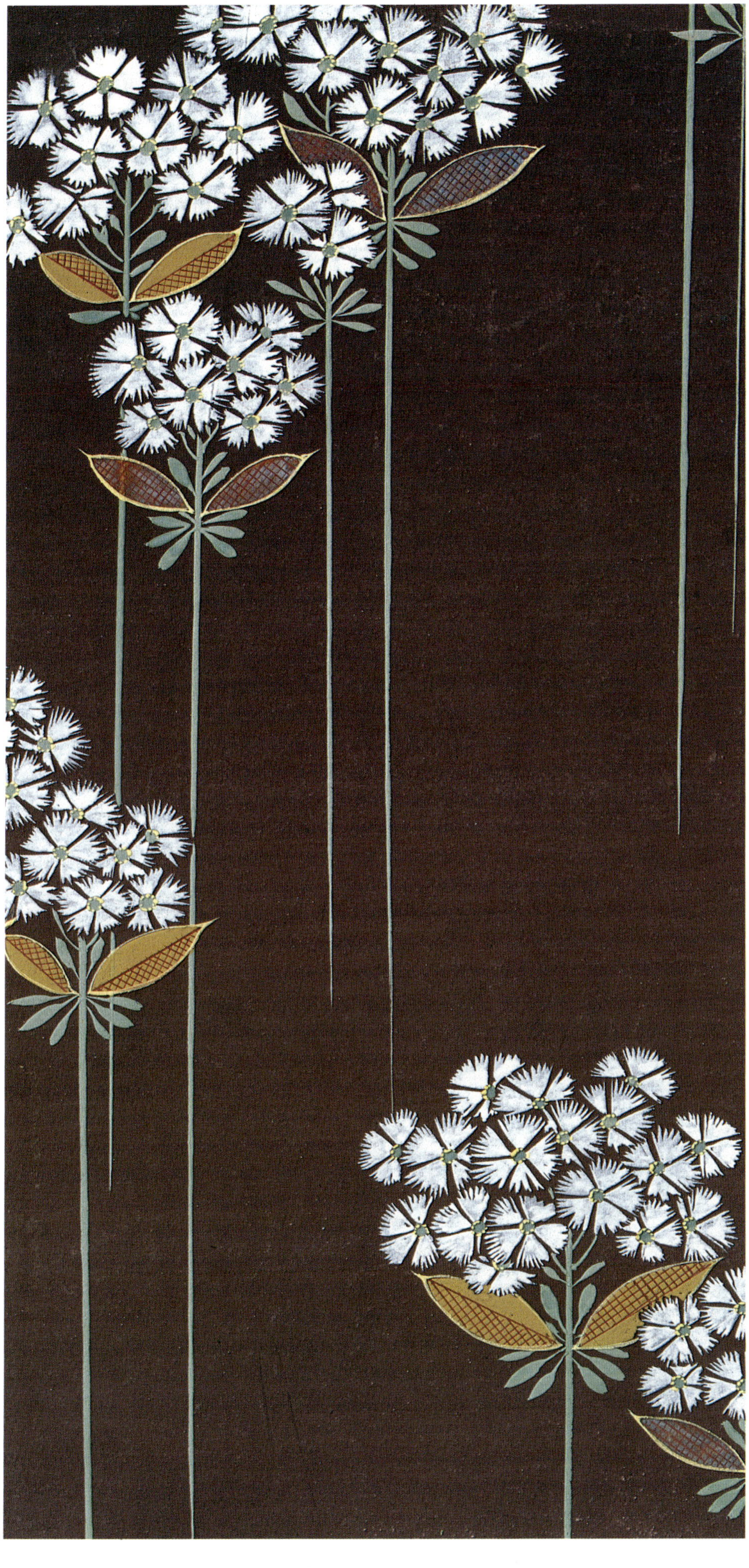

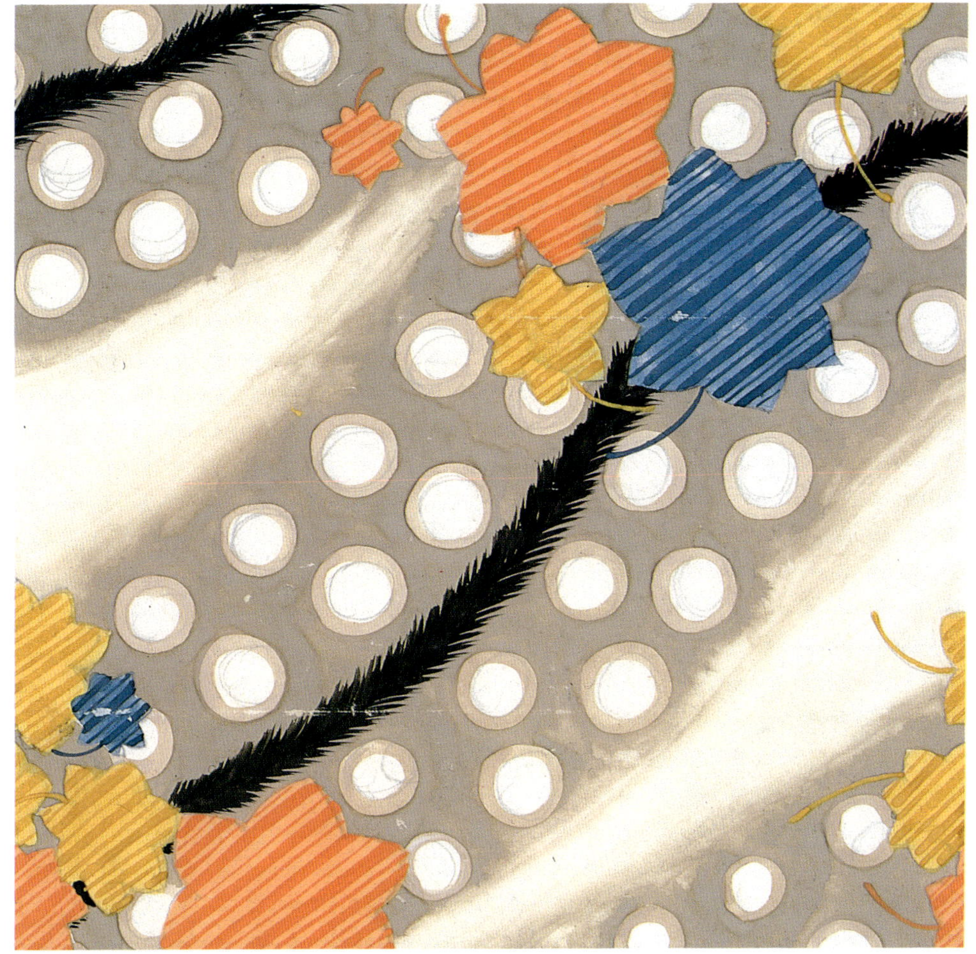

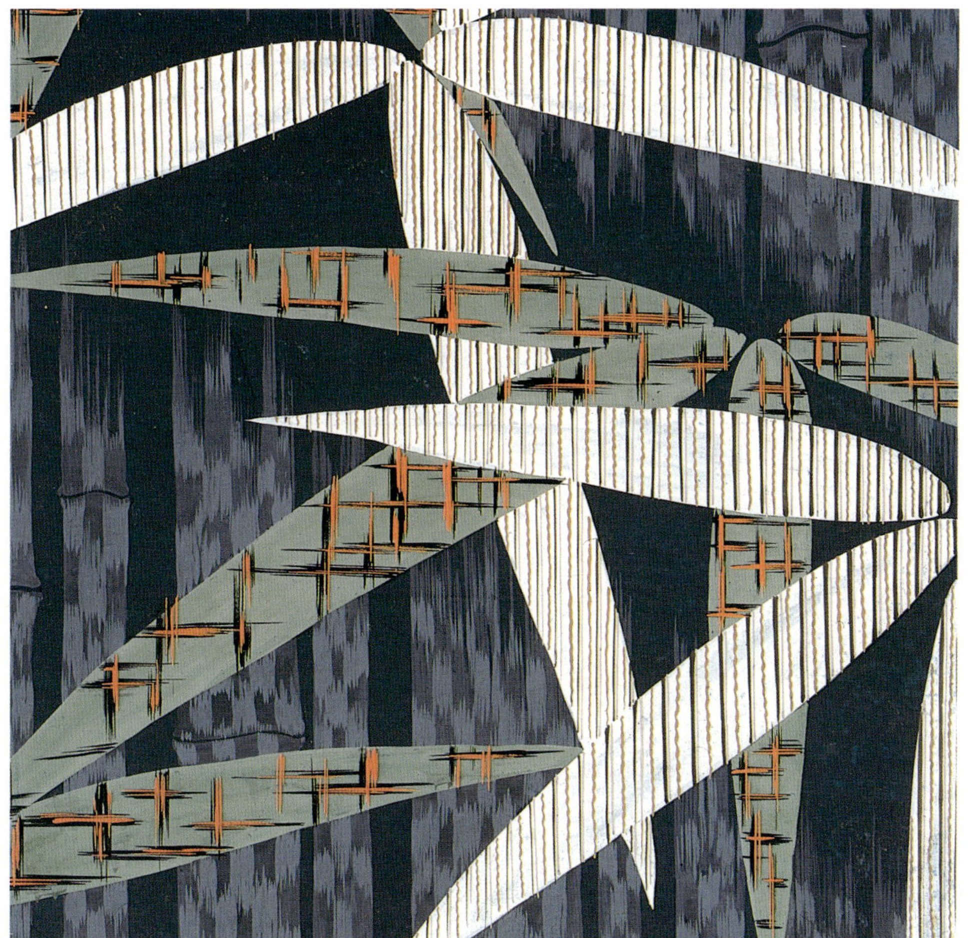

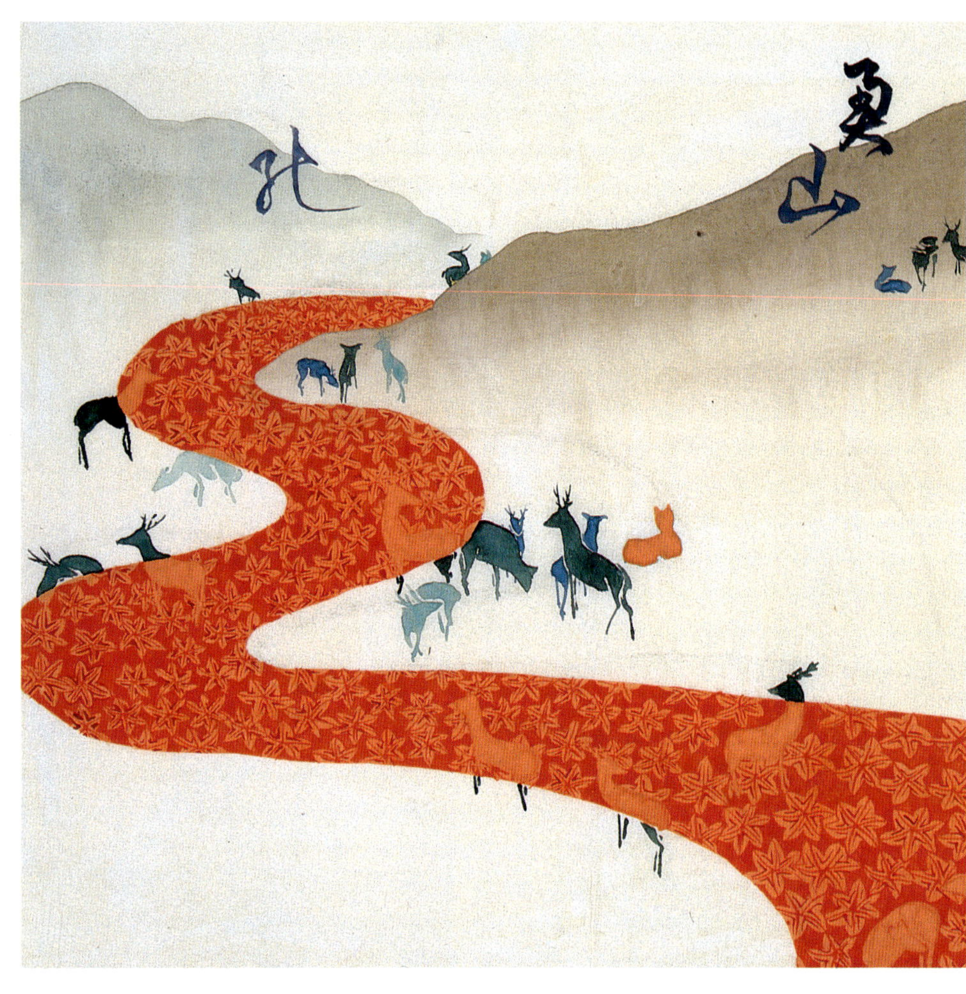

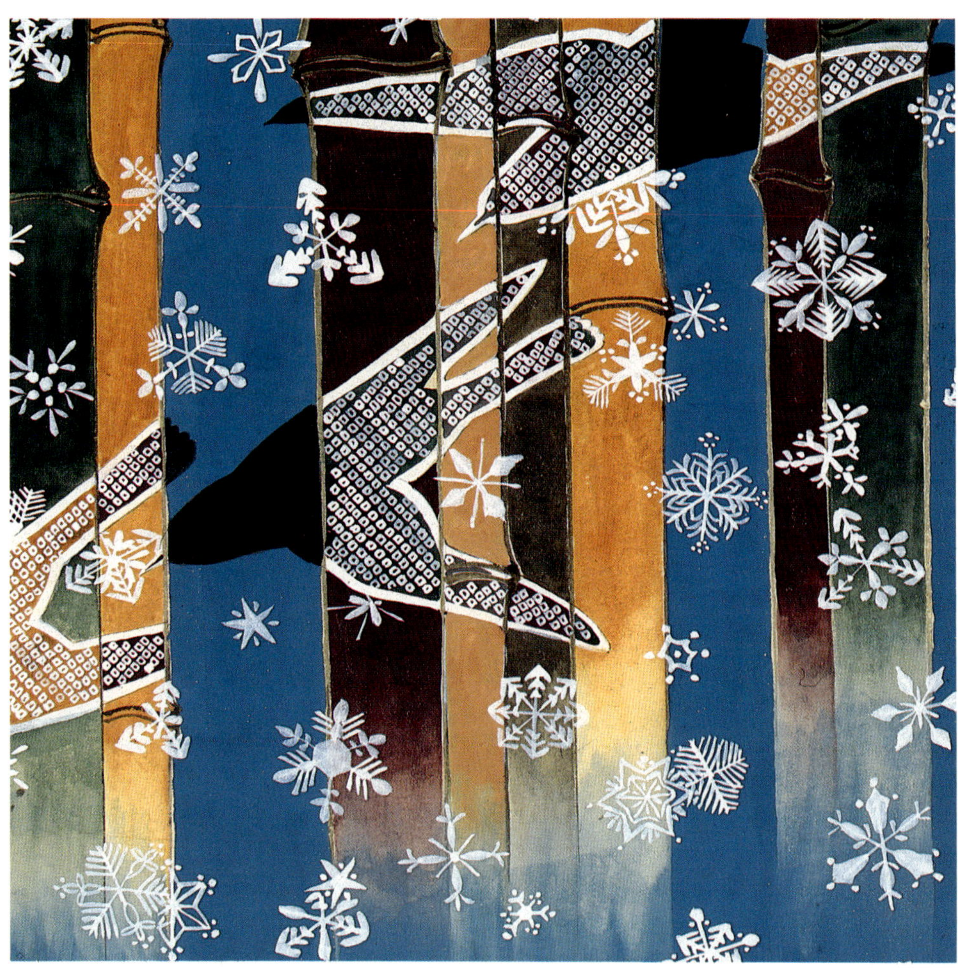

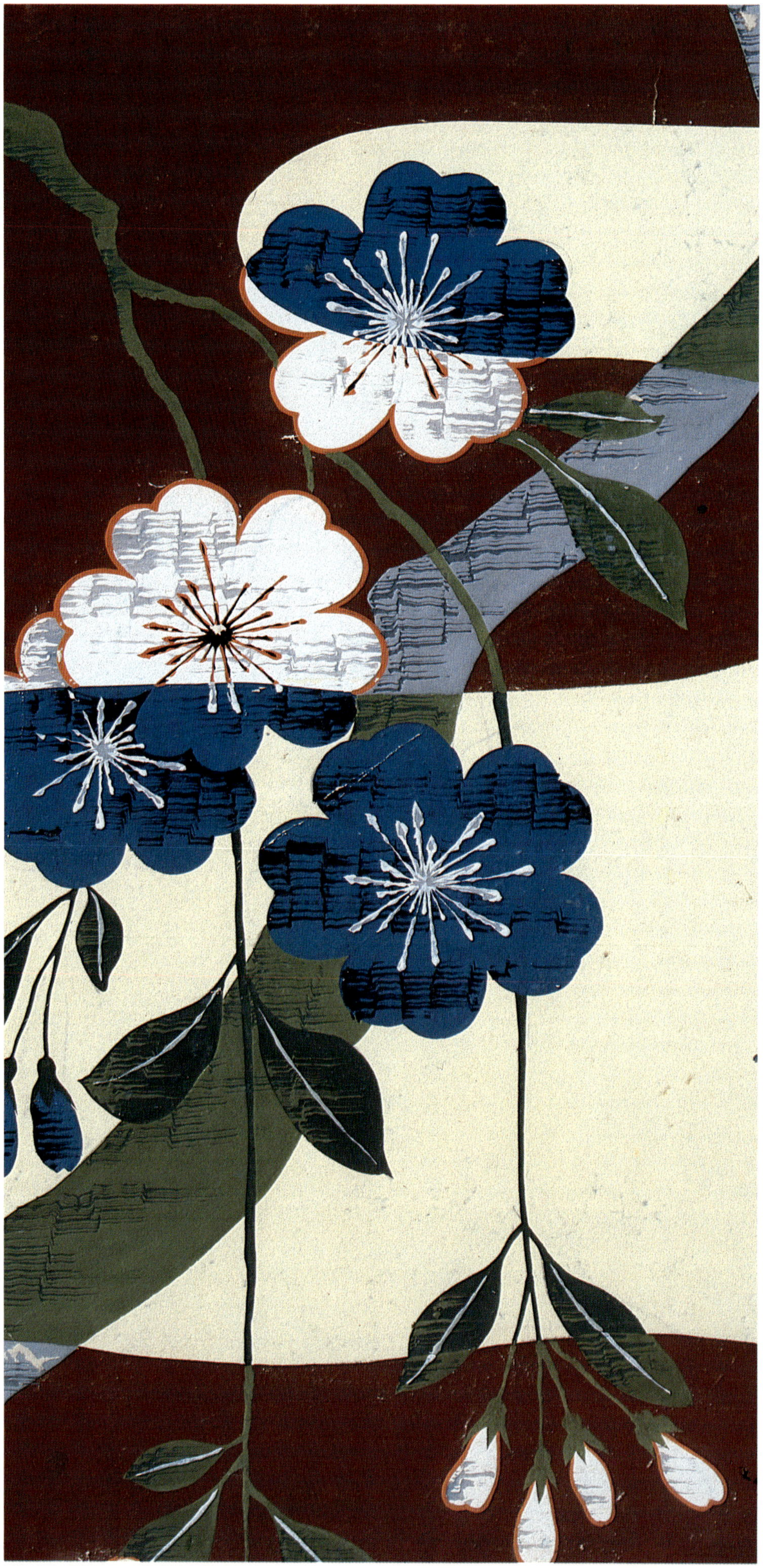

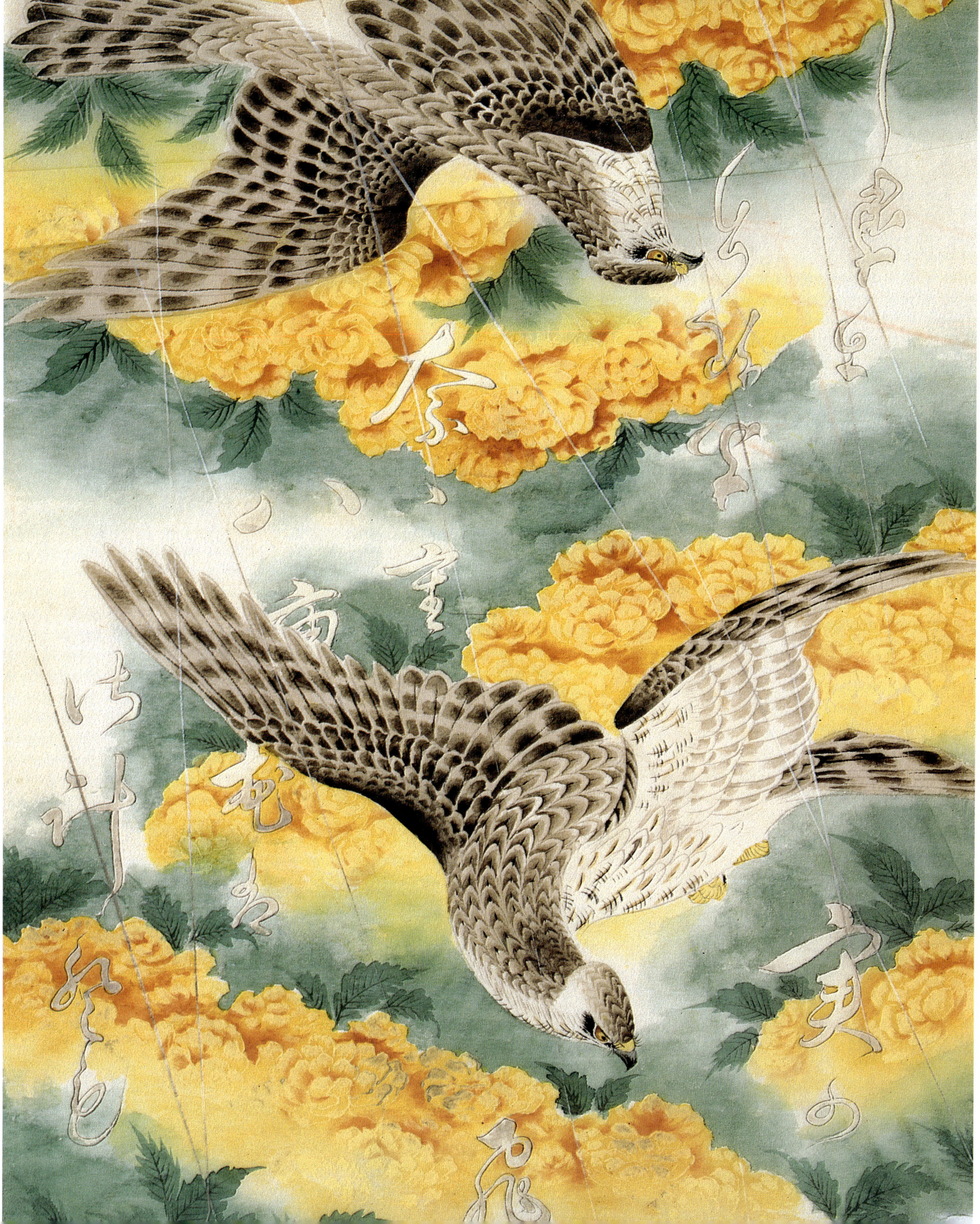

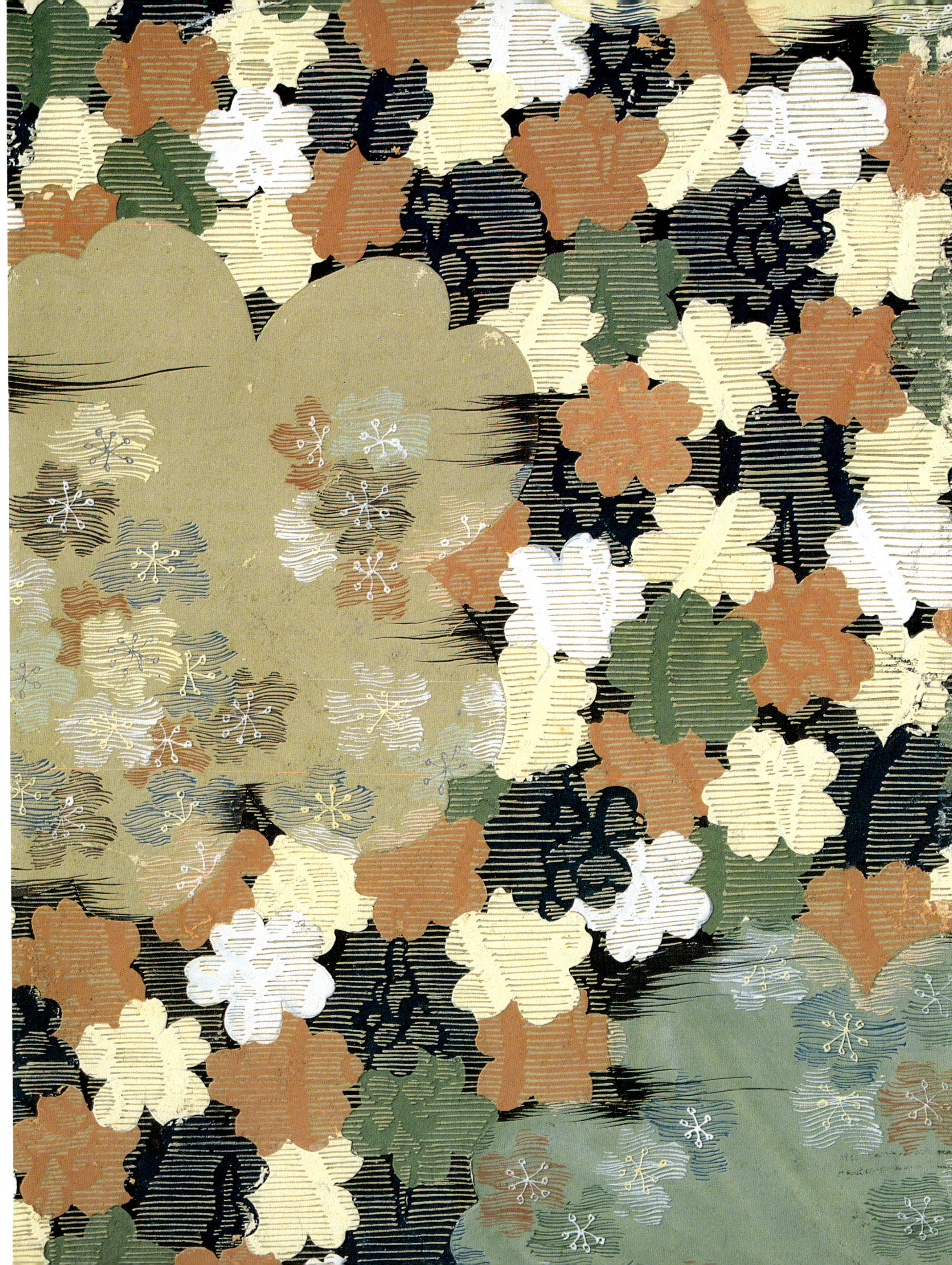

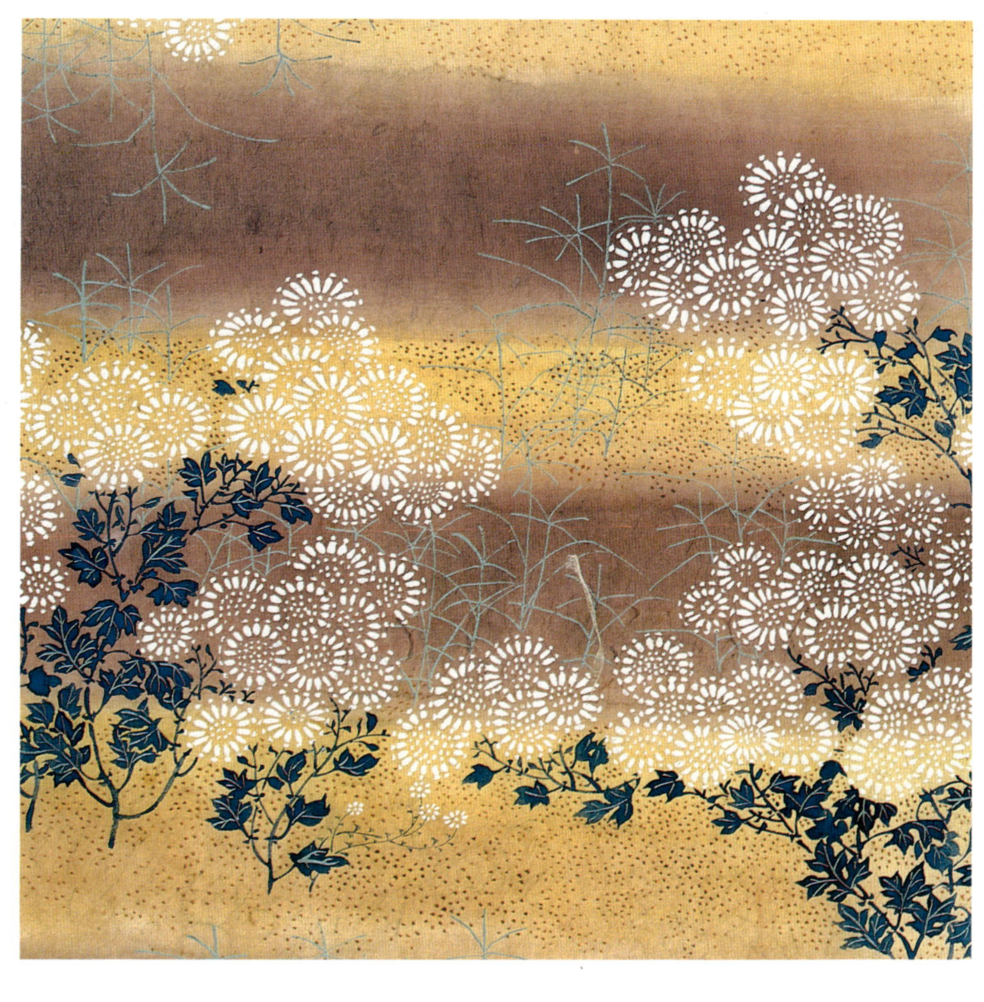

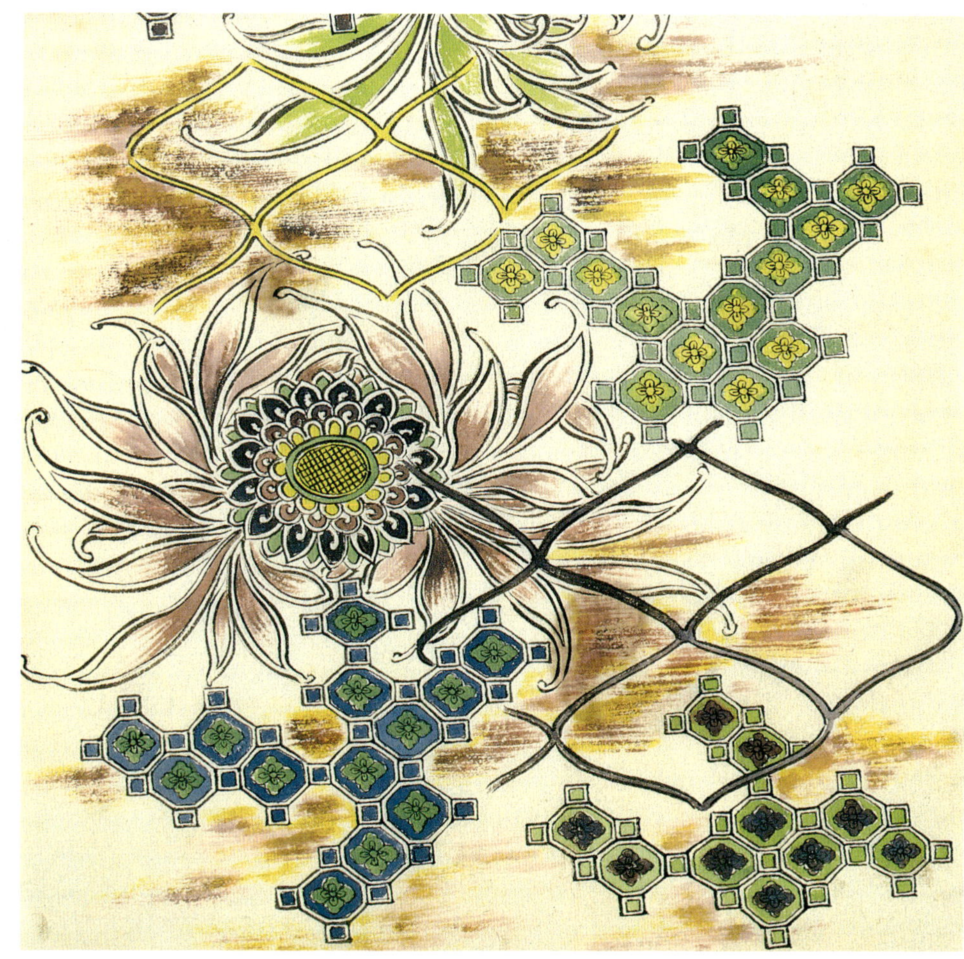

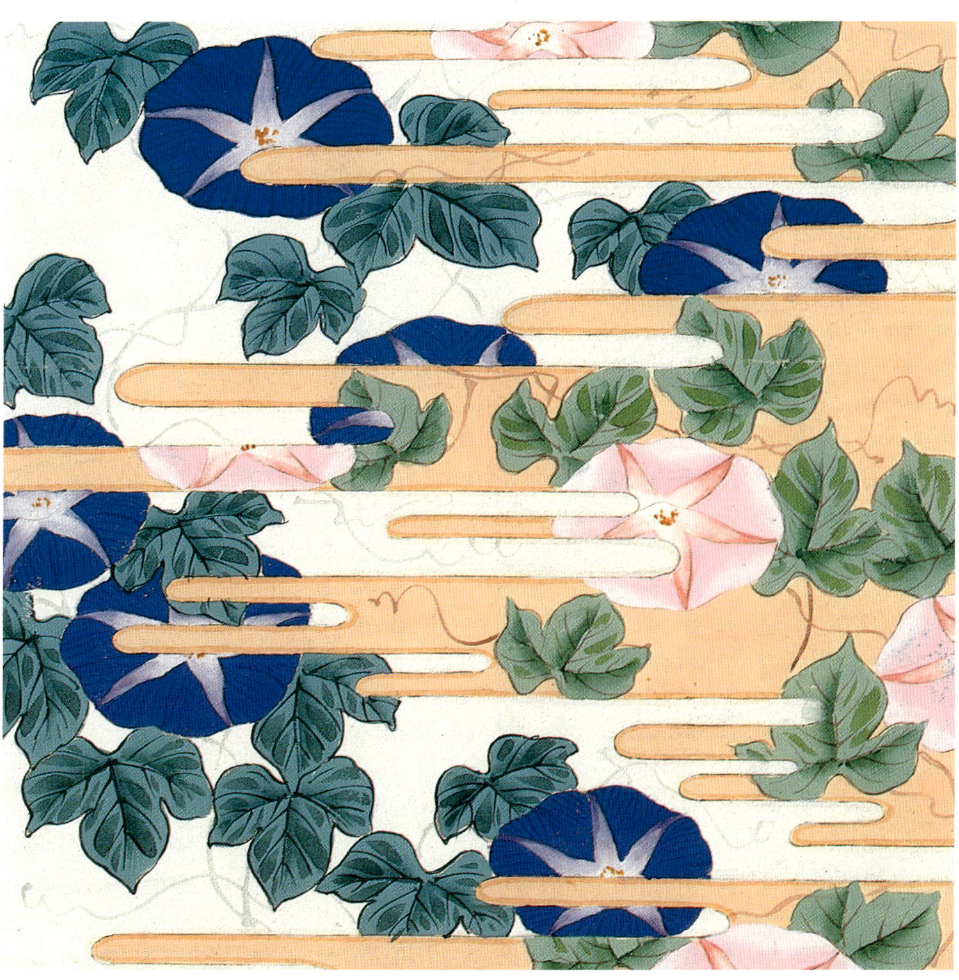

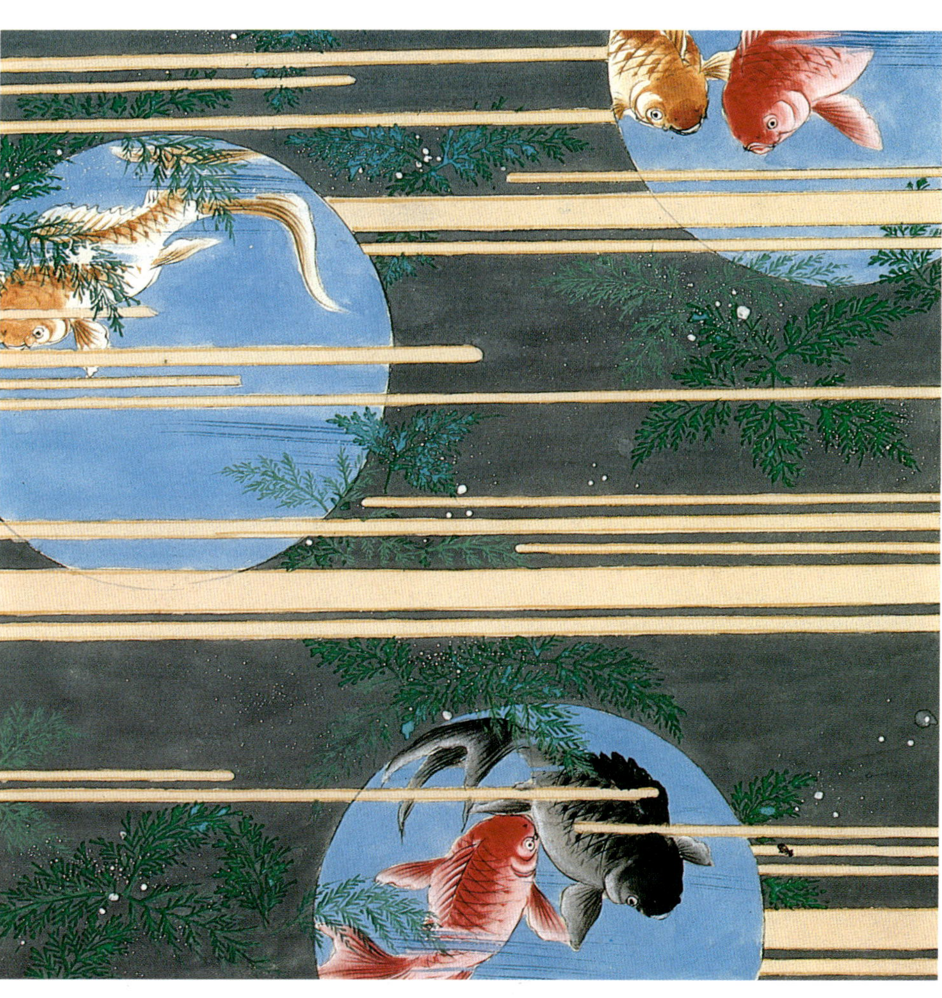

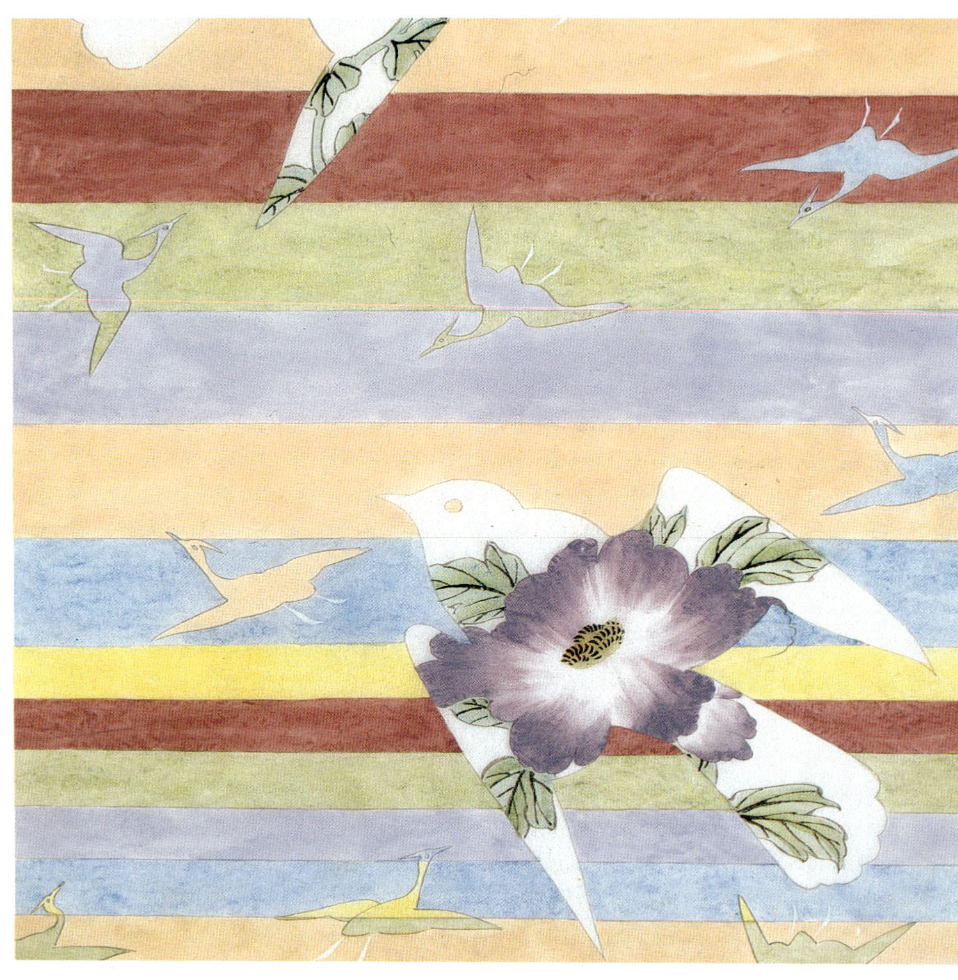

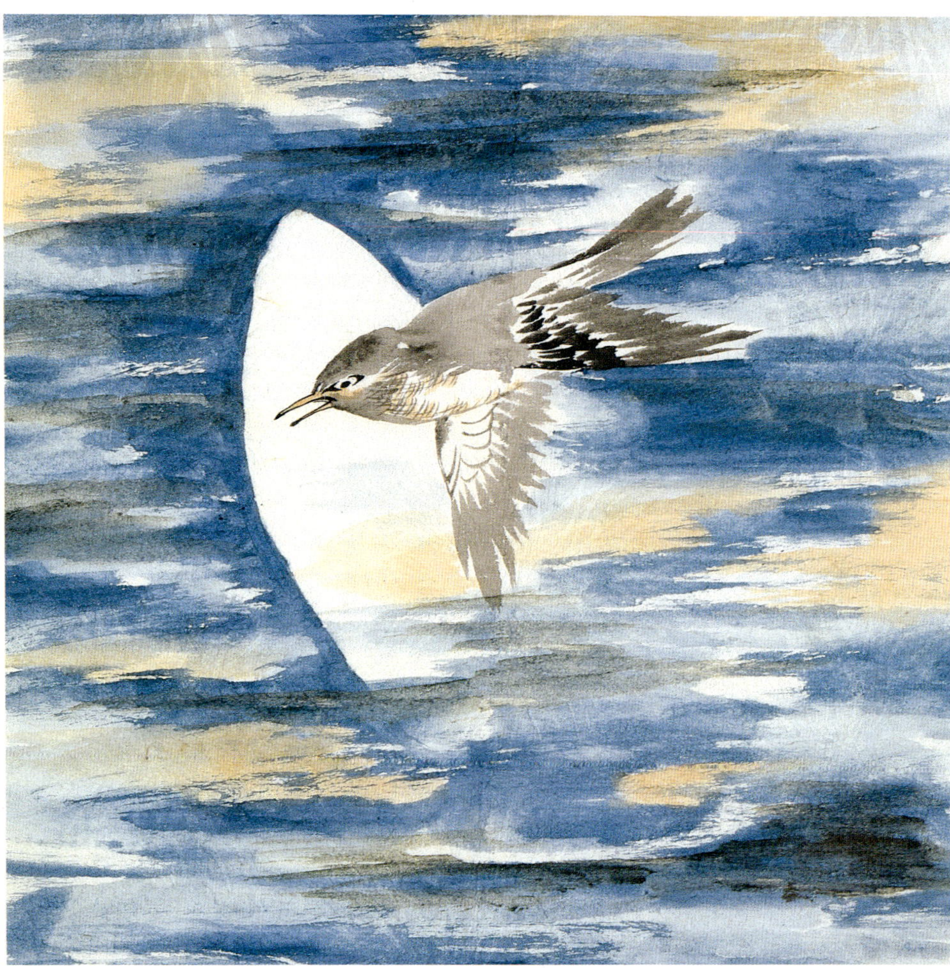

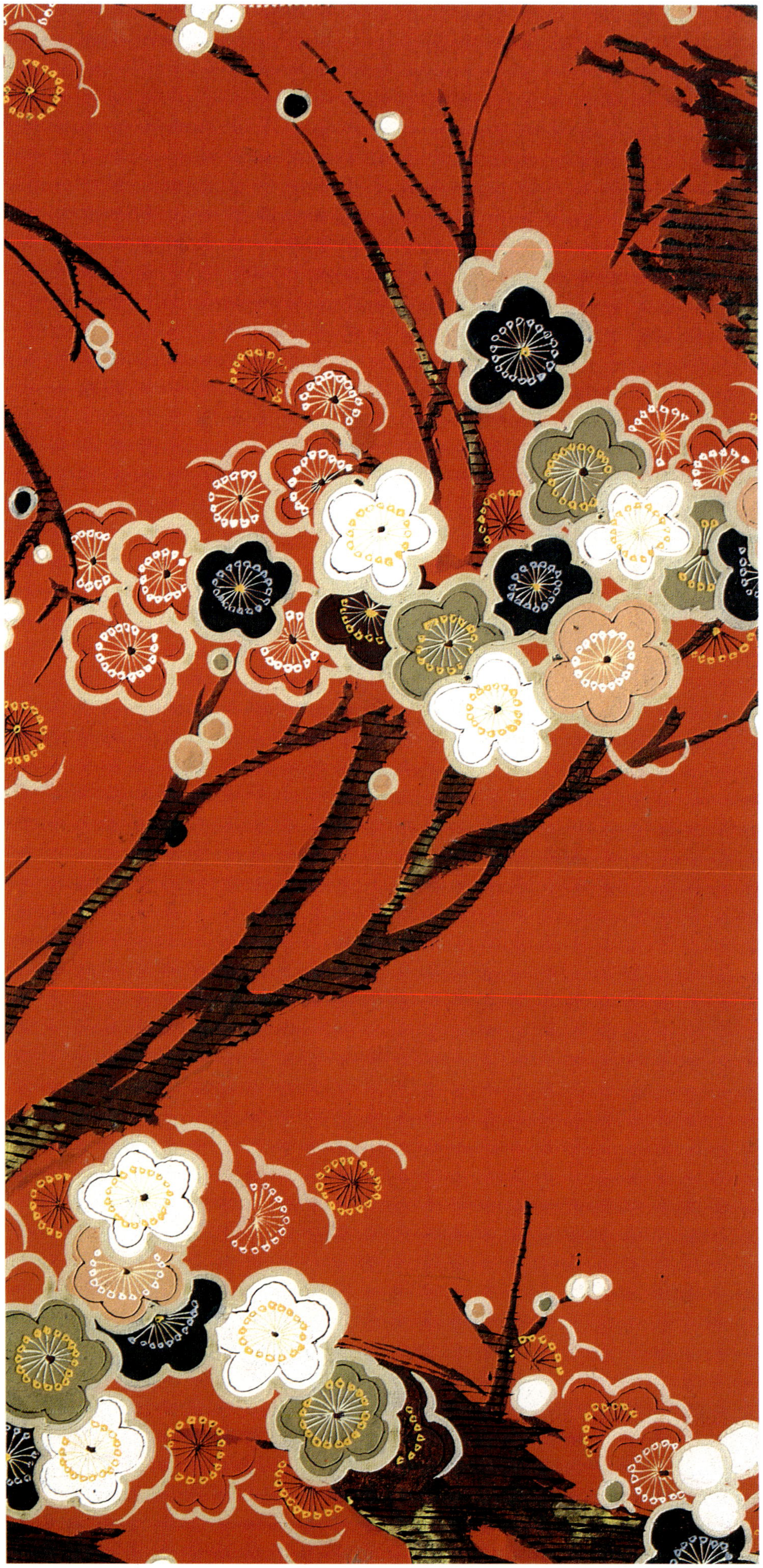

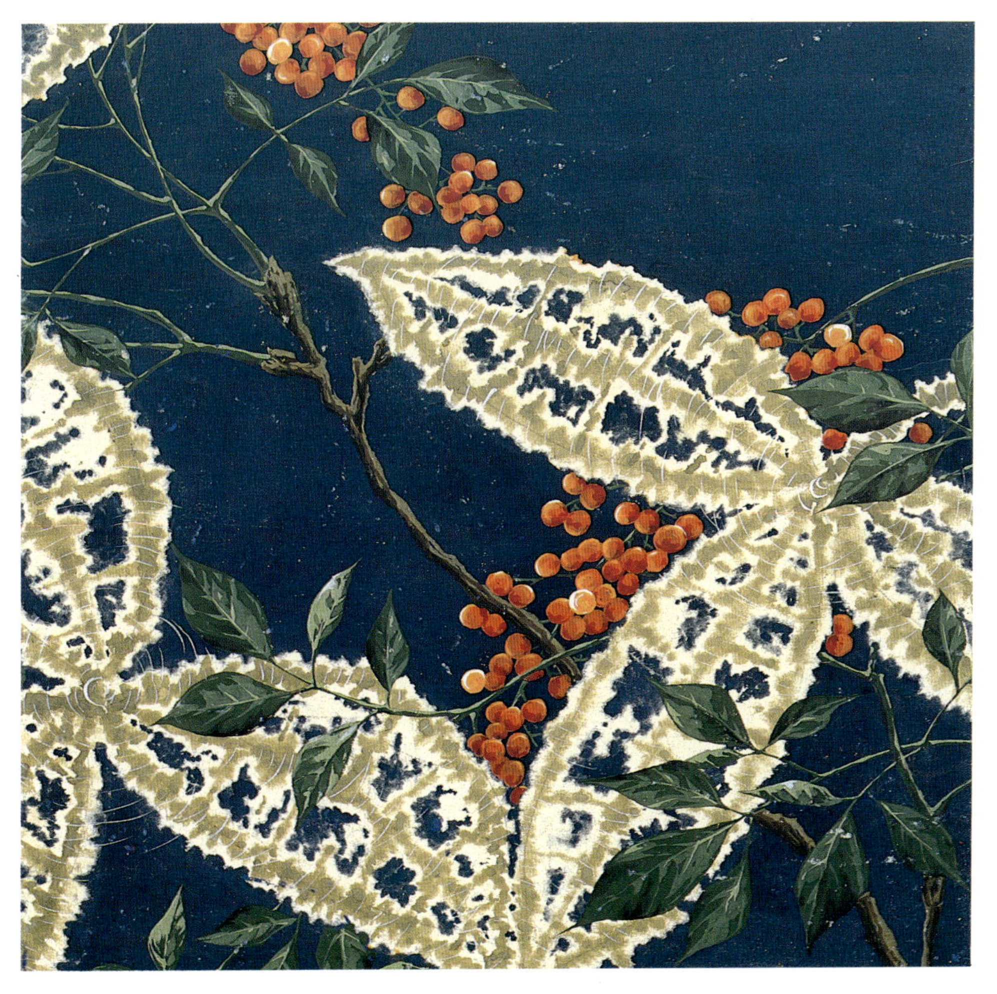
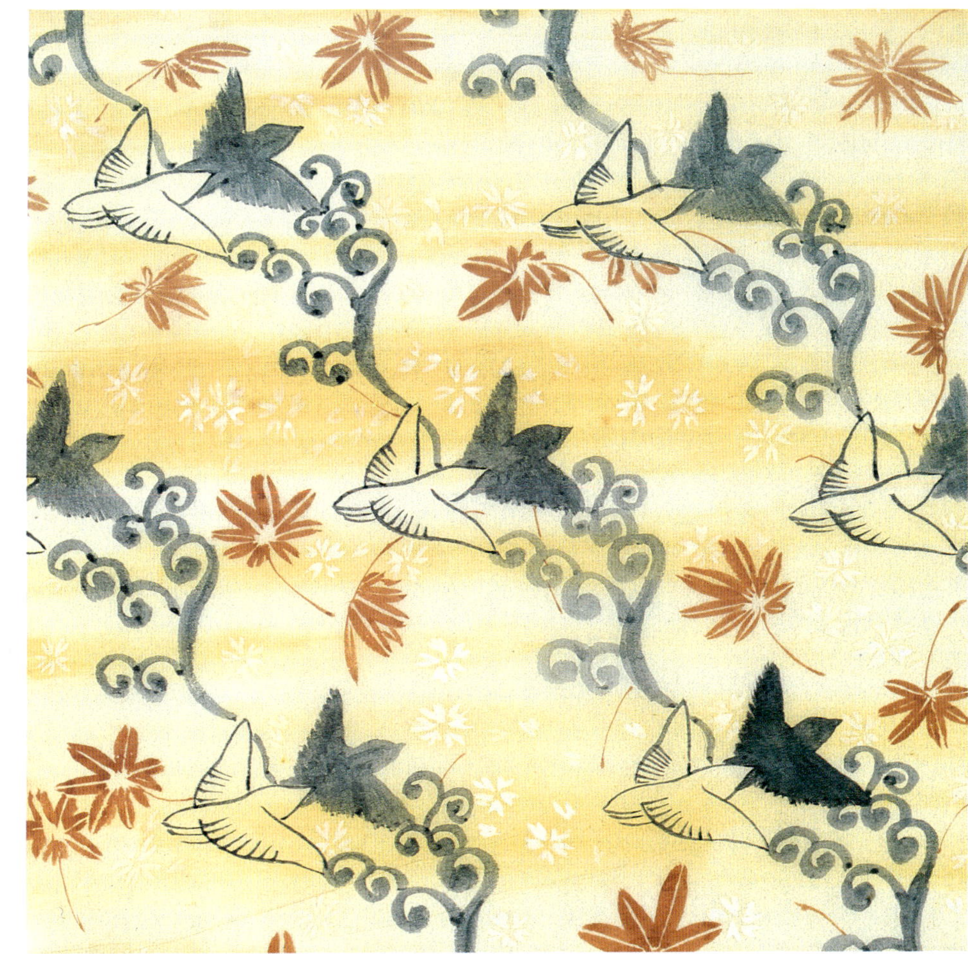

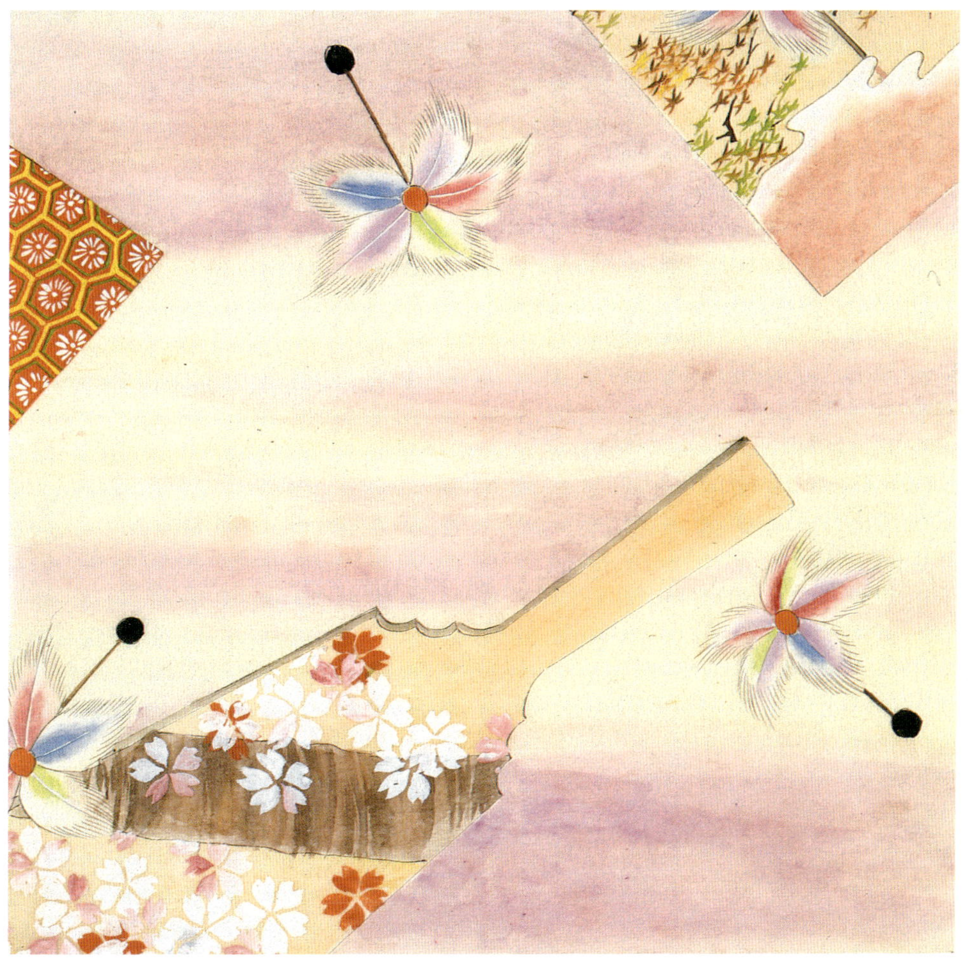
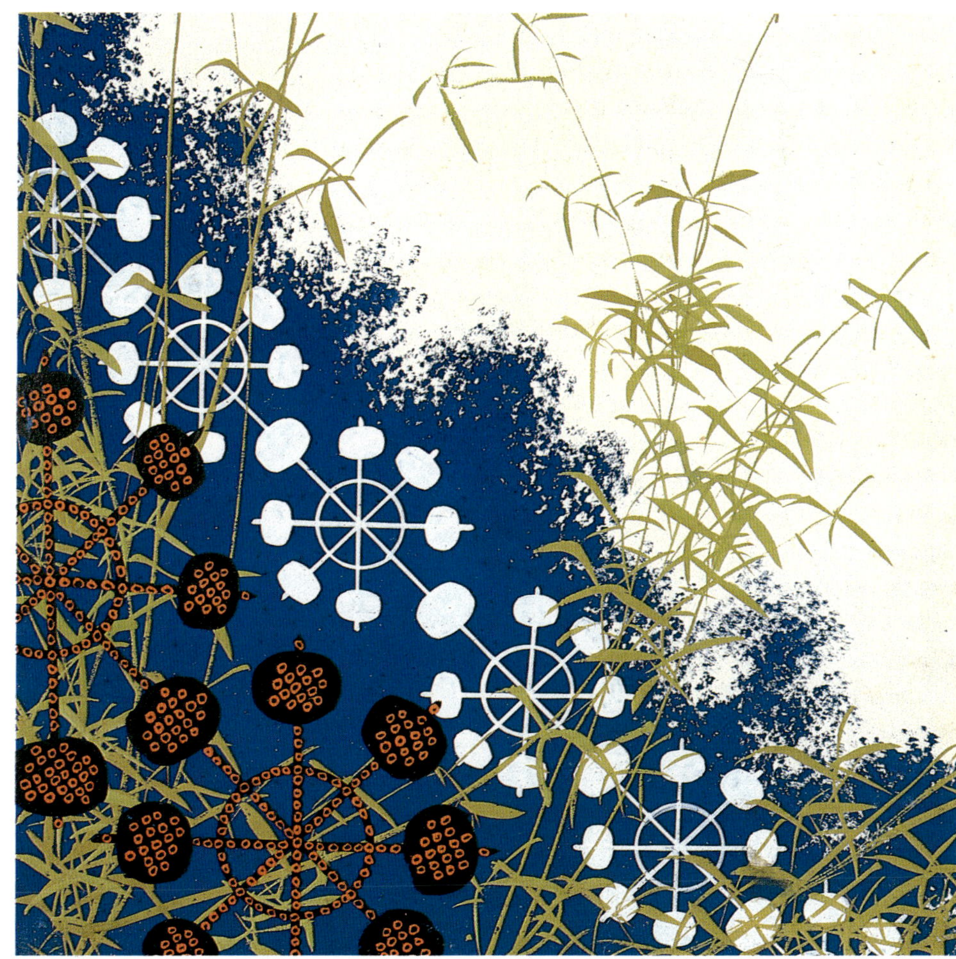

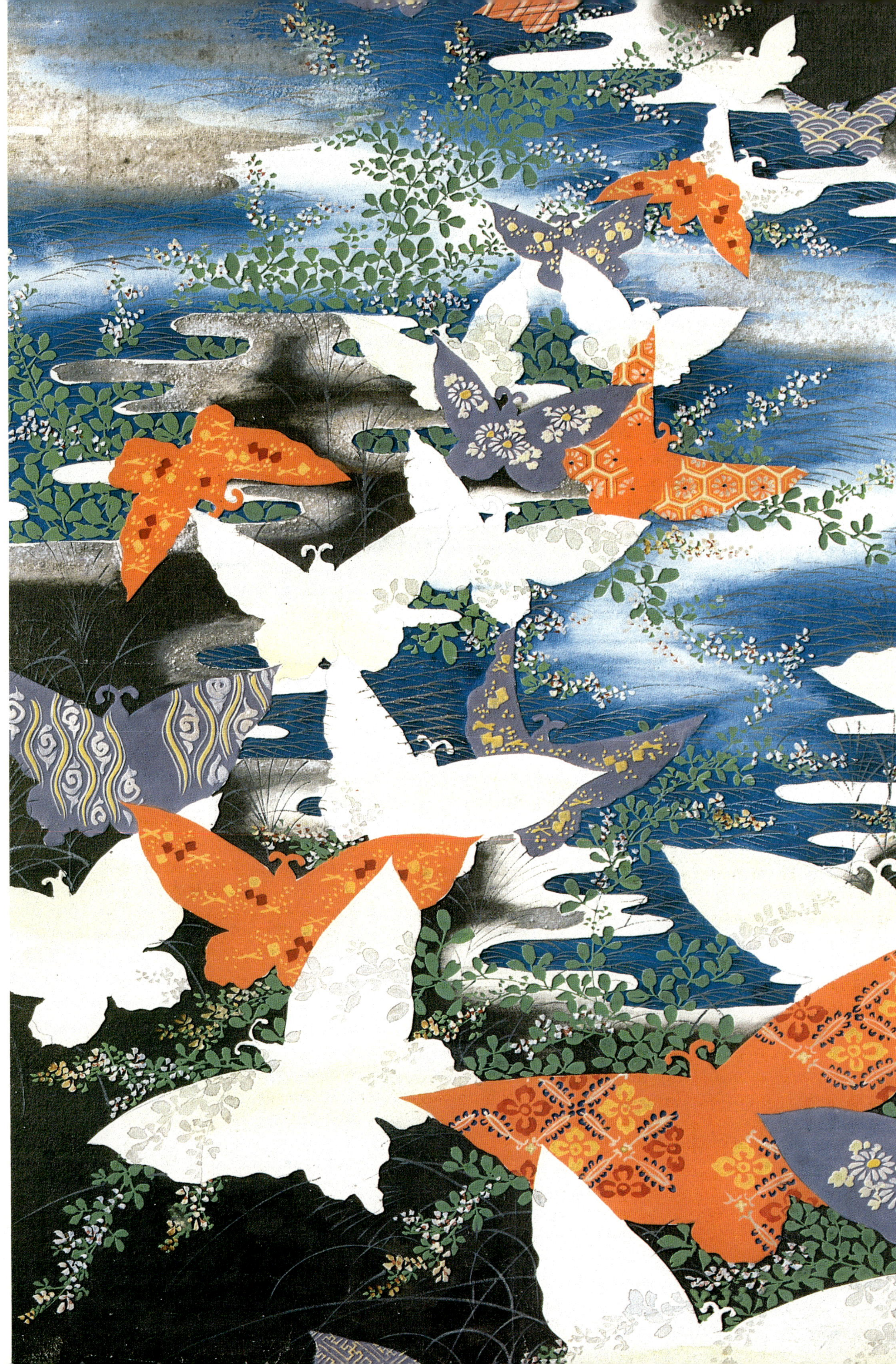

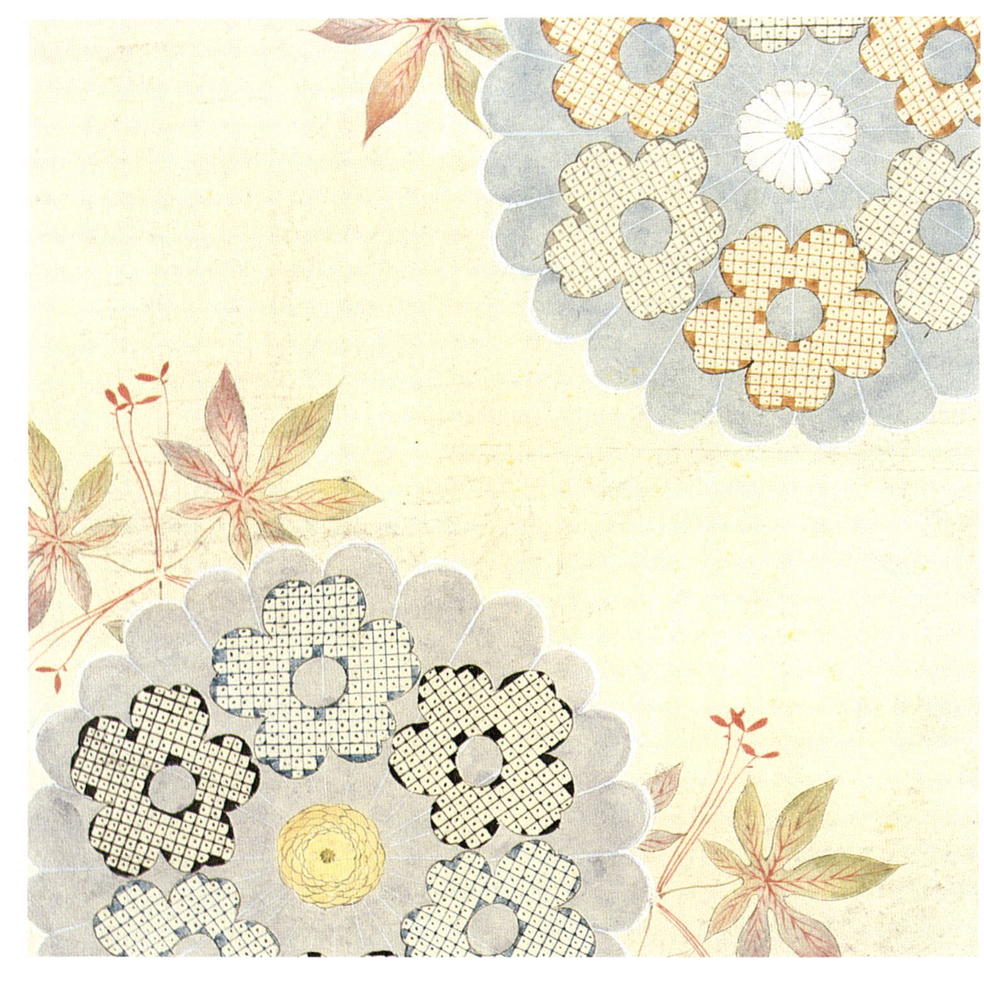

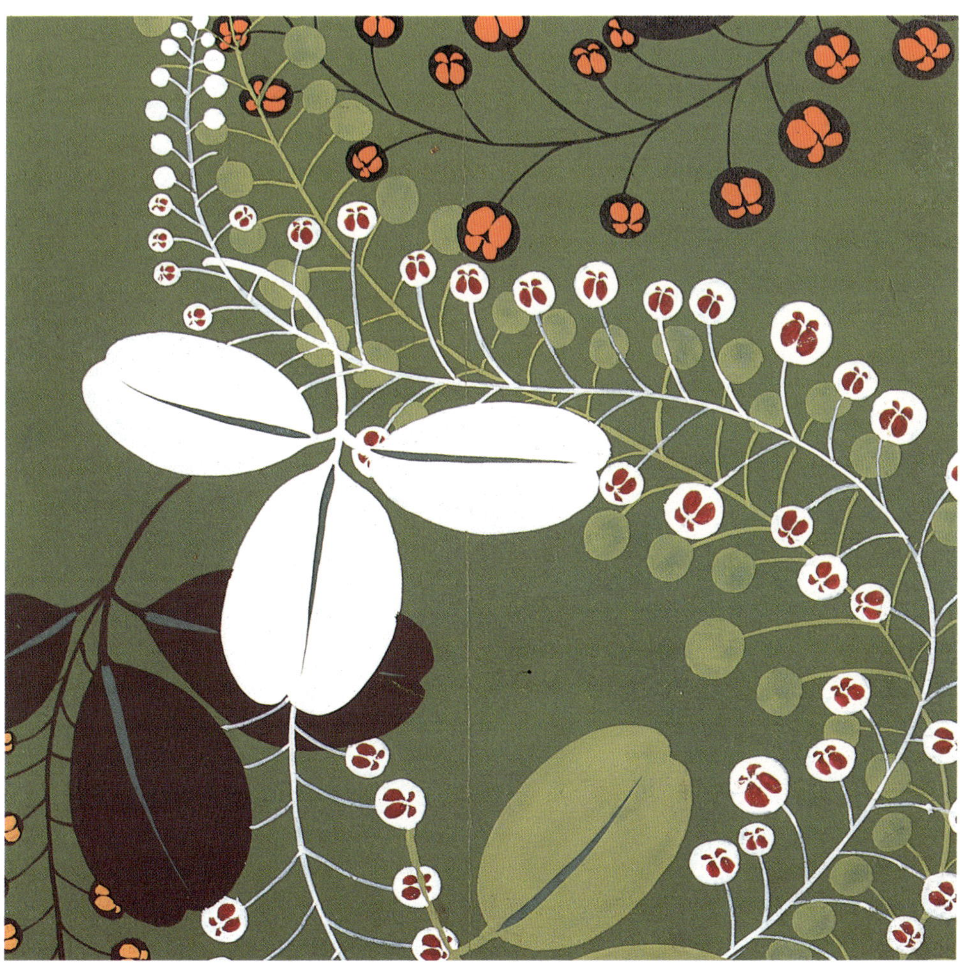

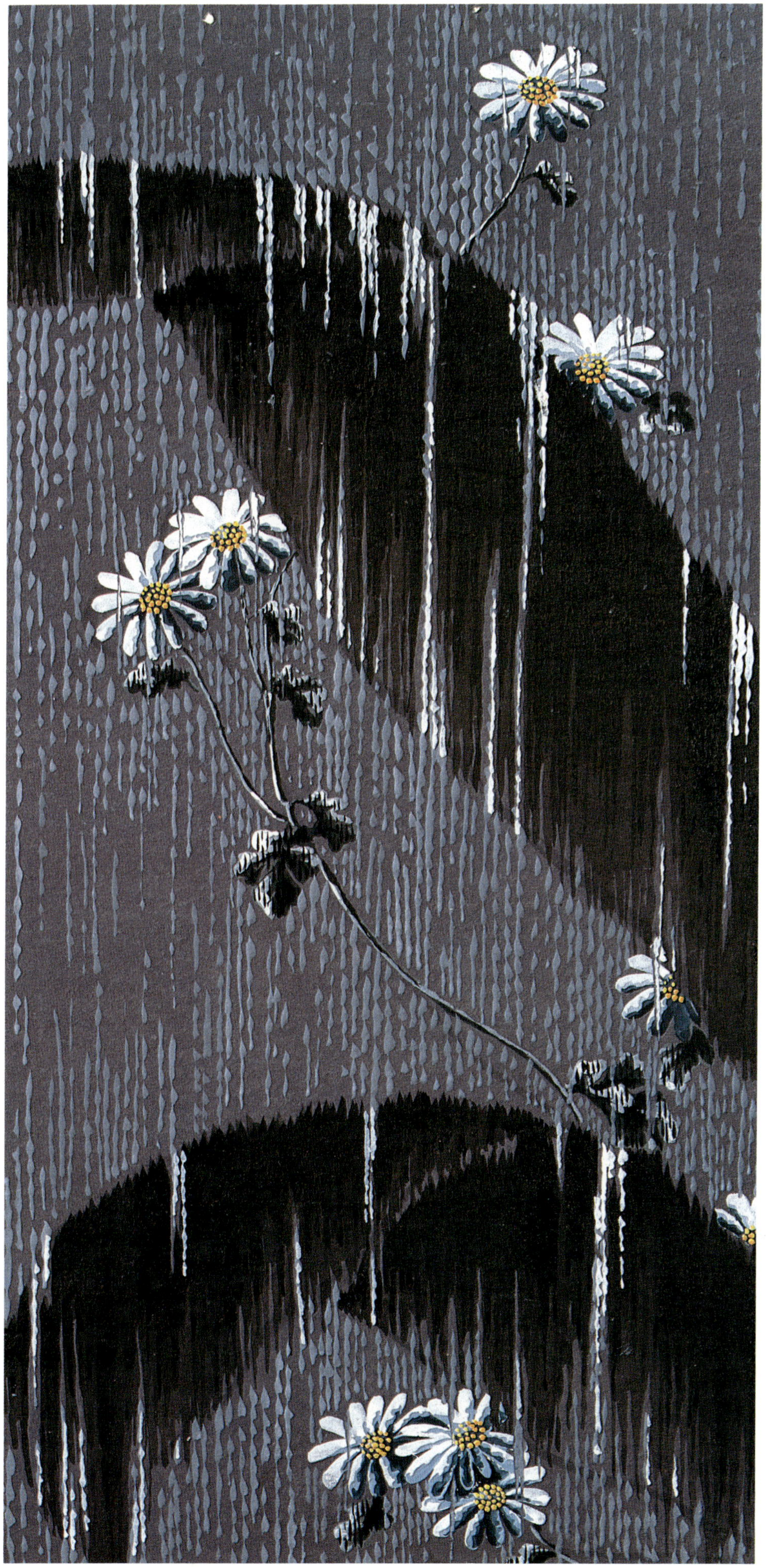

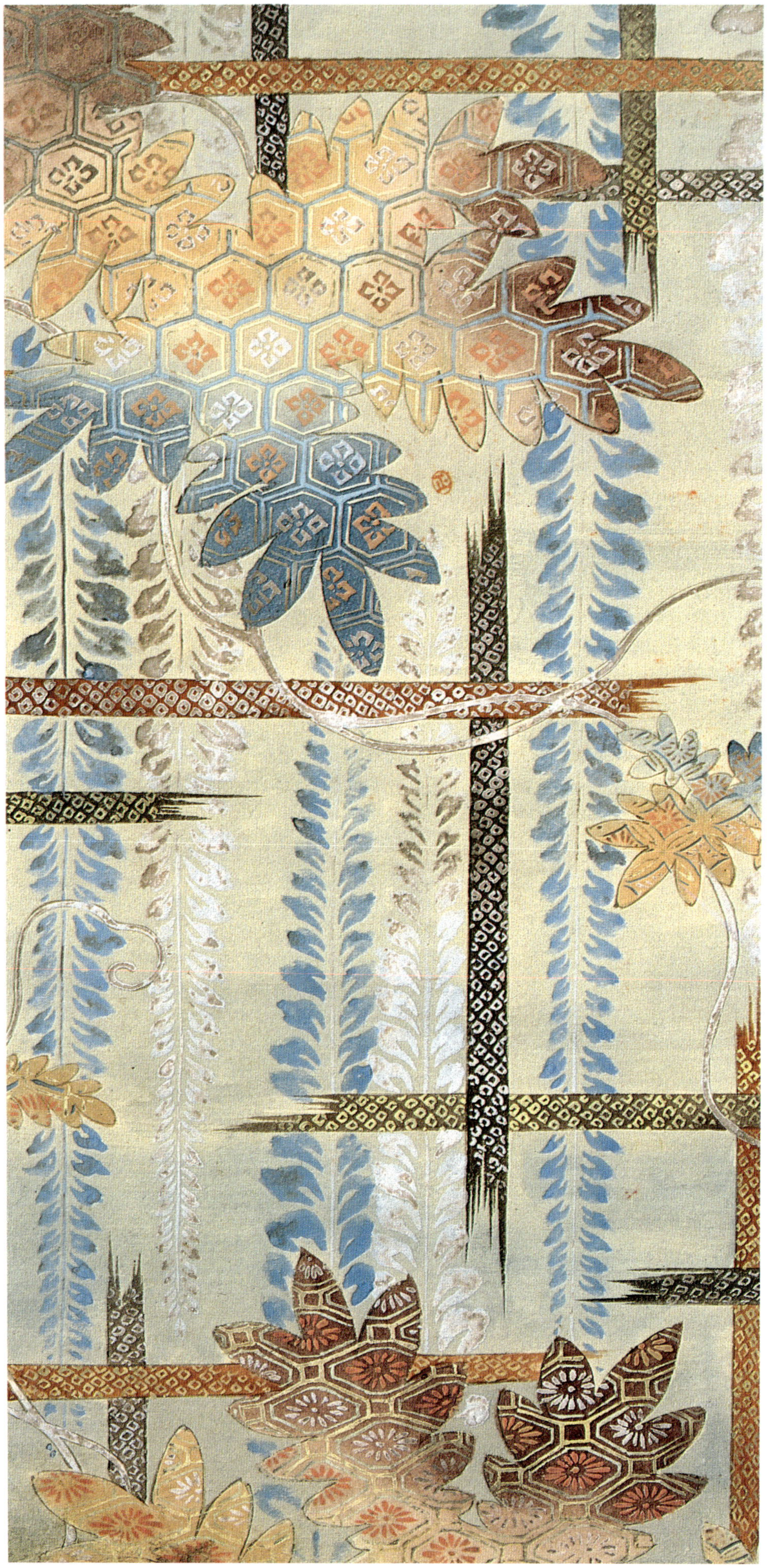

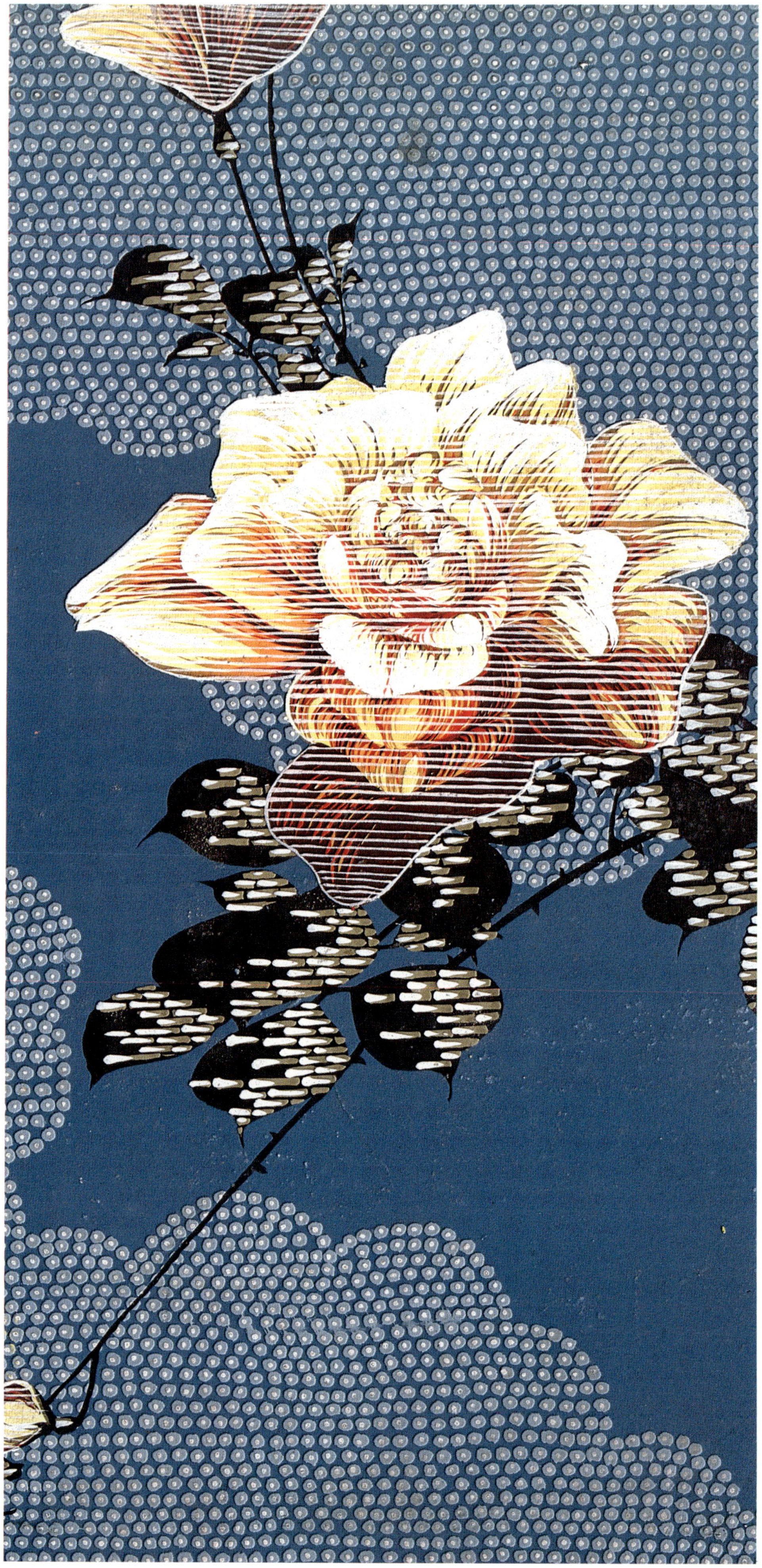

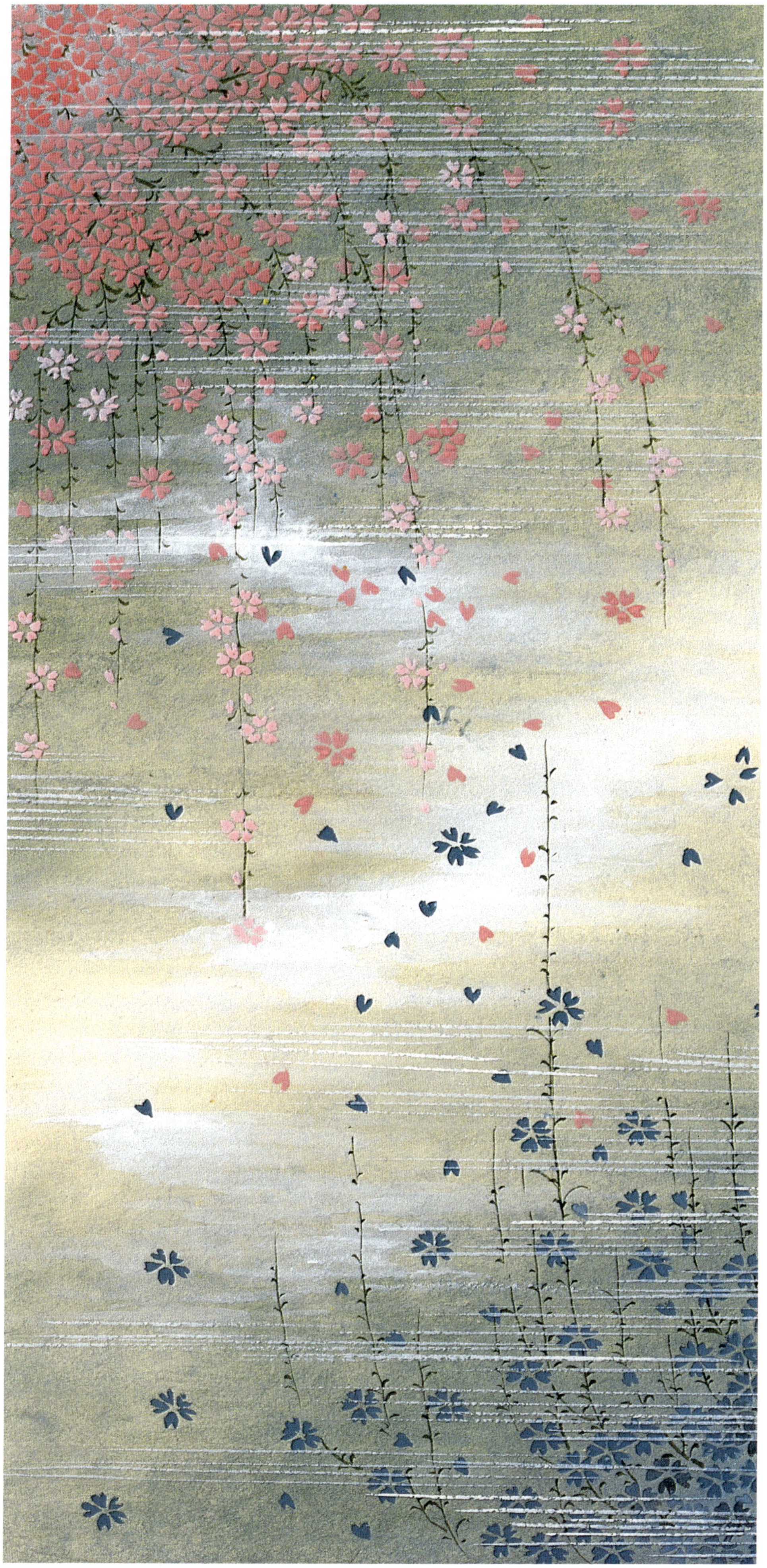

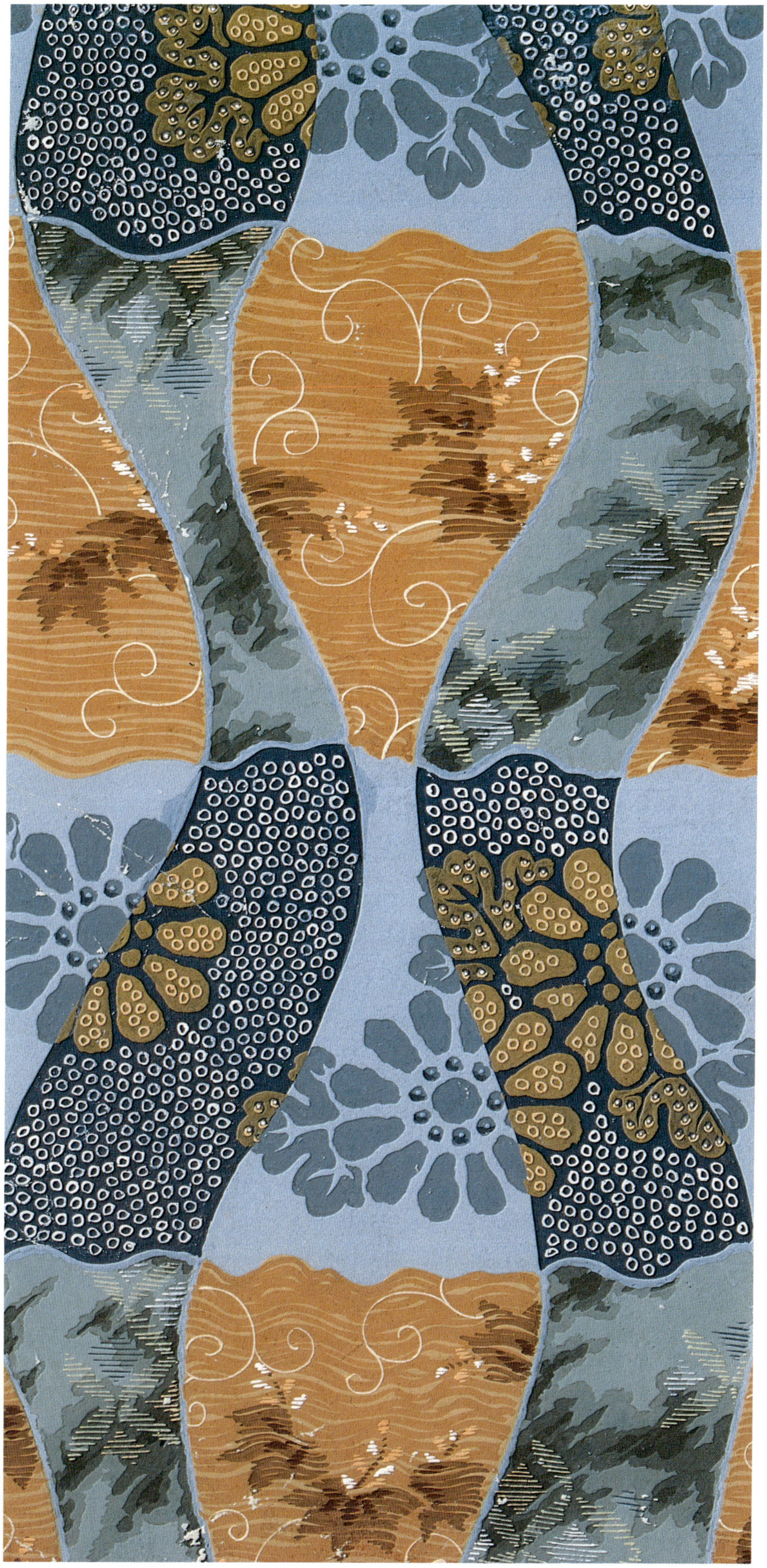

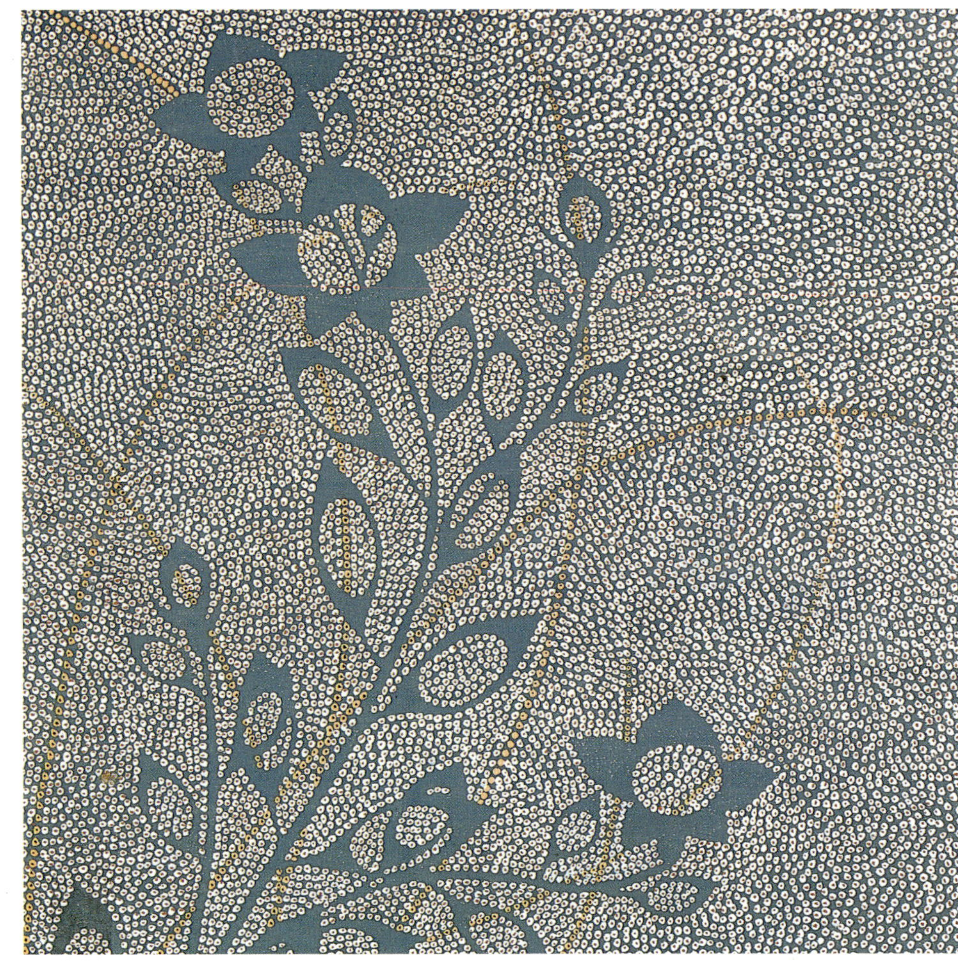

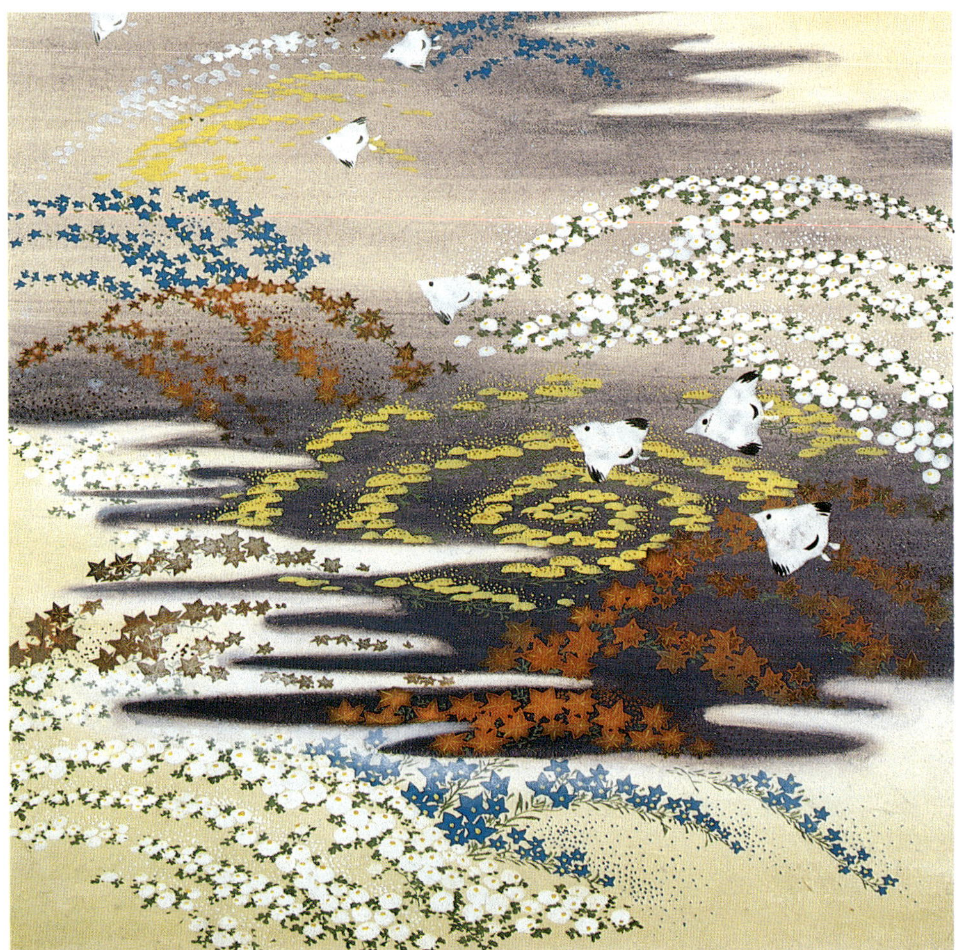

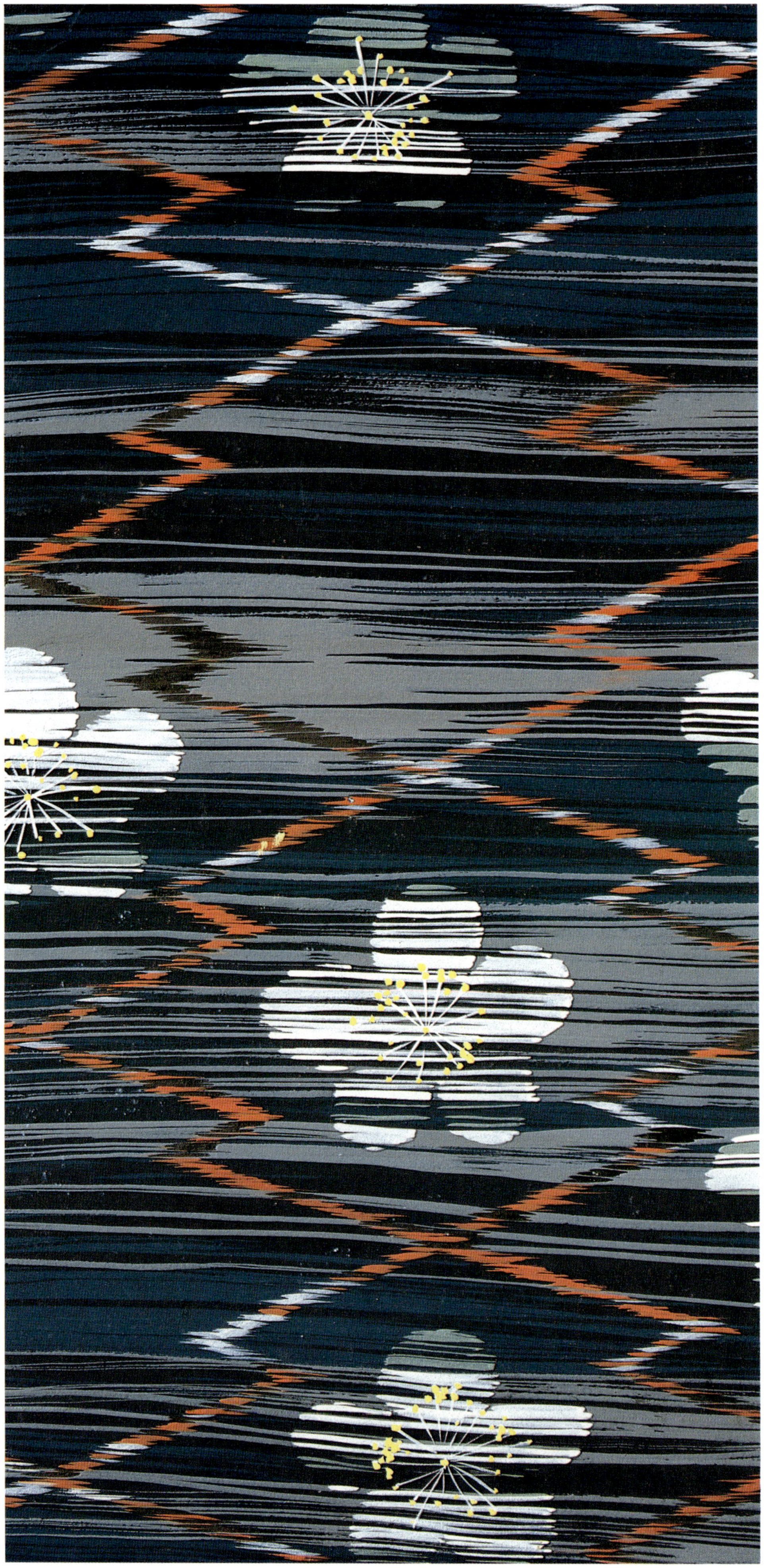

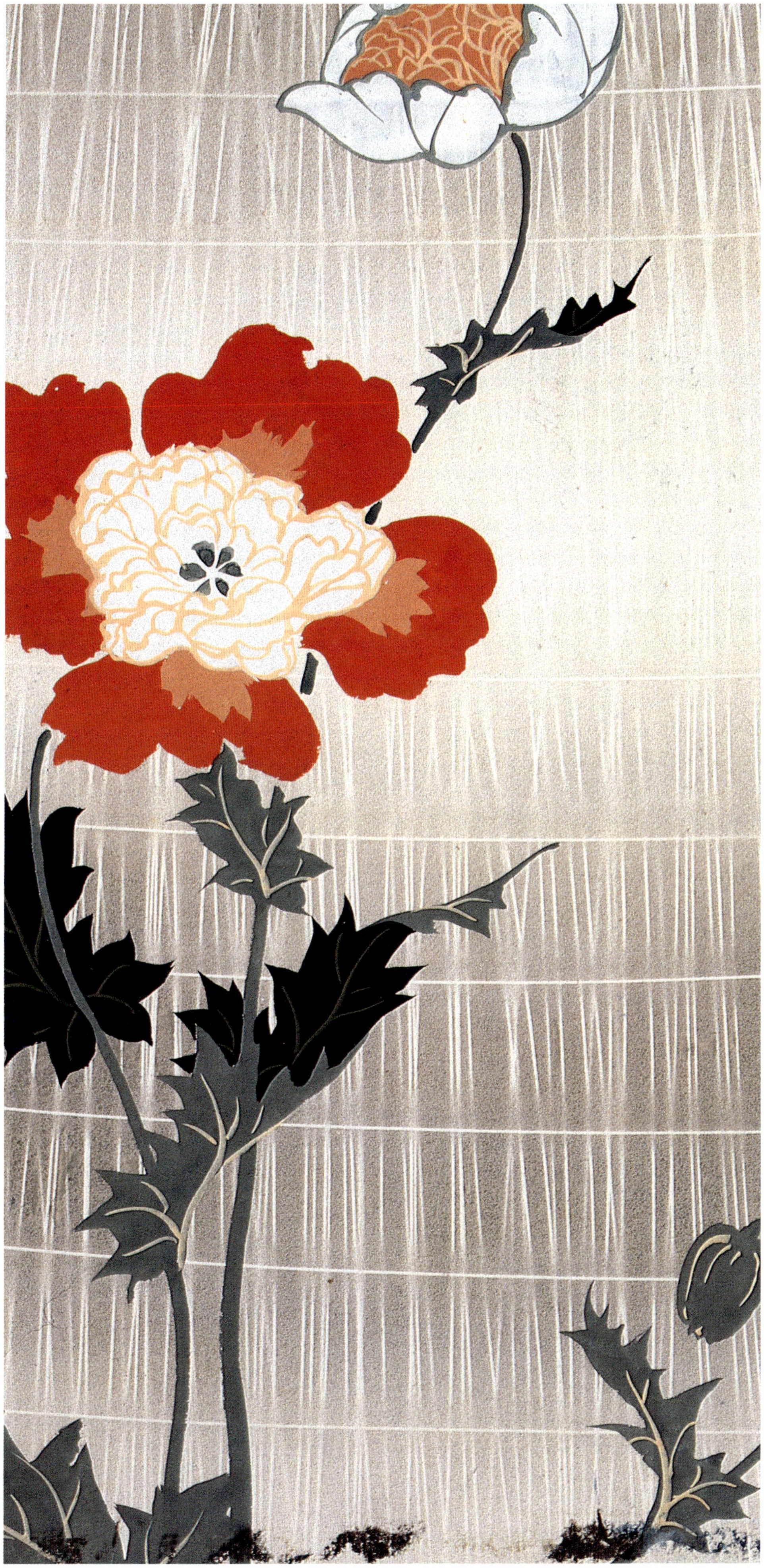

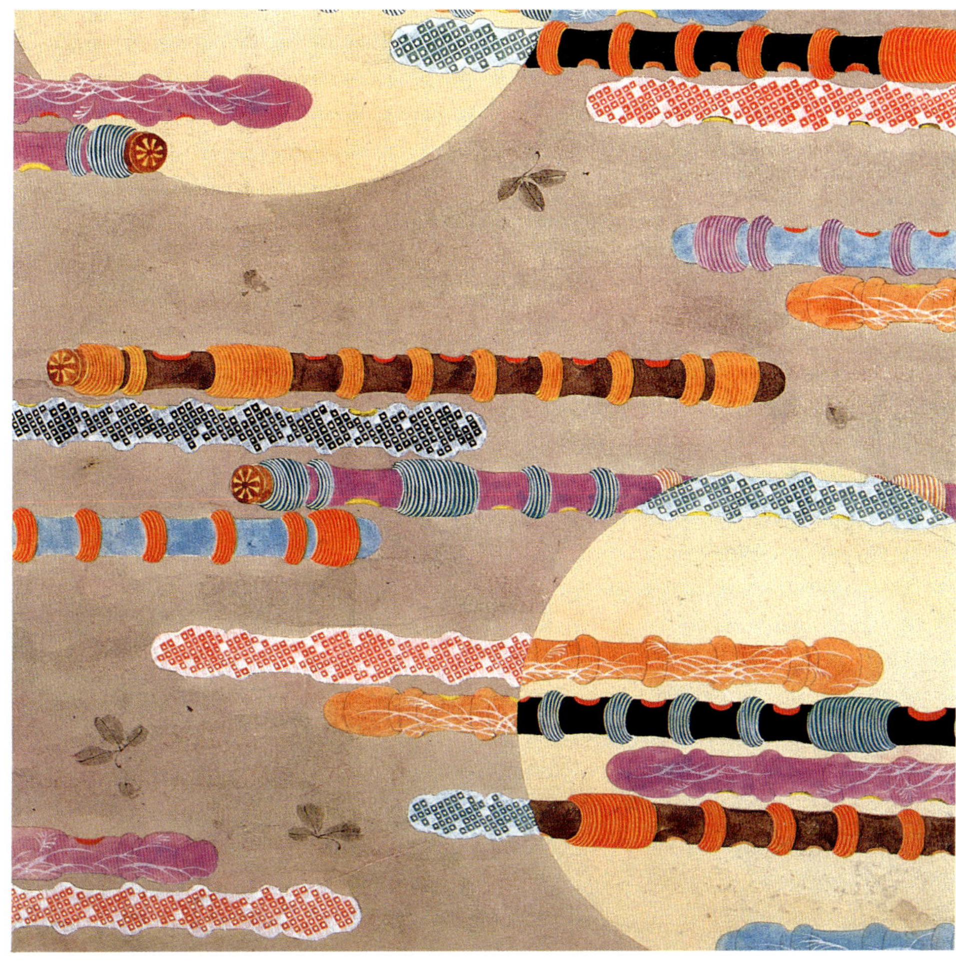

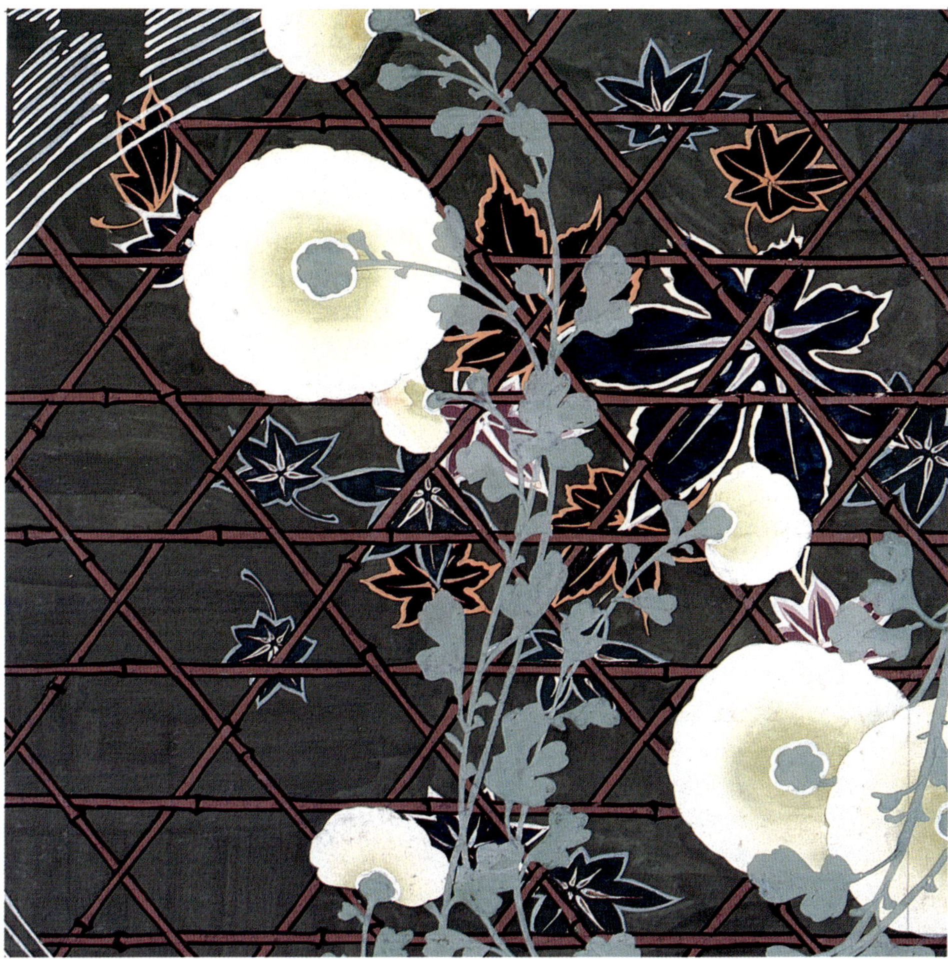

70

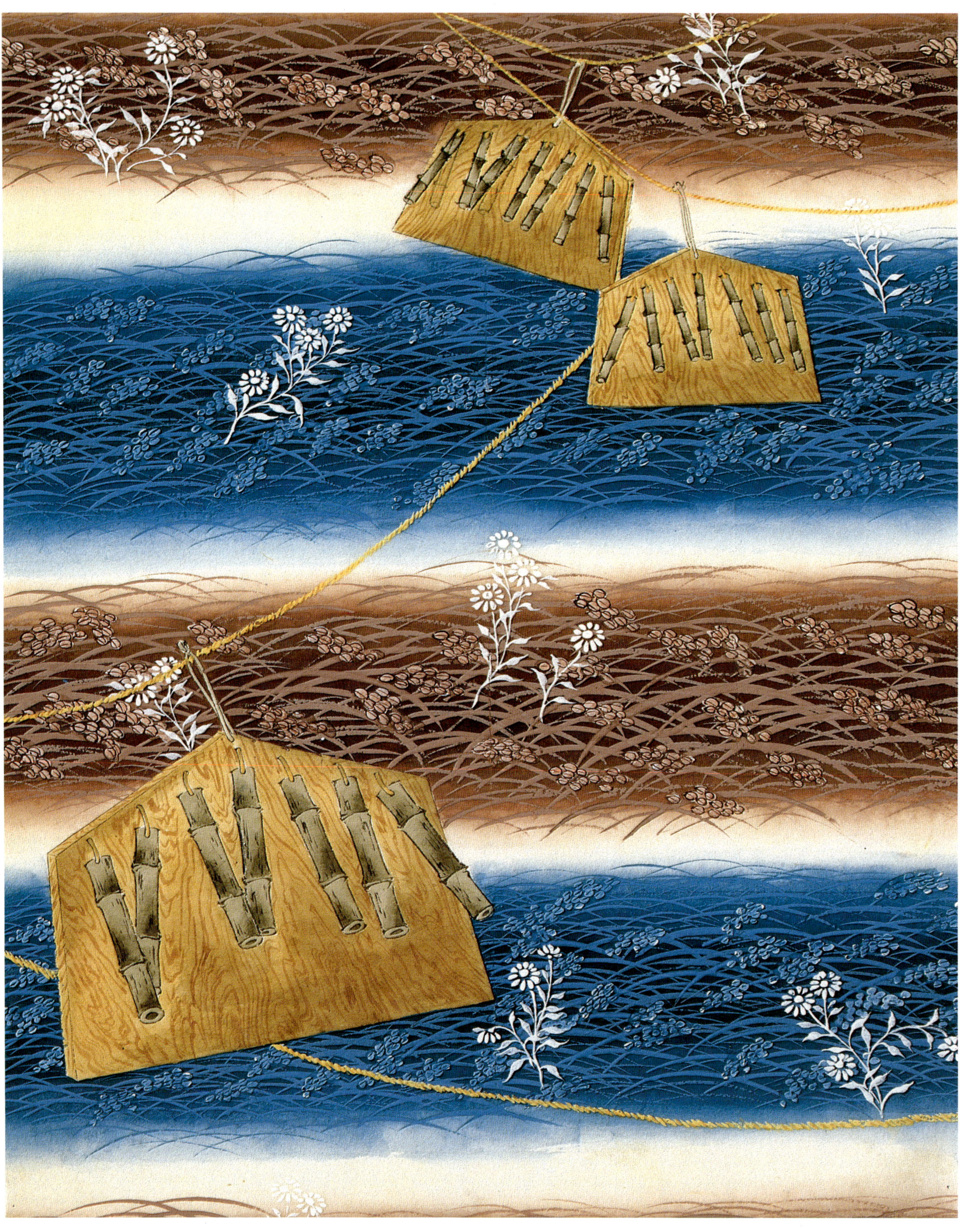

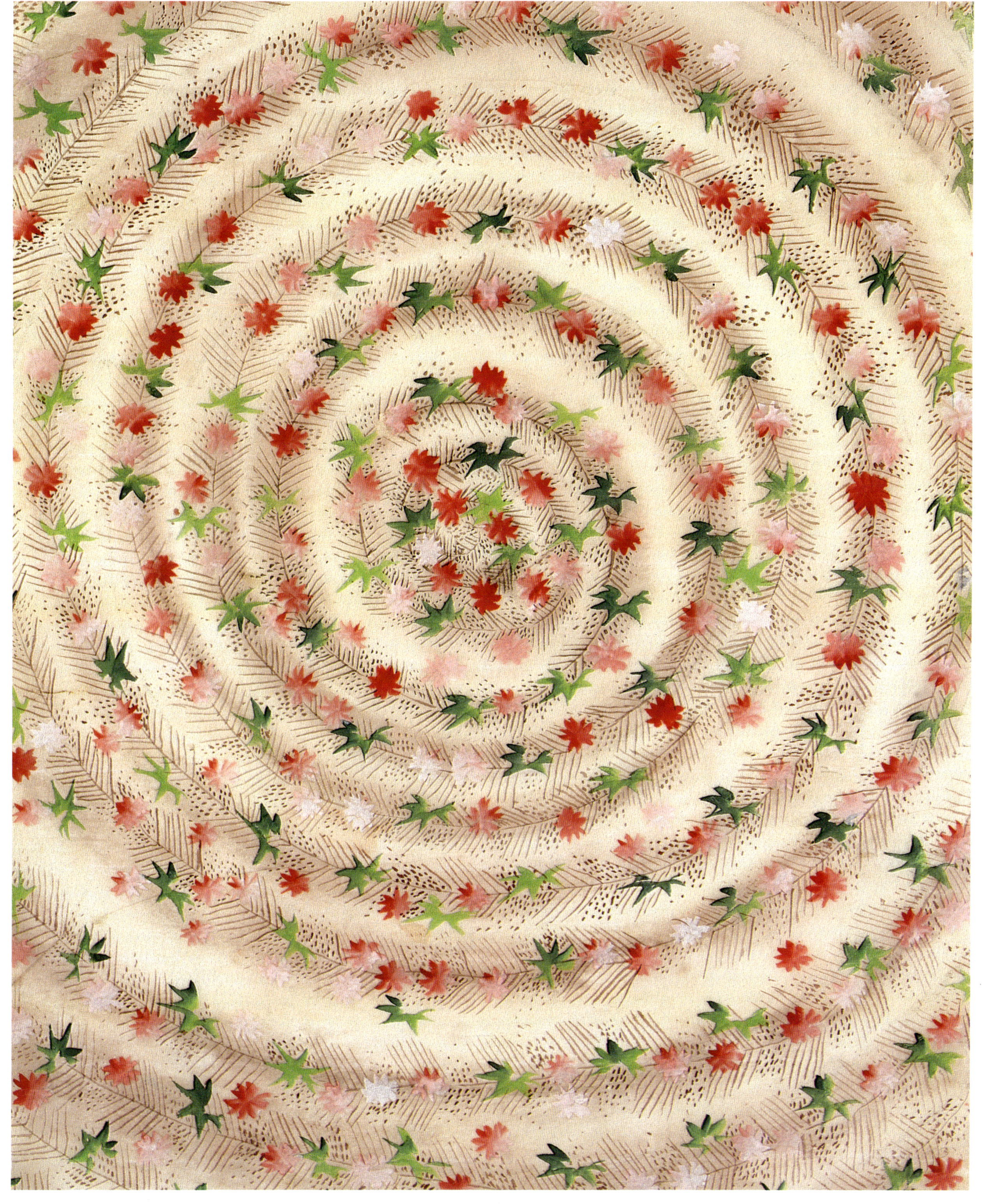

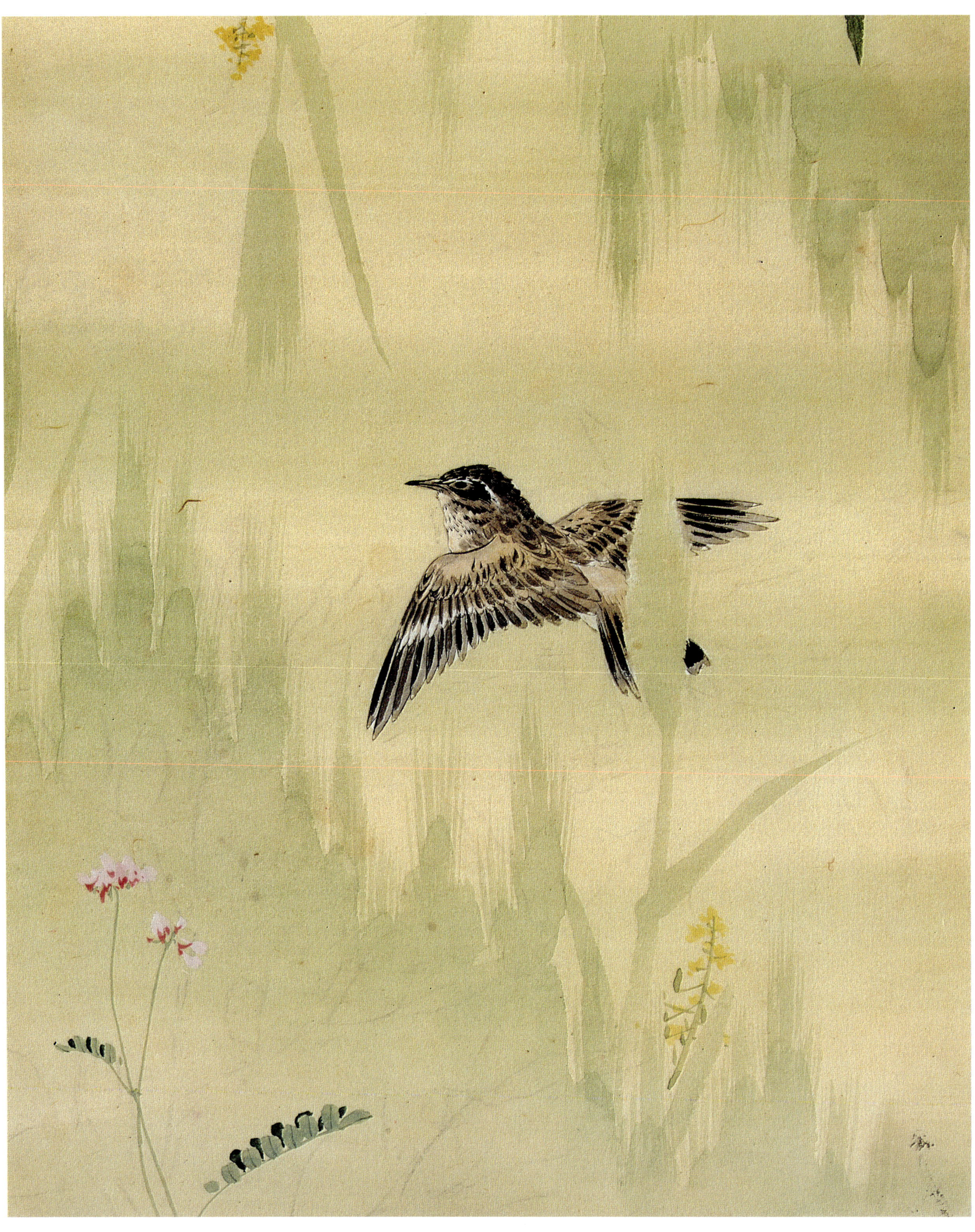

72

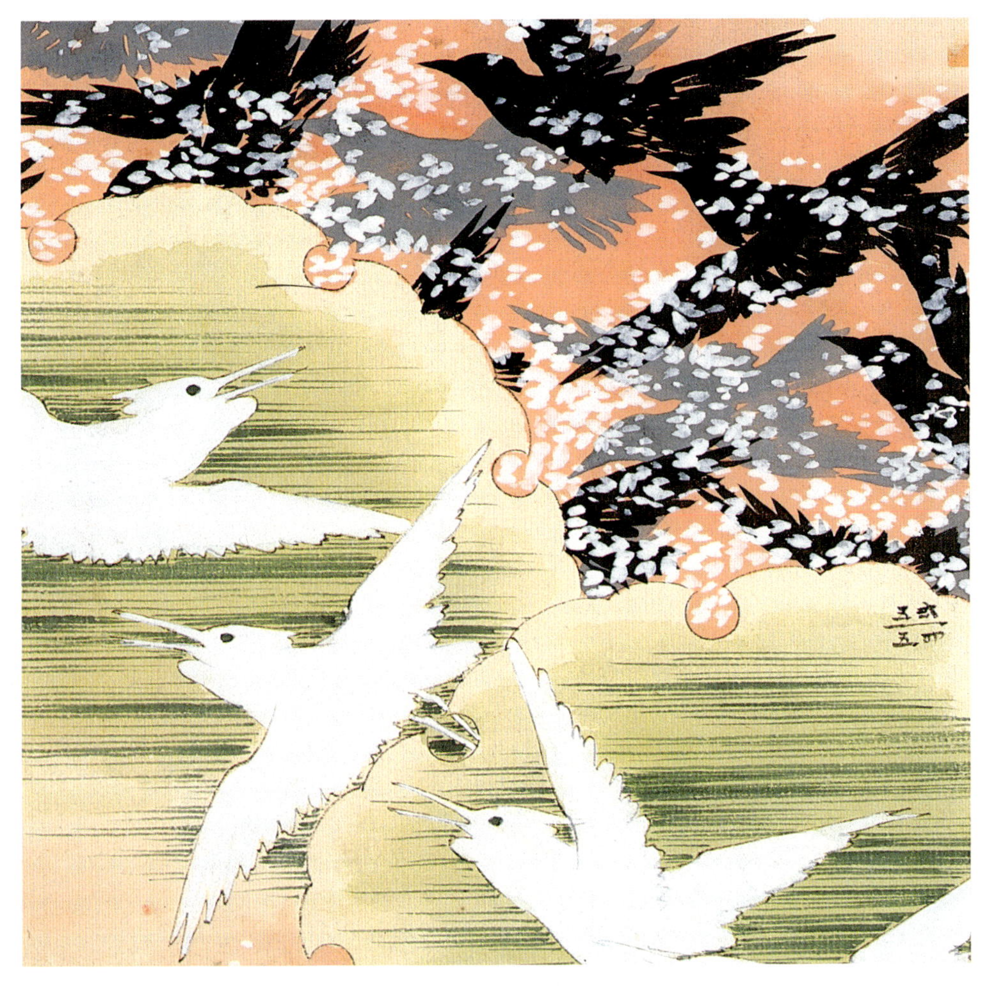
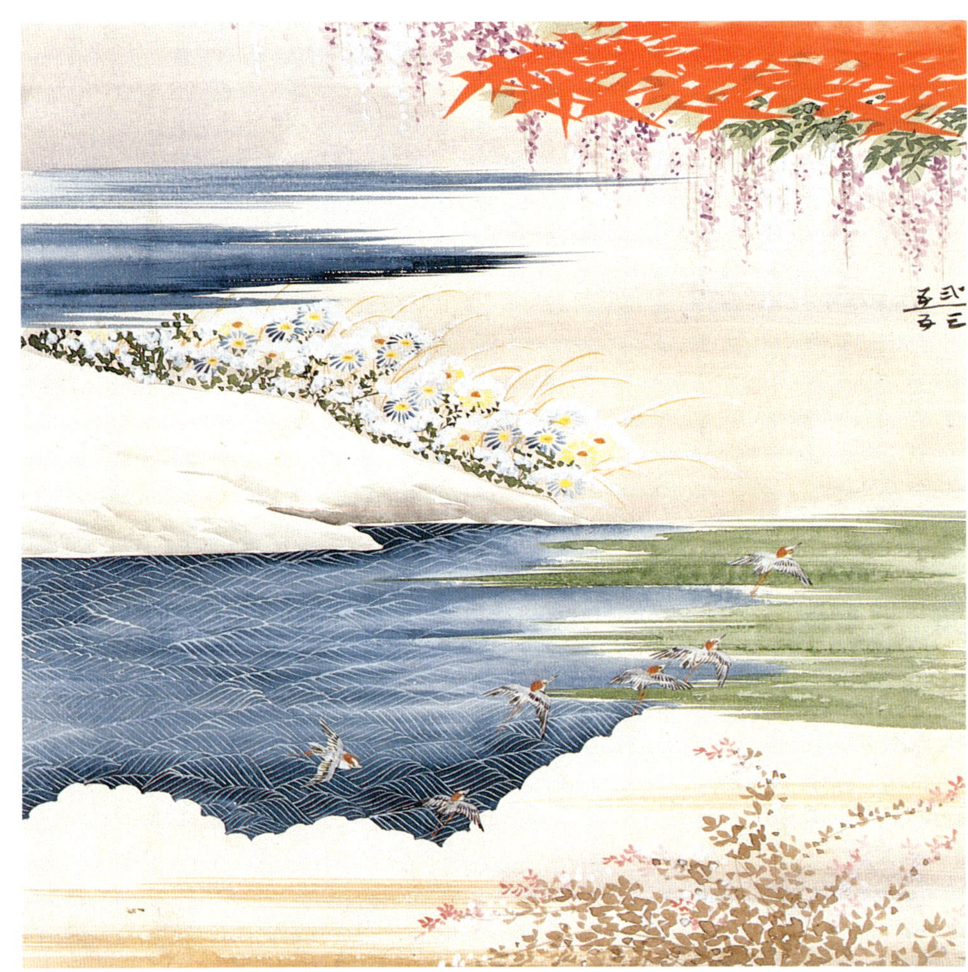

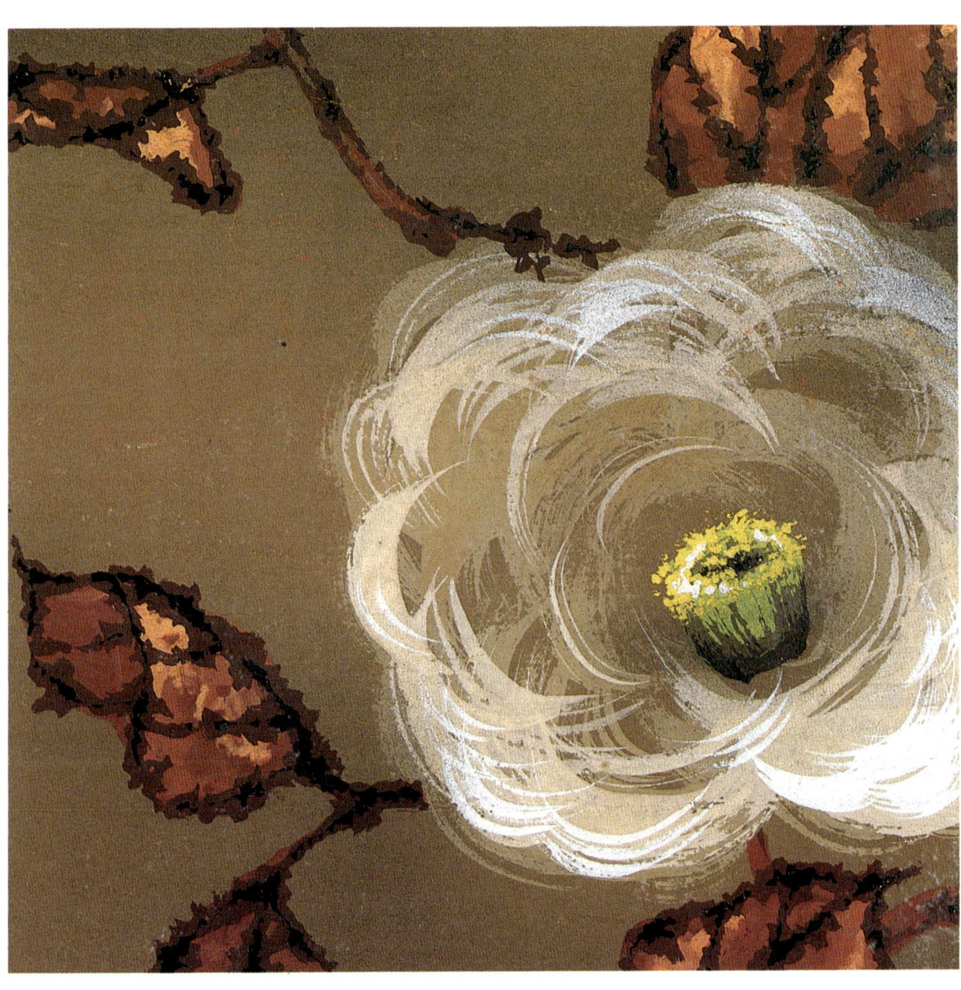
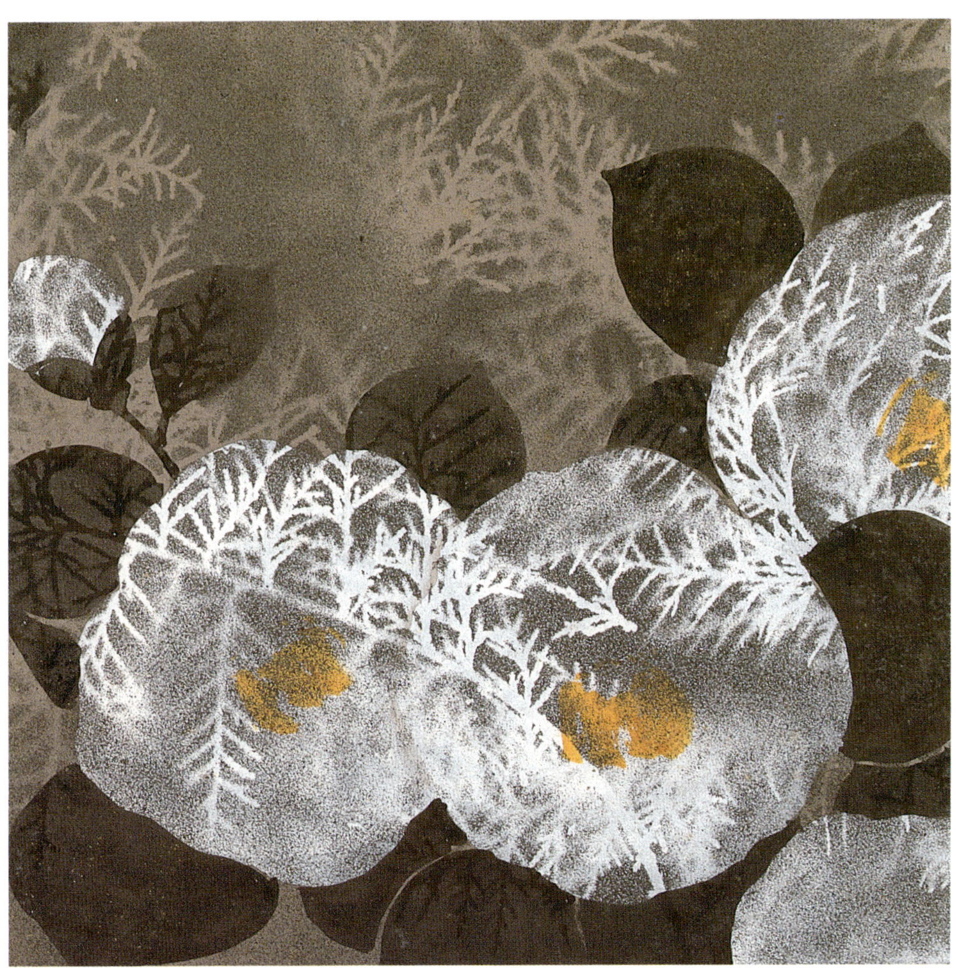

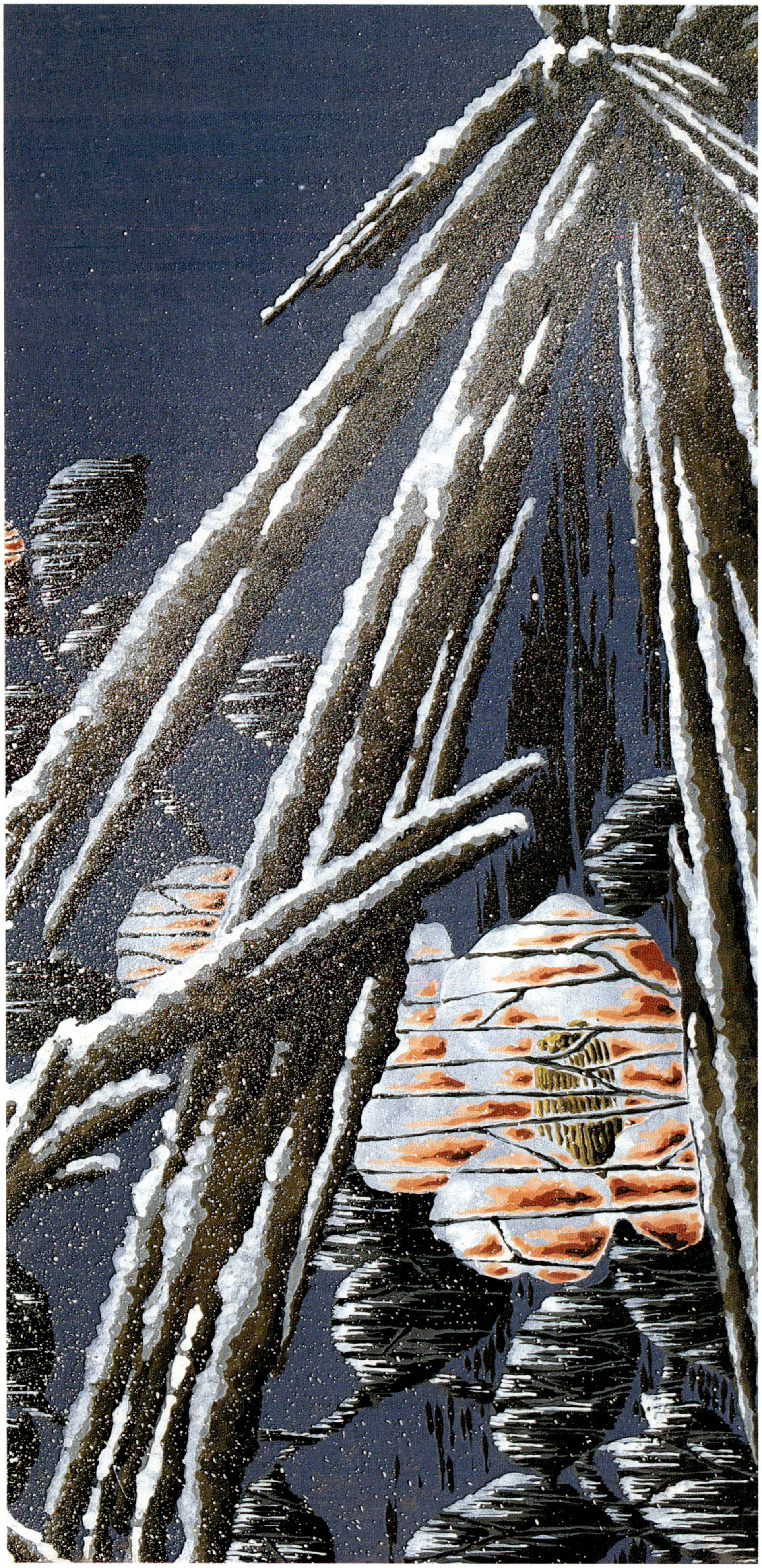

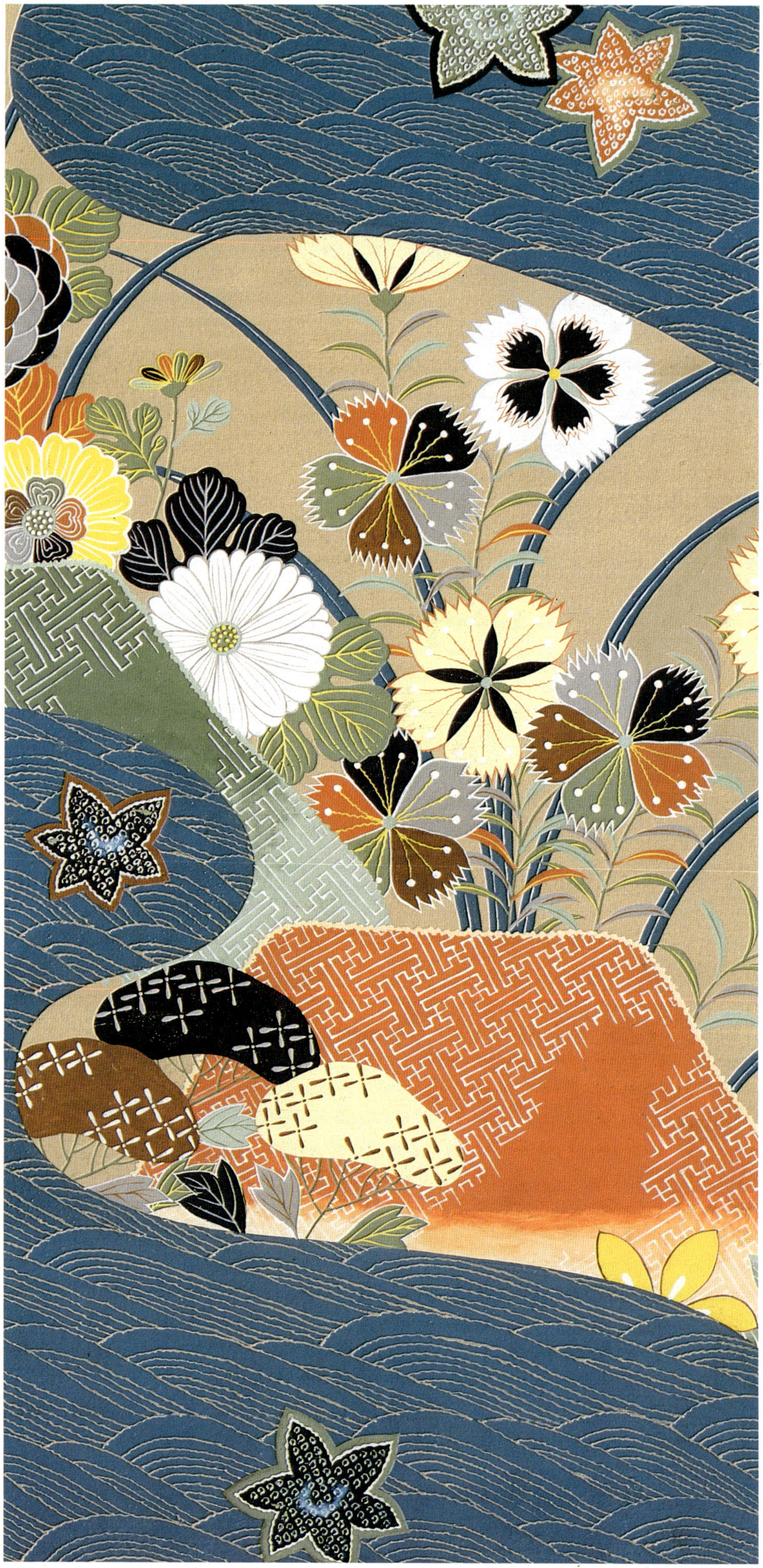

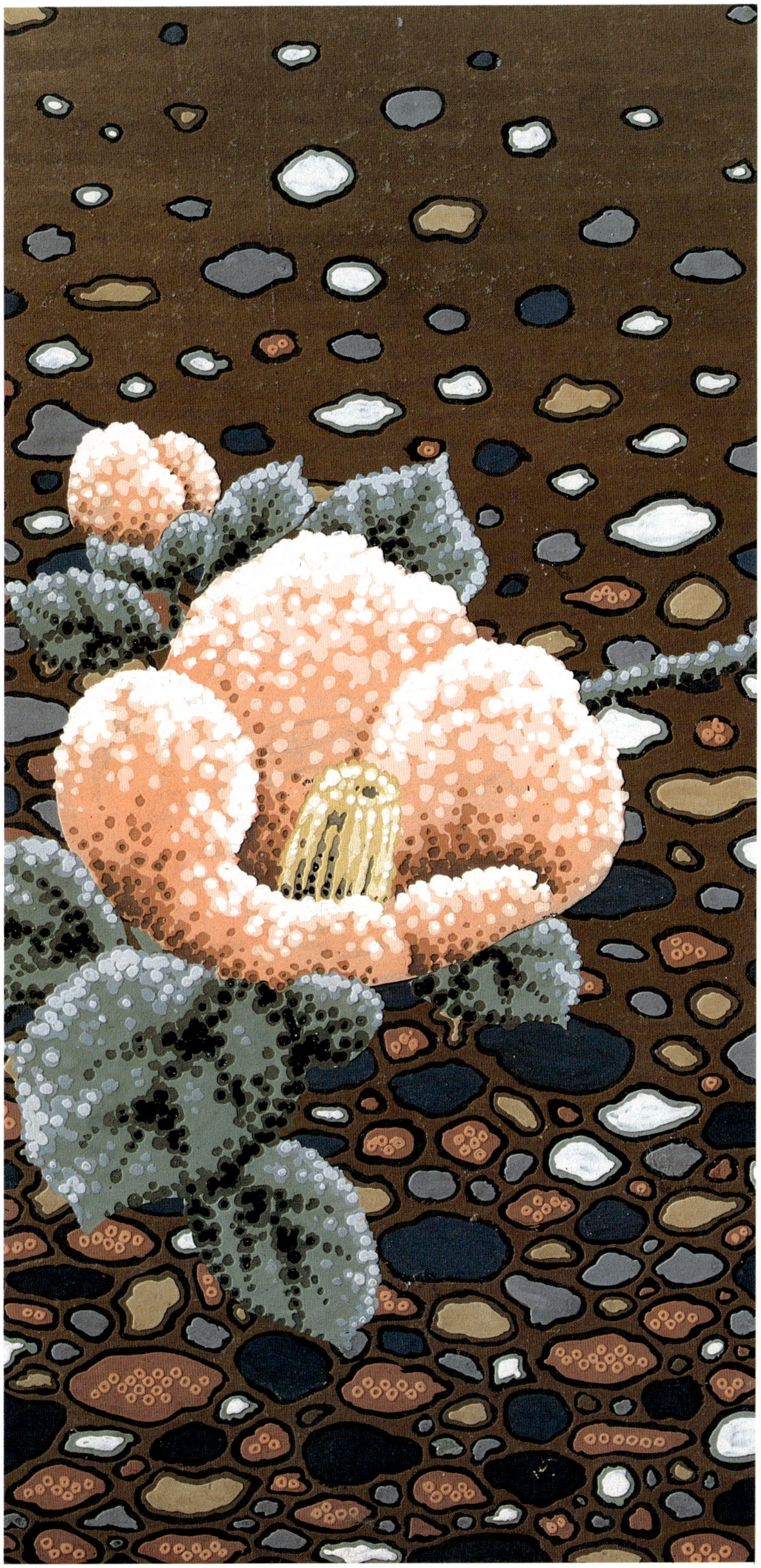

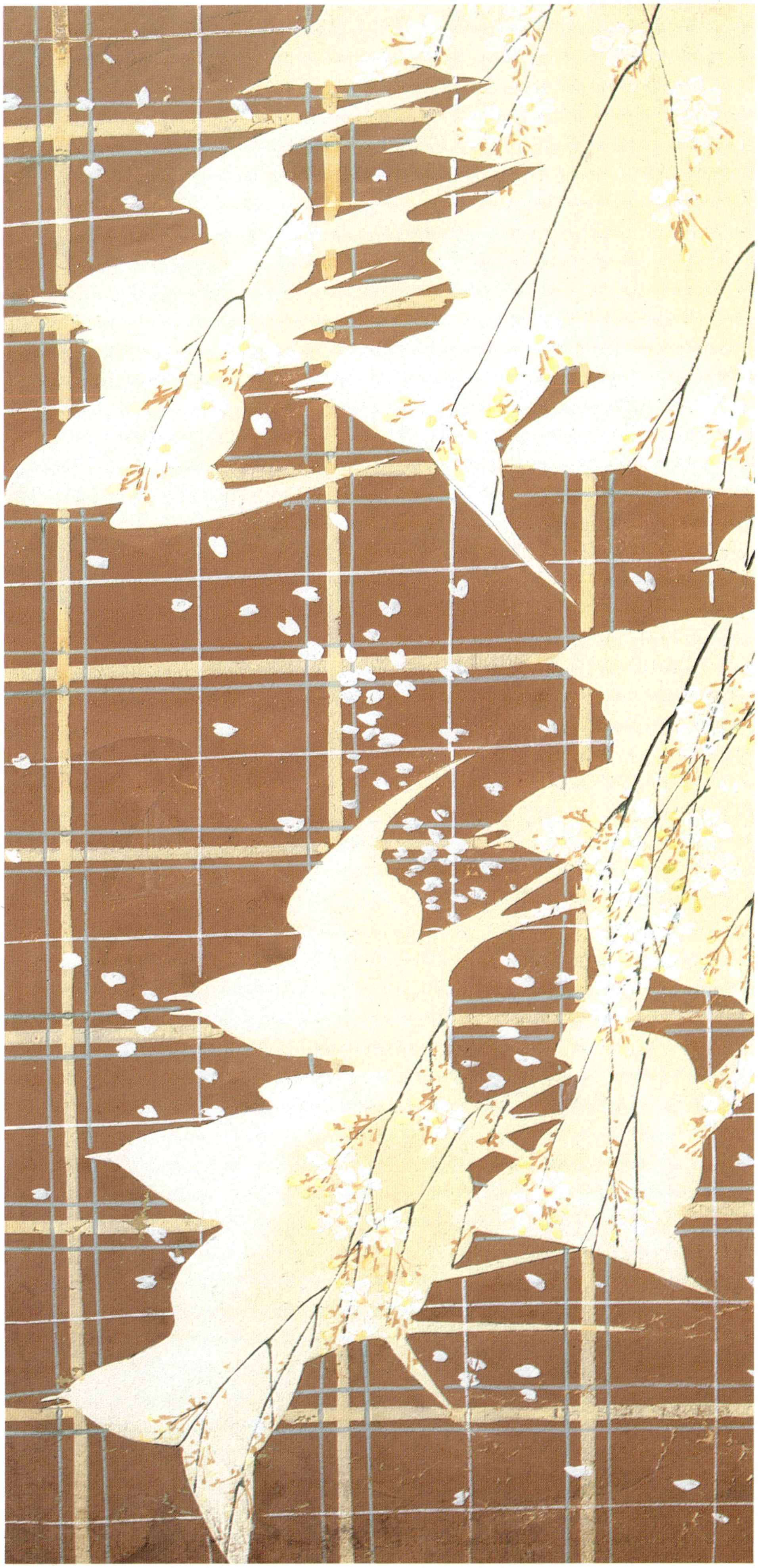

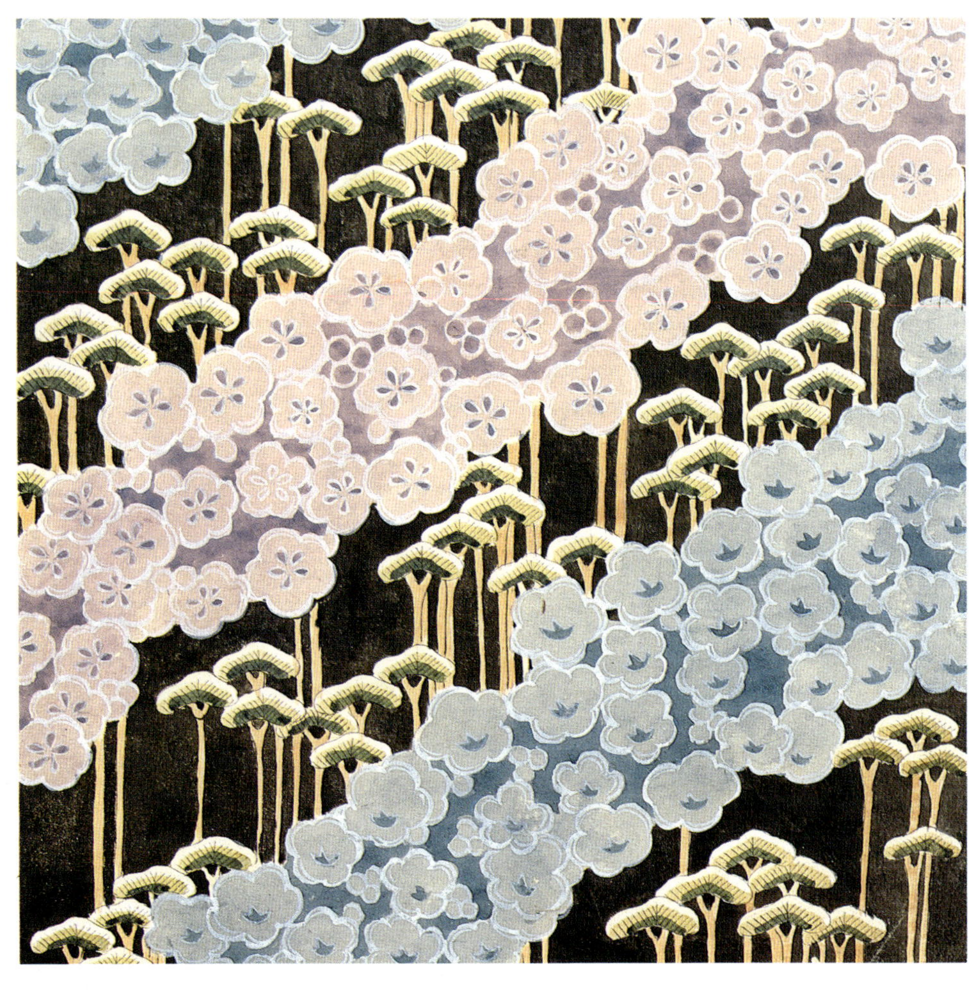

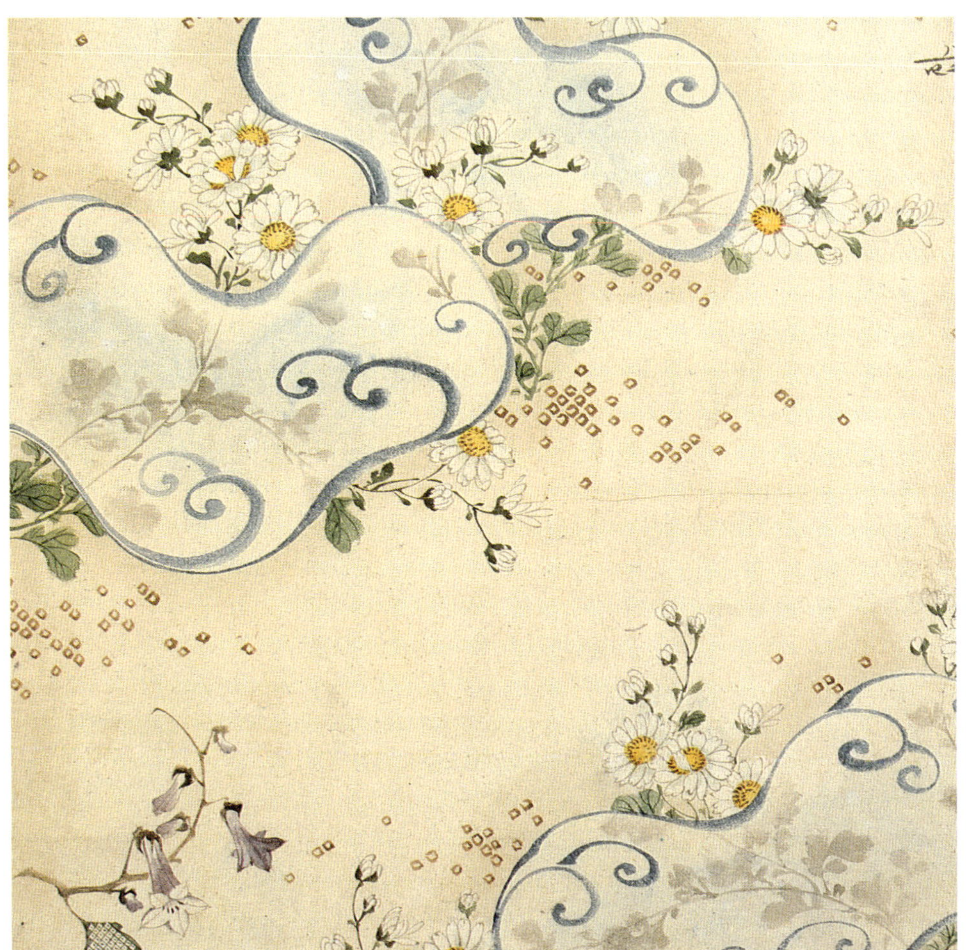

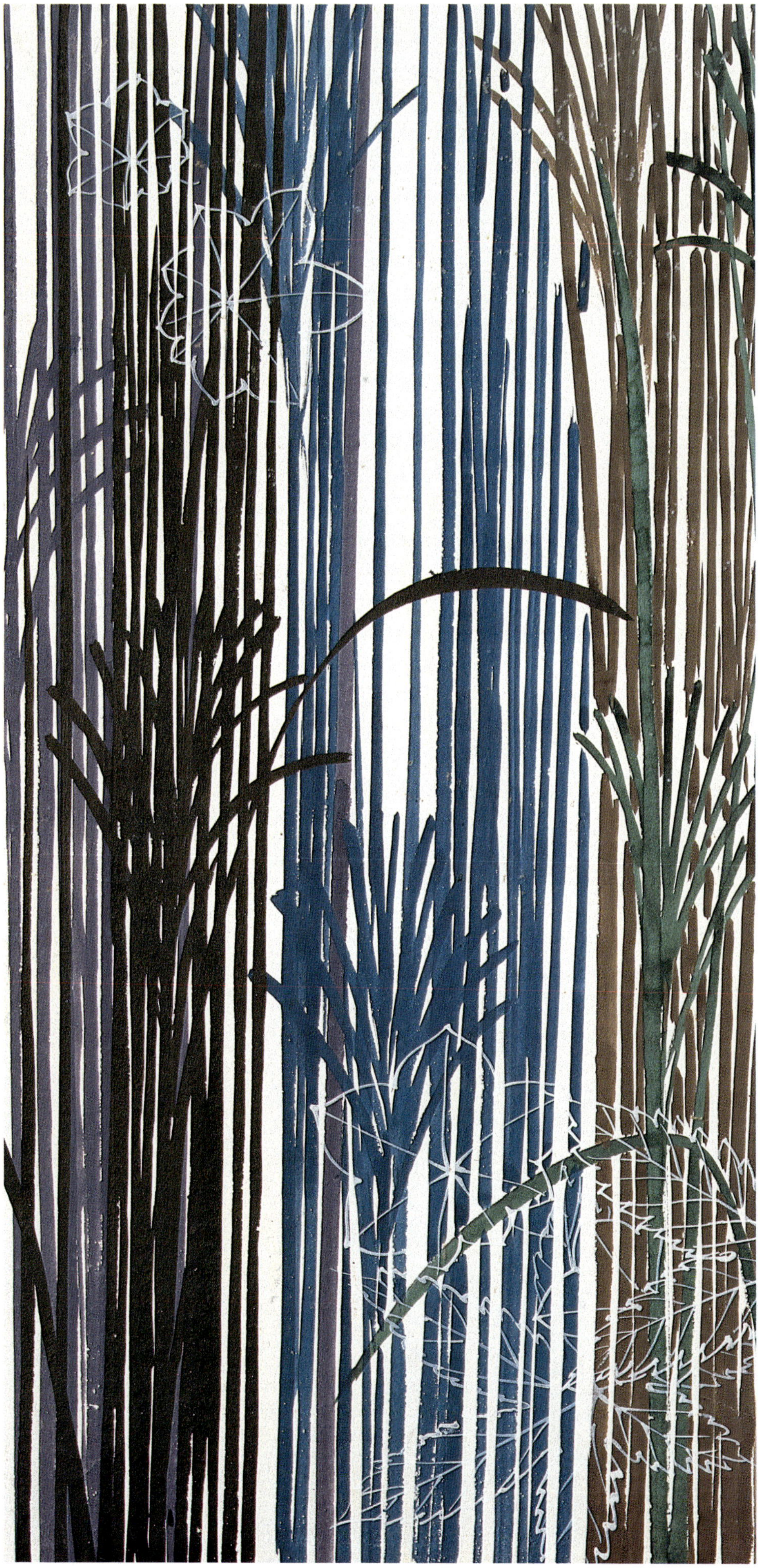

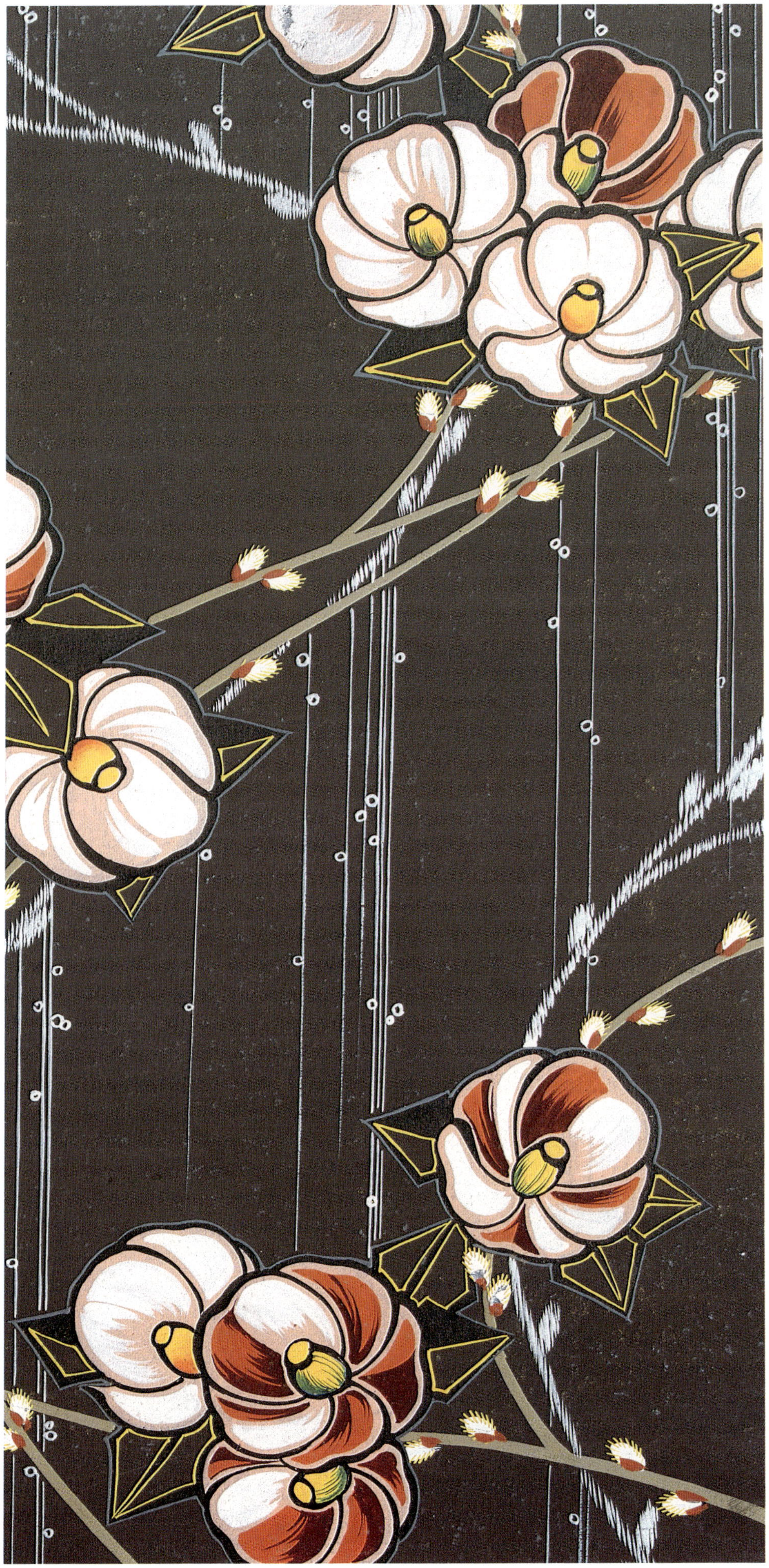

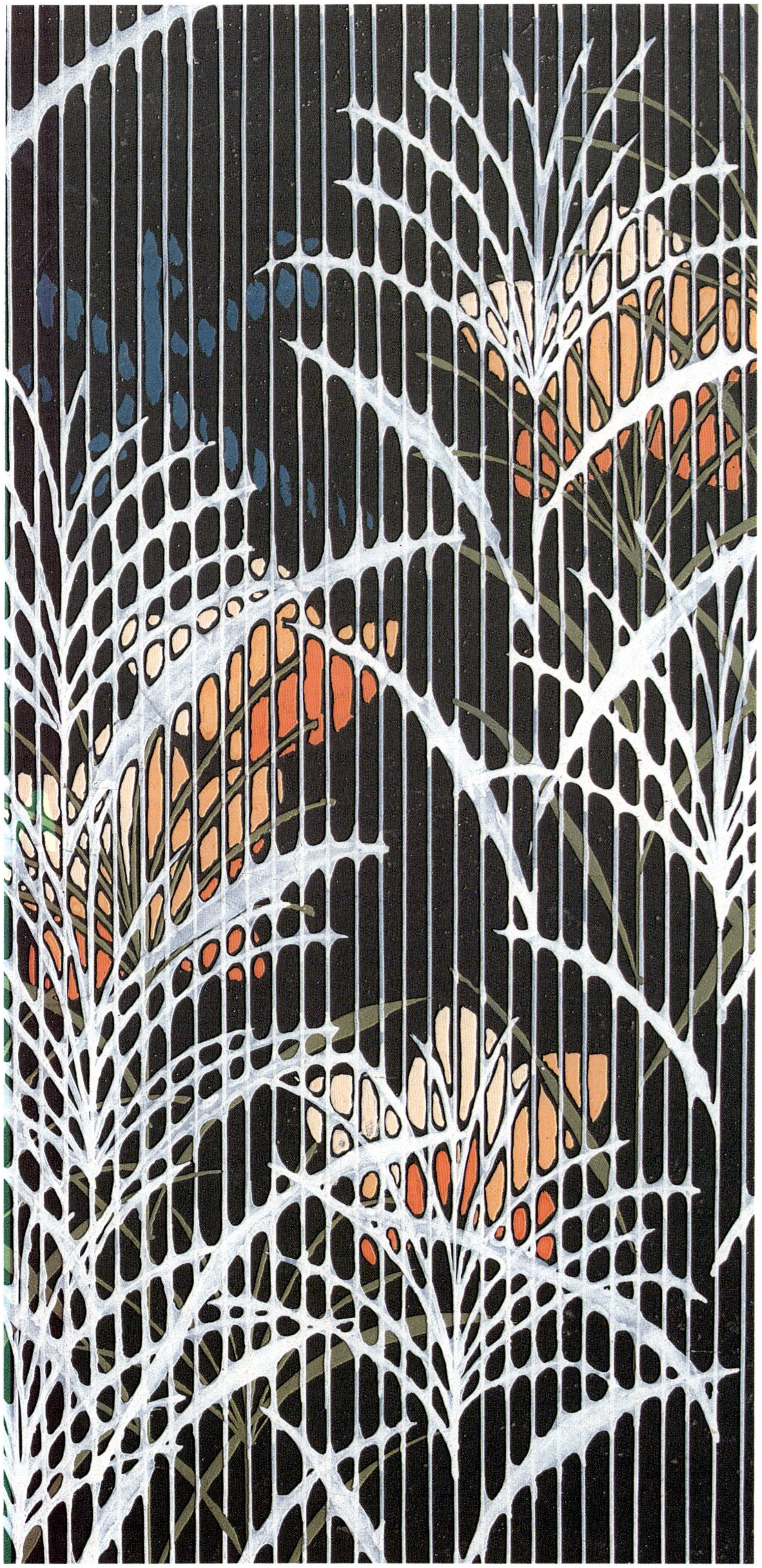

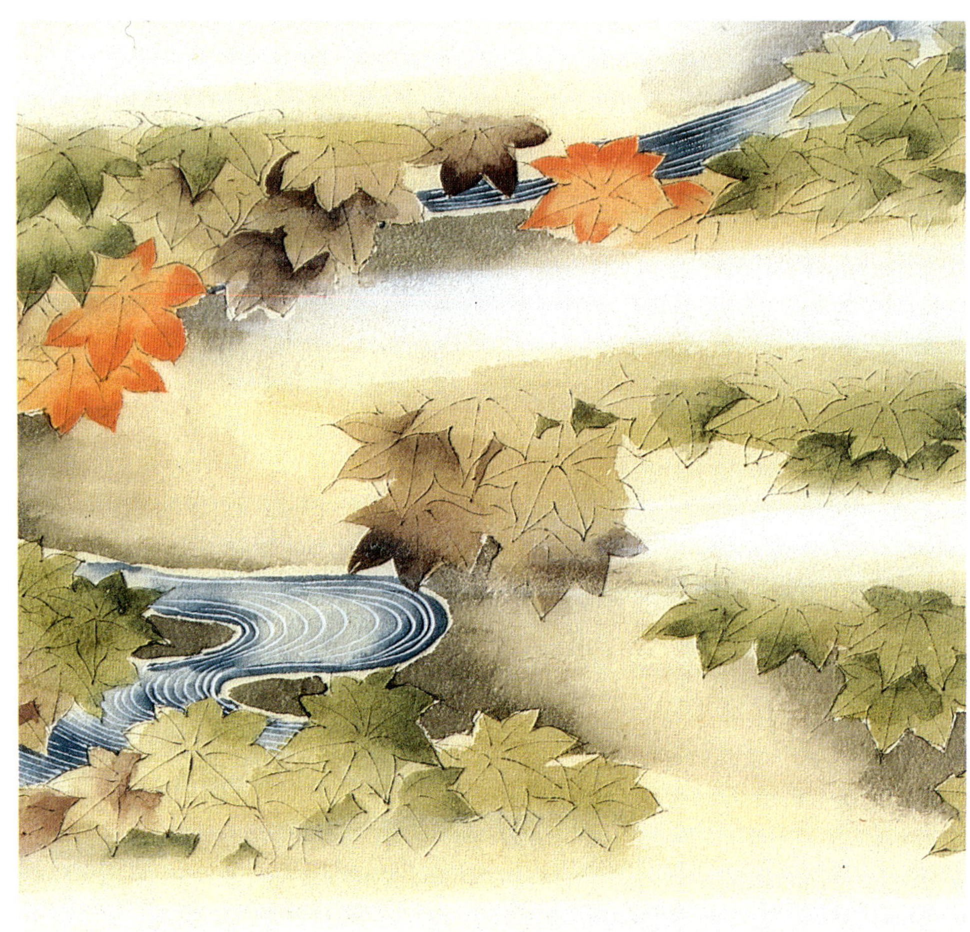

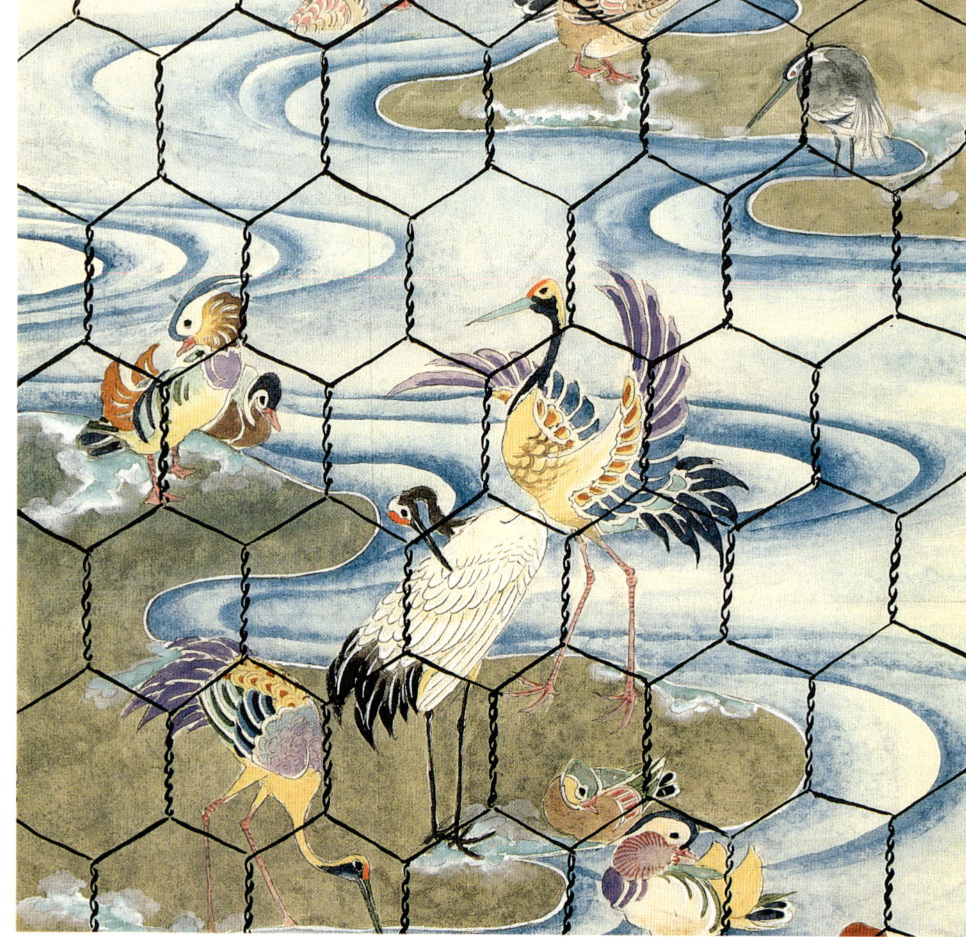

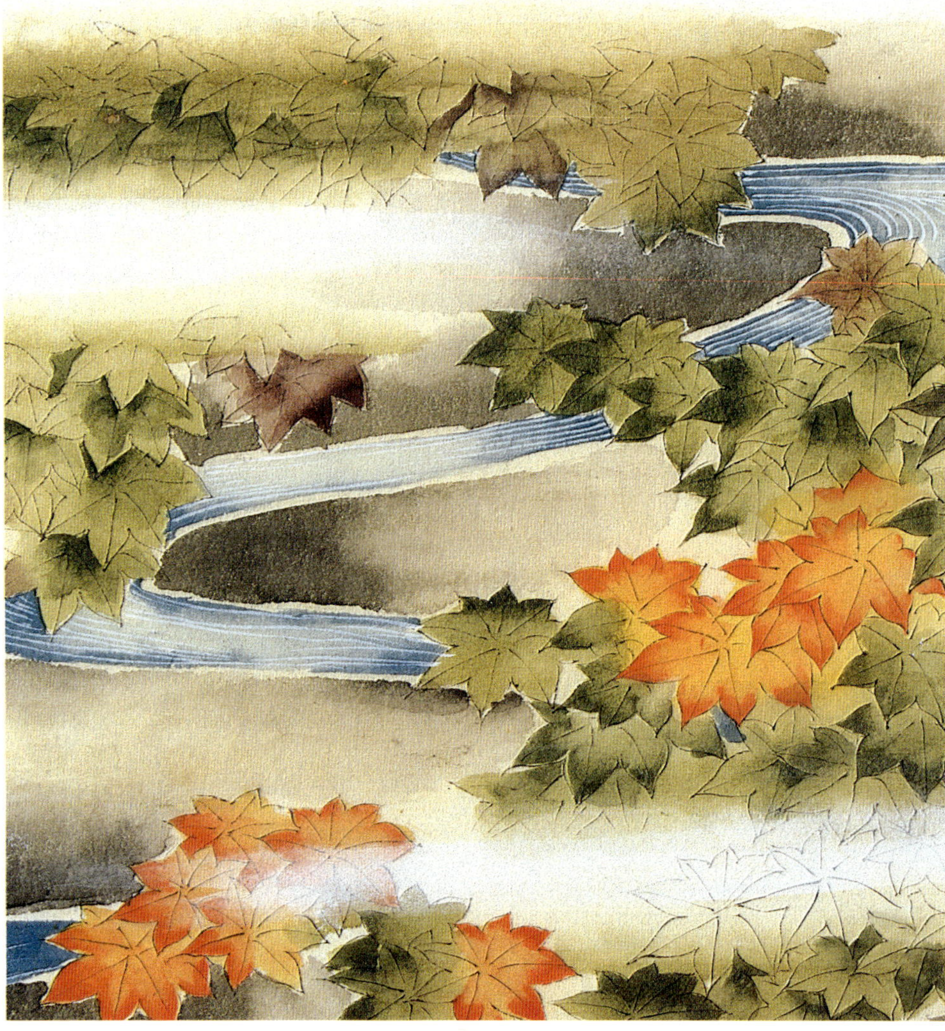

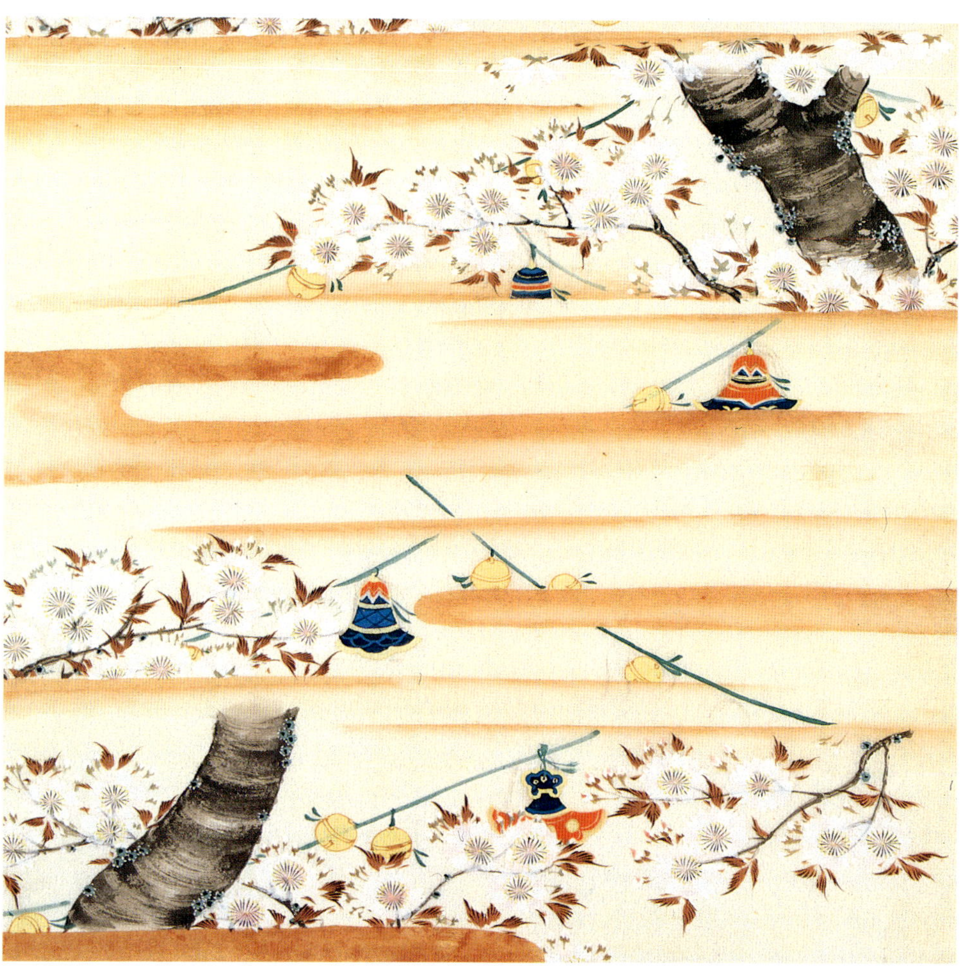

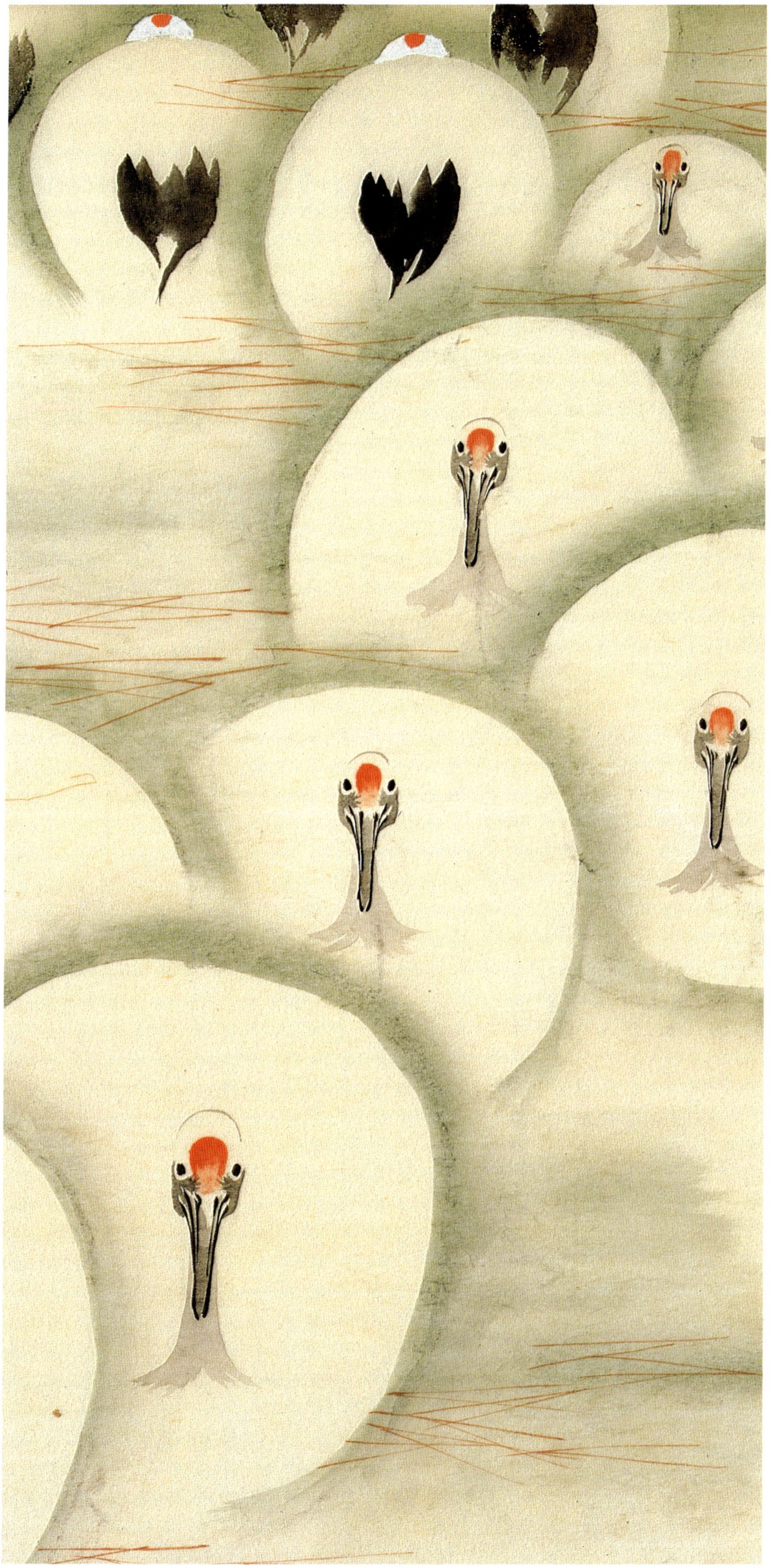

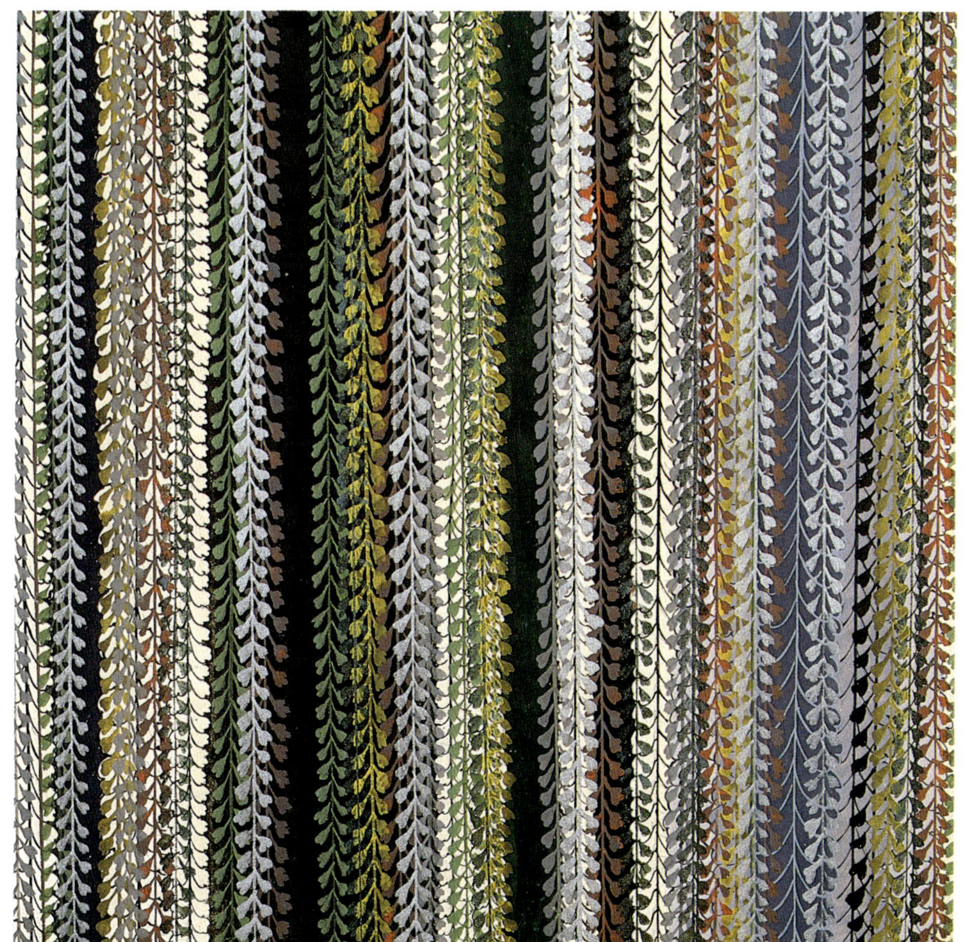

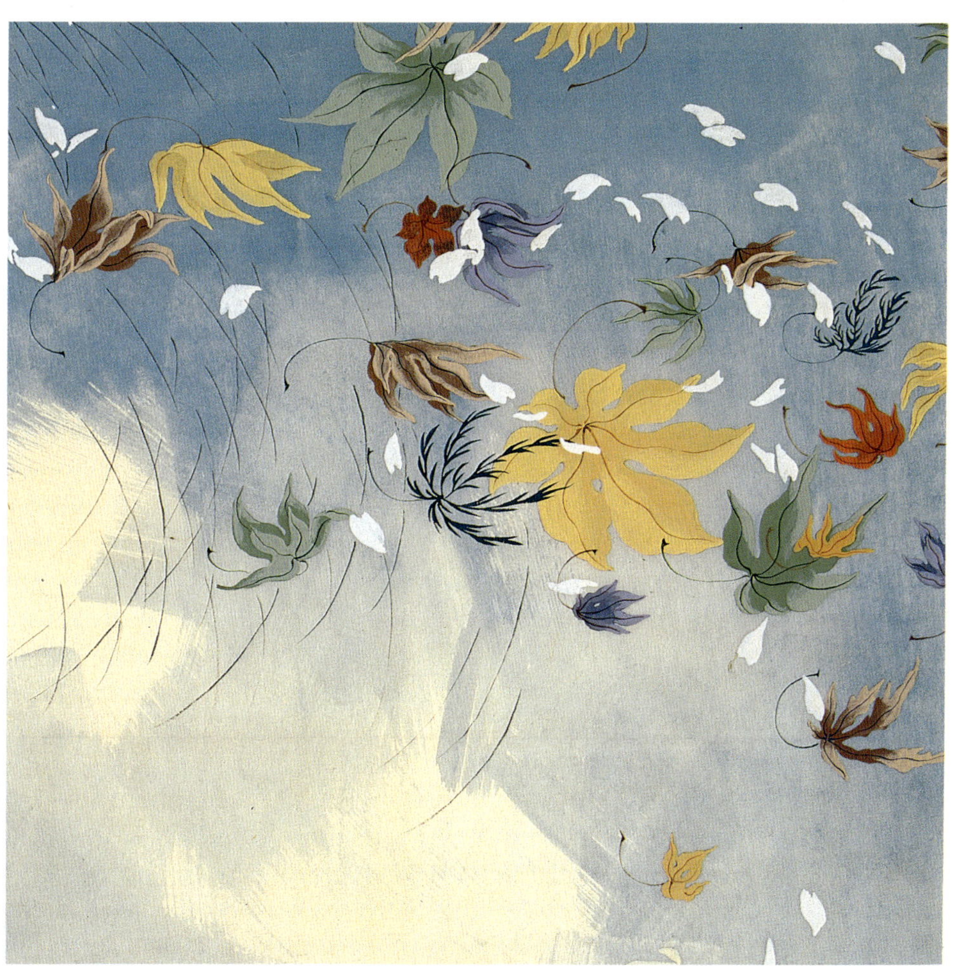

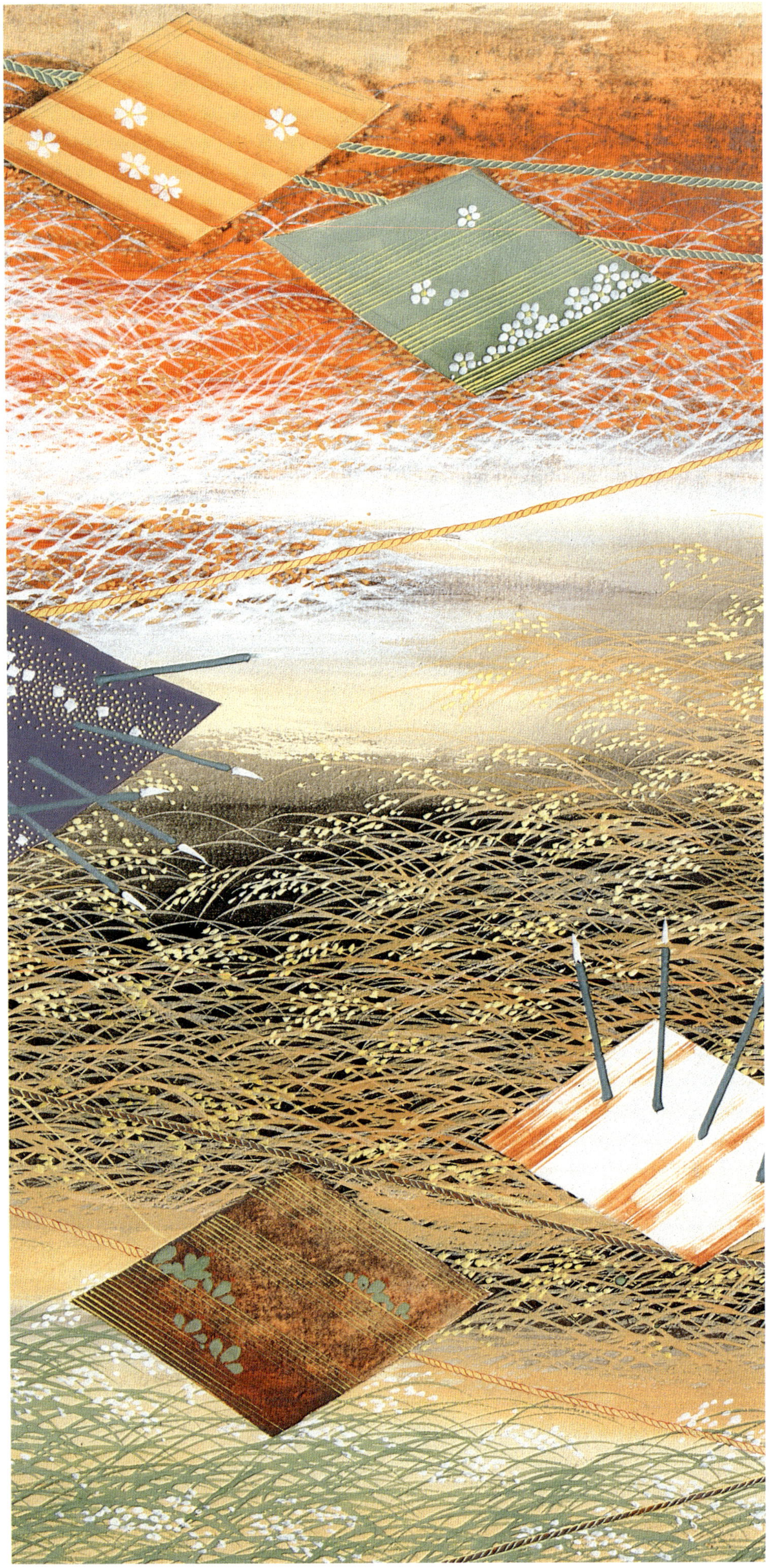

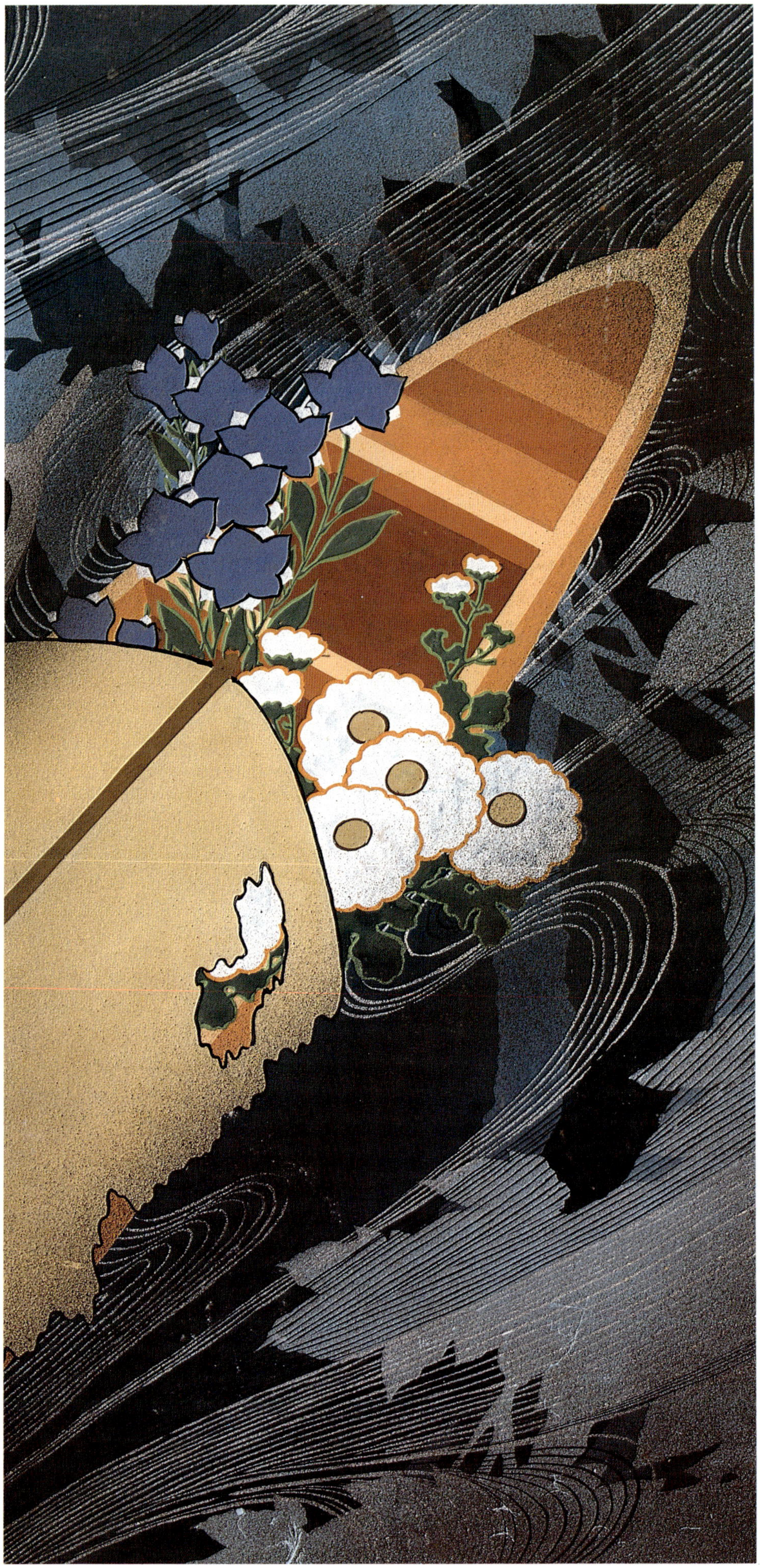

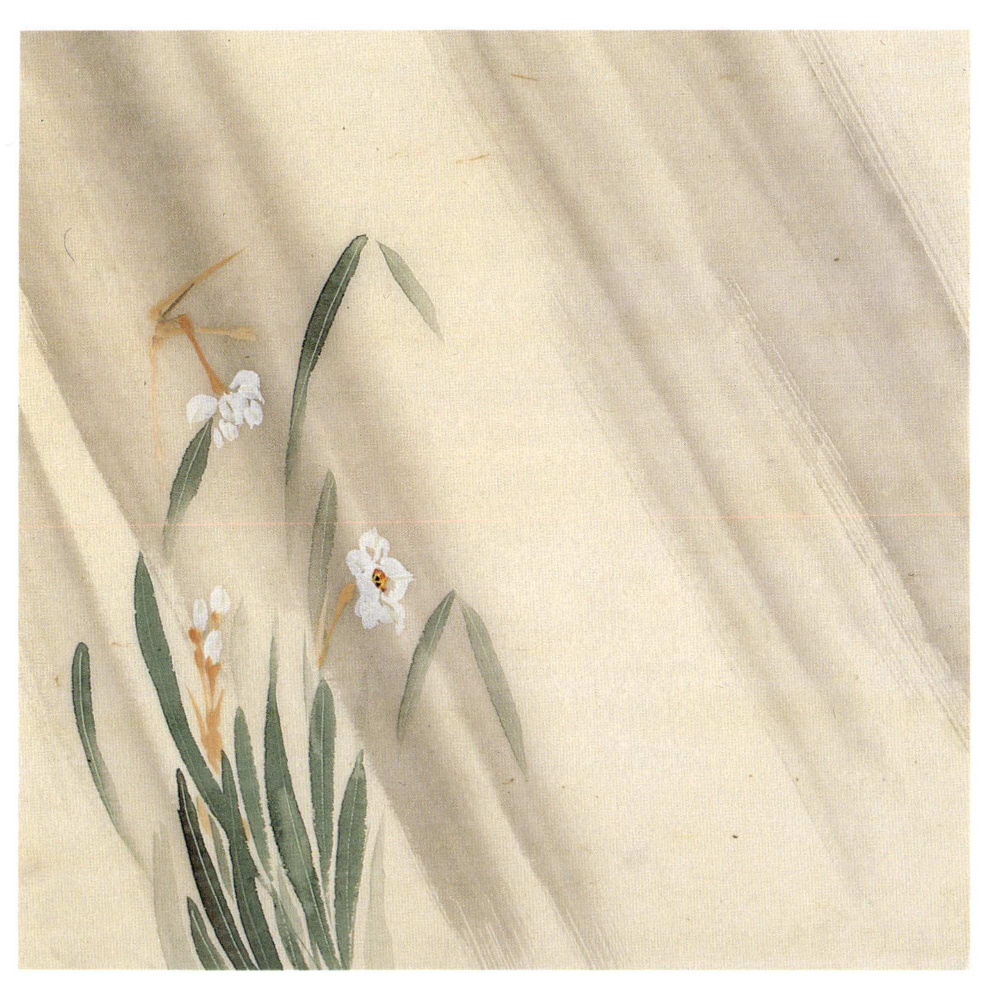

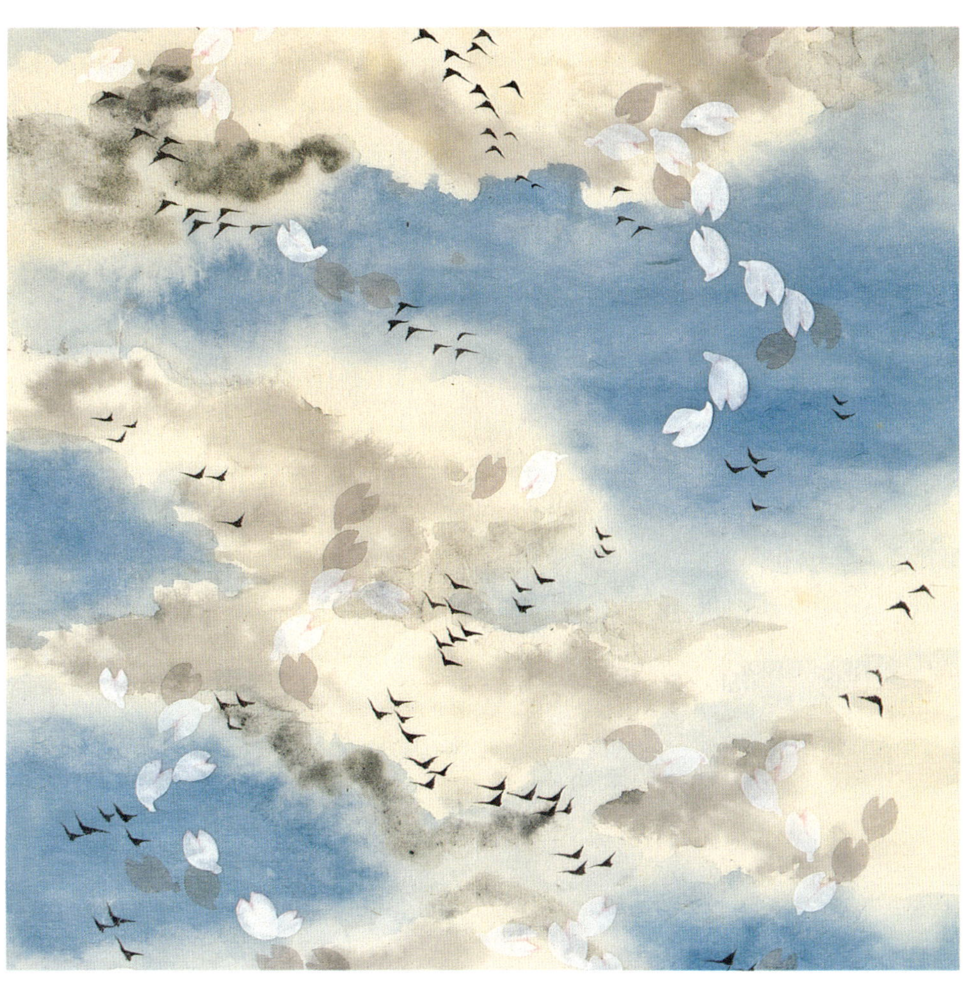

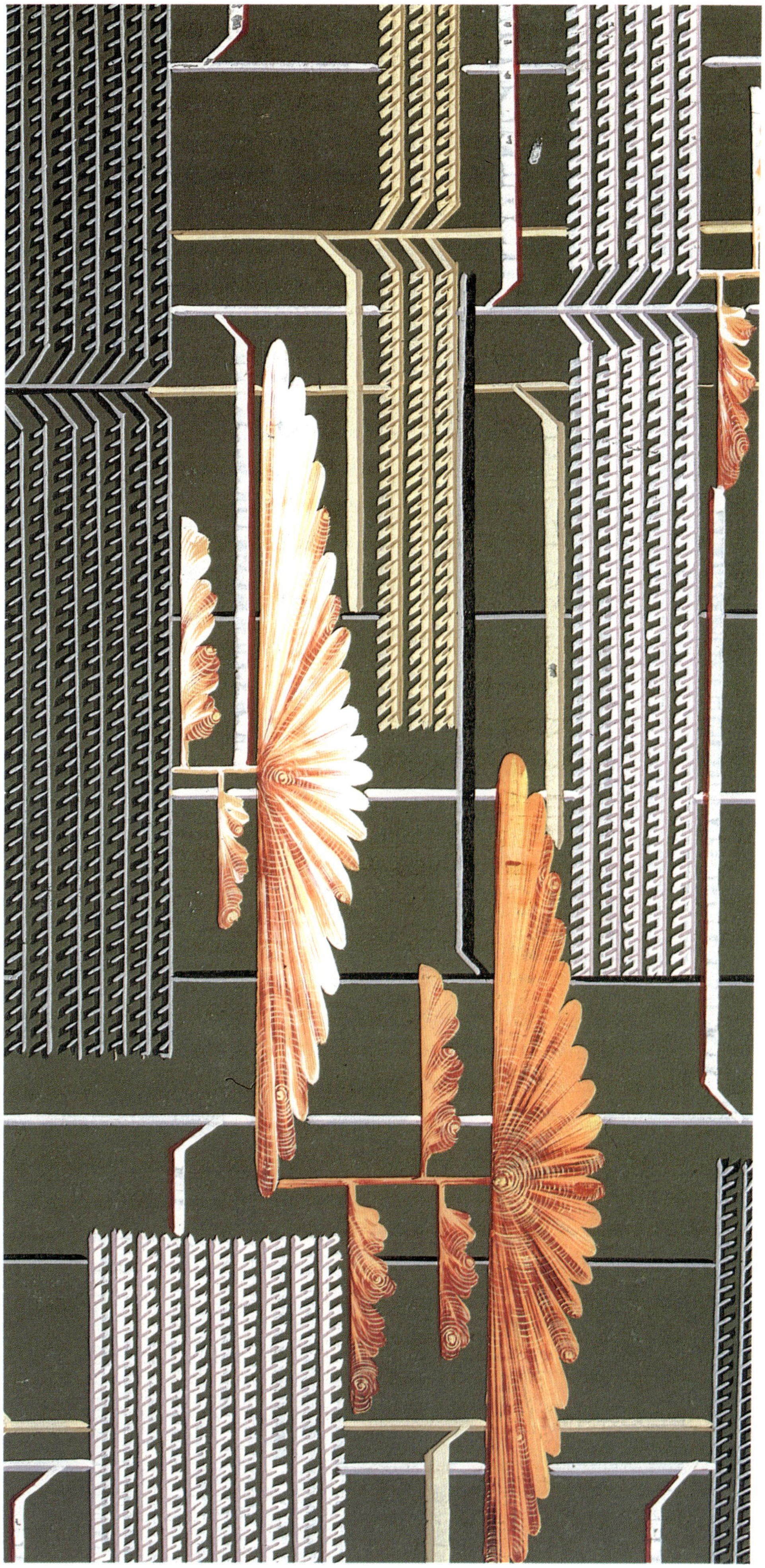

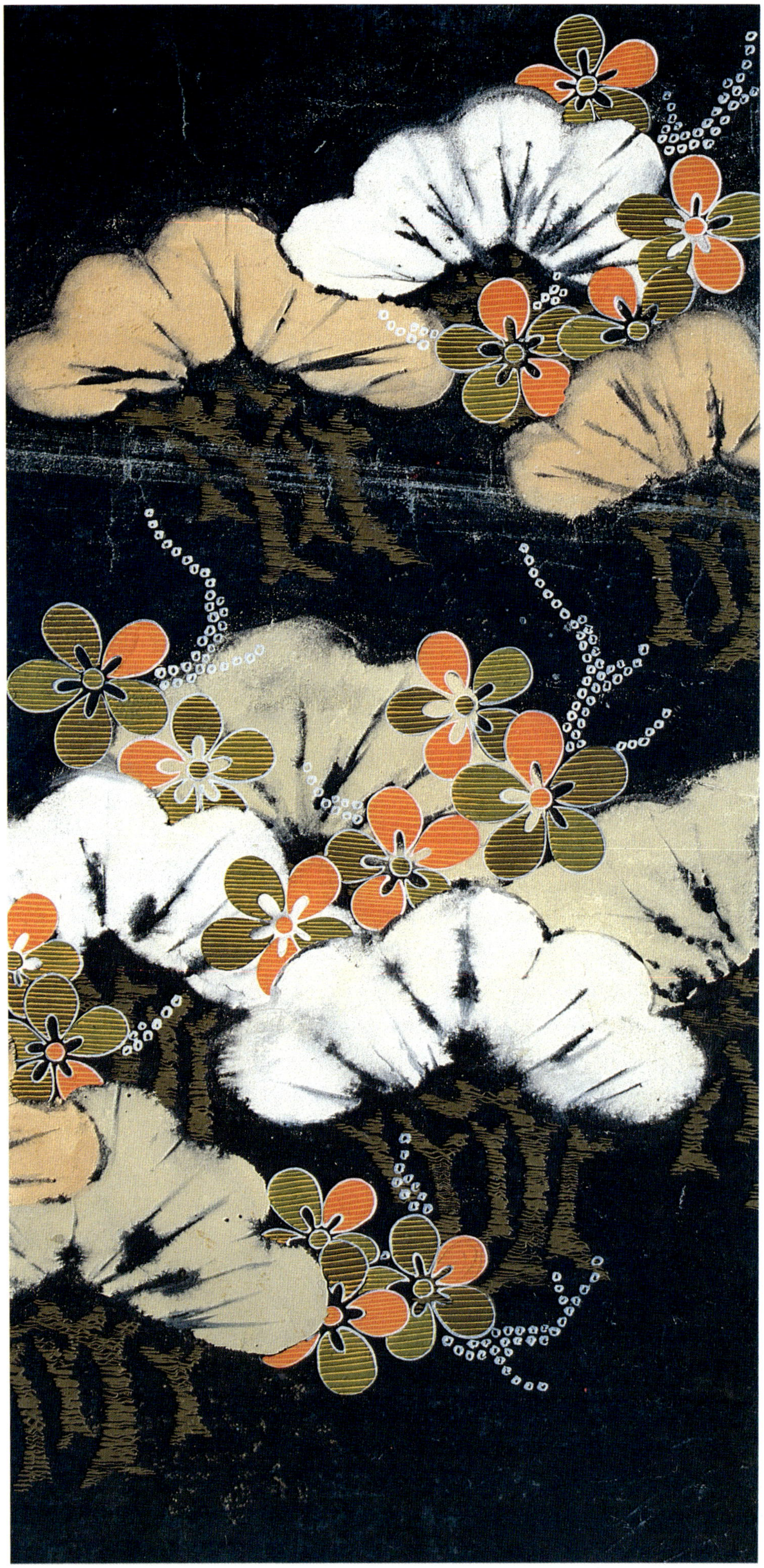

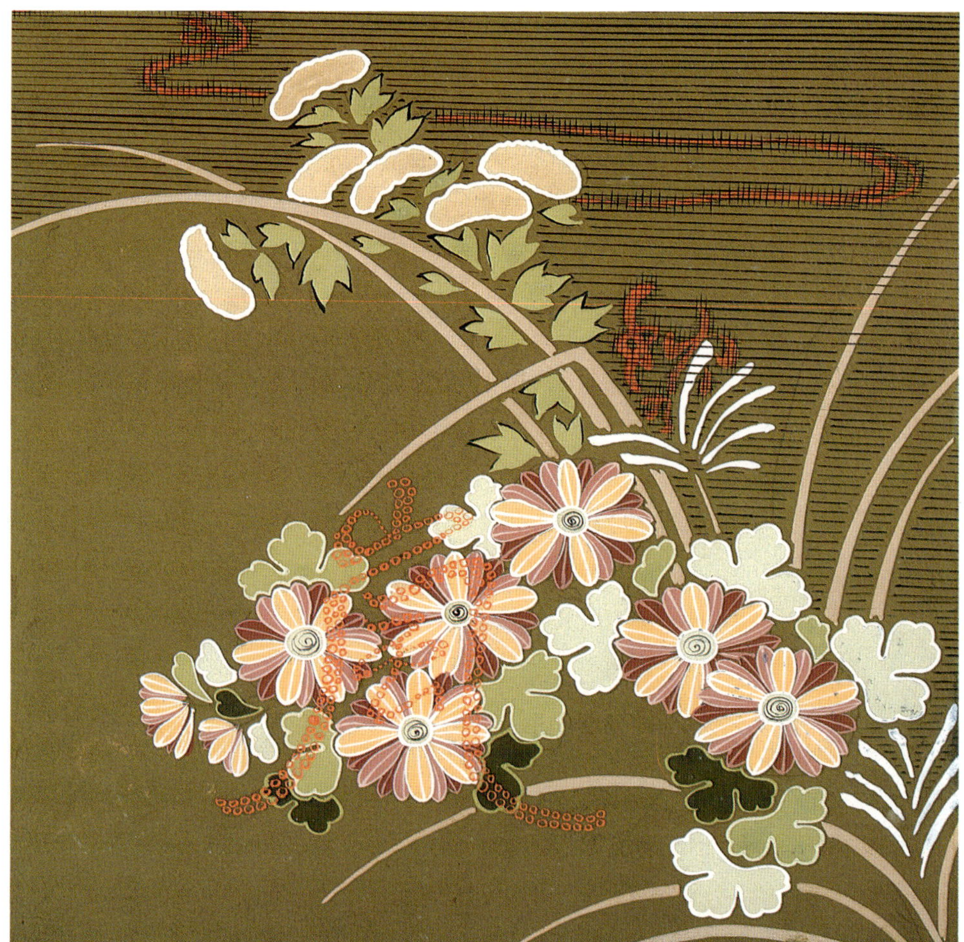

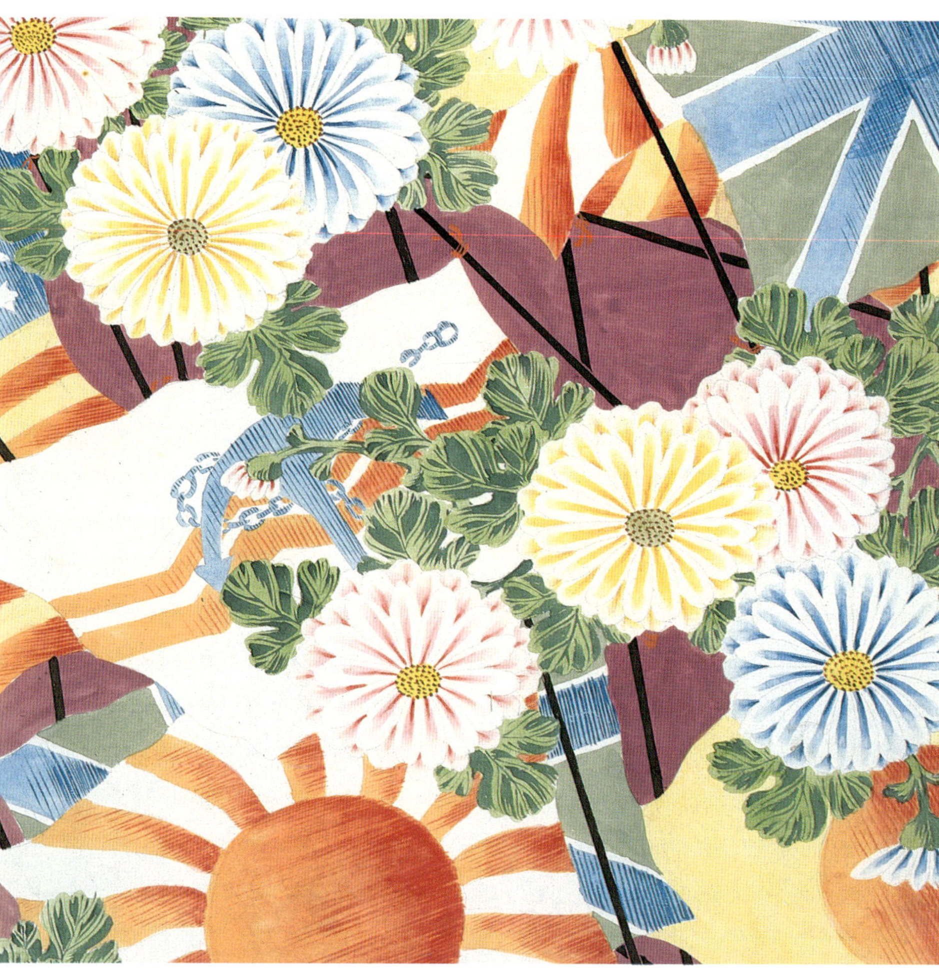

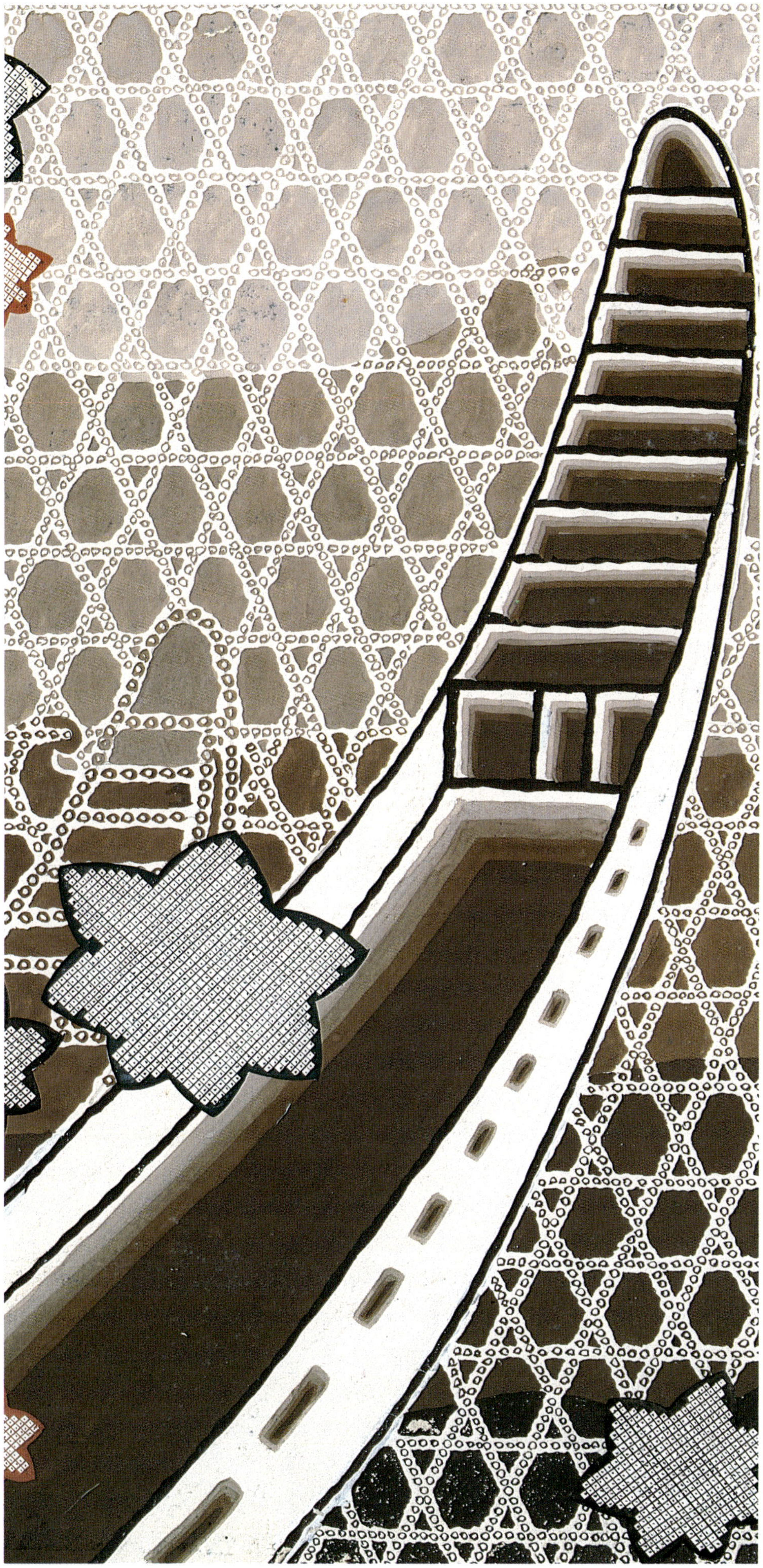

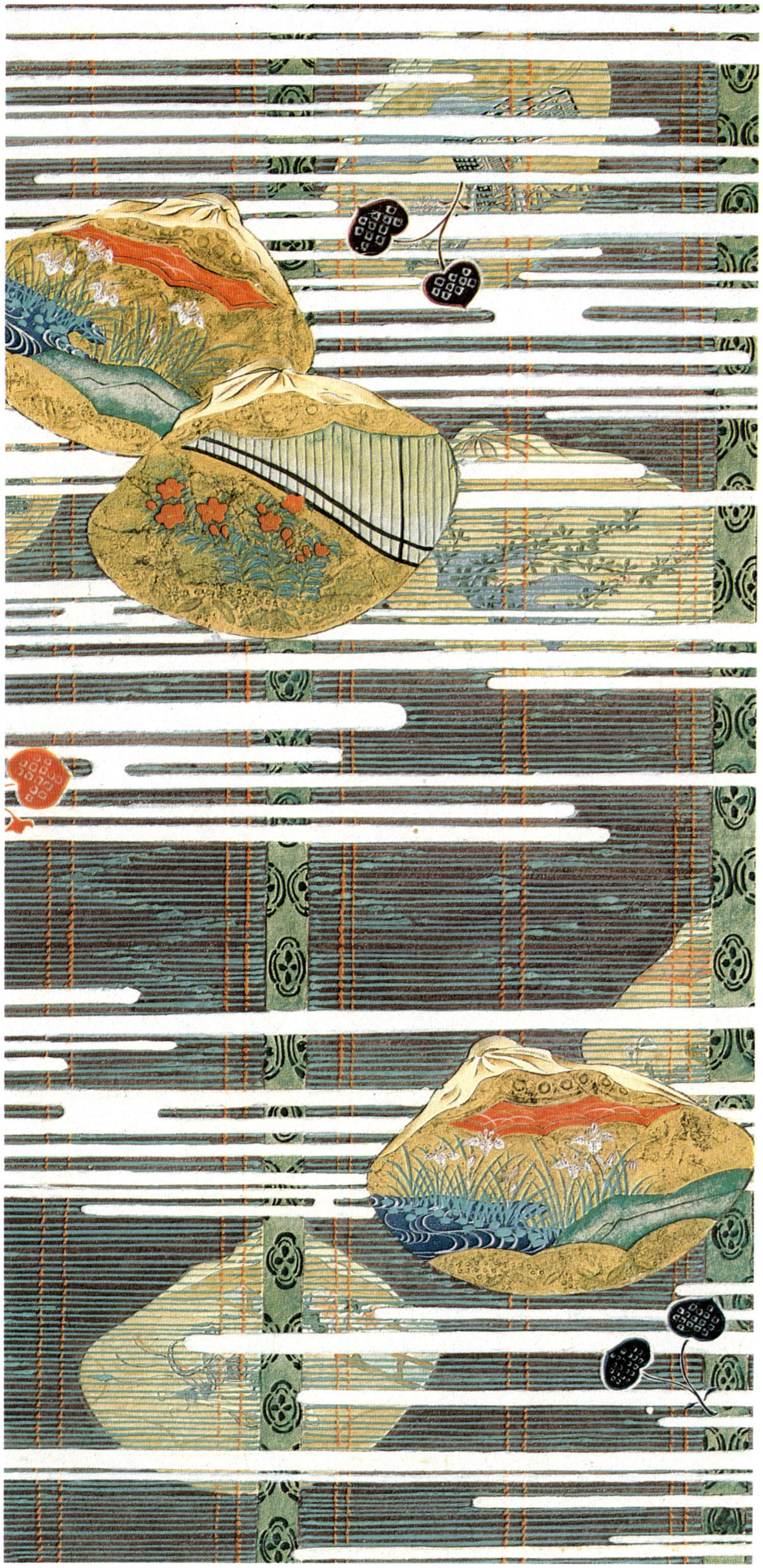

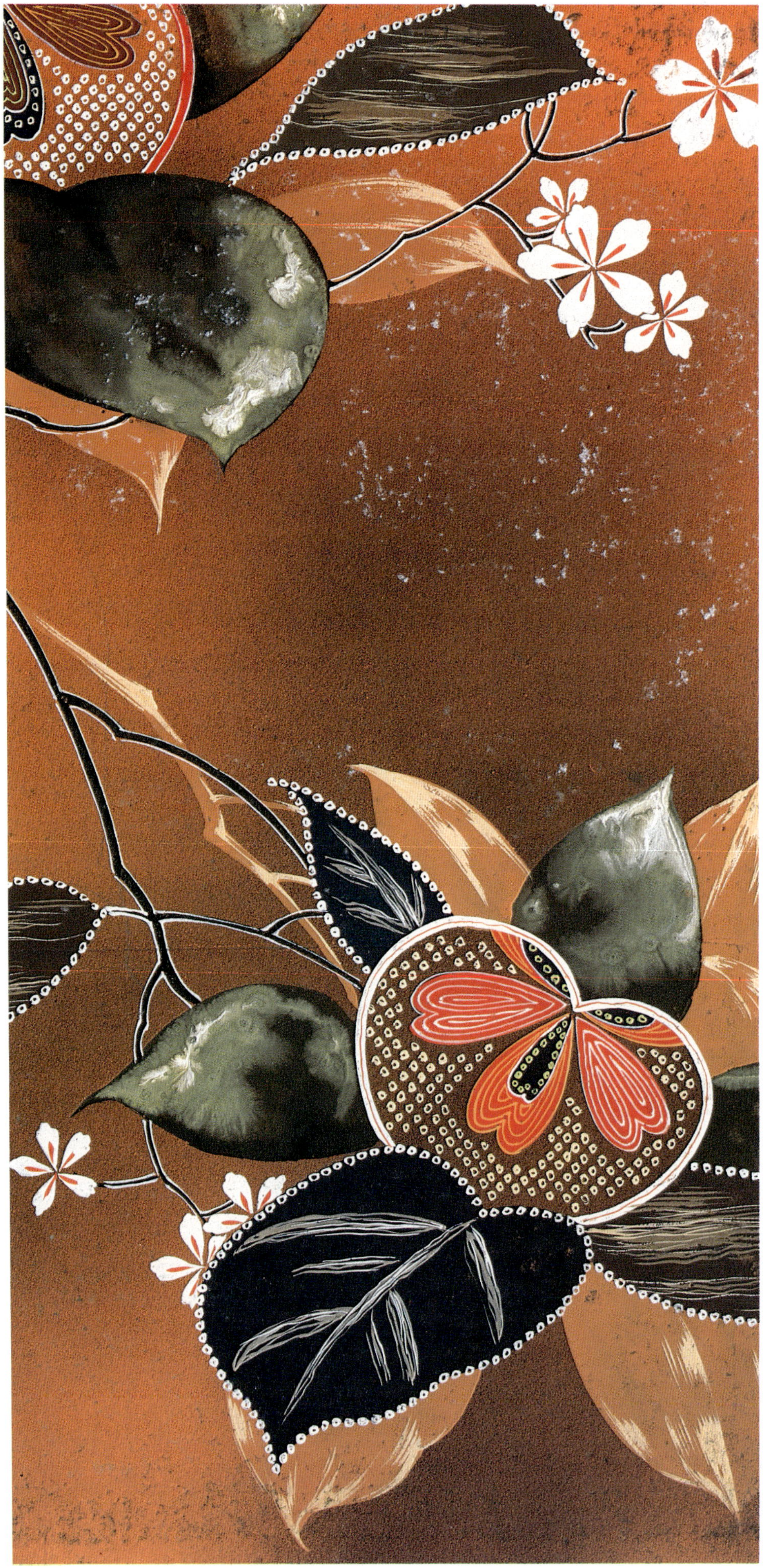

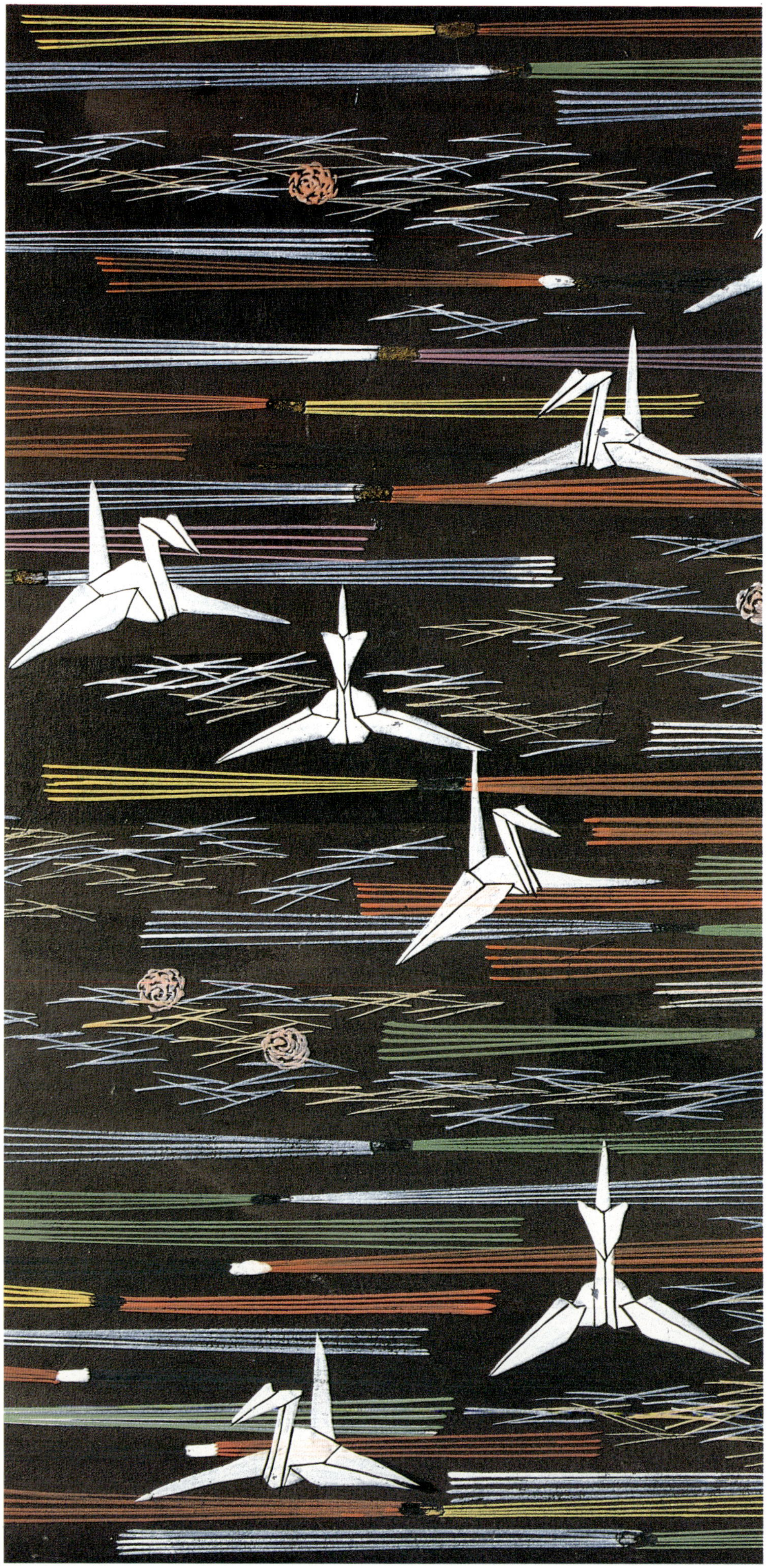

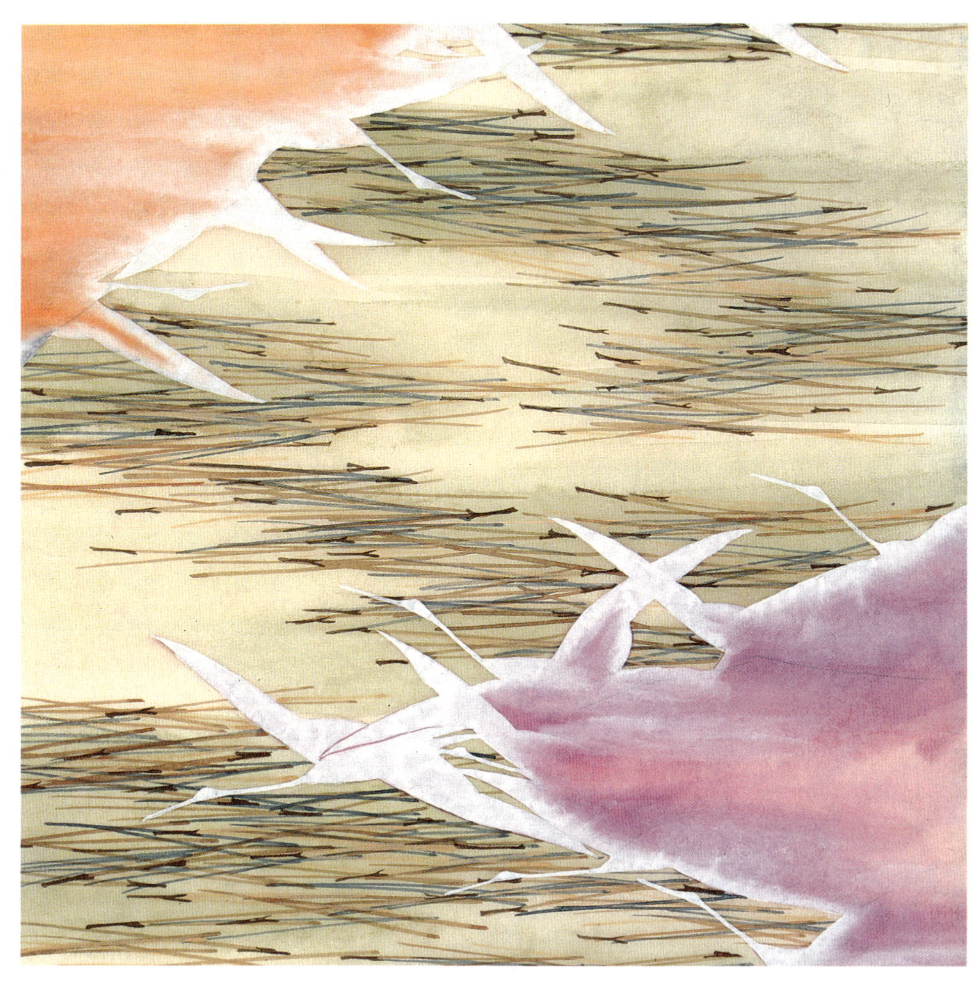

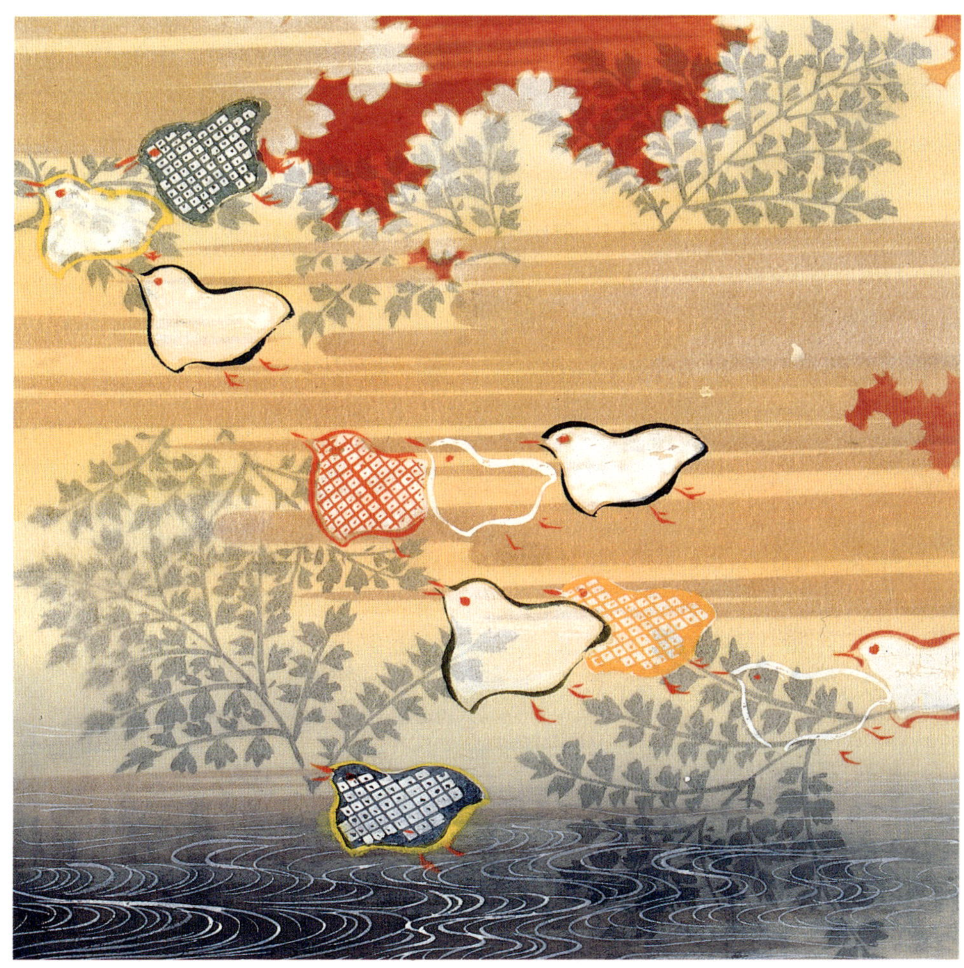

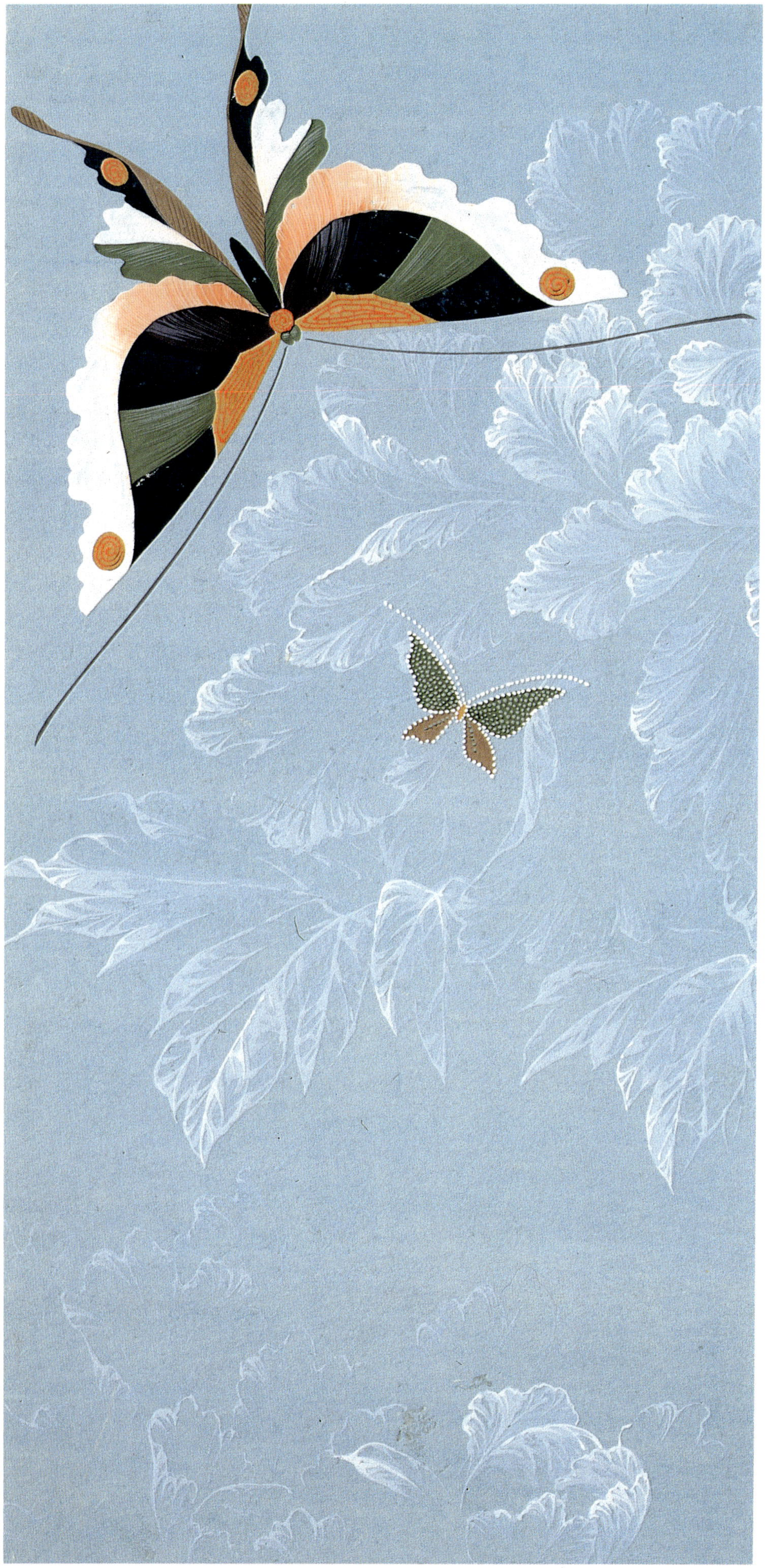

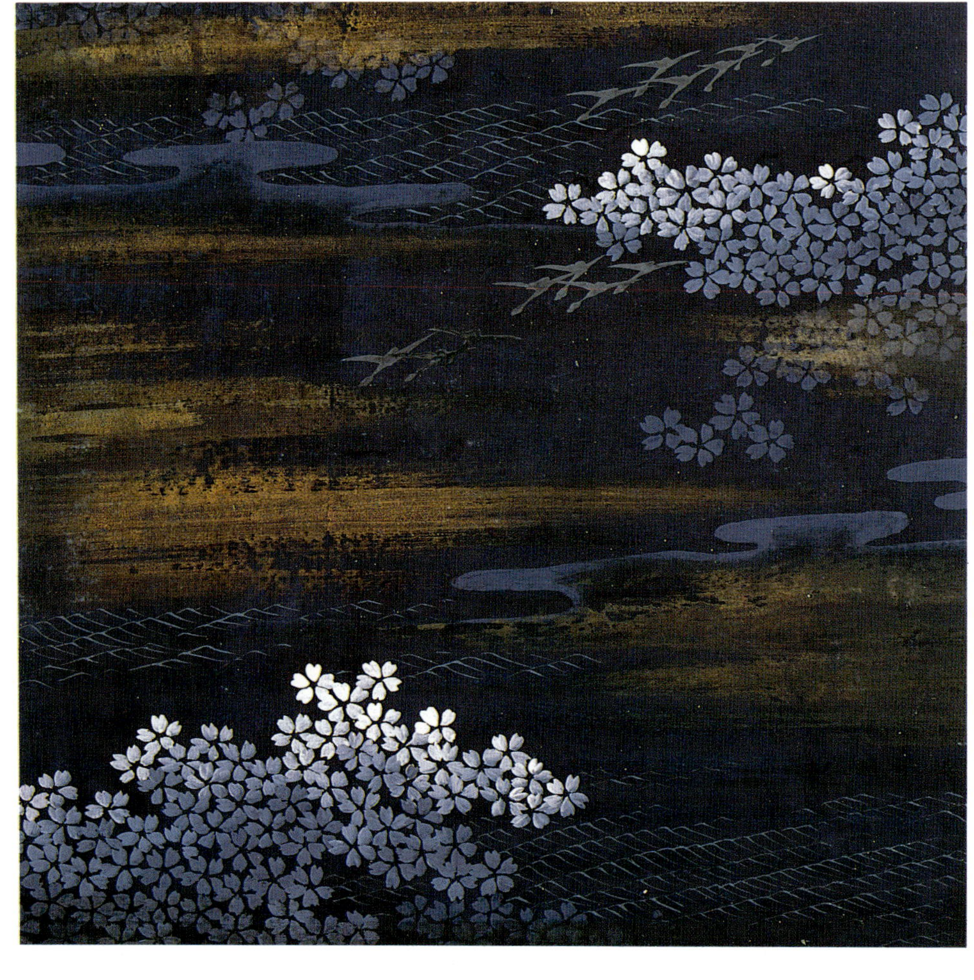

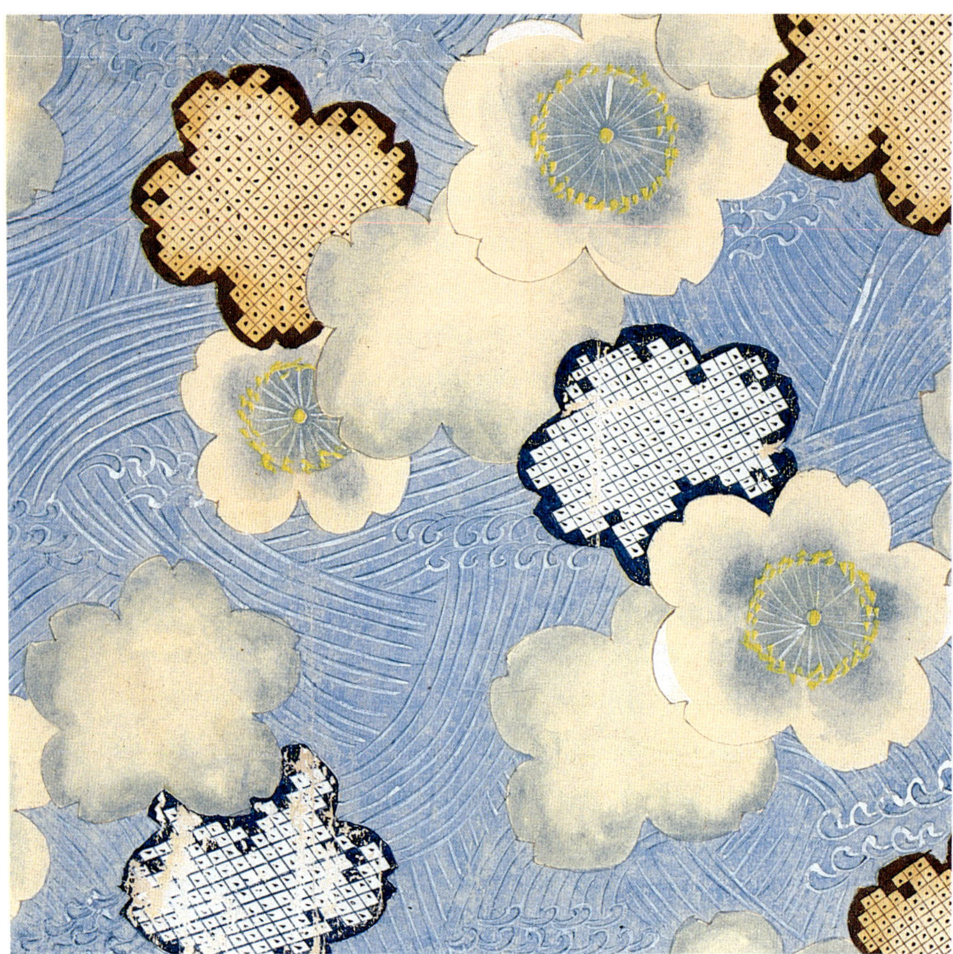

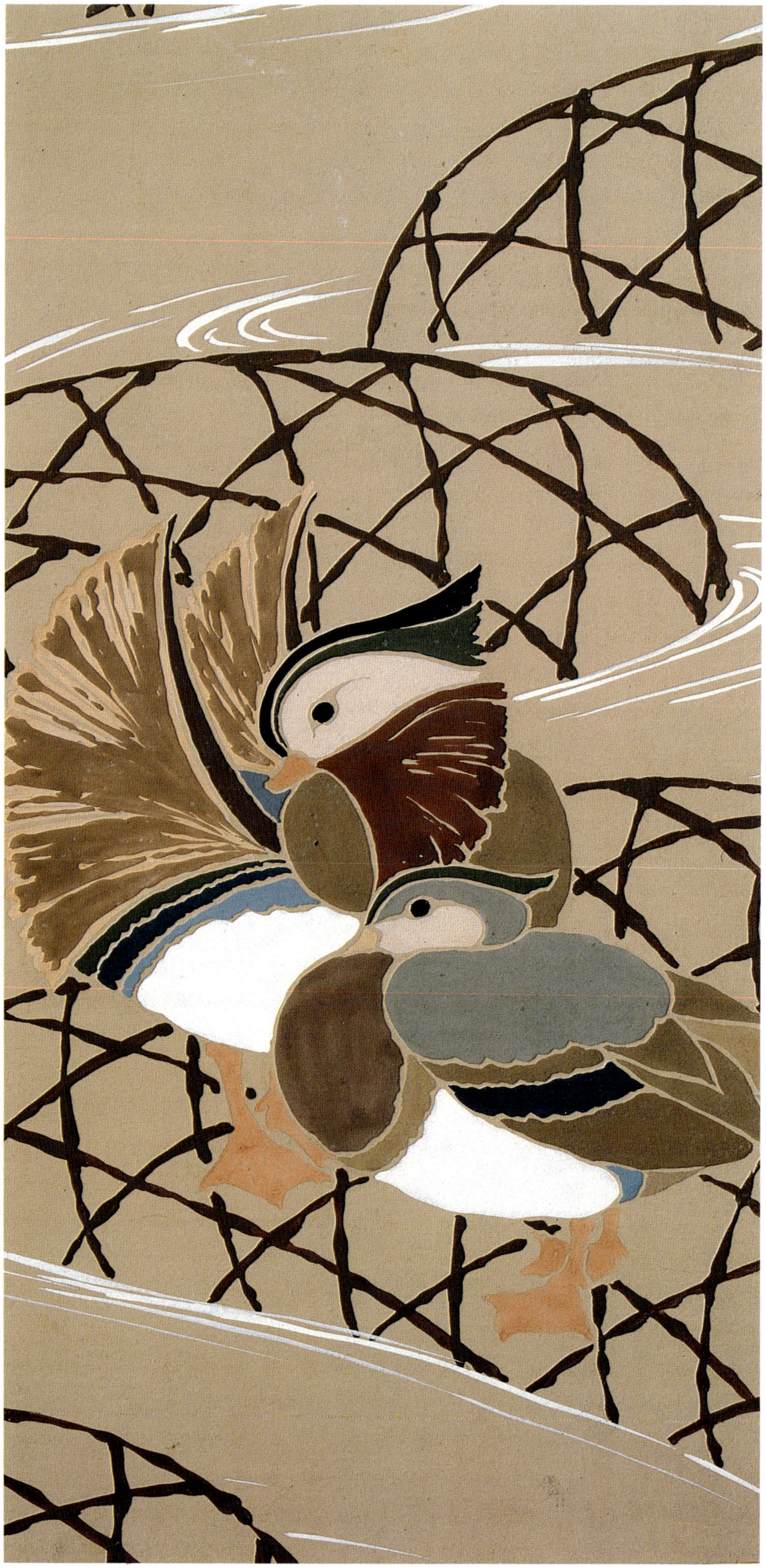

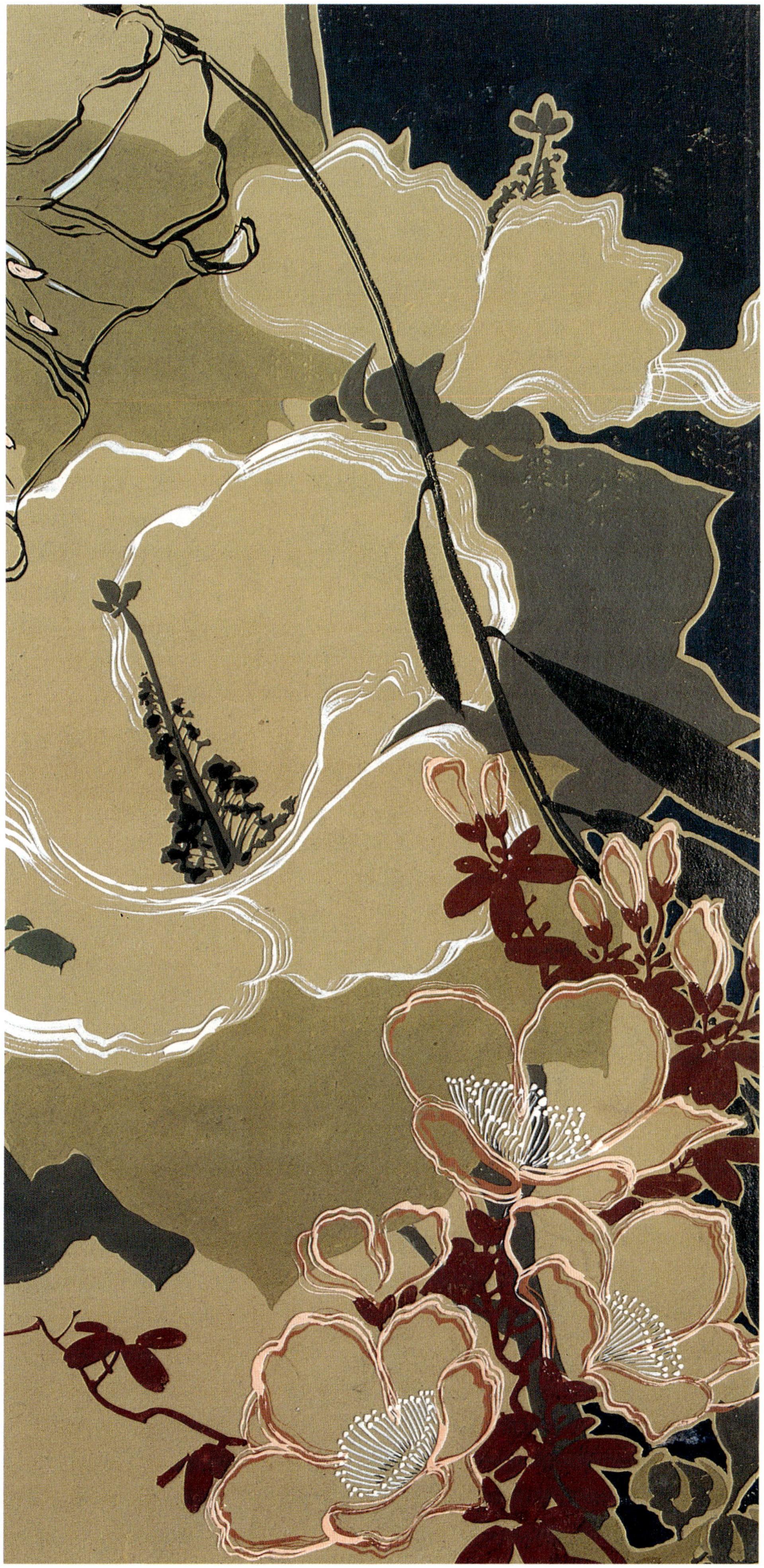

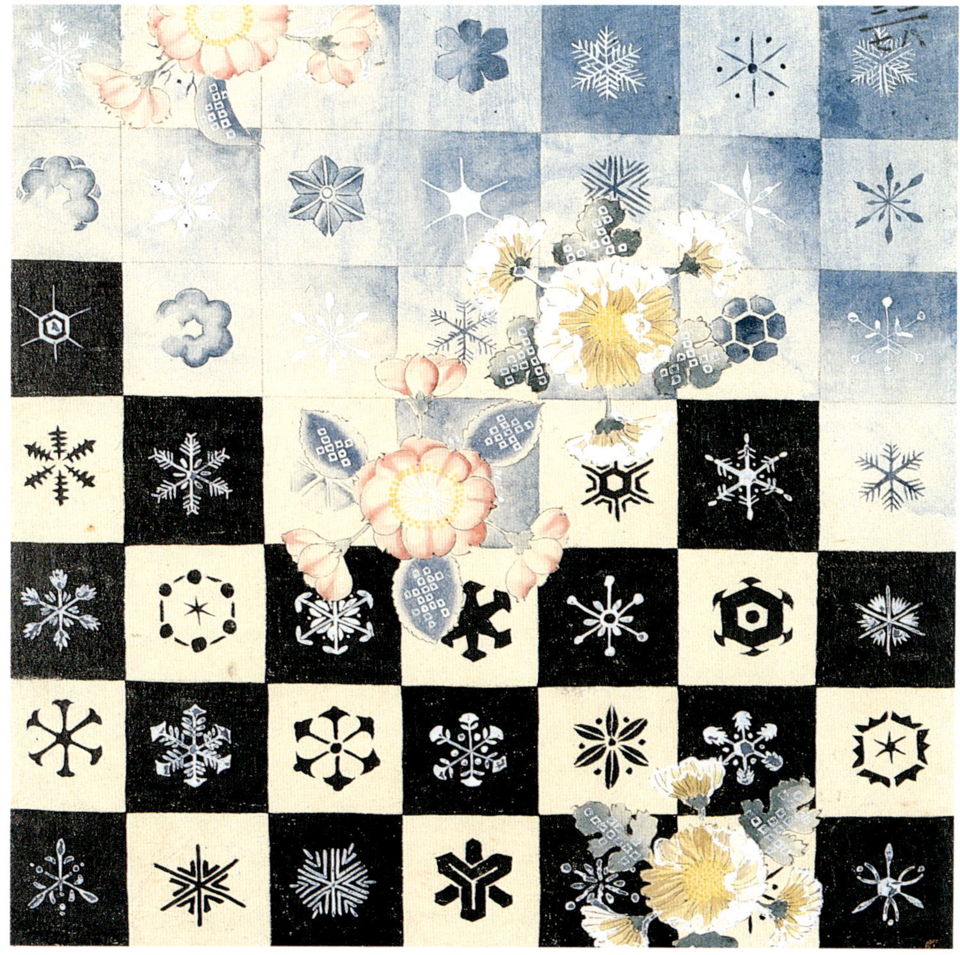

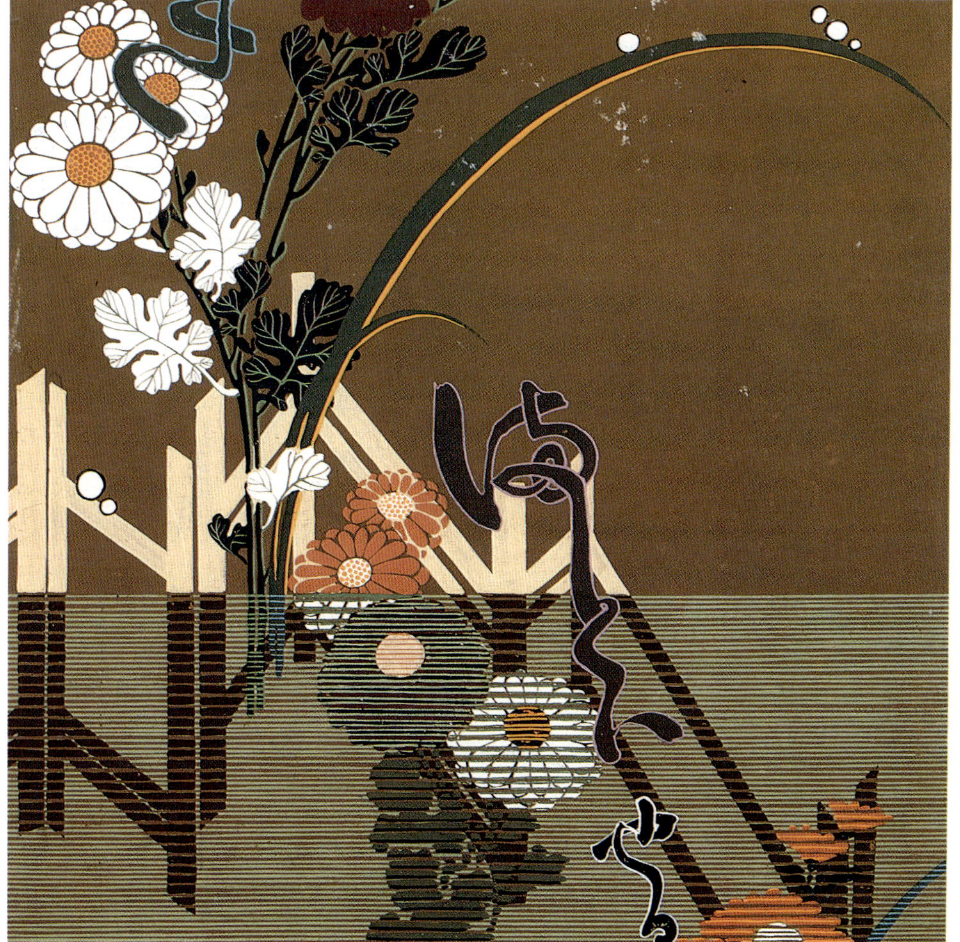

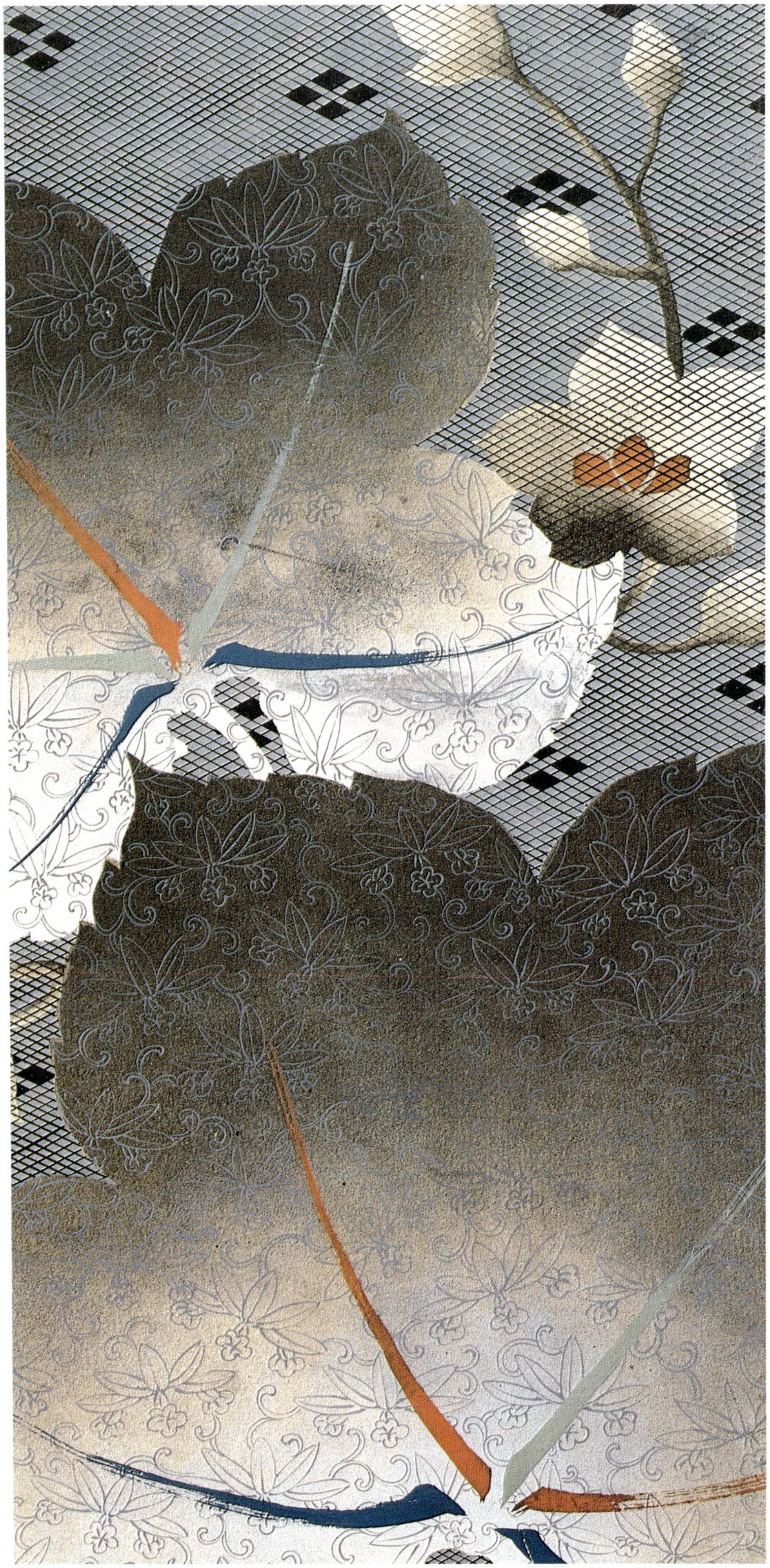

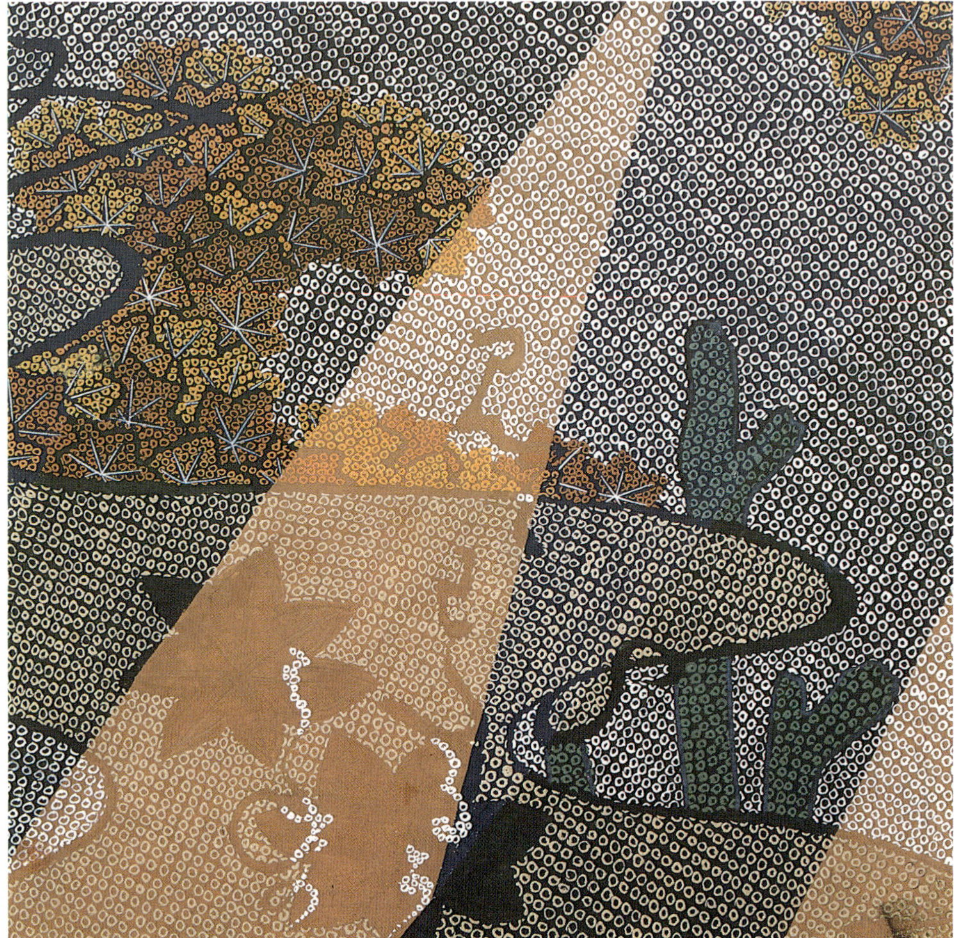

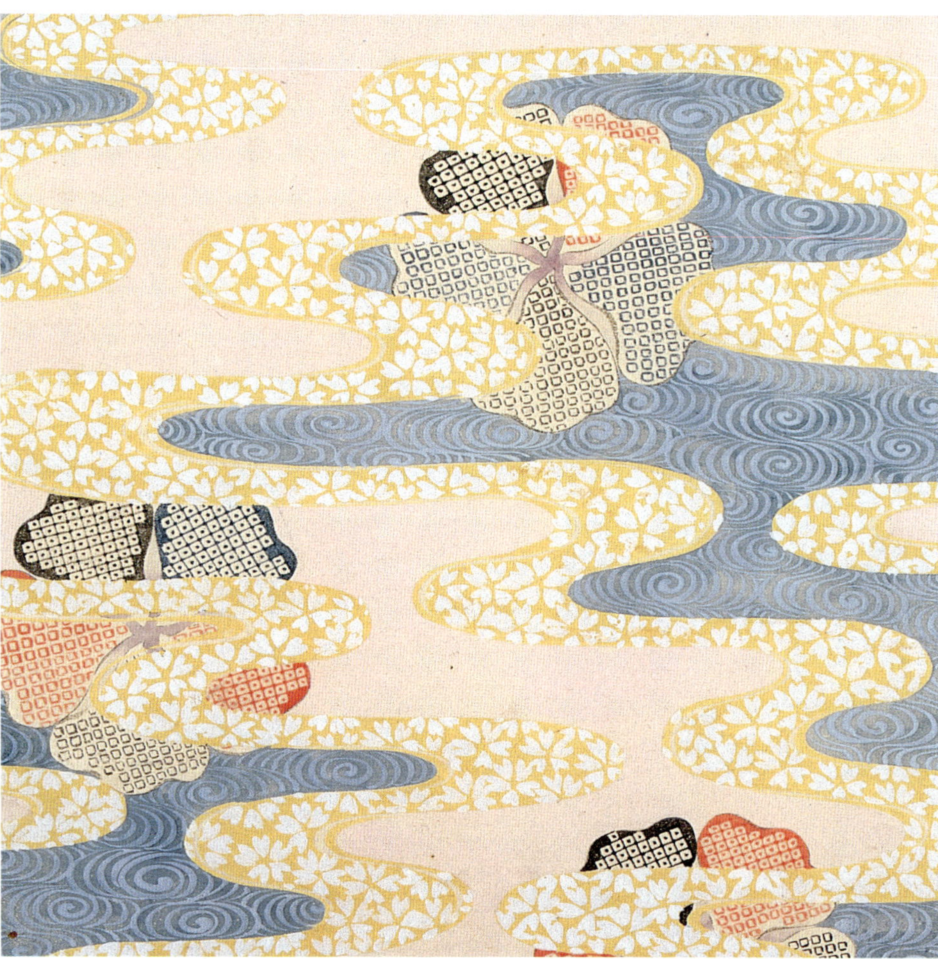

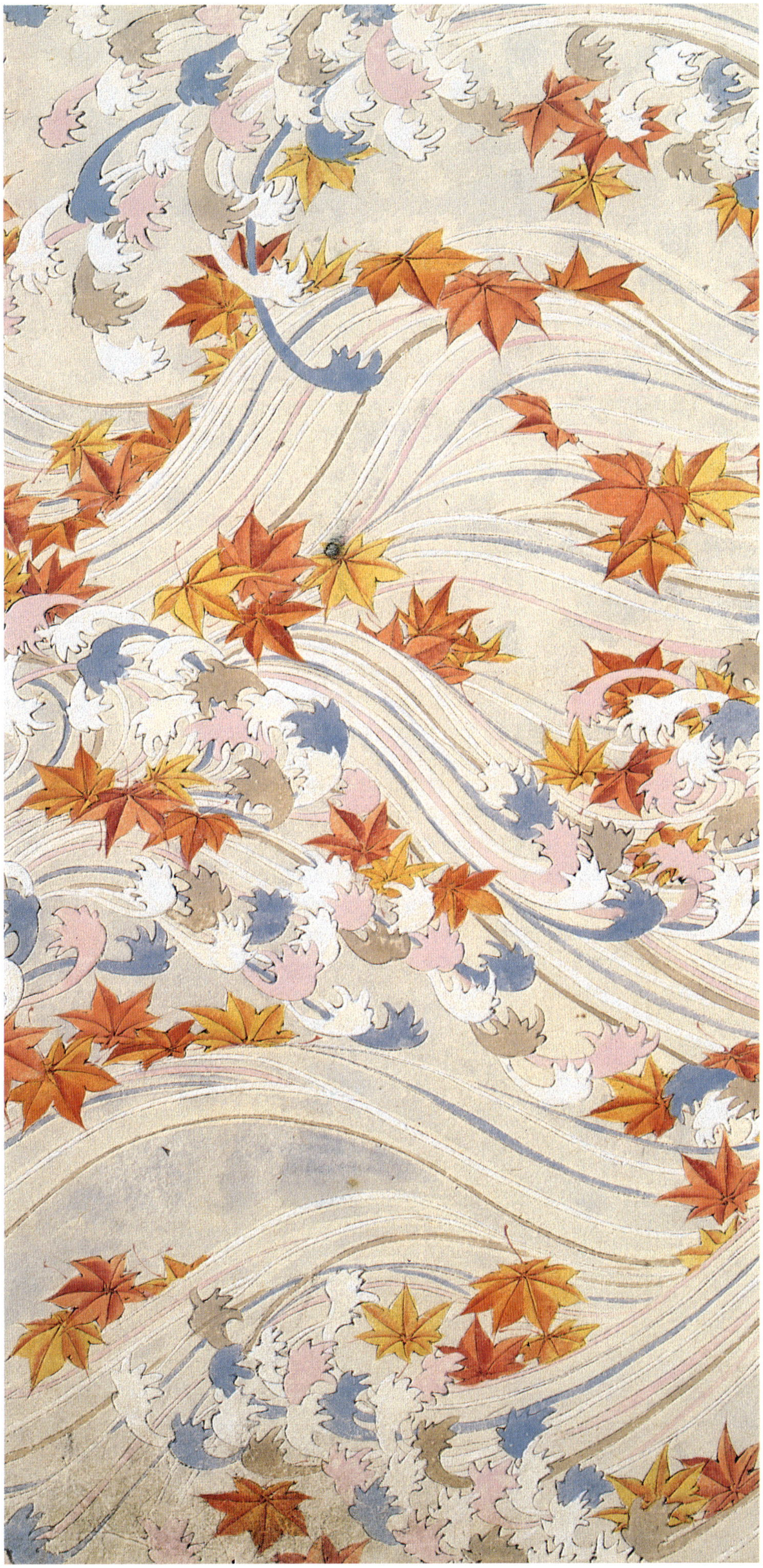

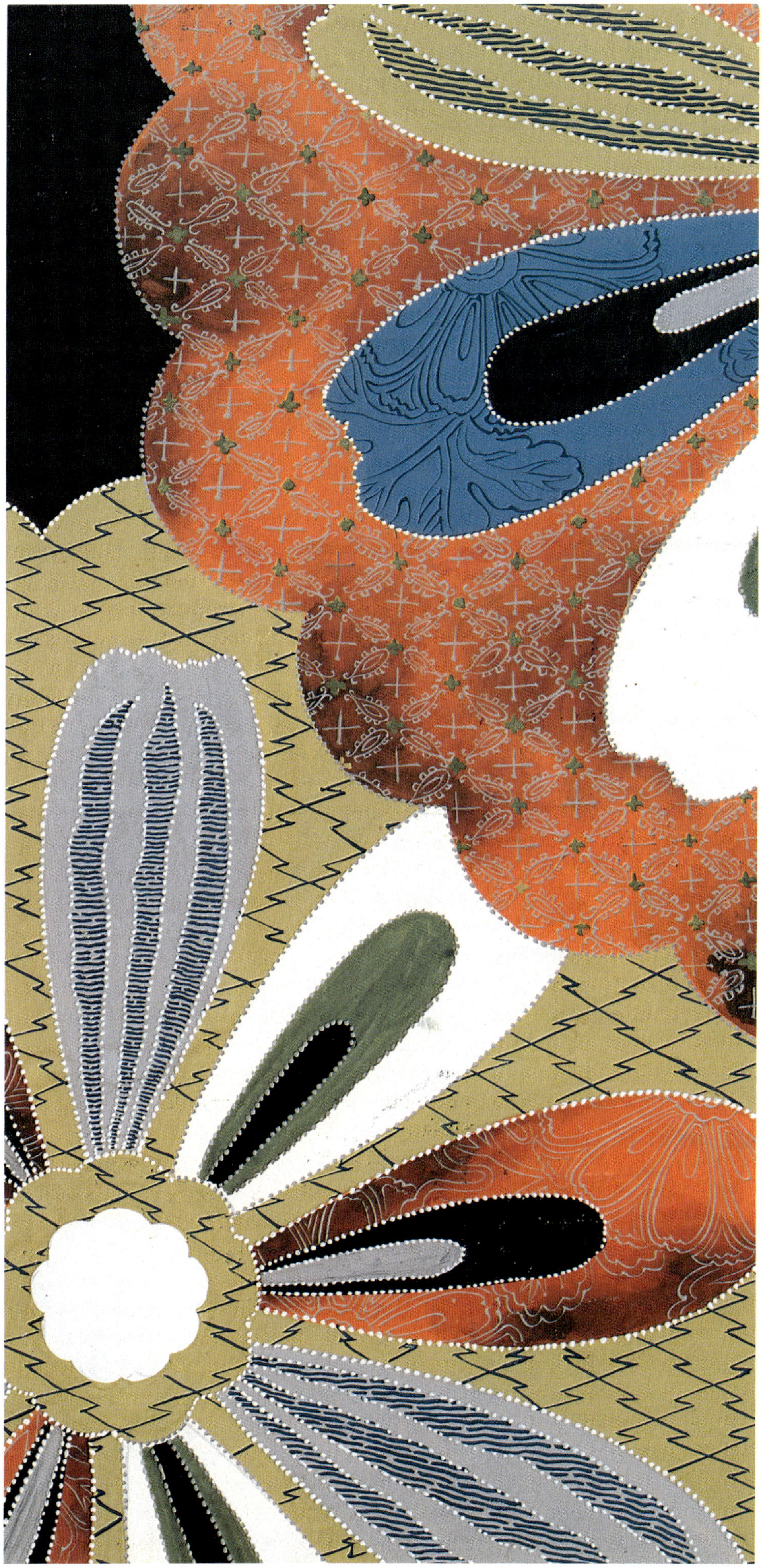

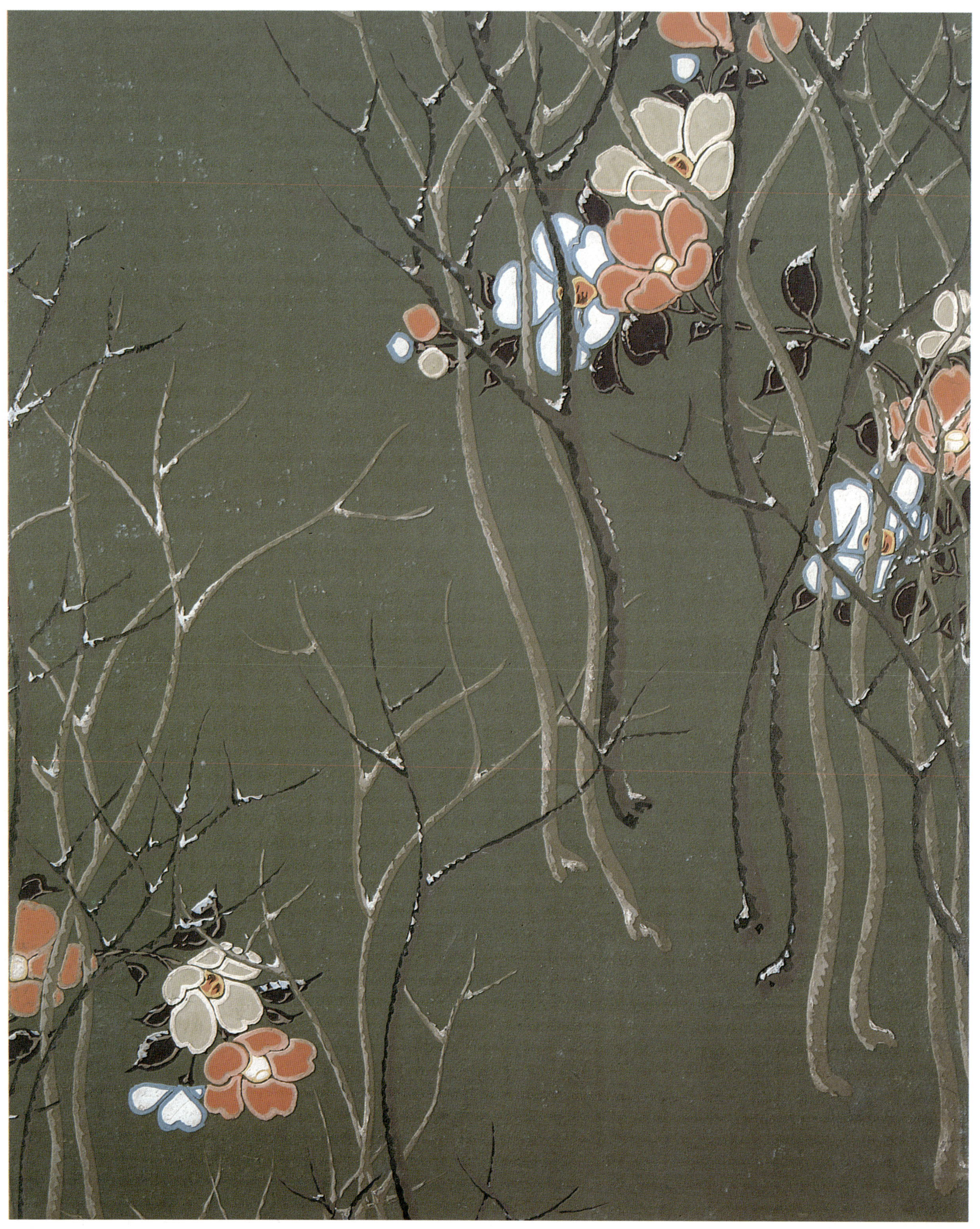

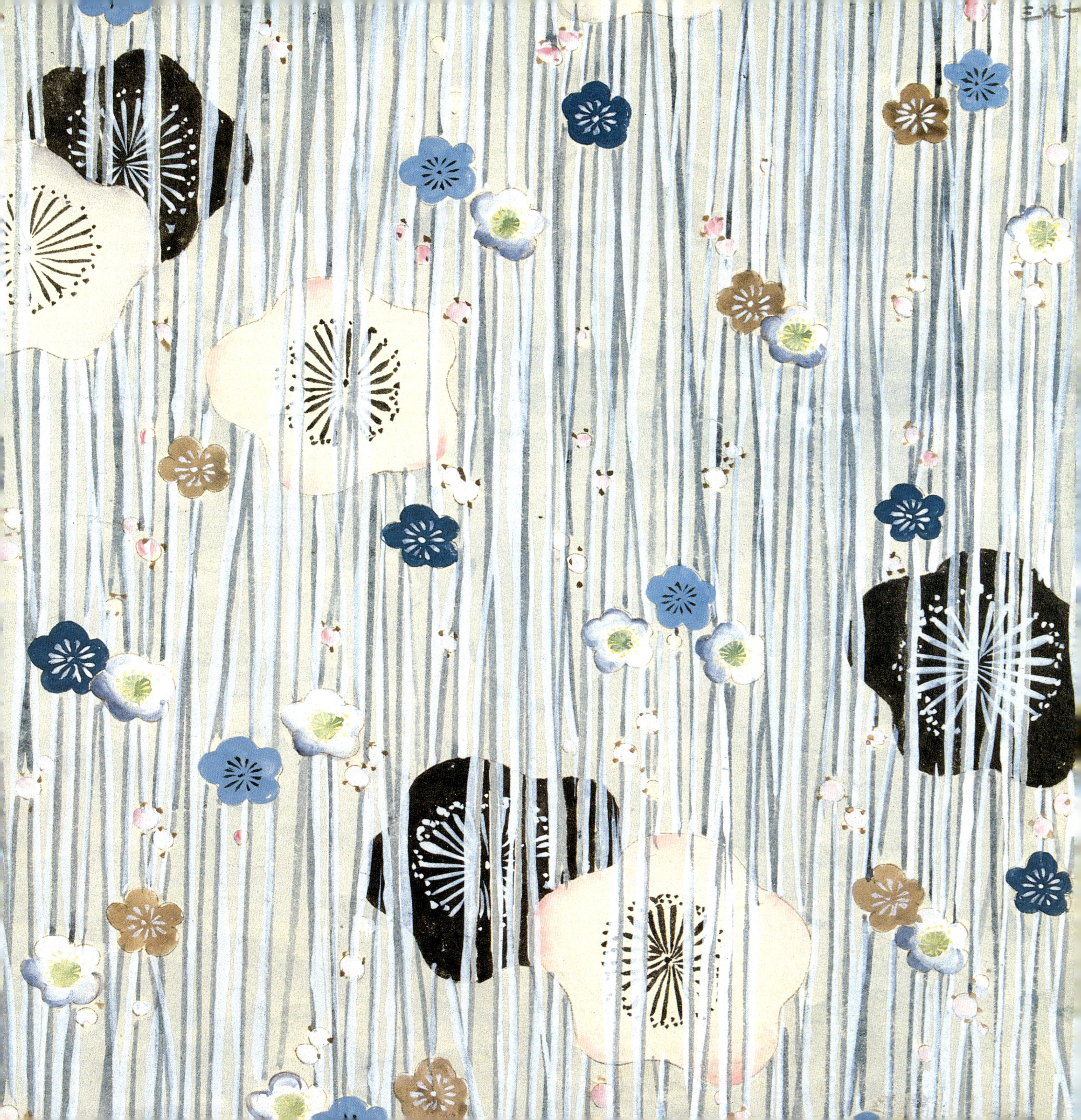

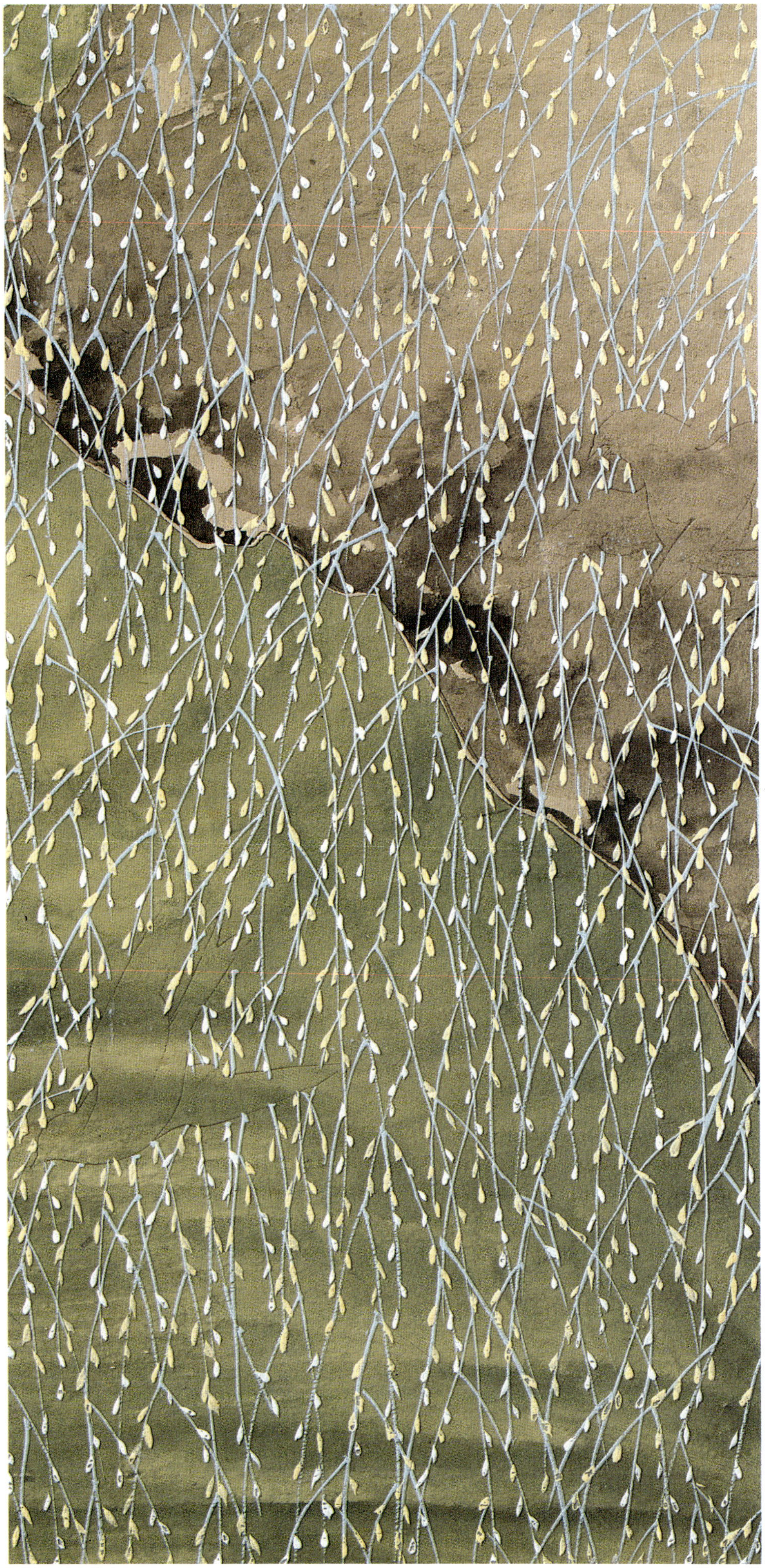

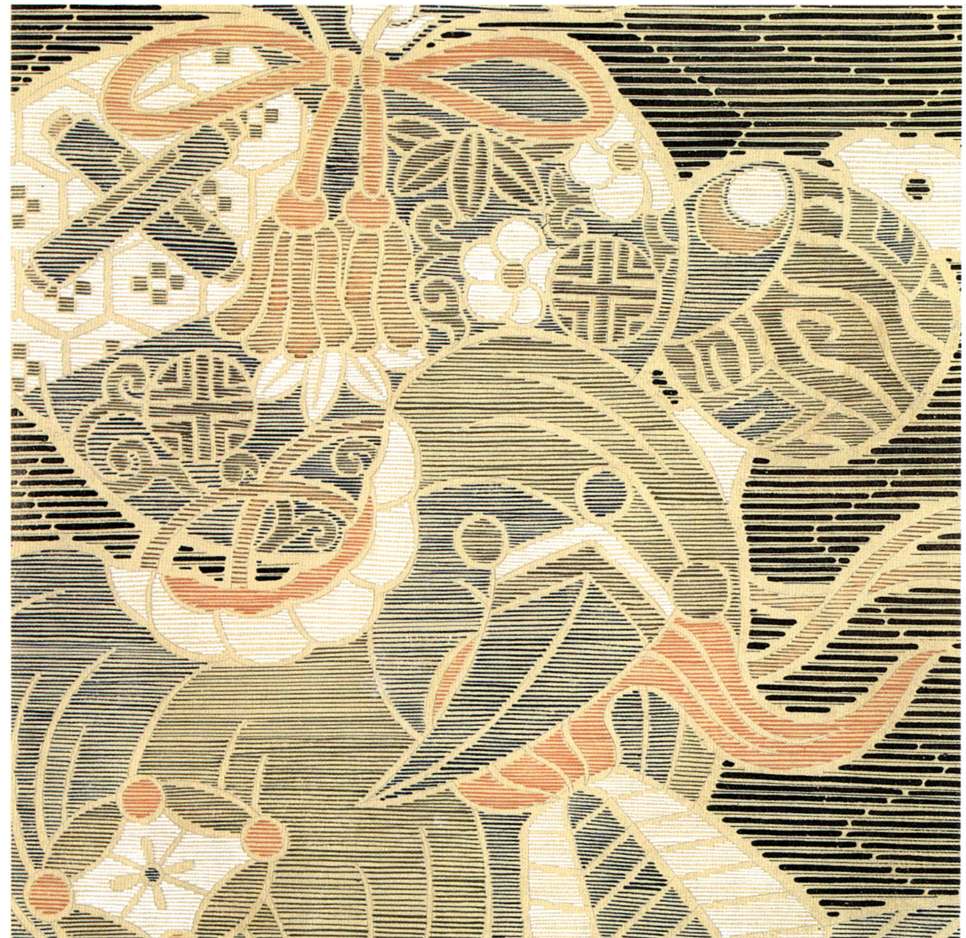

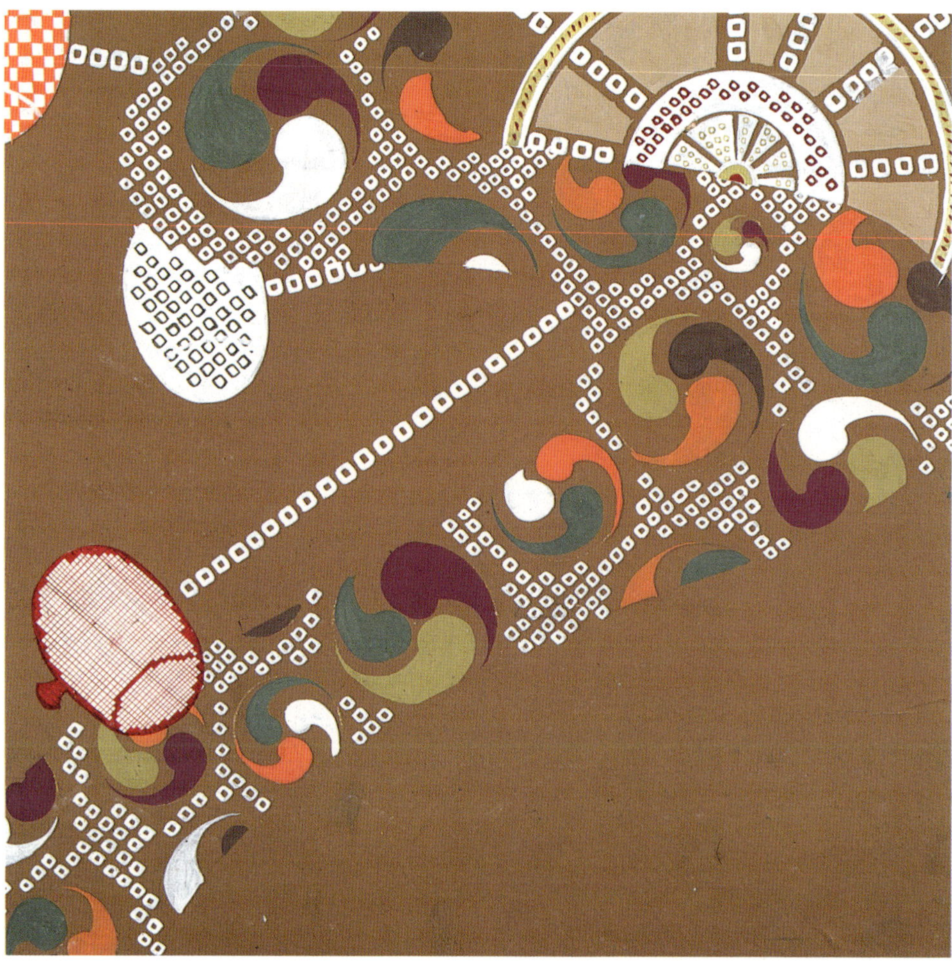

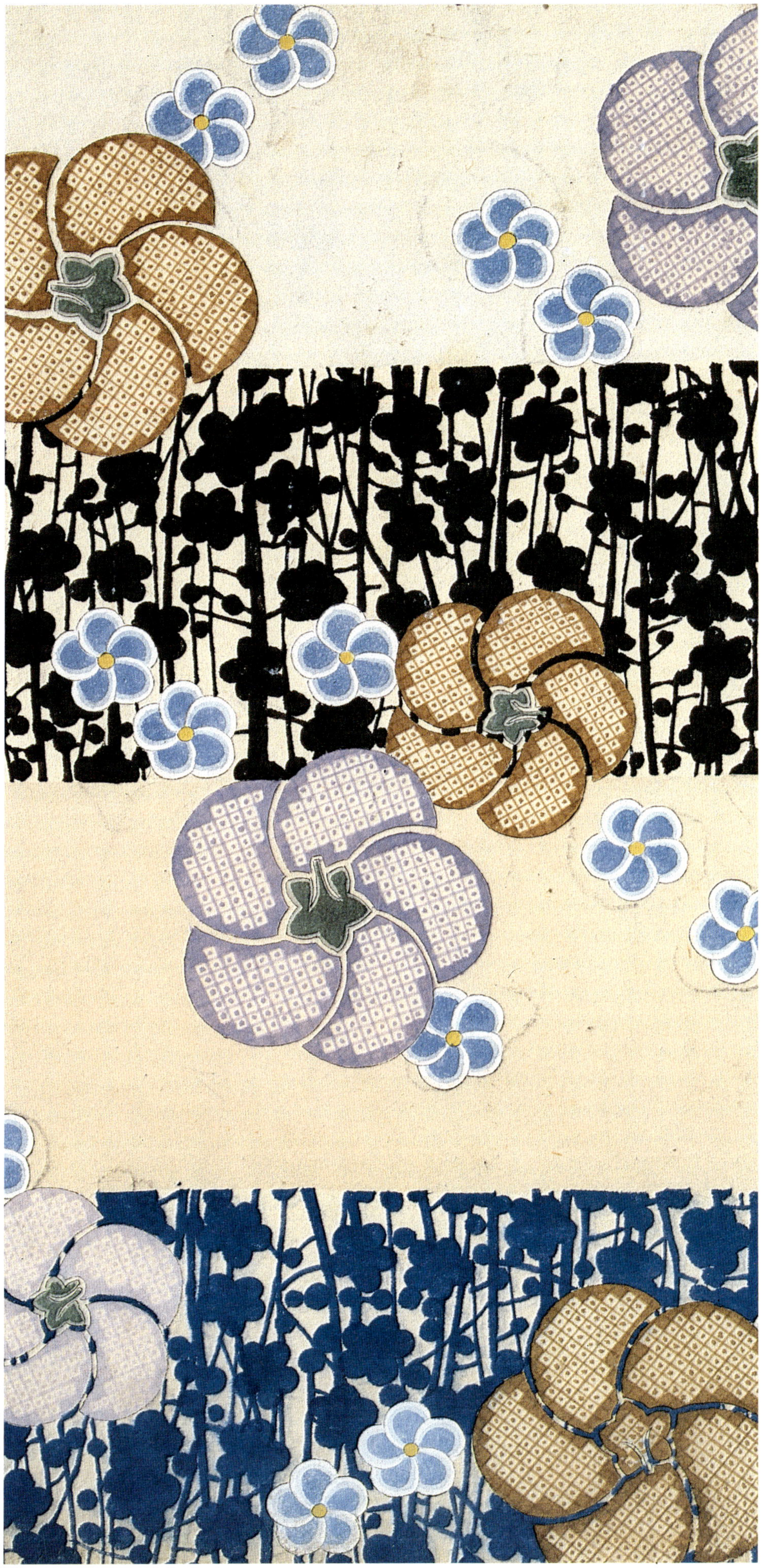

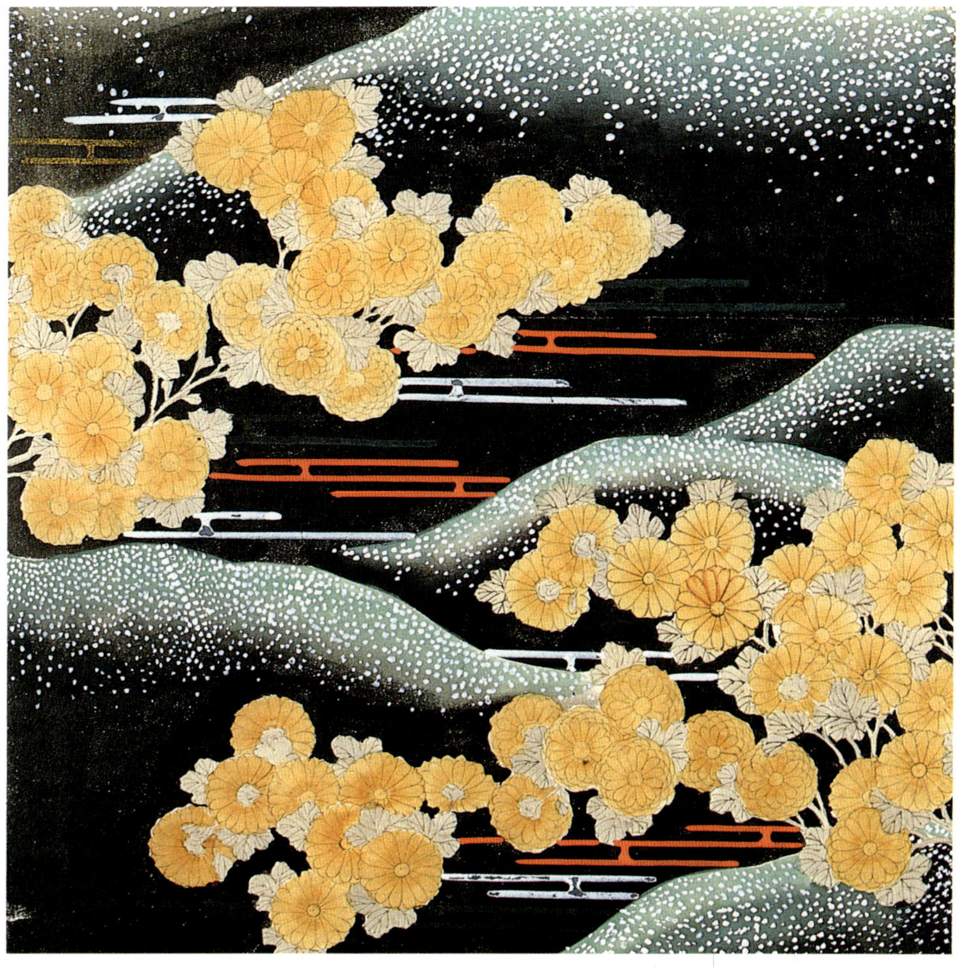

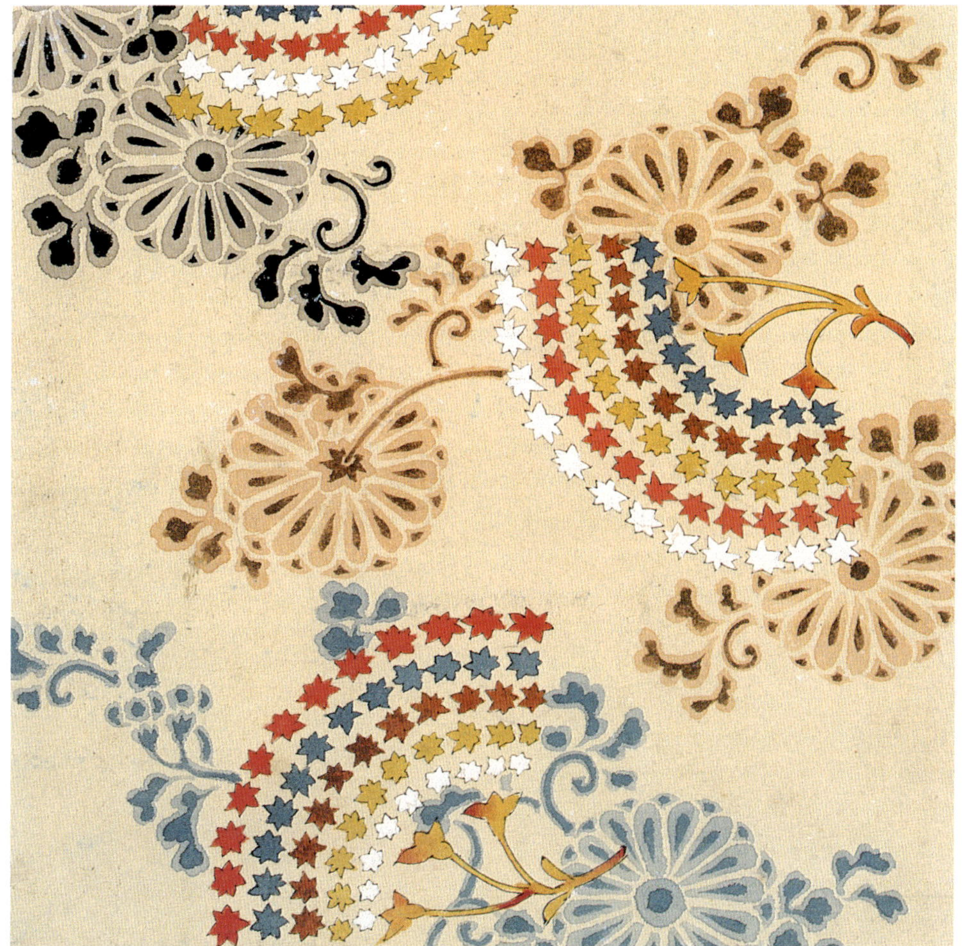

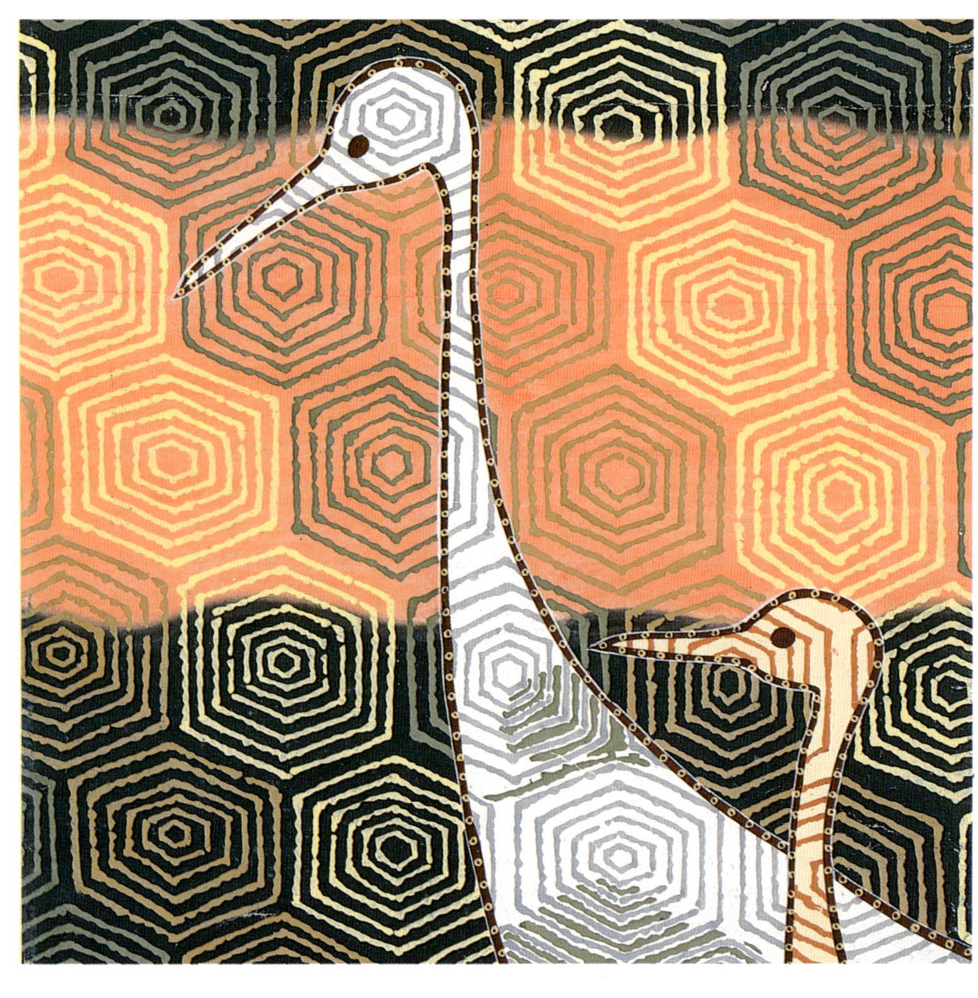

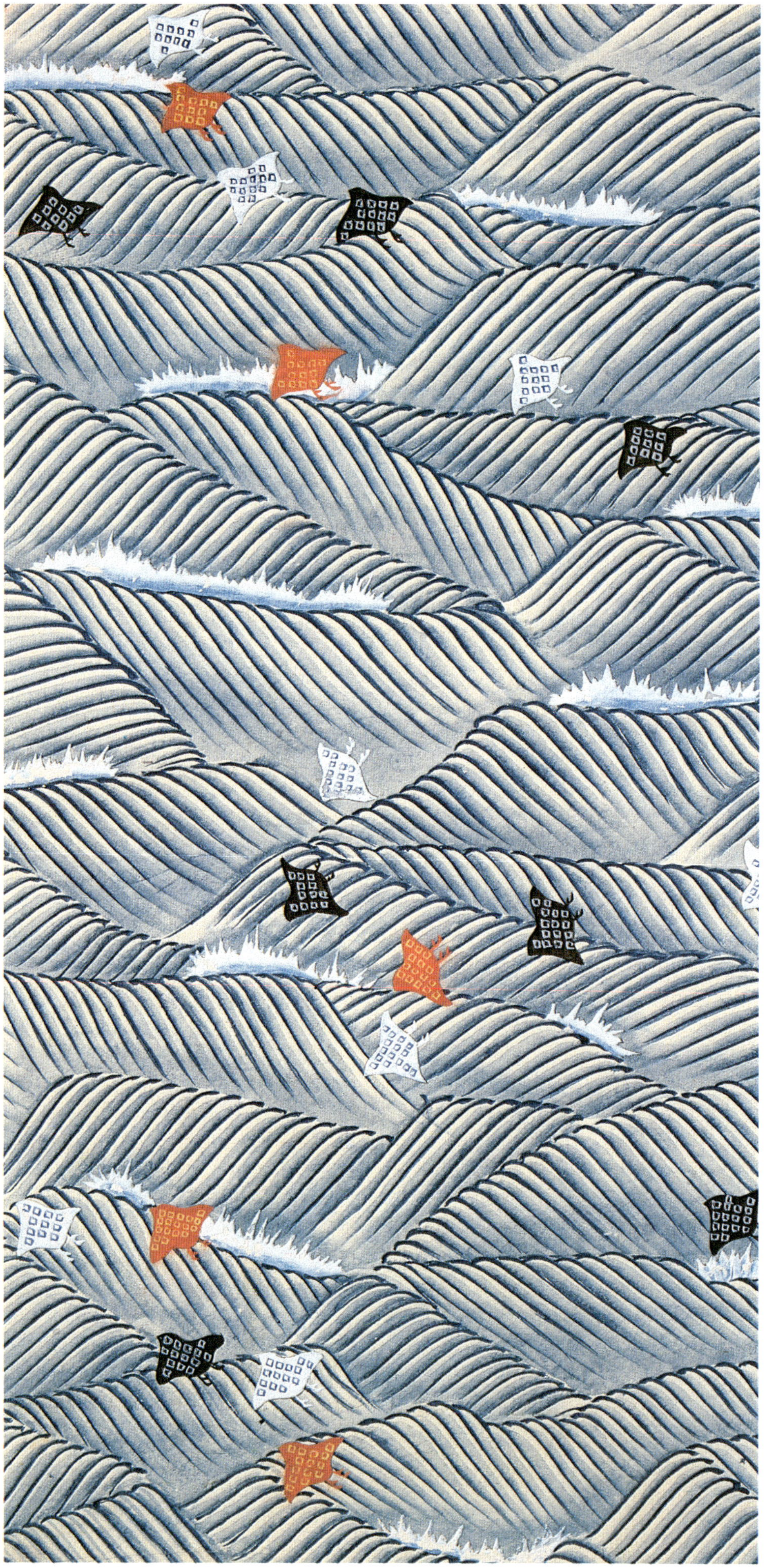

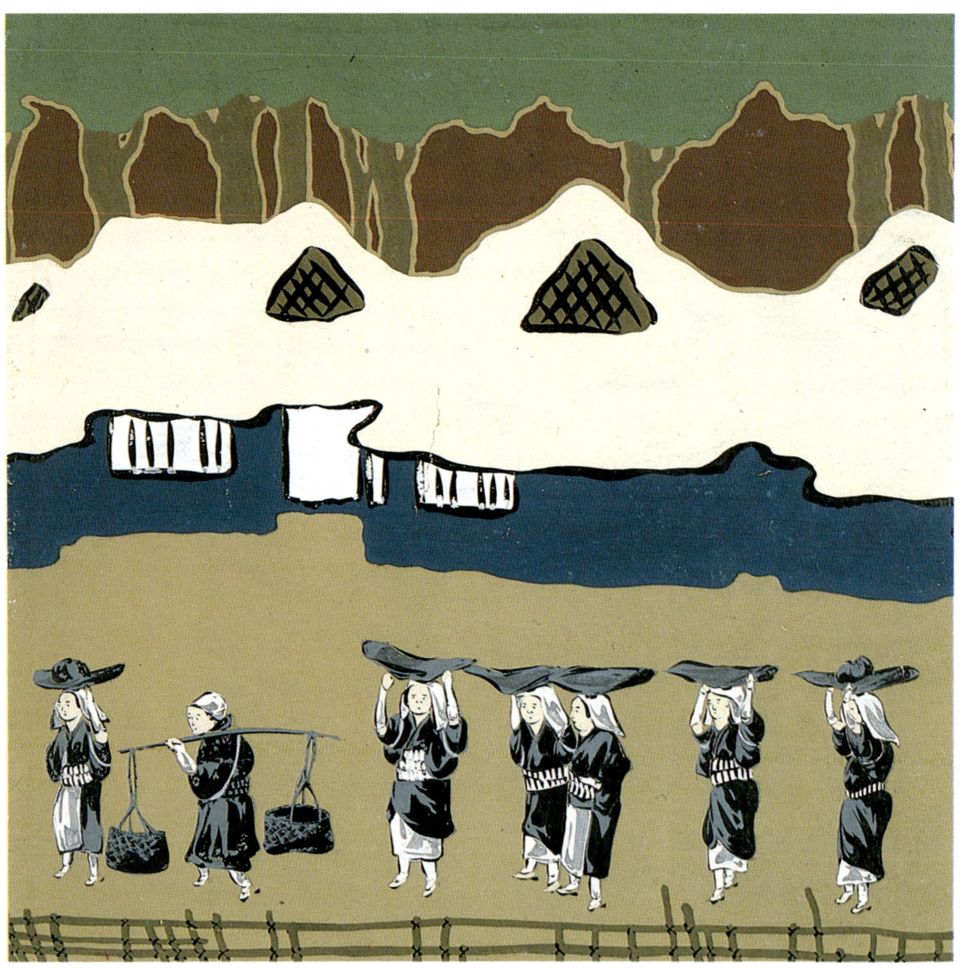

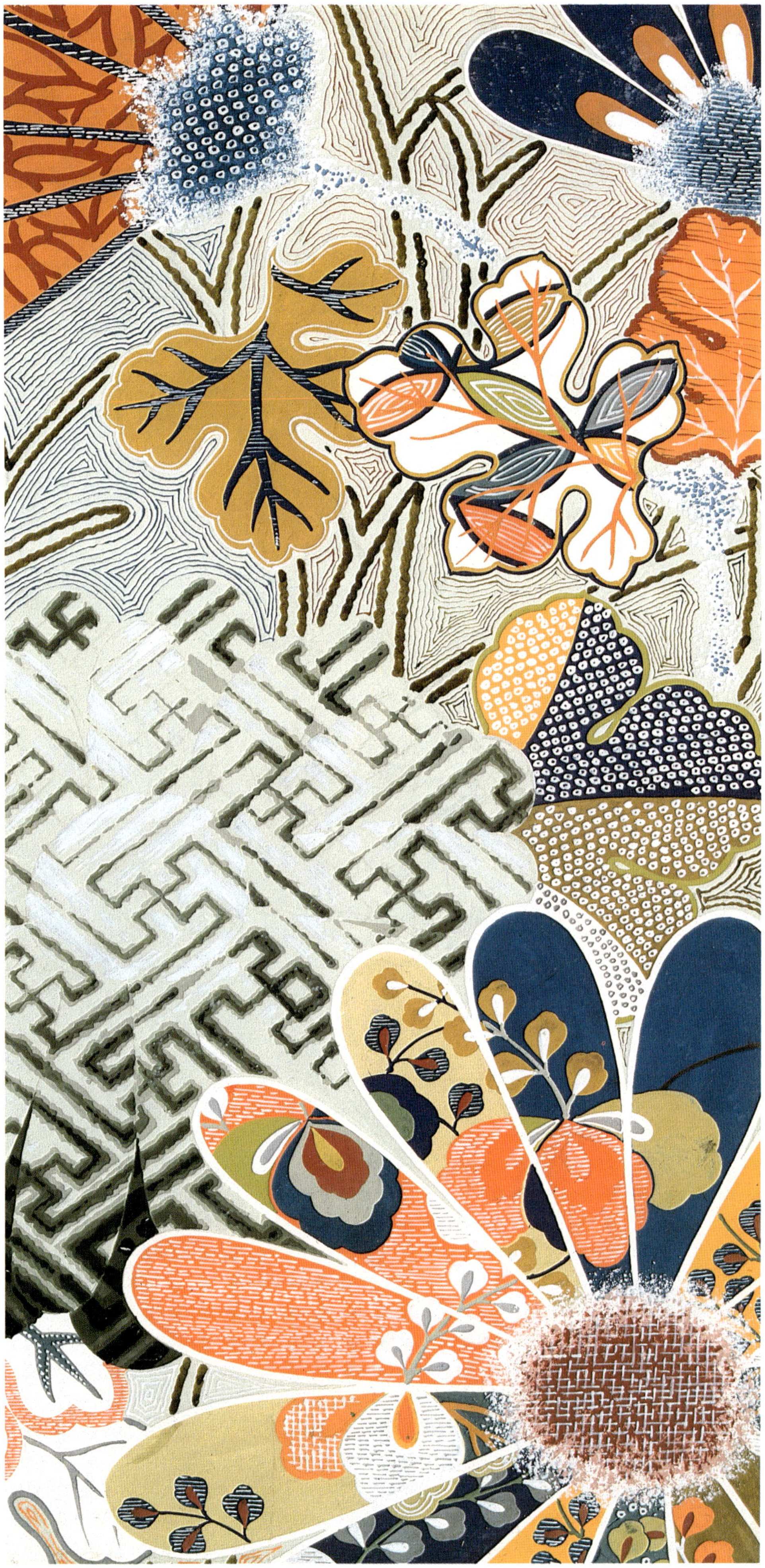

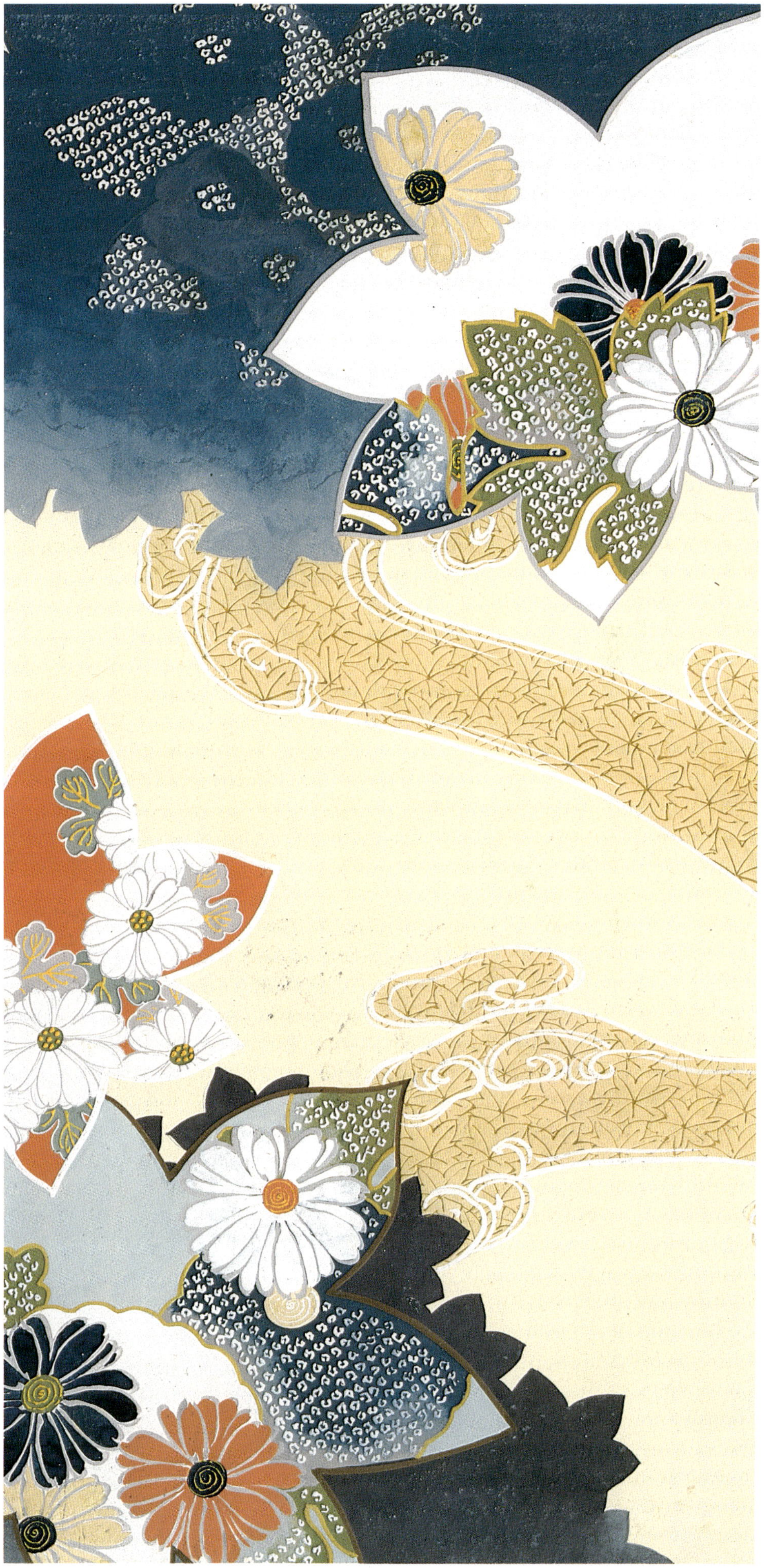

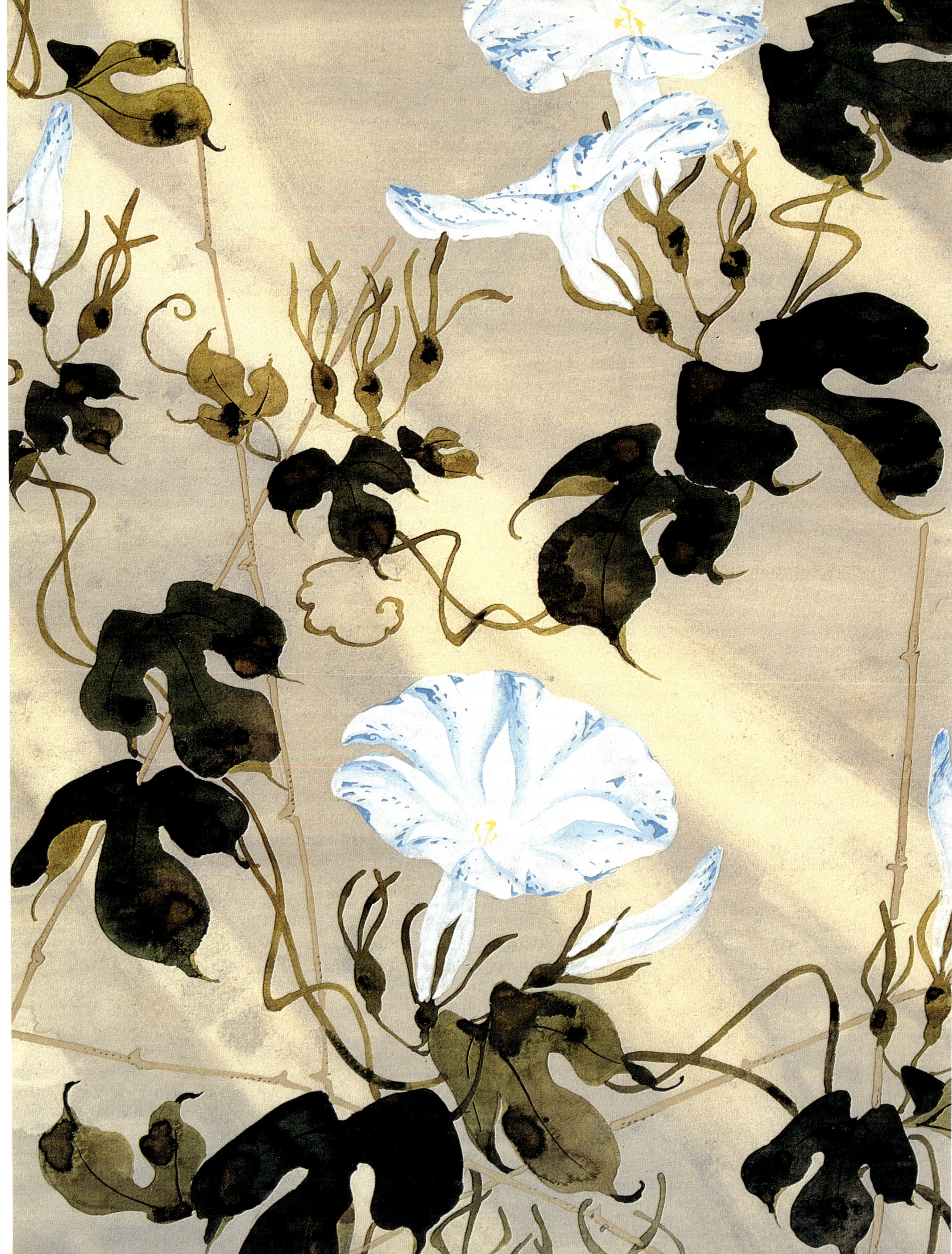

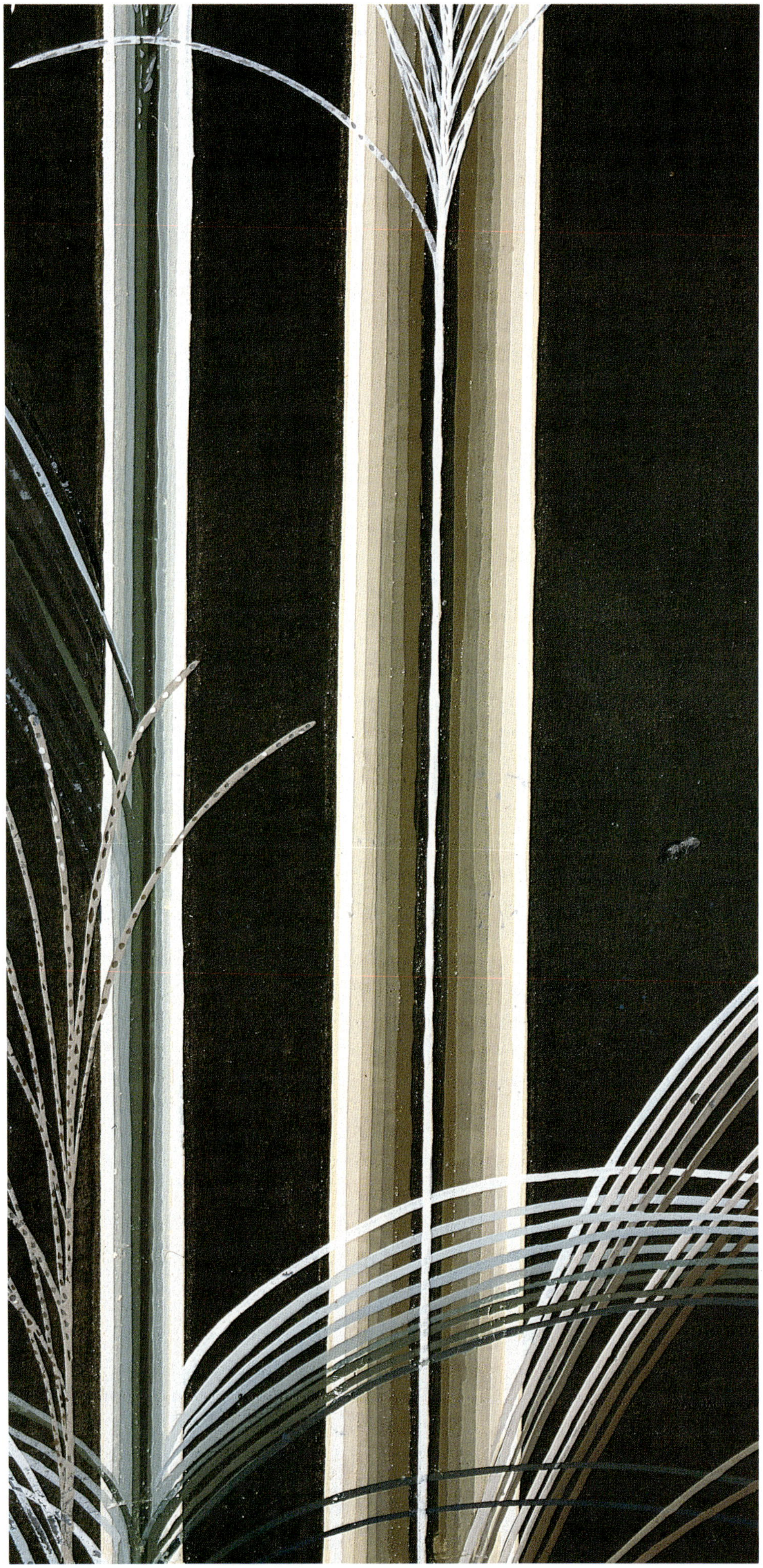

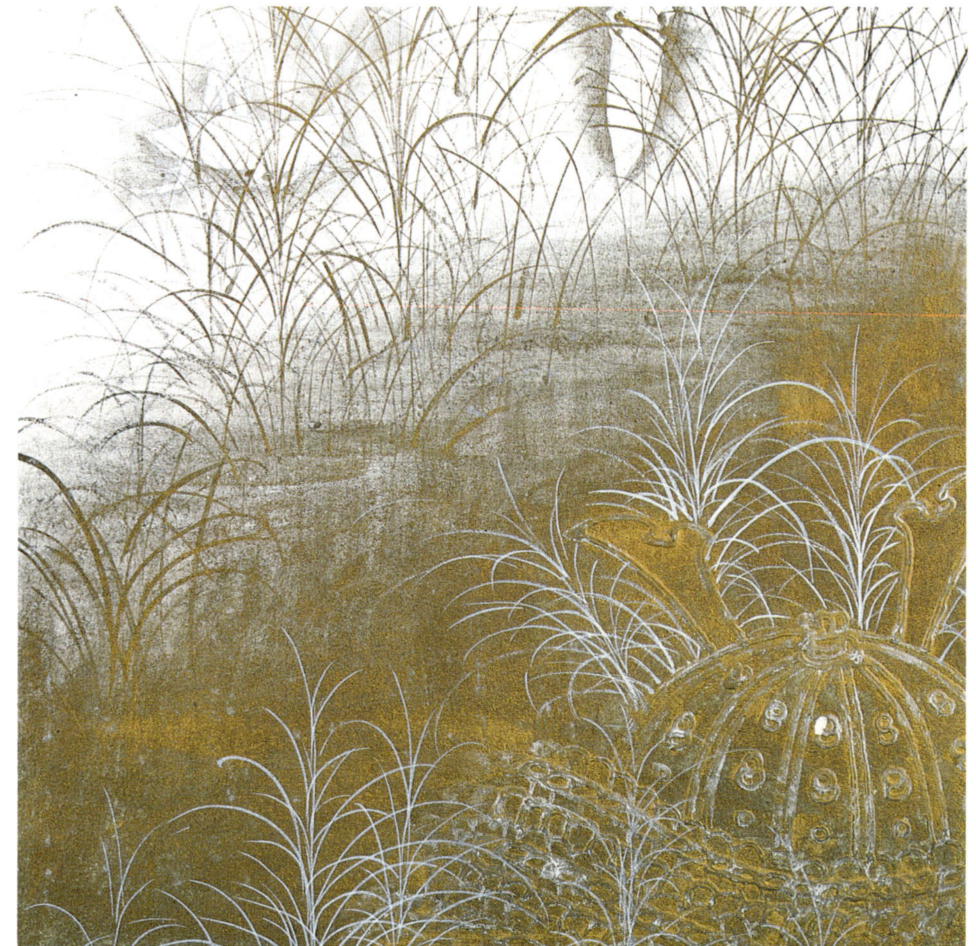

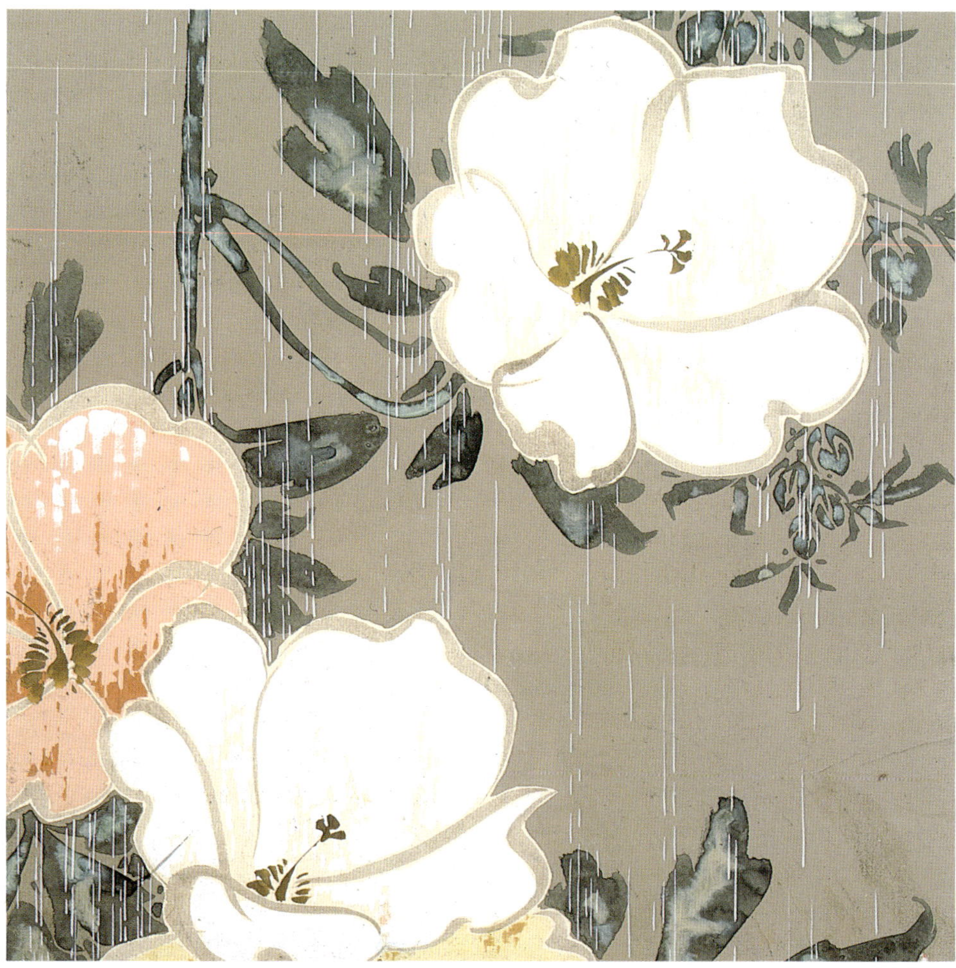

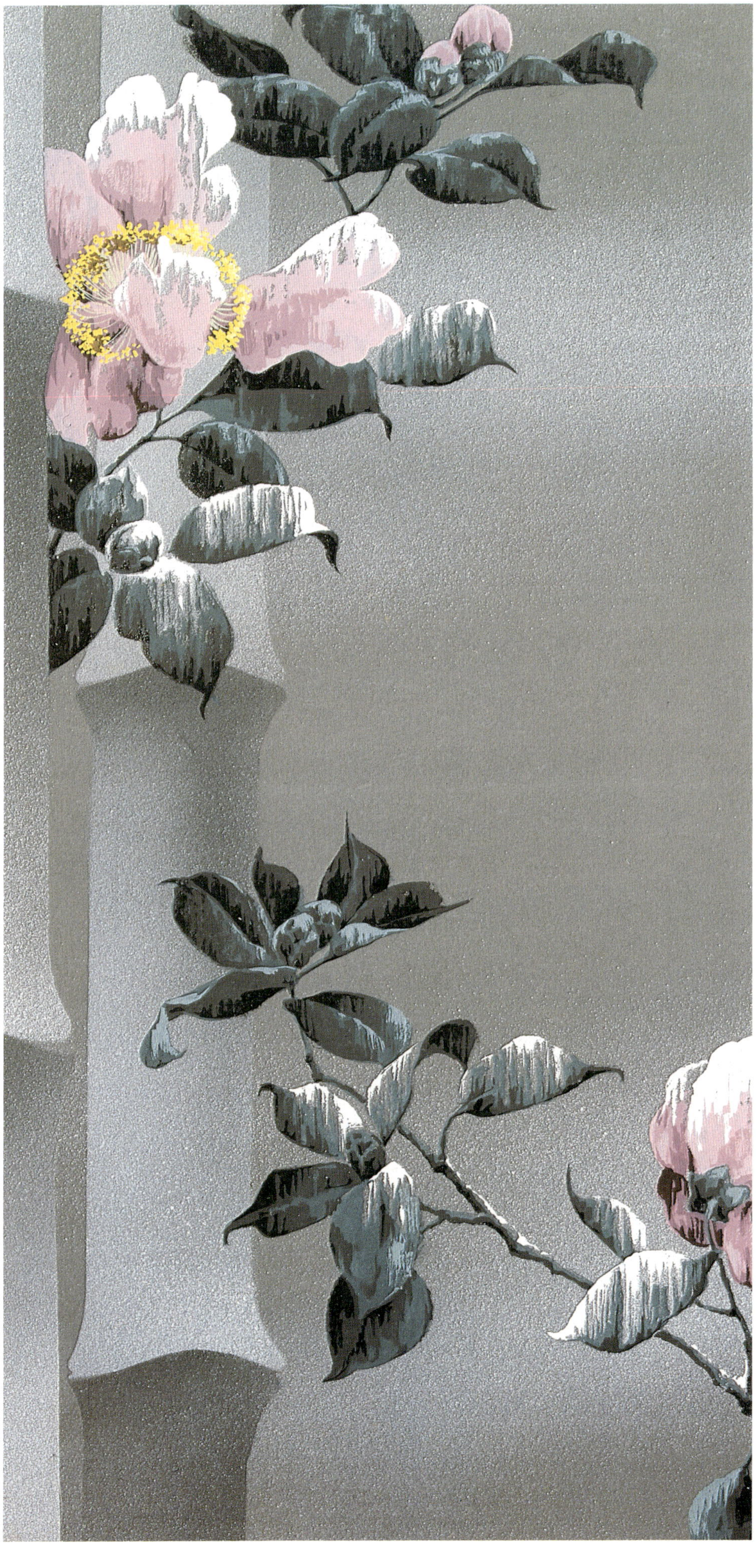

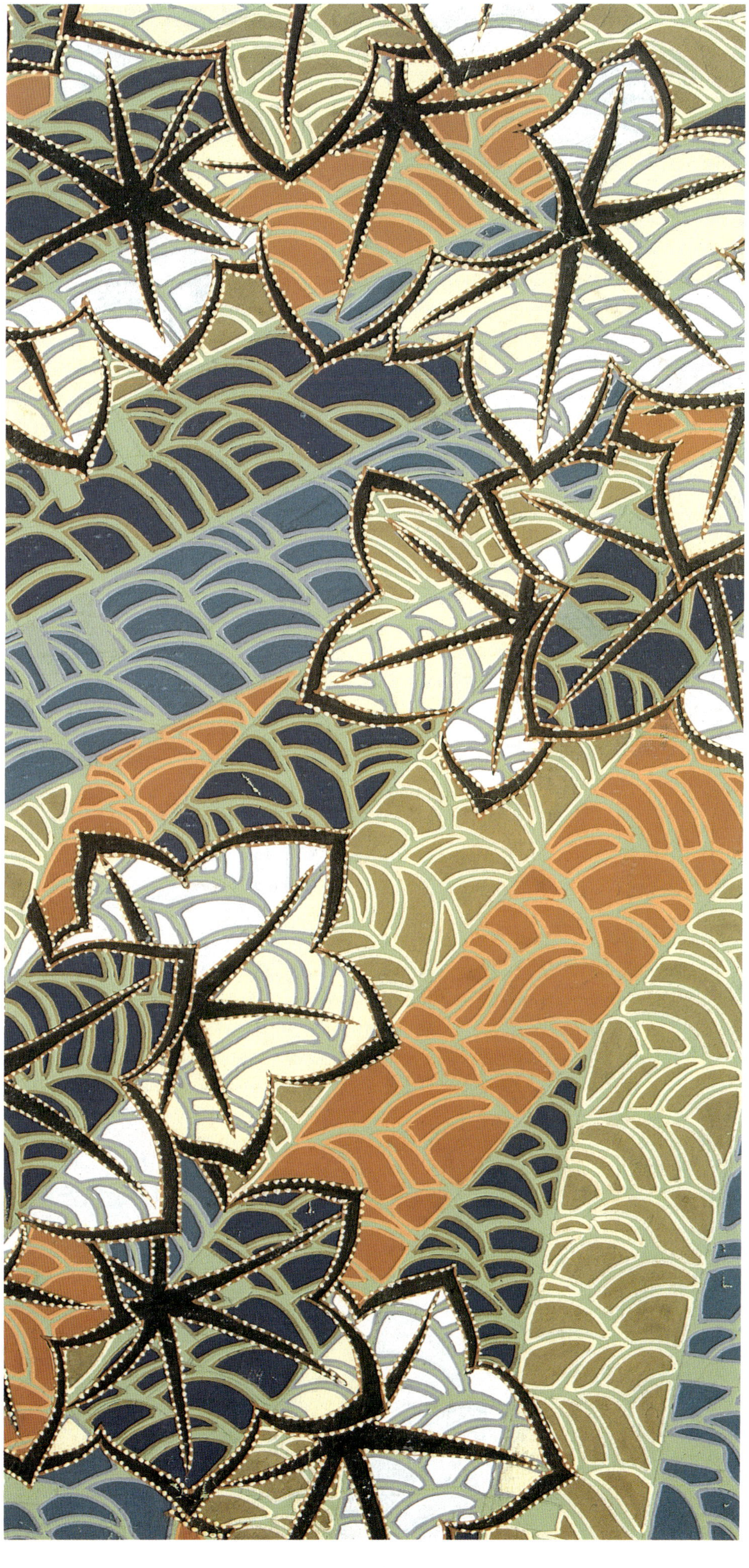

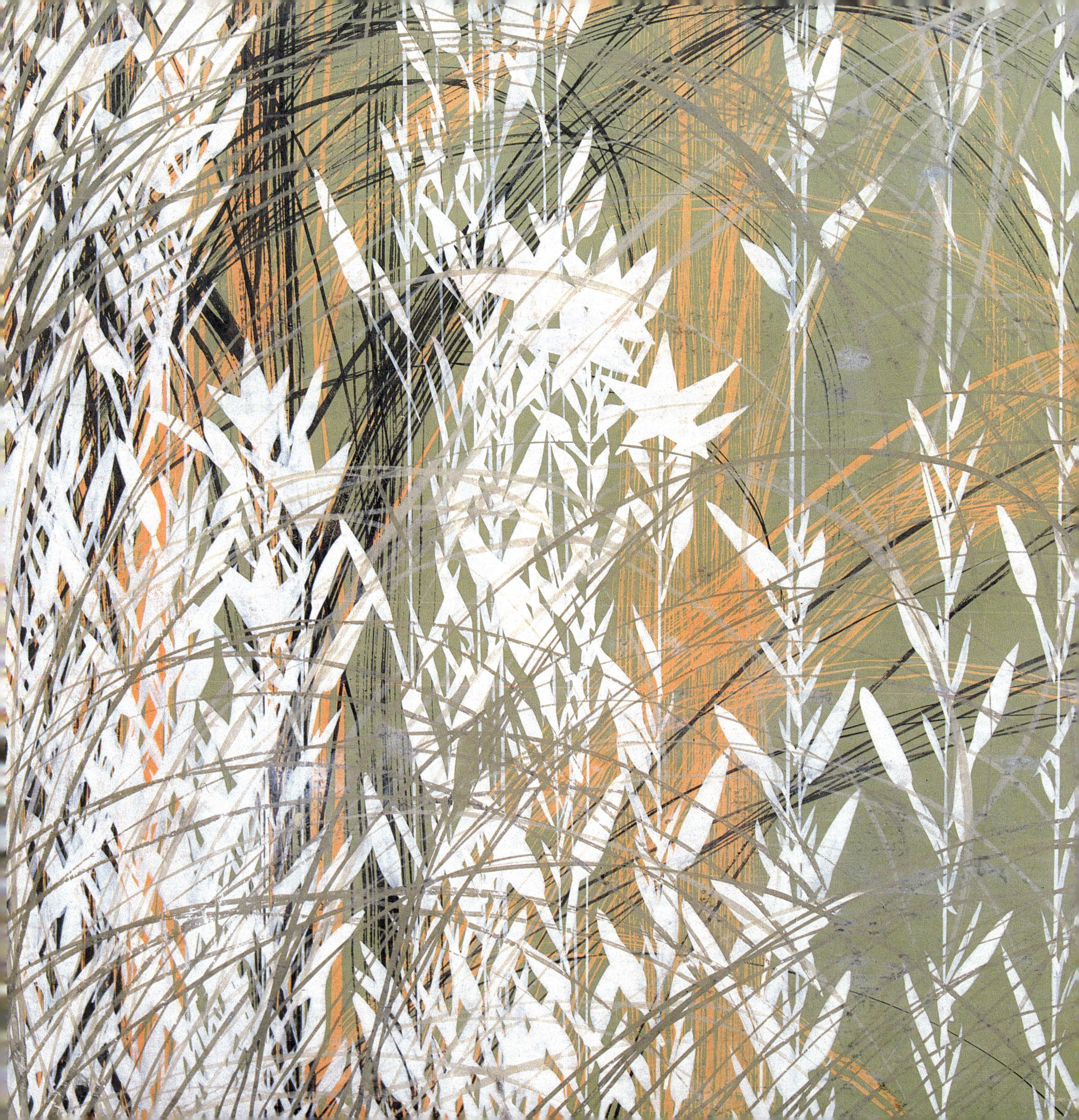

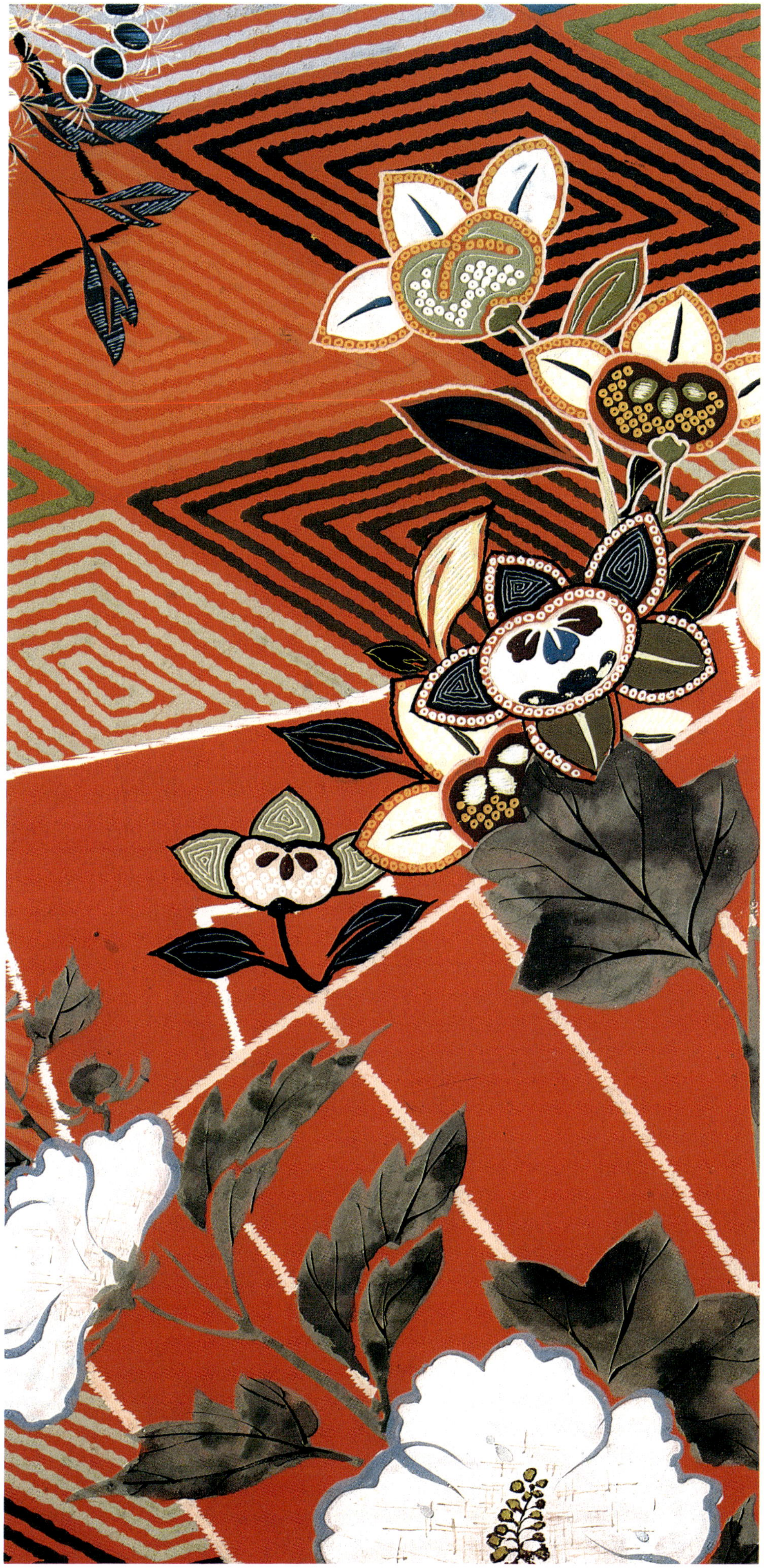

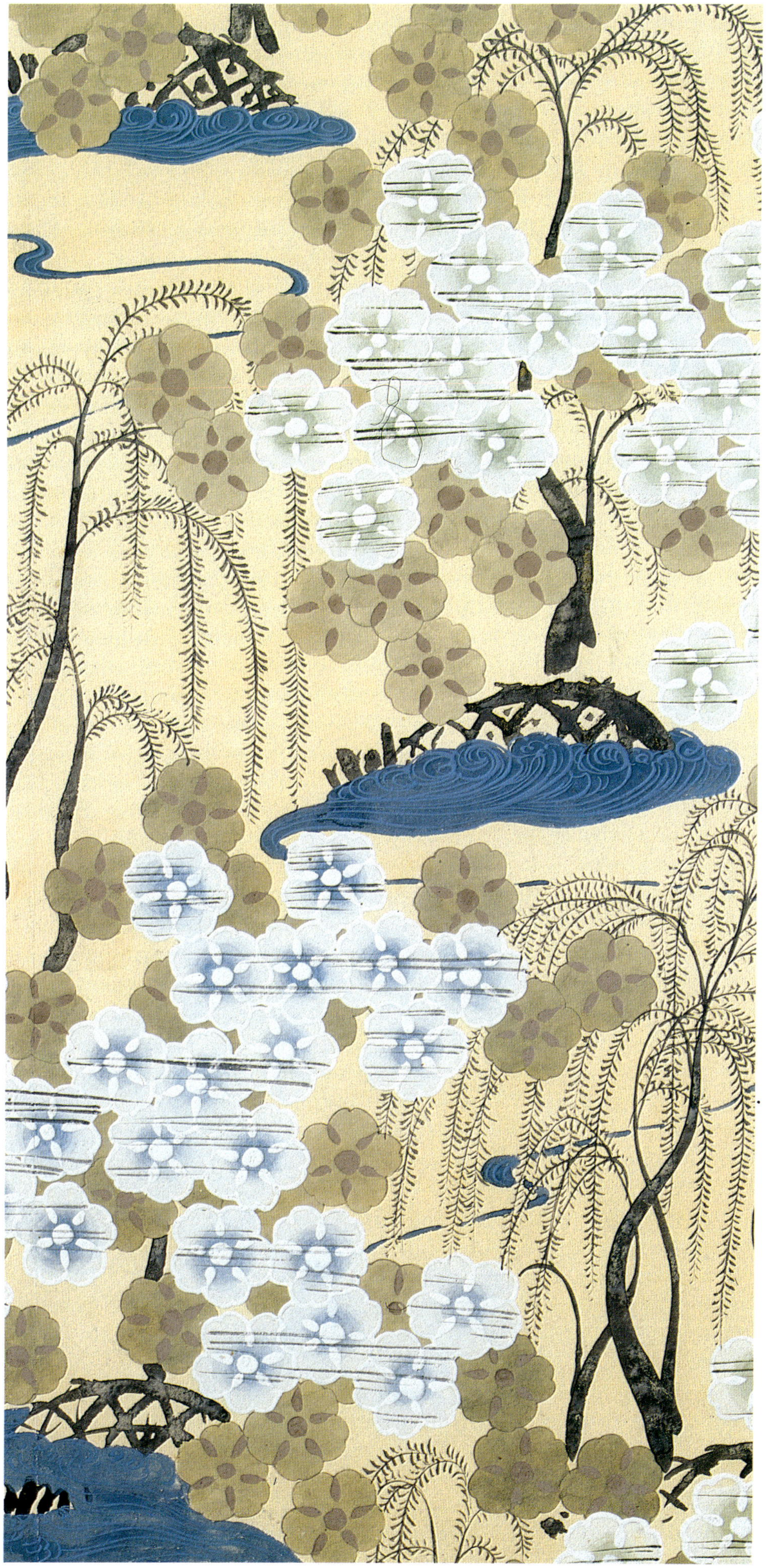

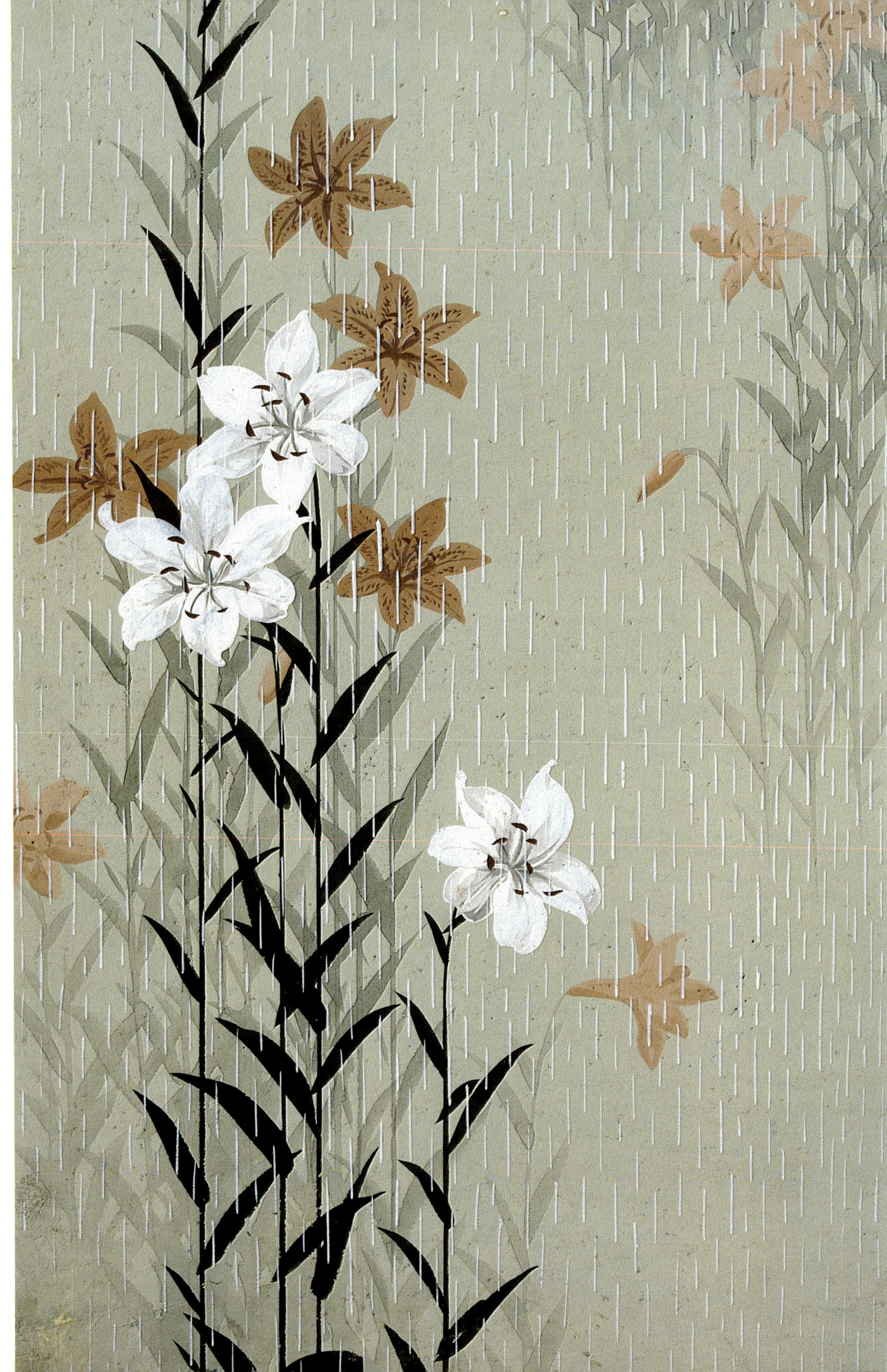

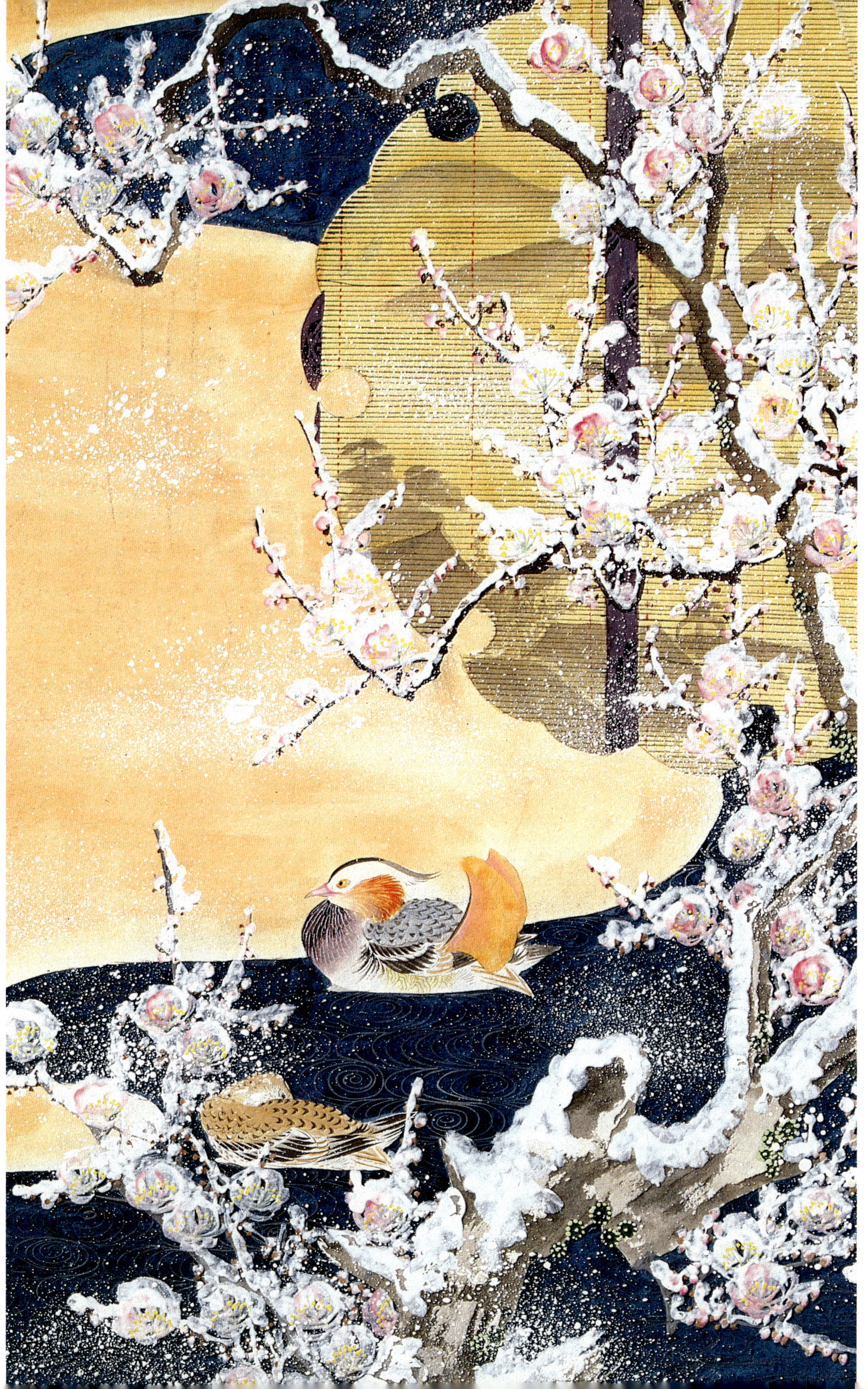

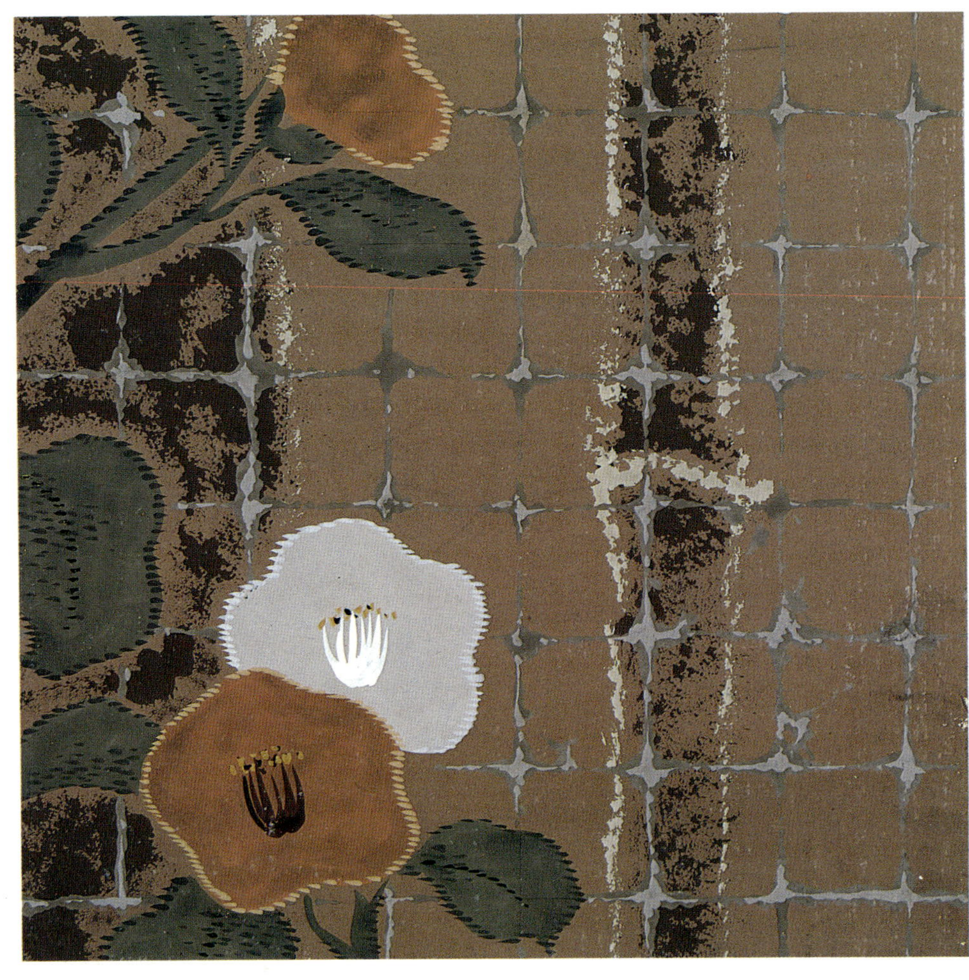

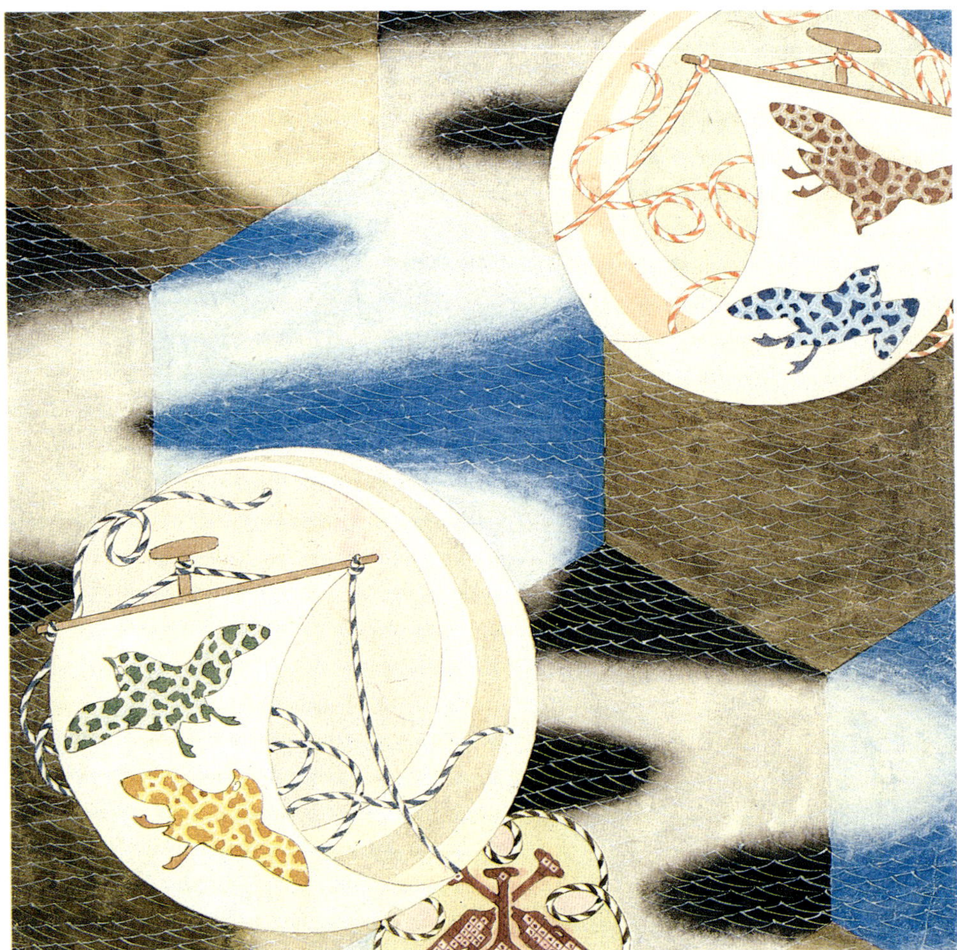

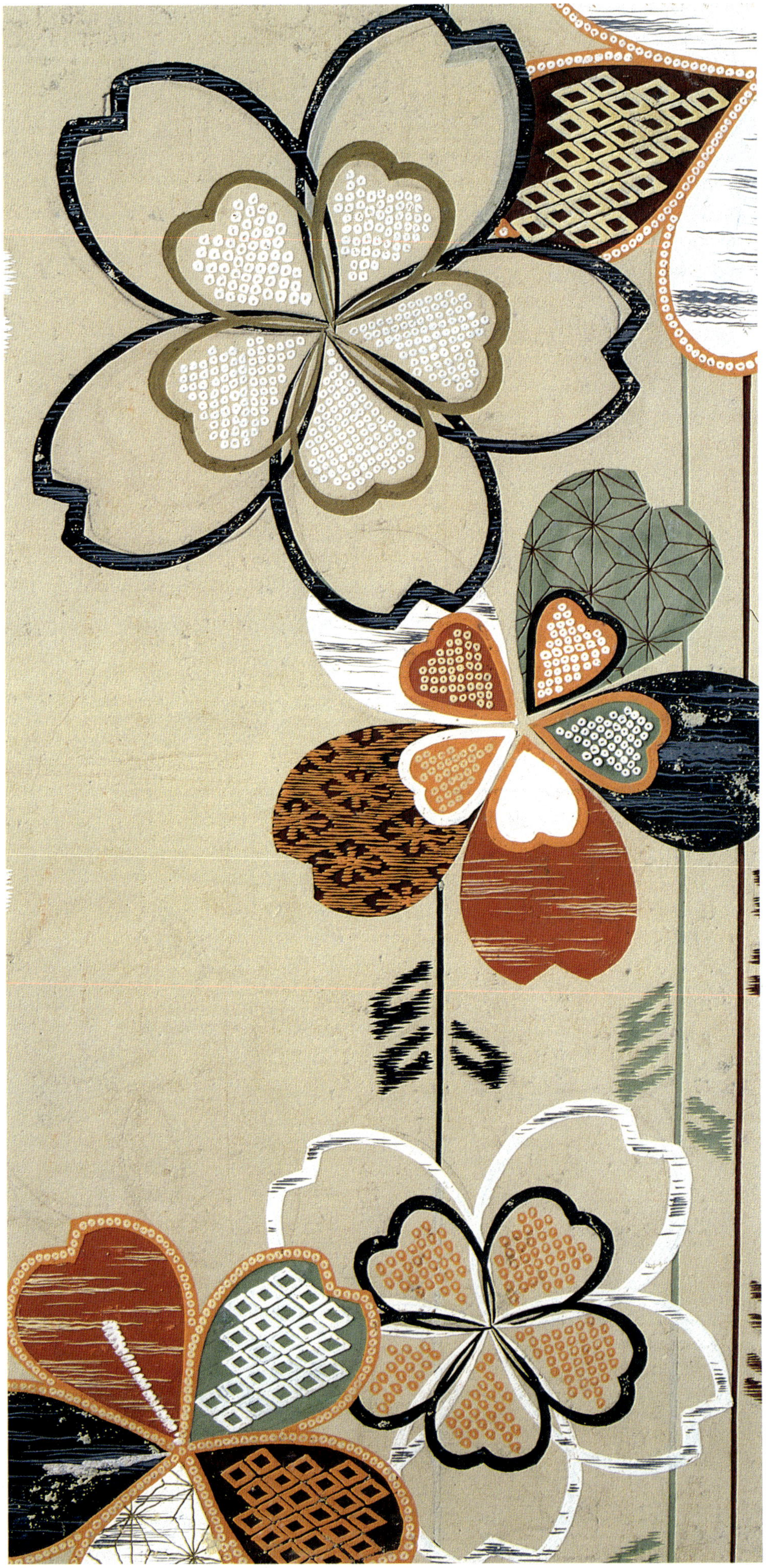

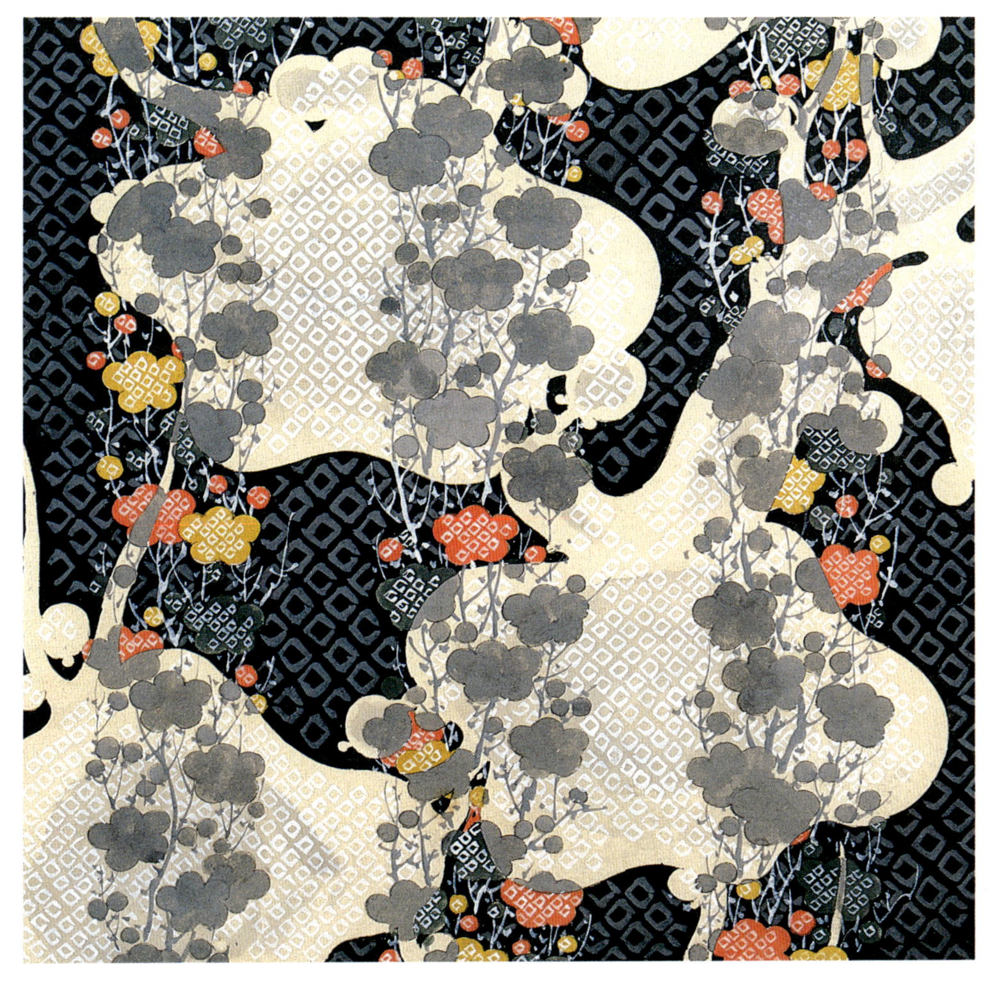

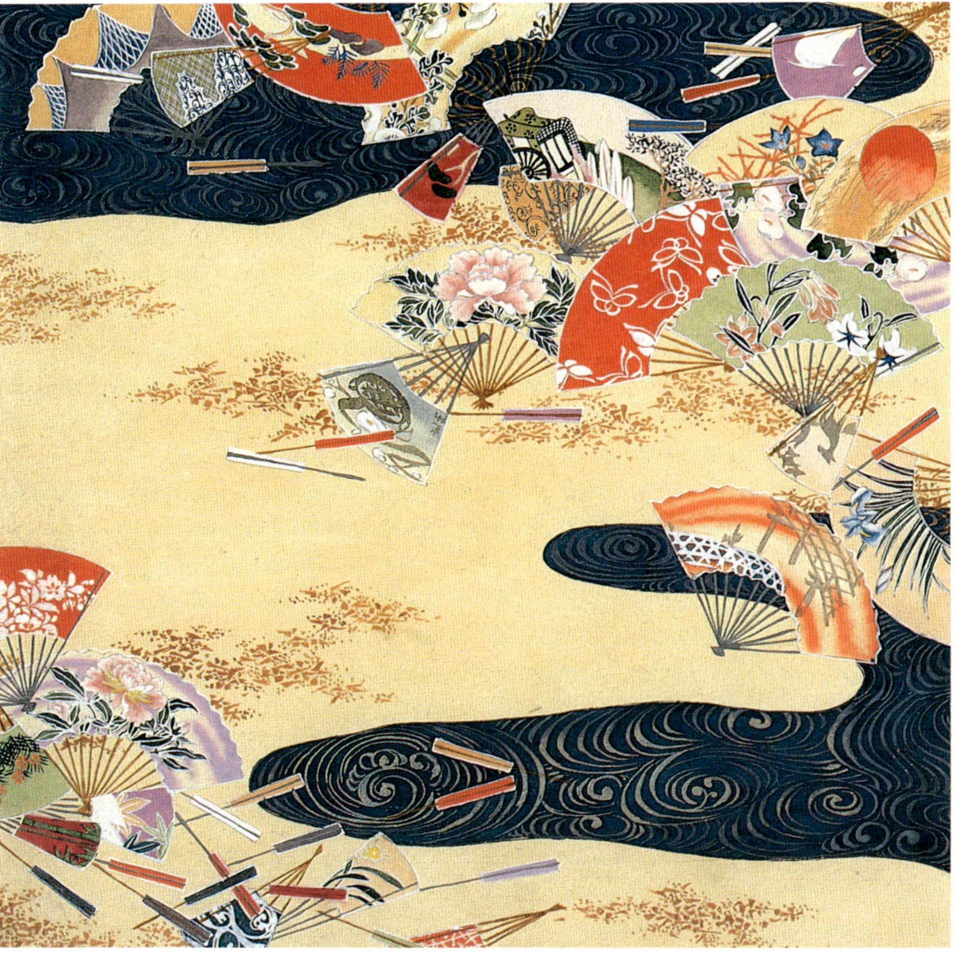

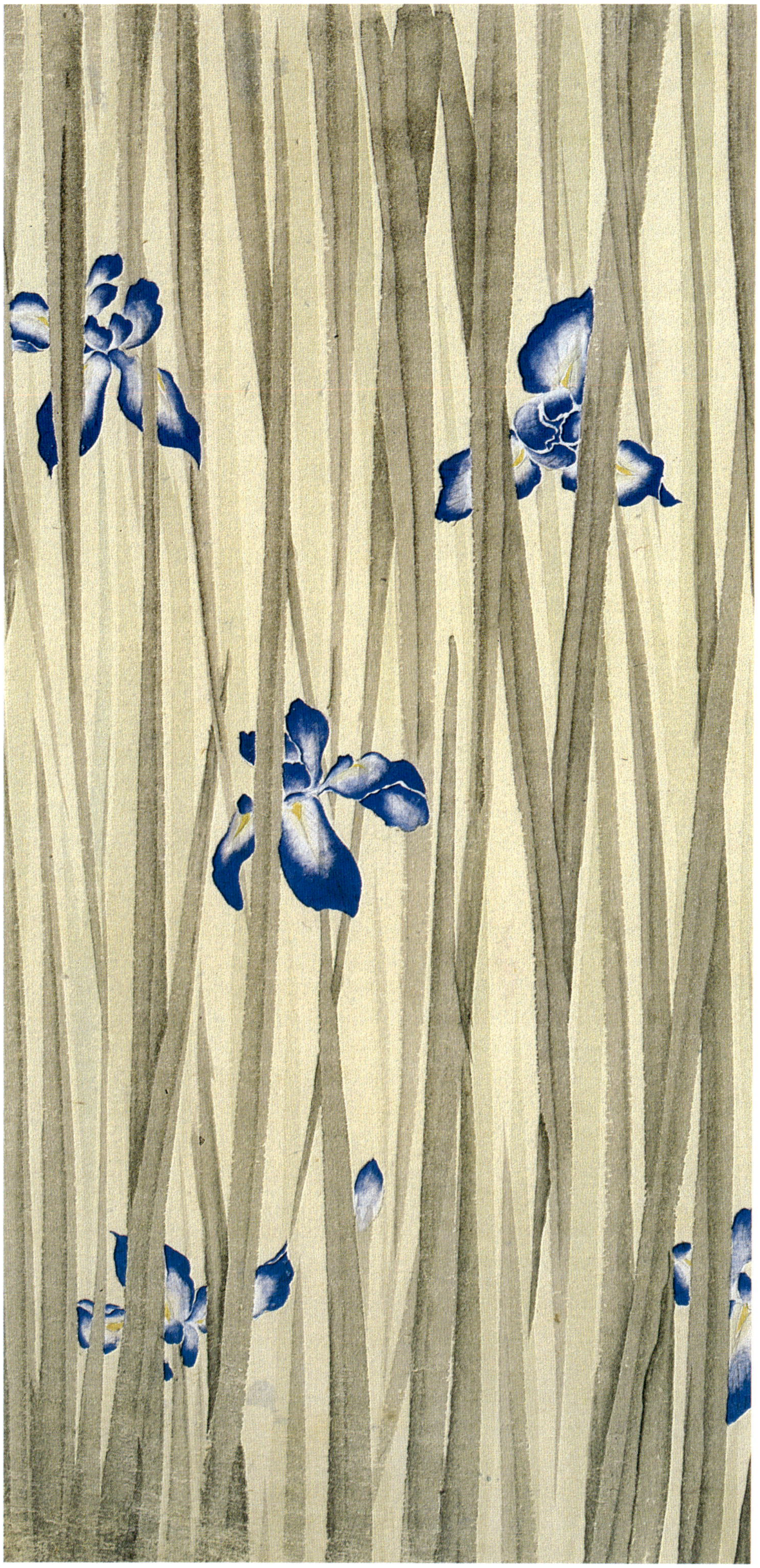

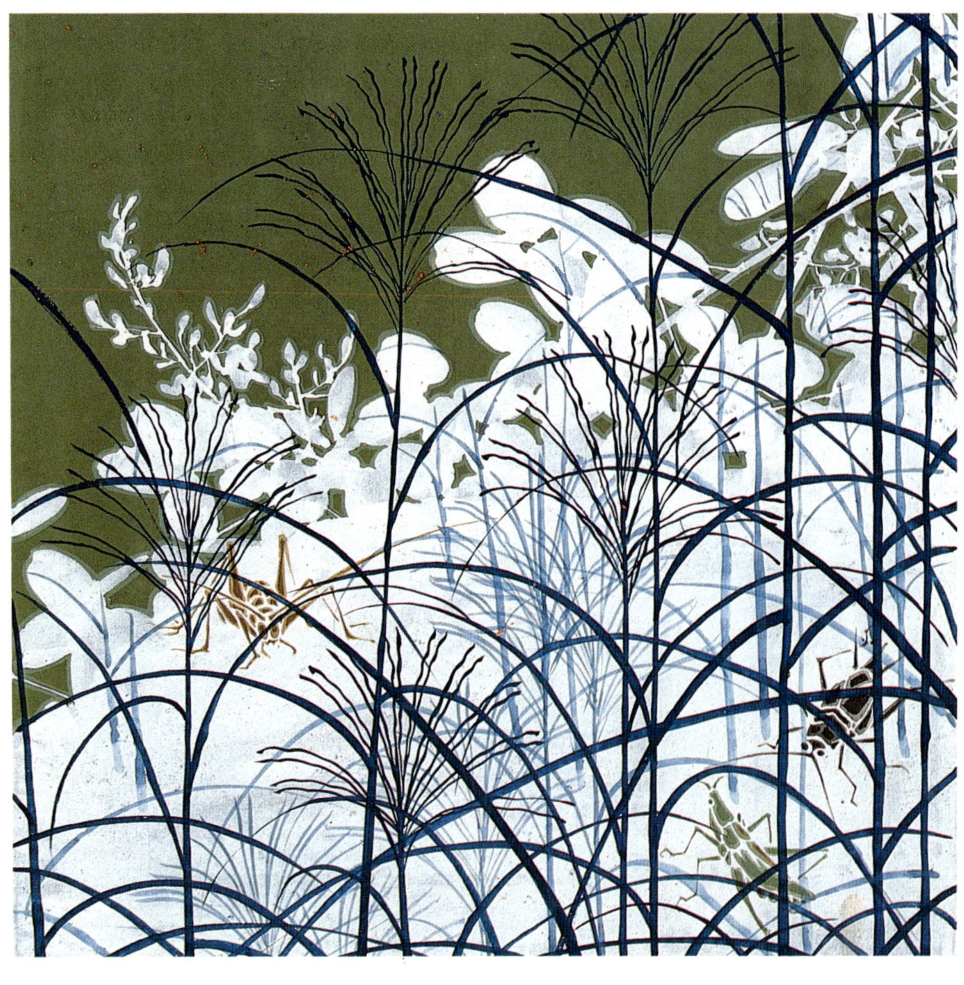

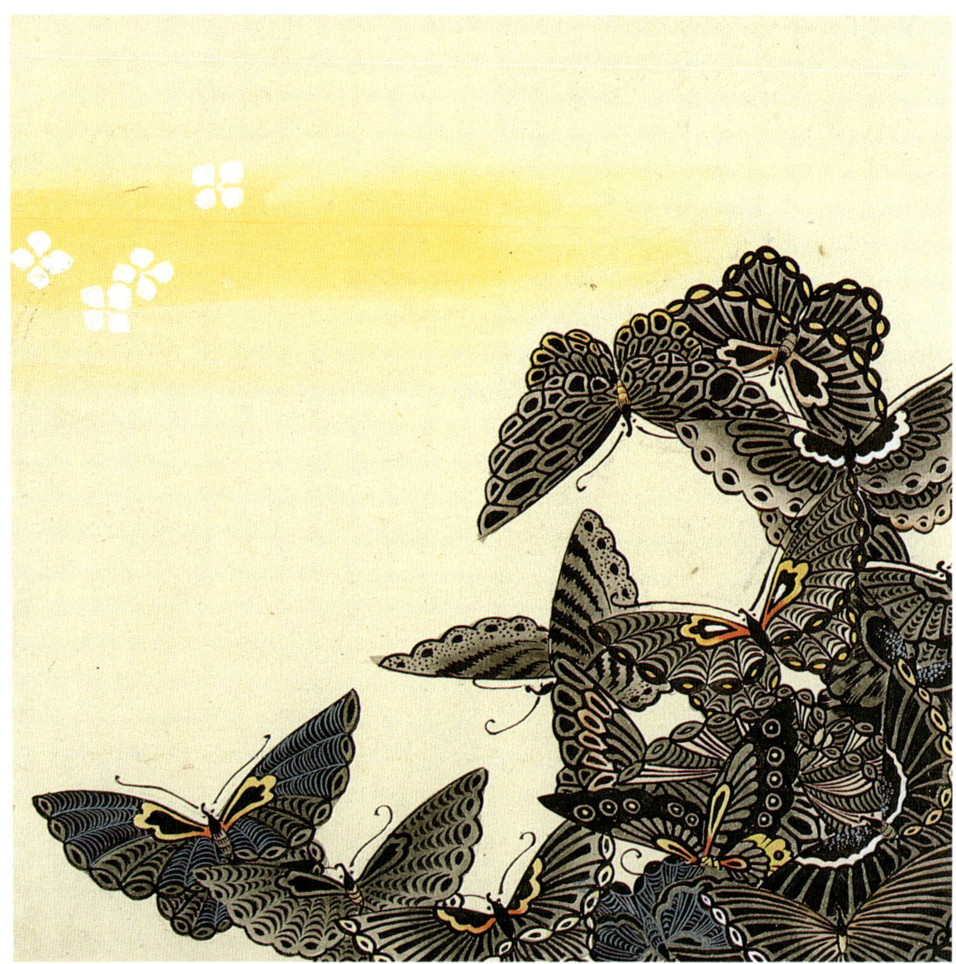

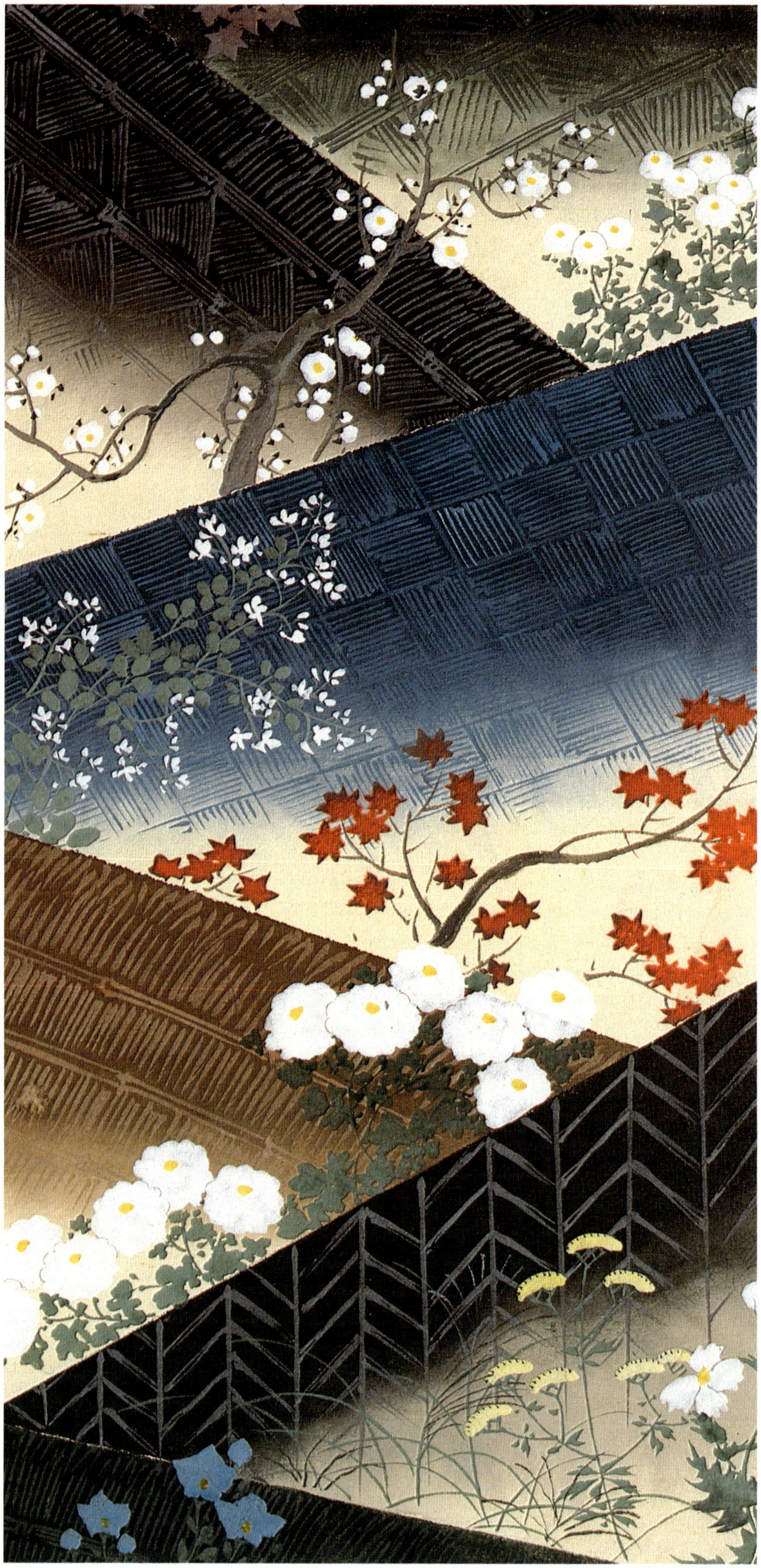

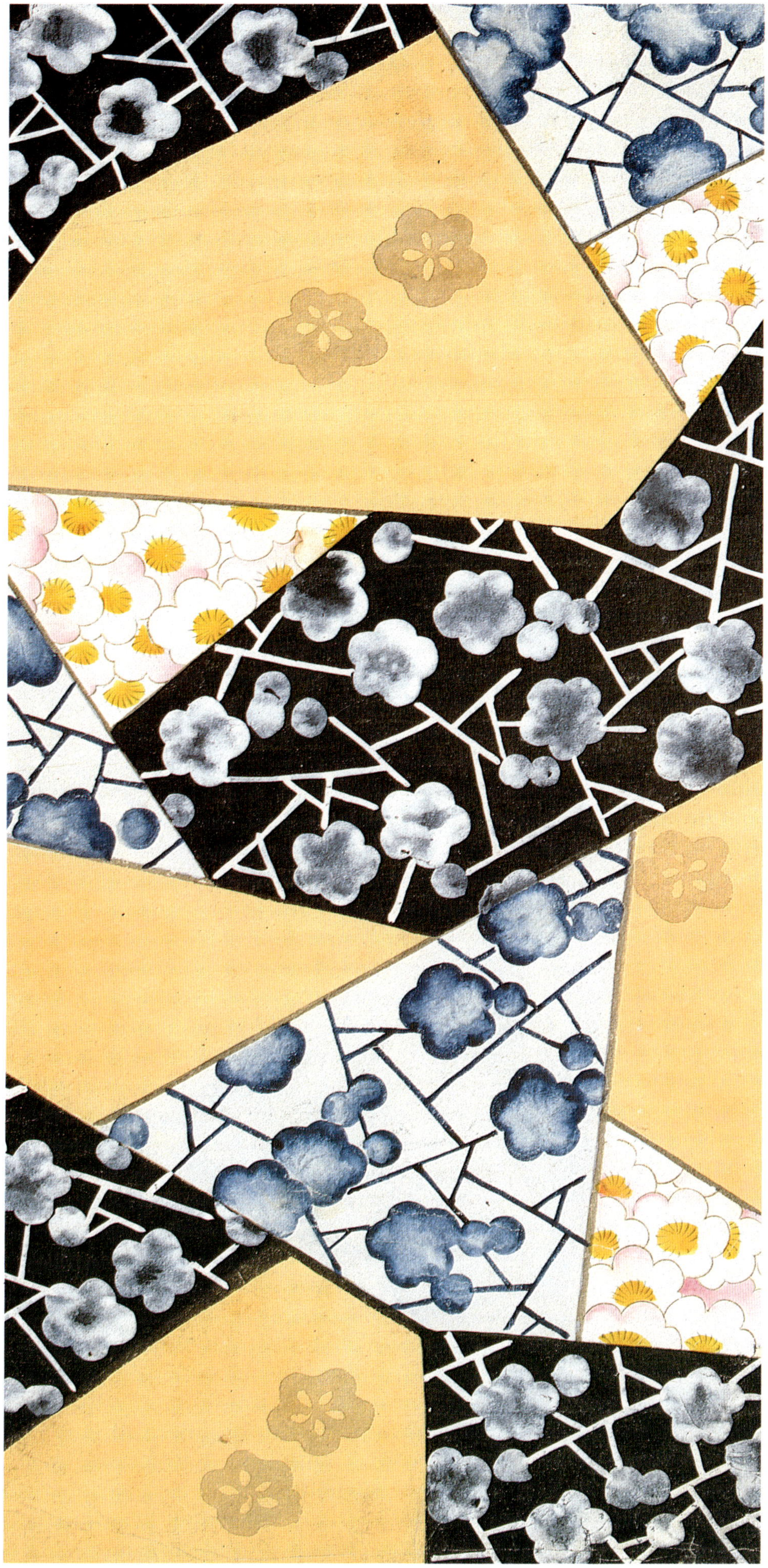

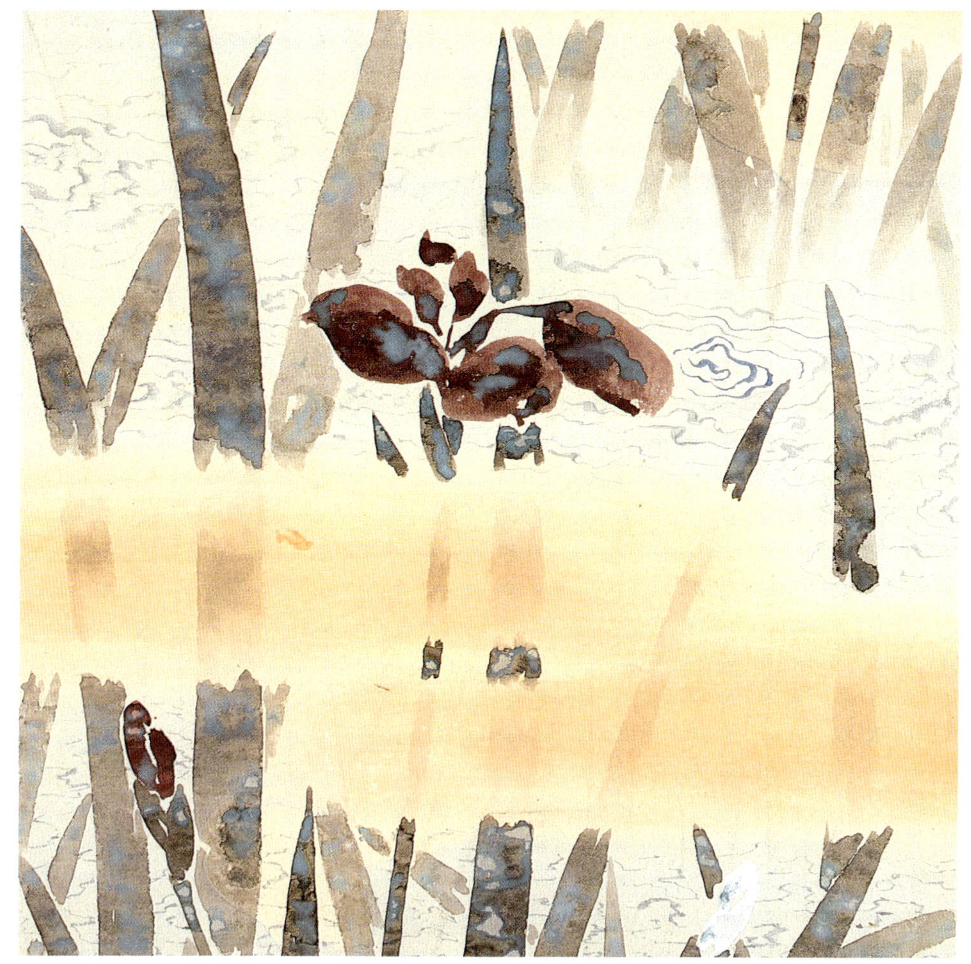

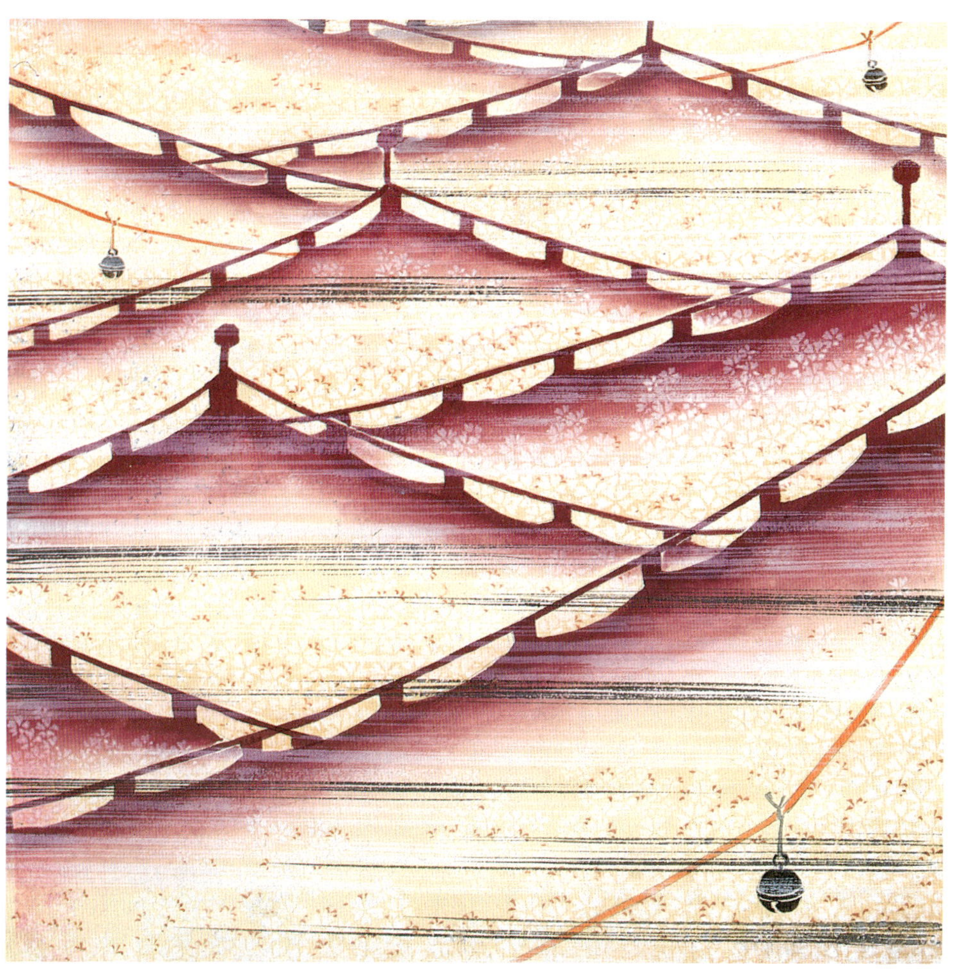

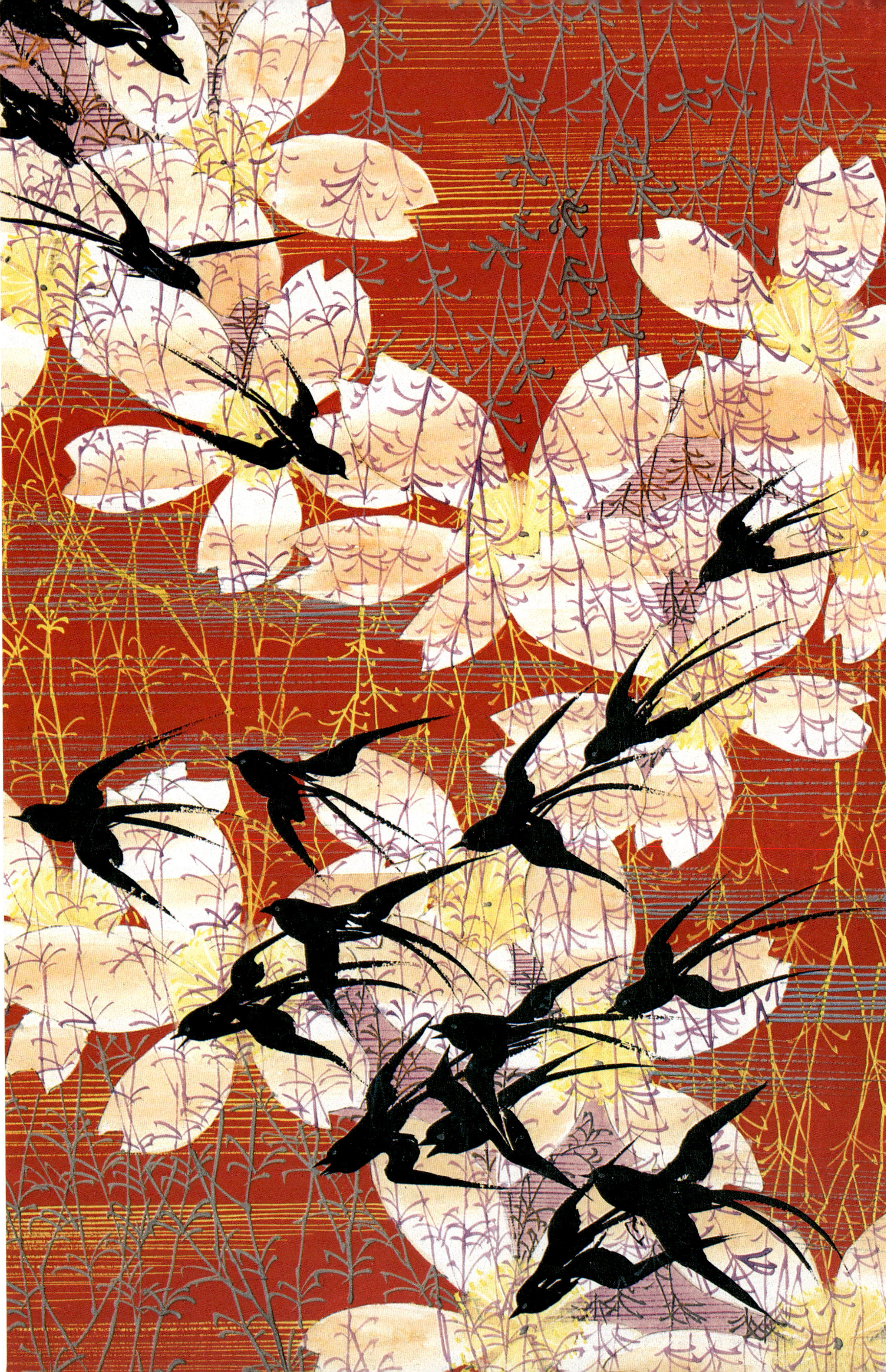

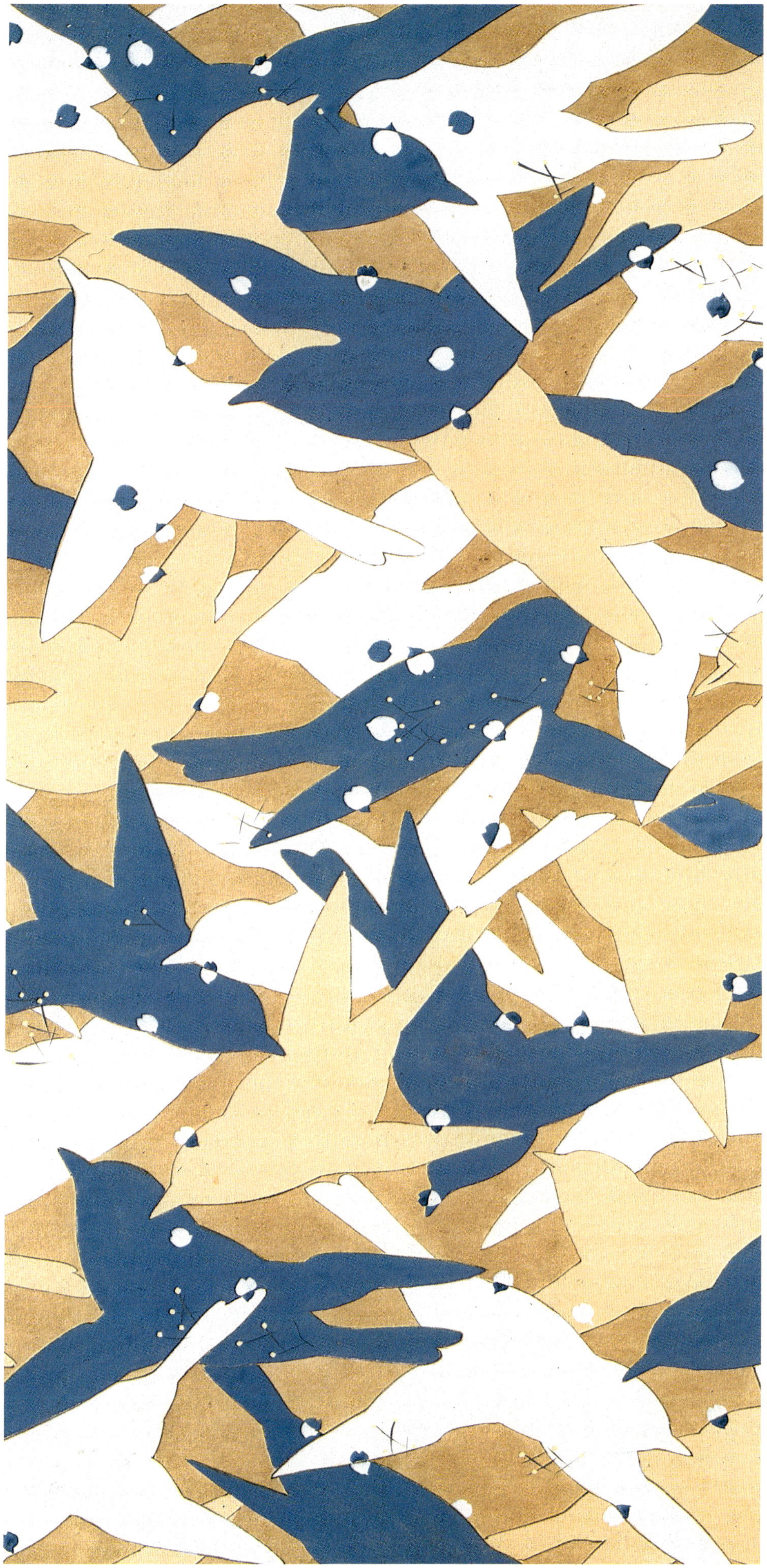

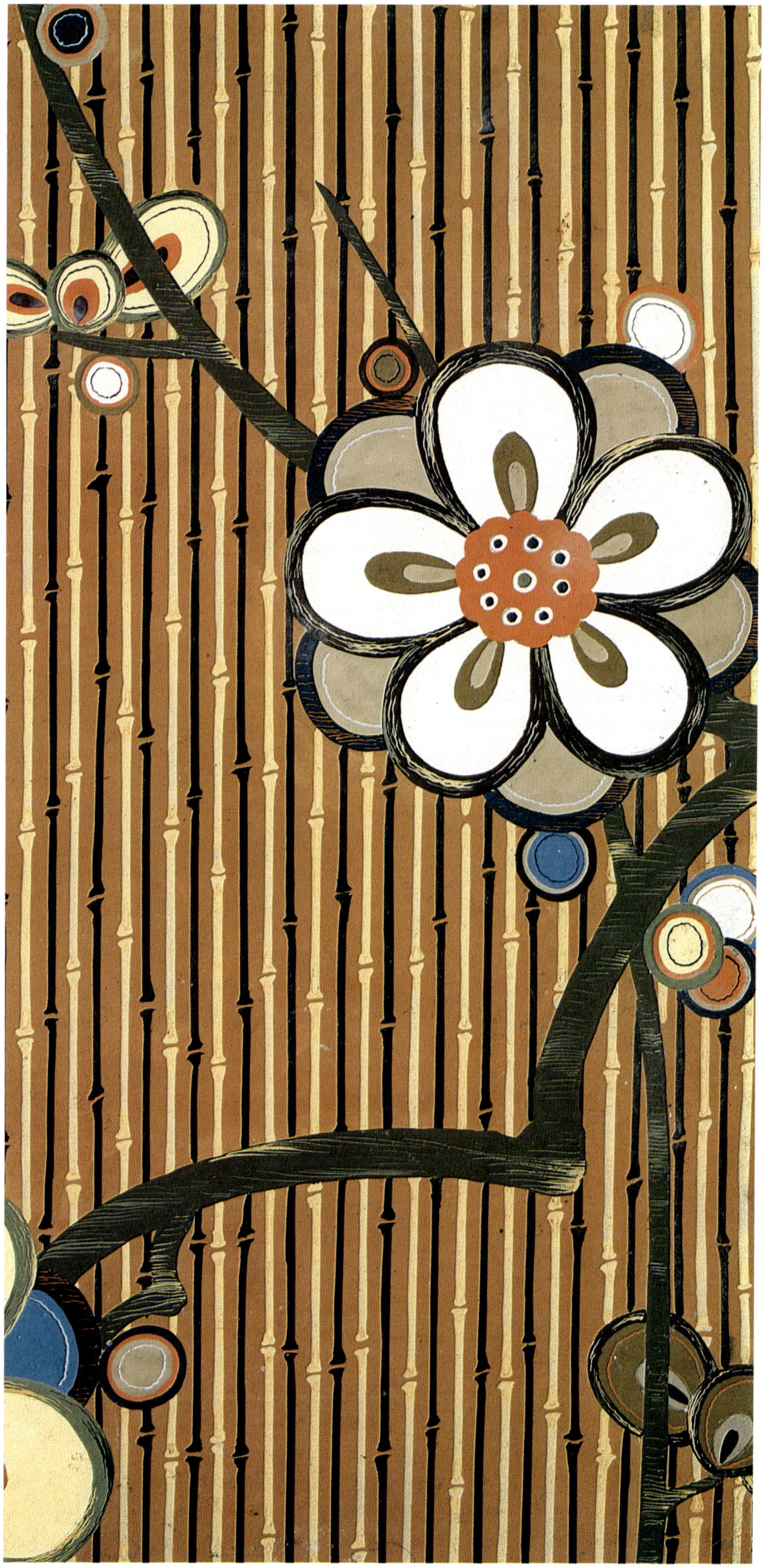

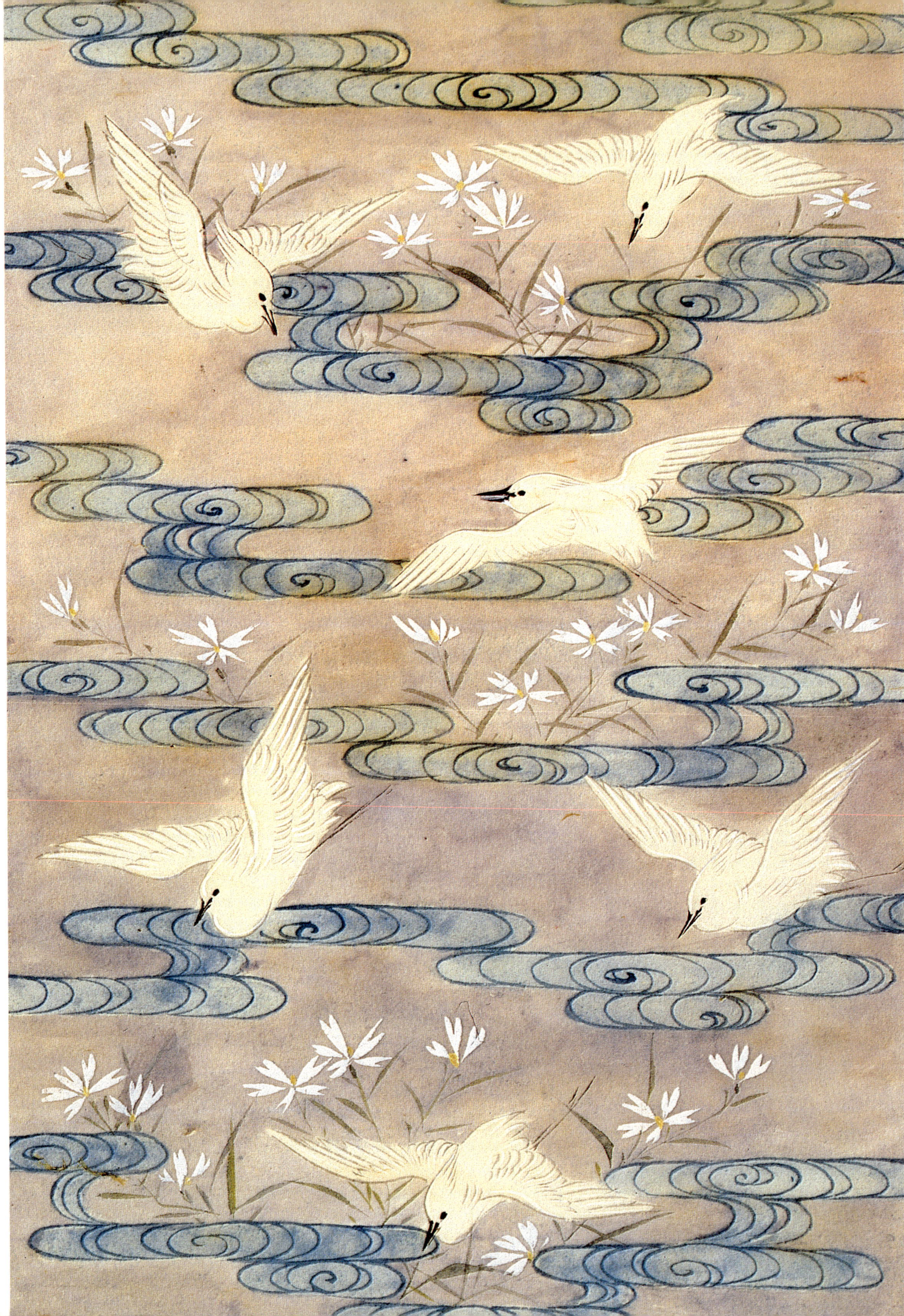

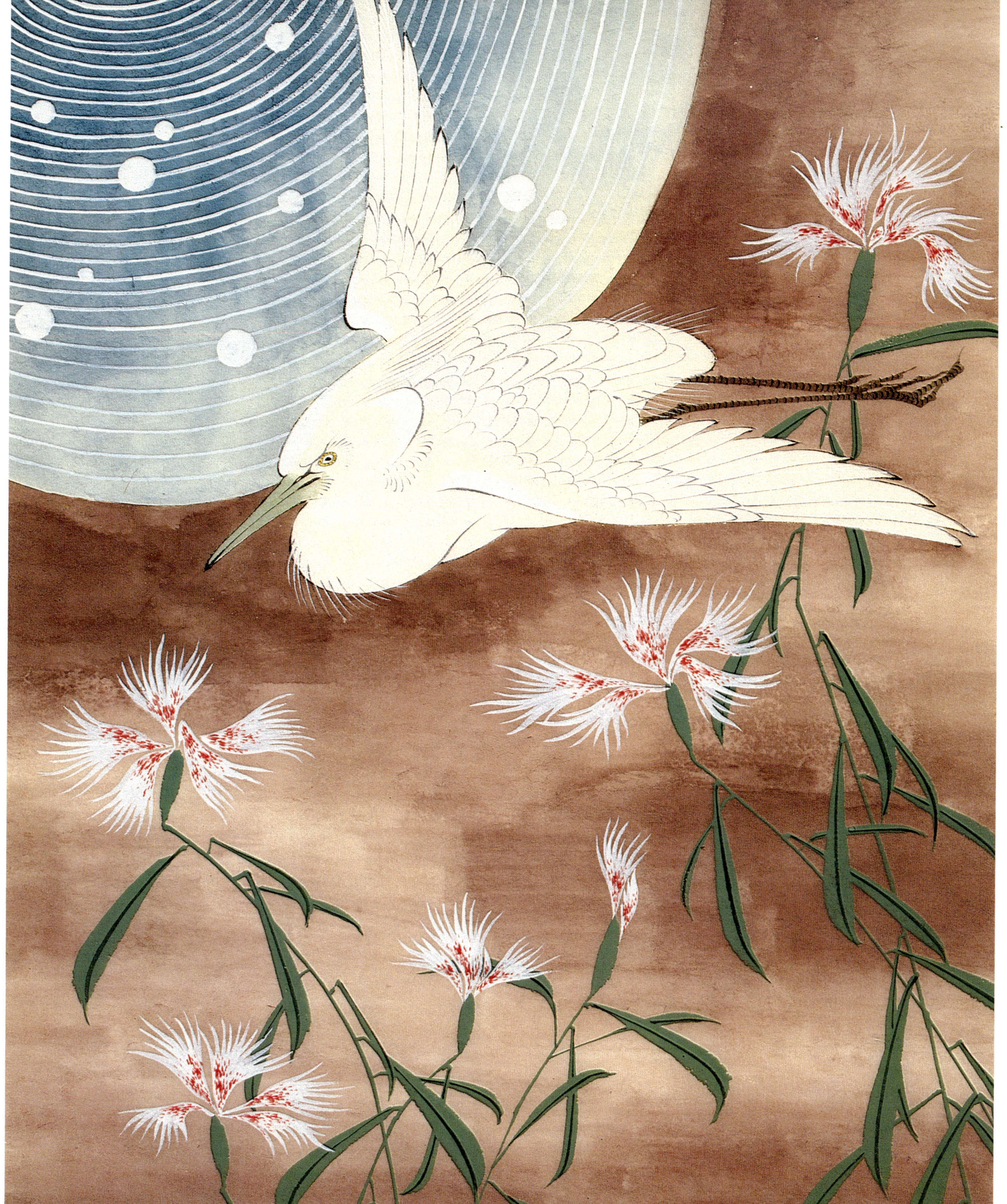

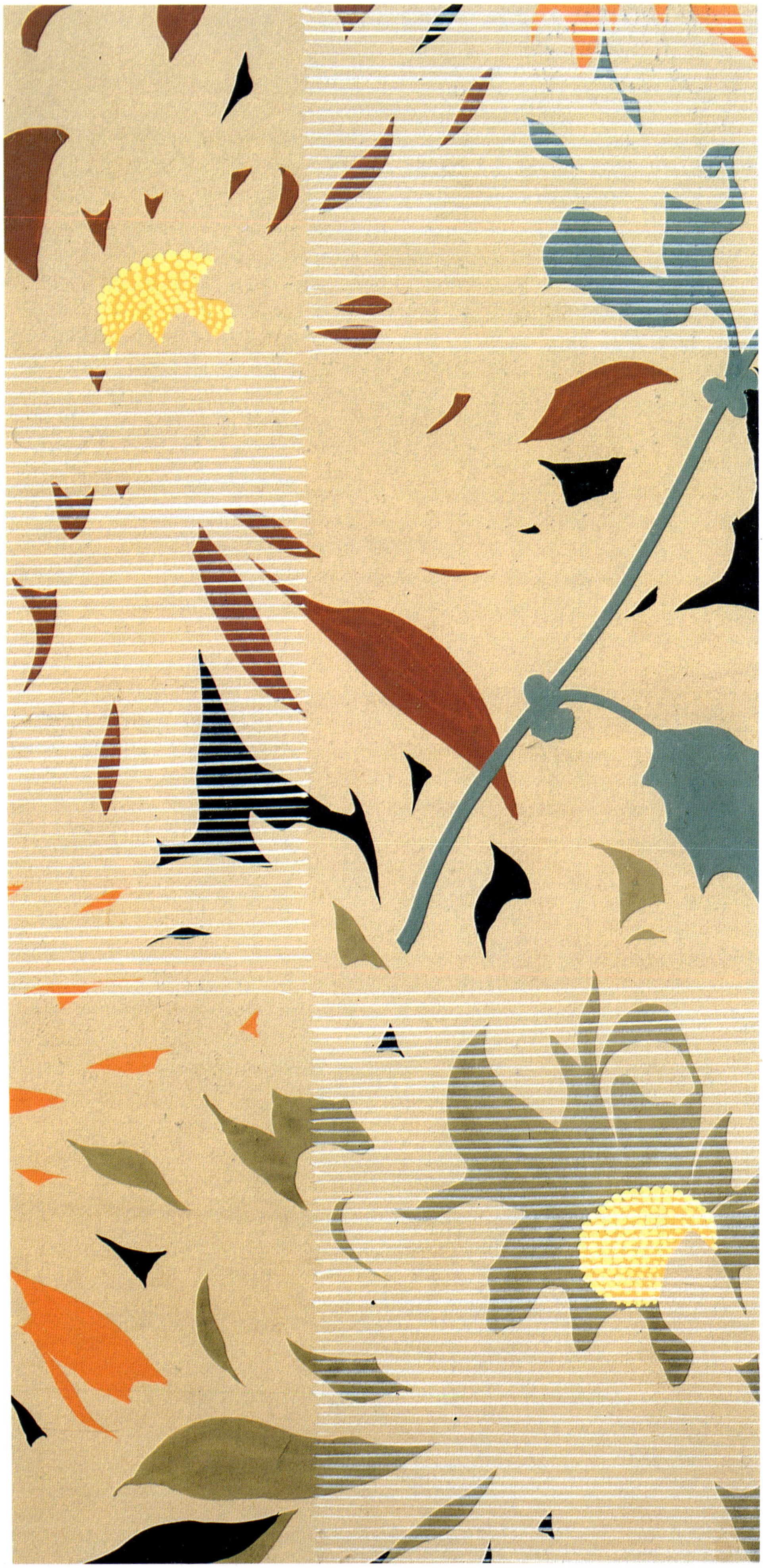

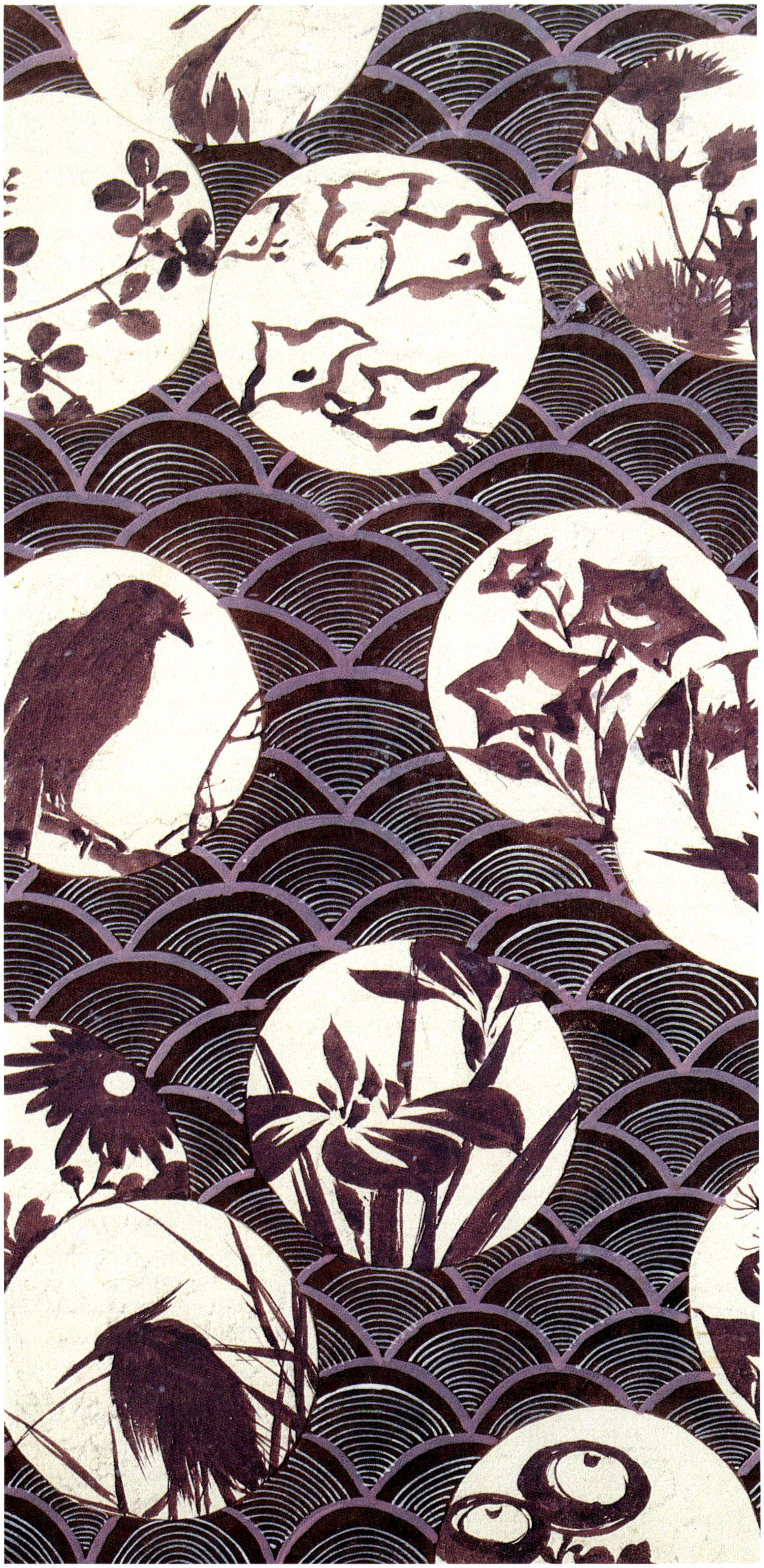

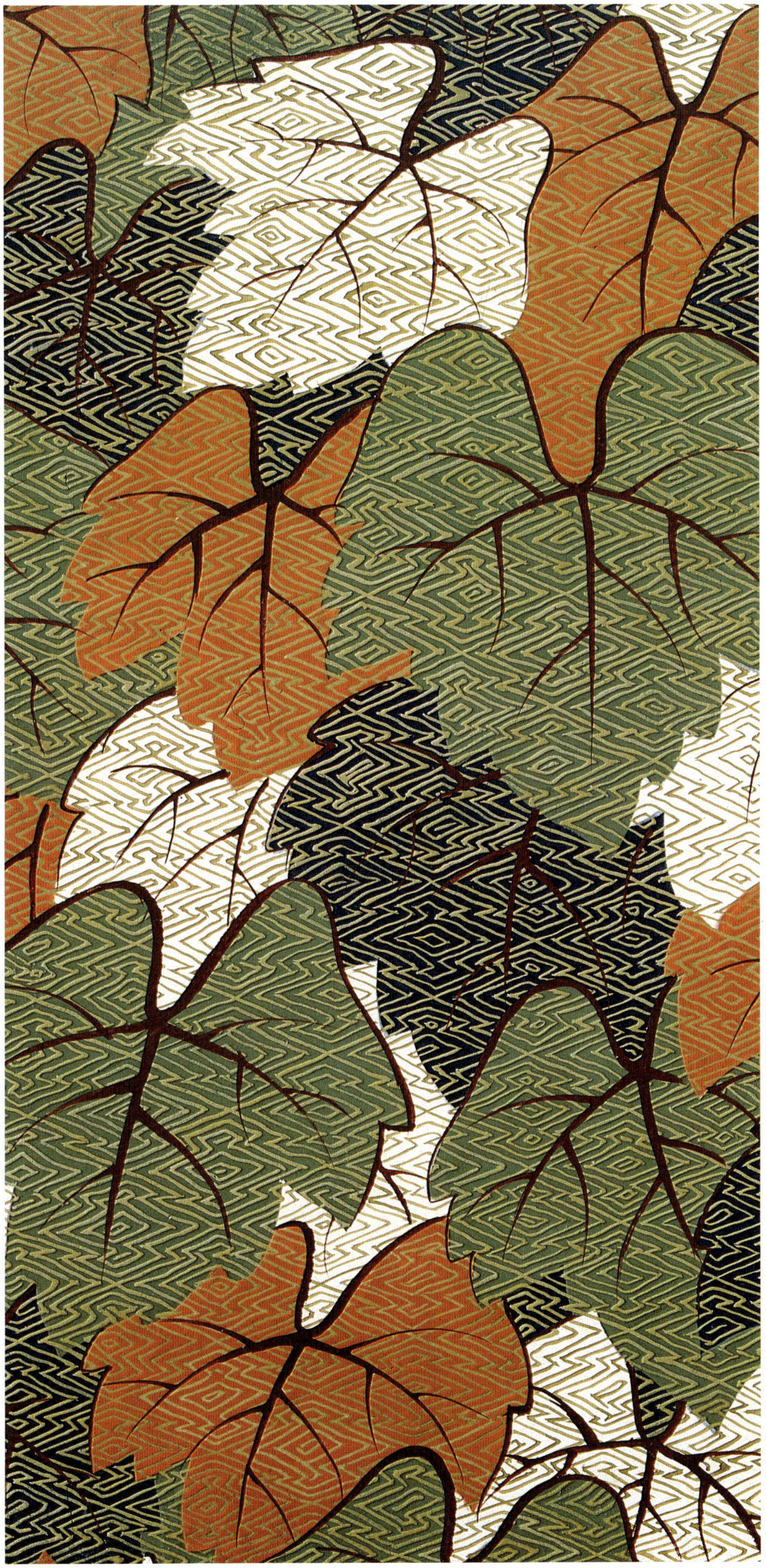

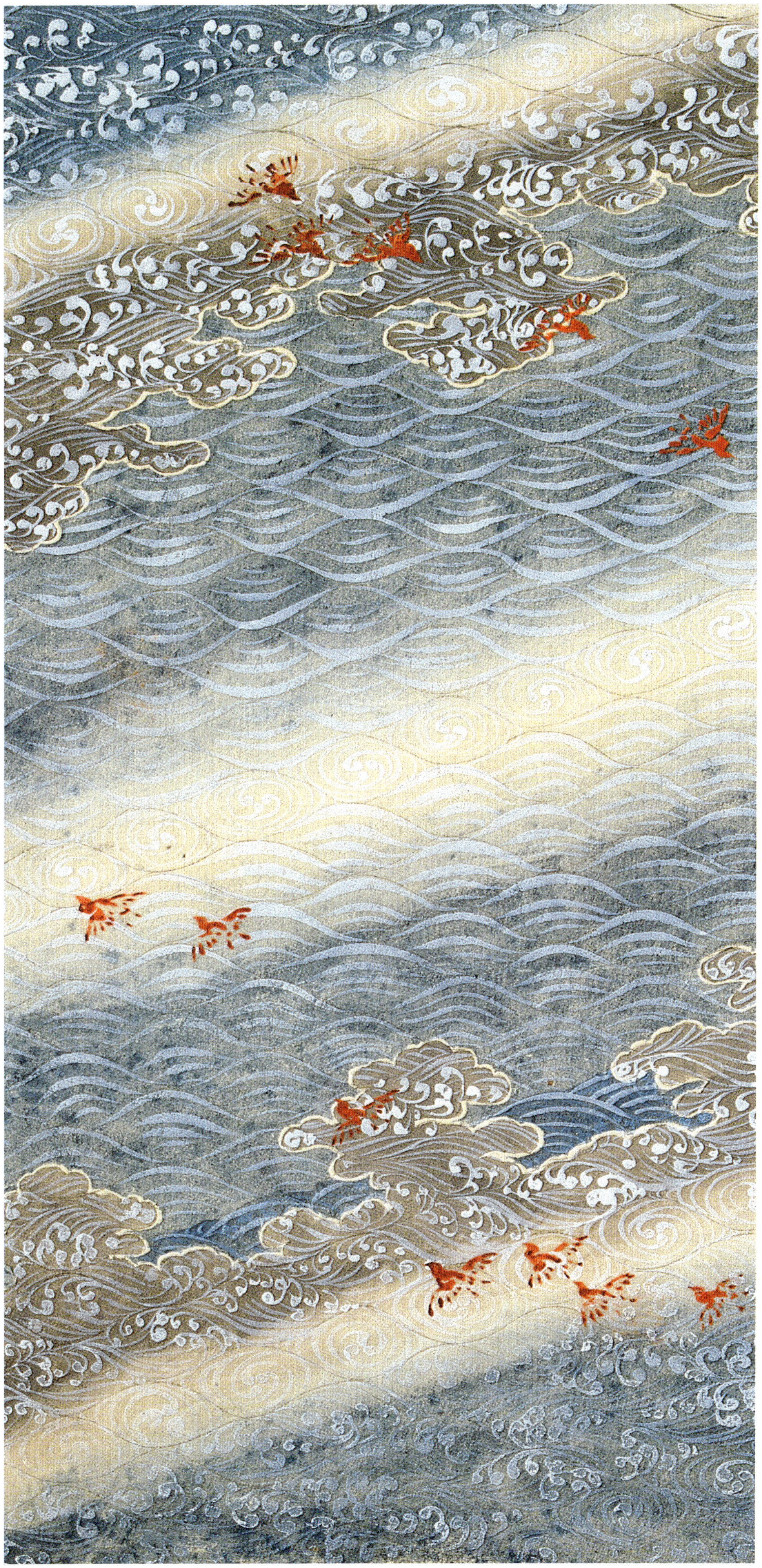

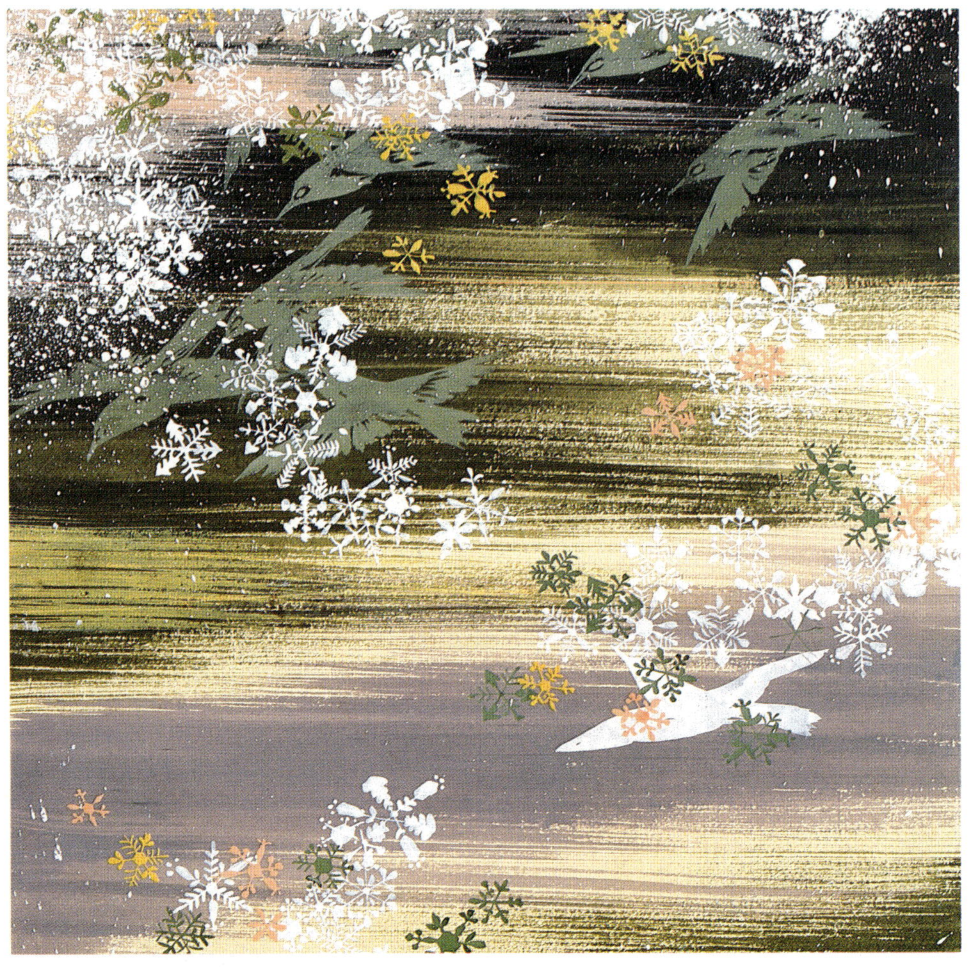
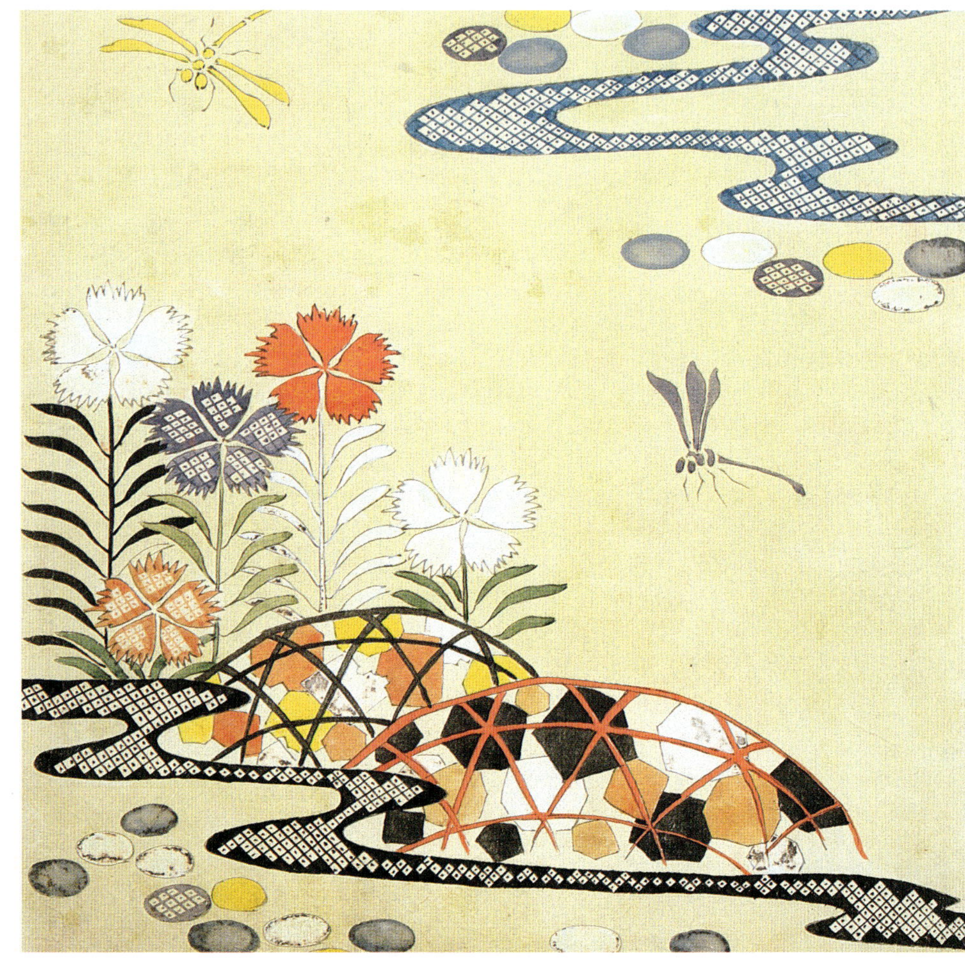

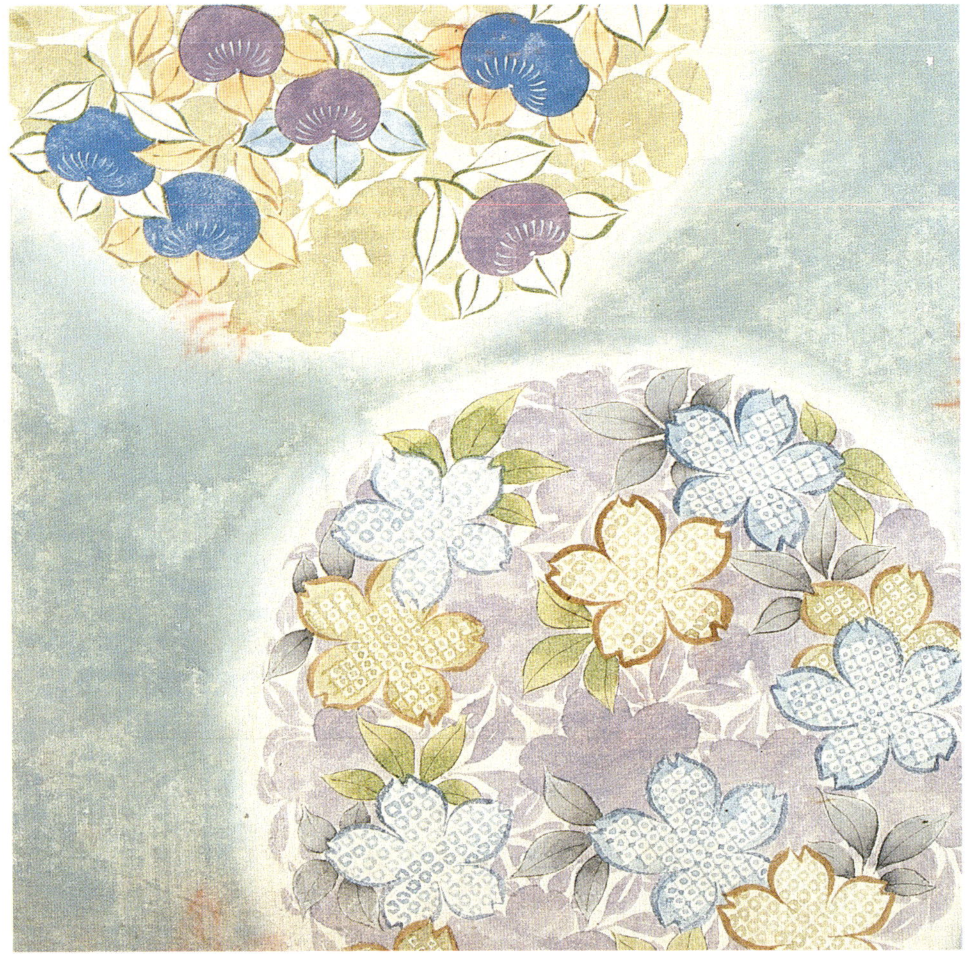
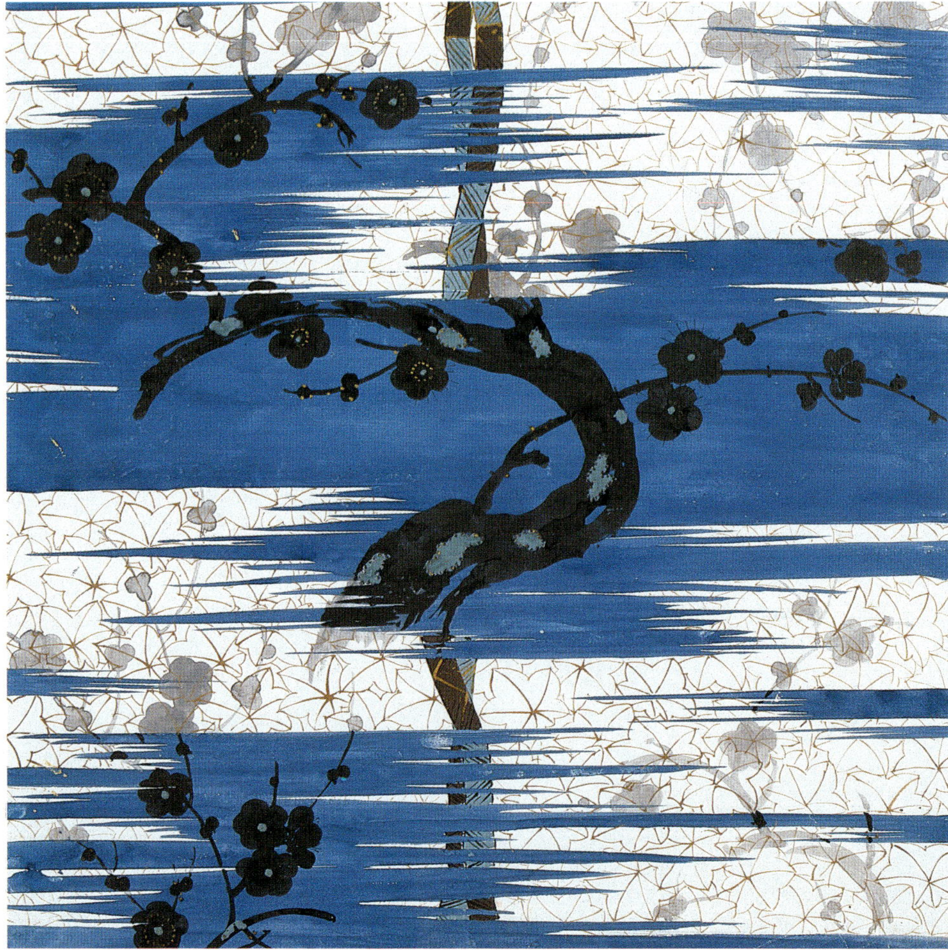

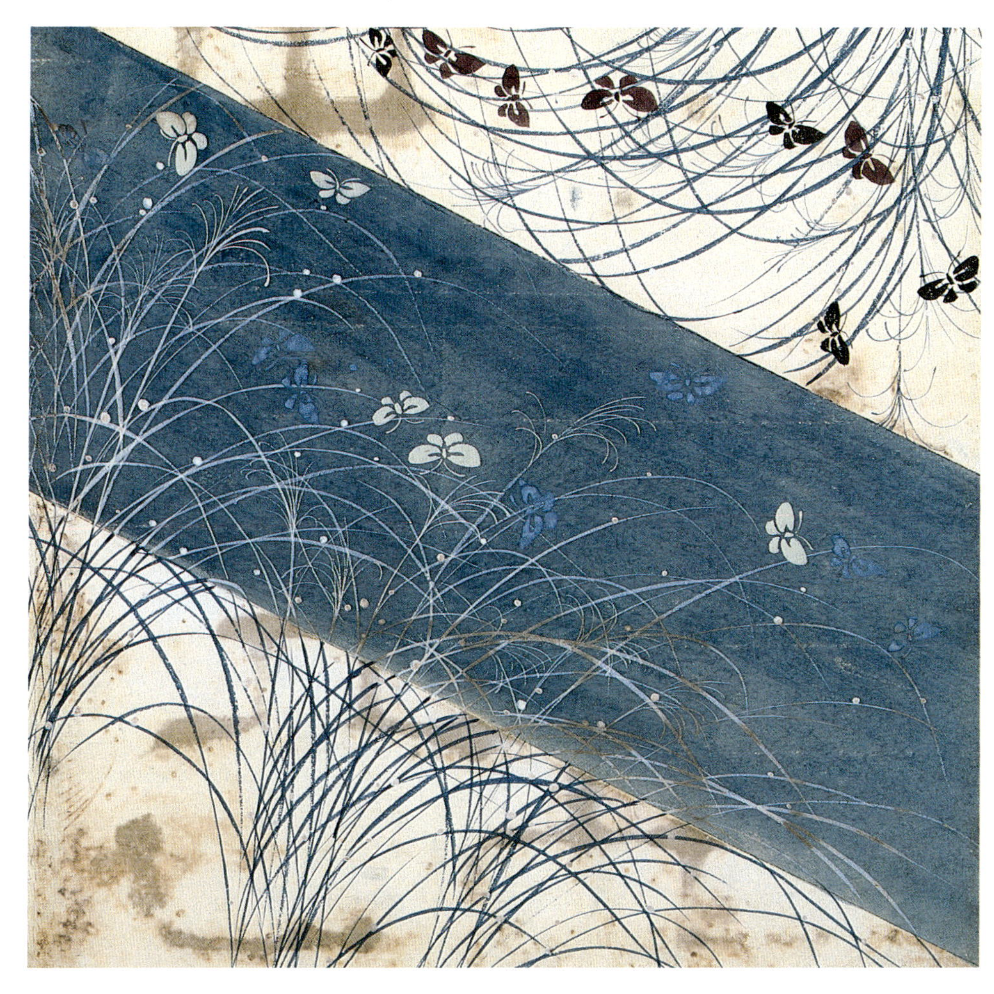

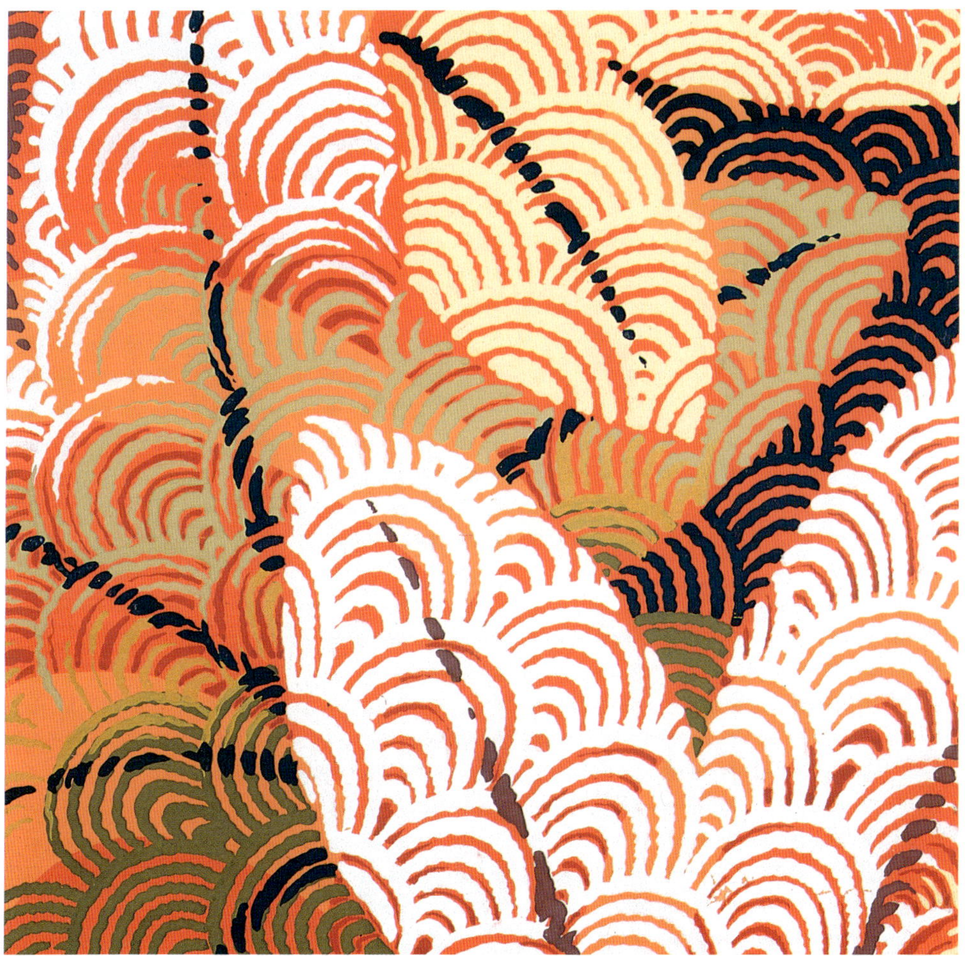

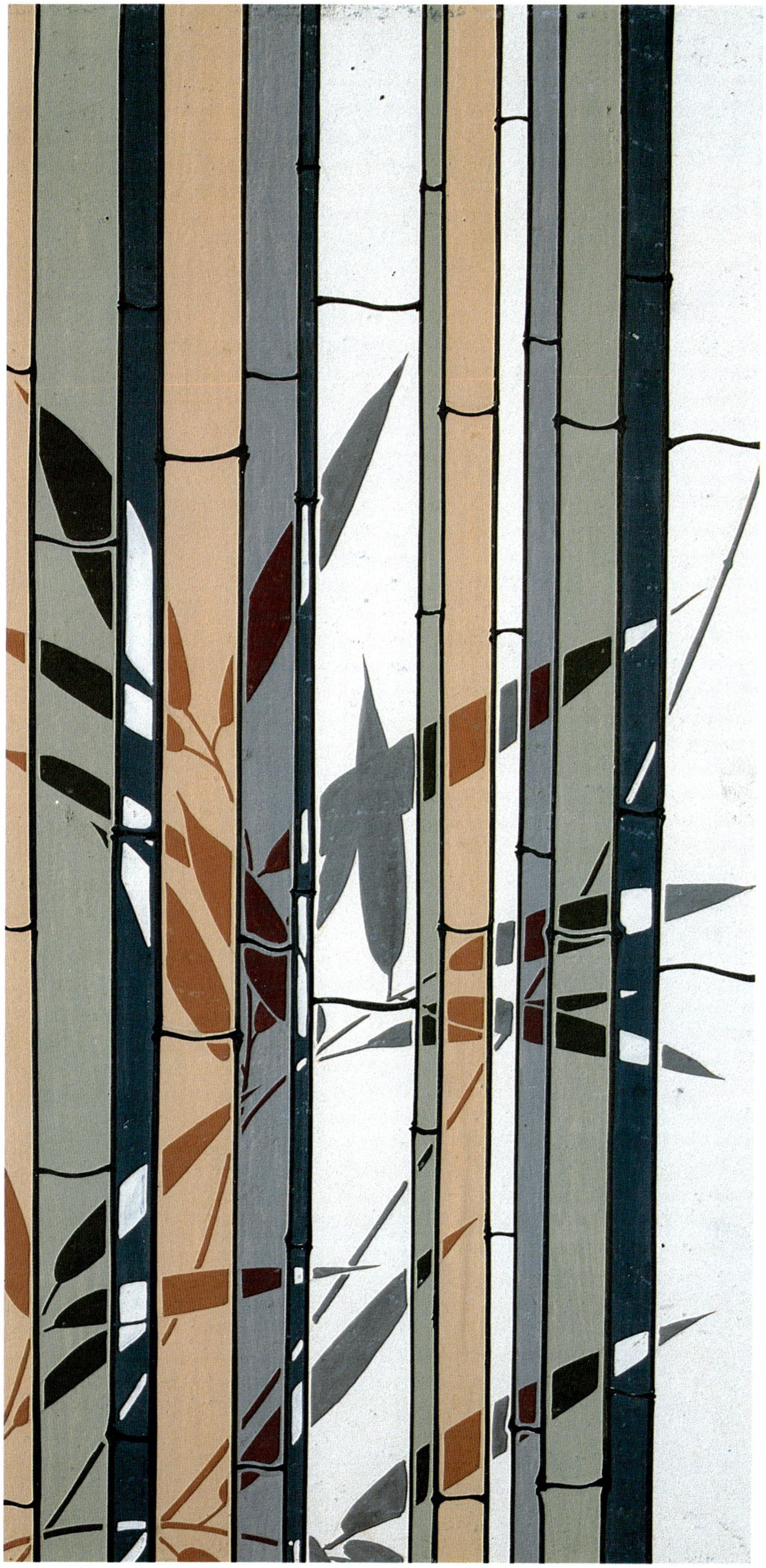

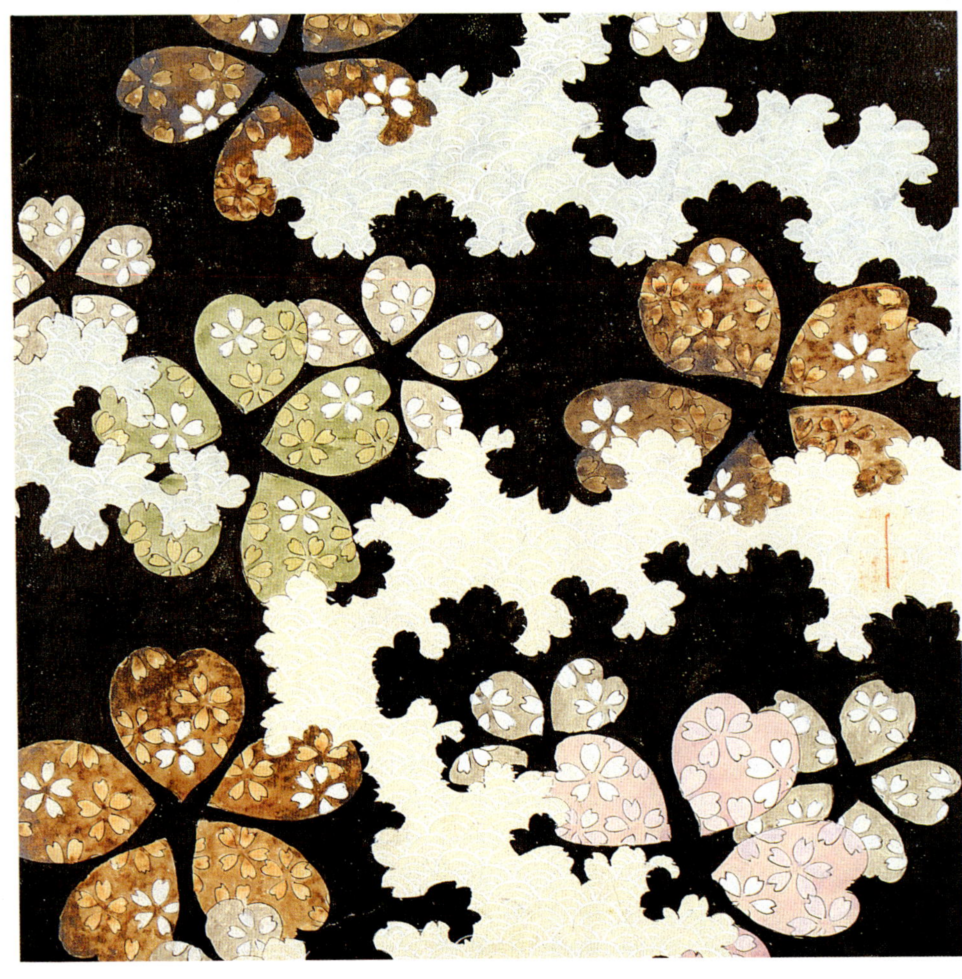

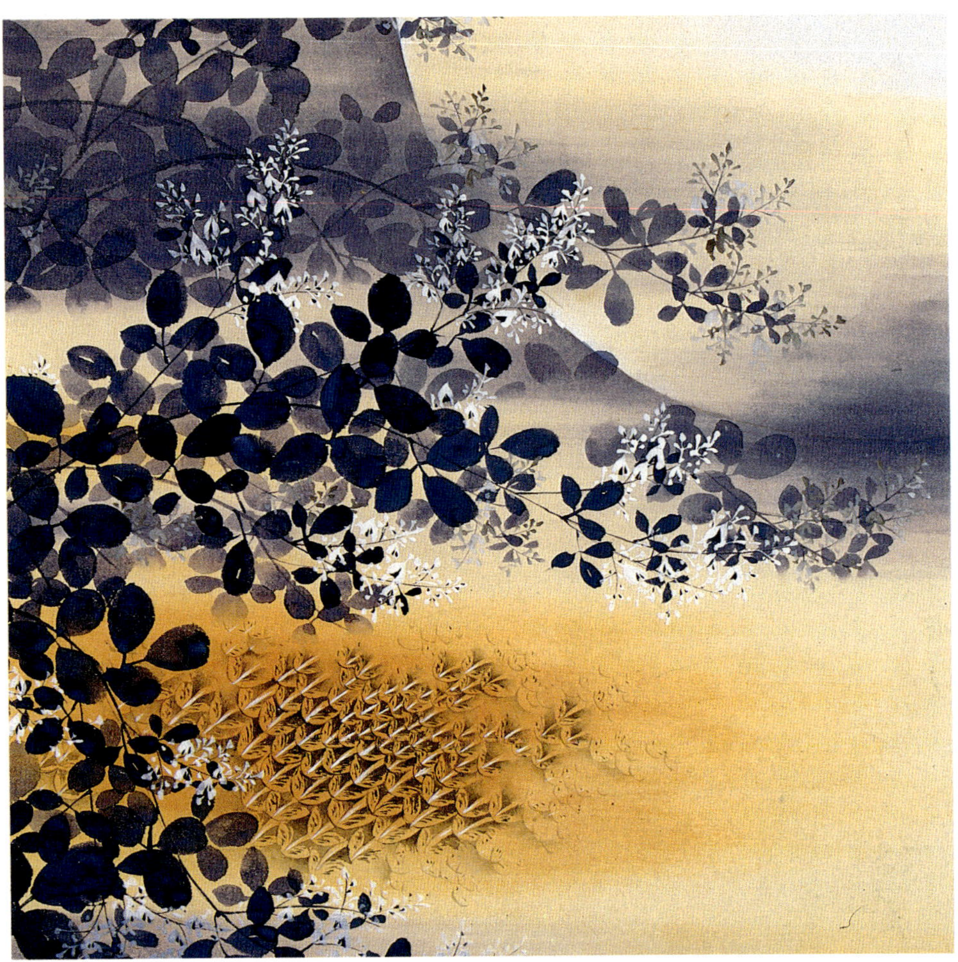

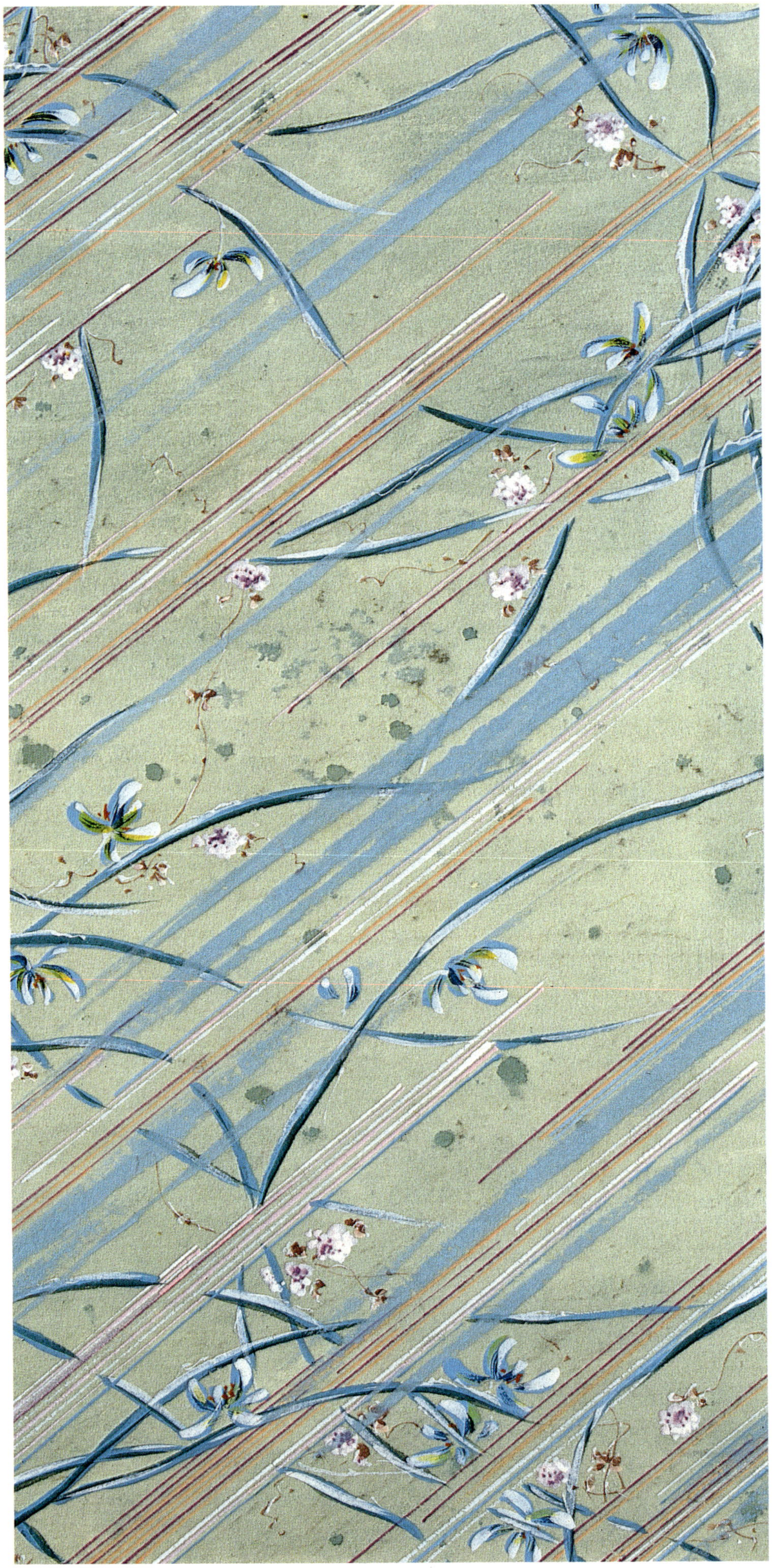

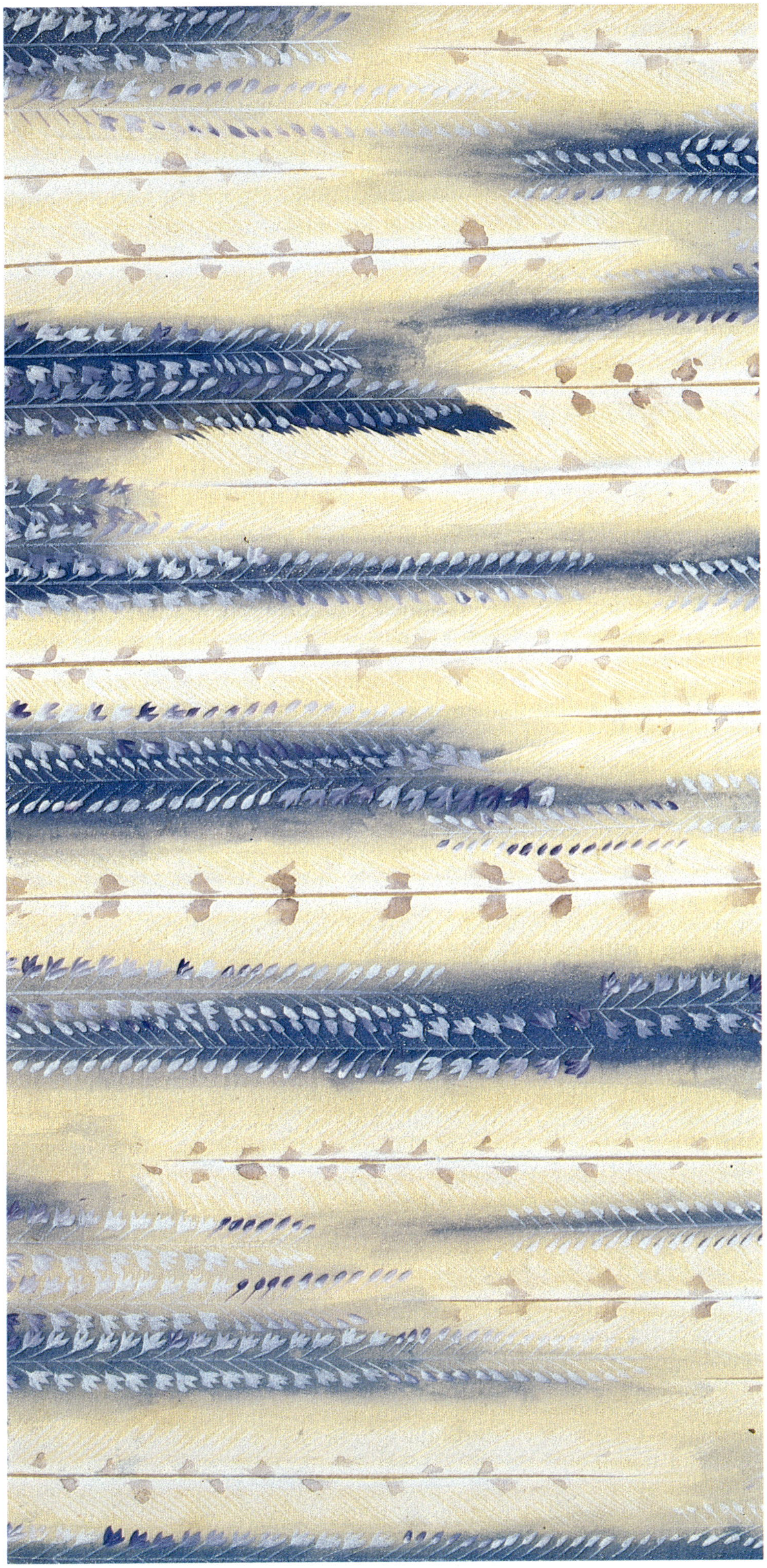

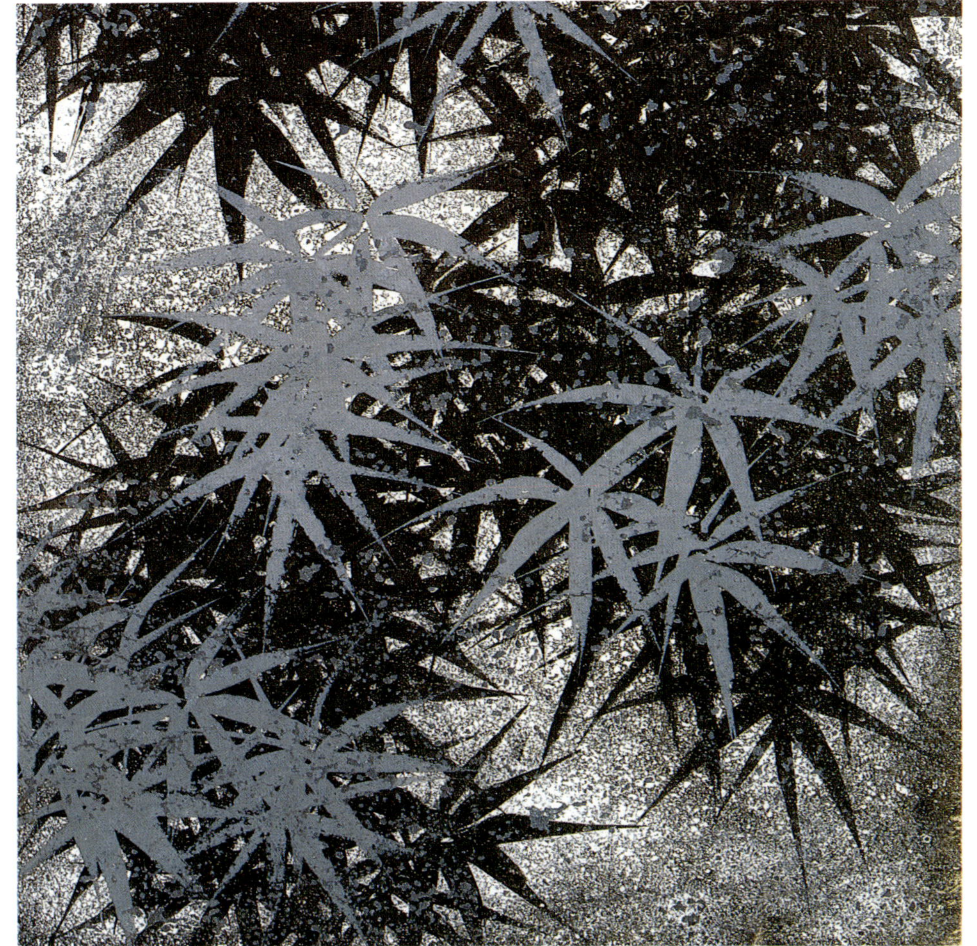

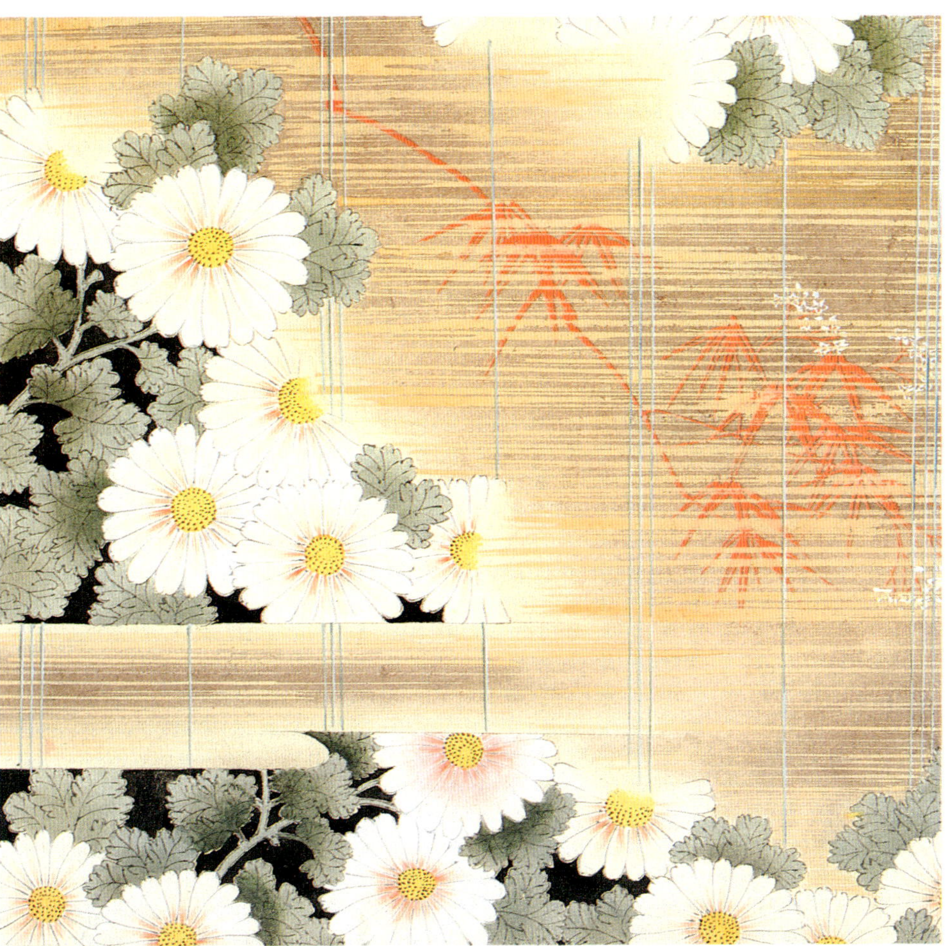

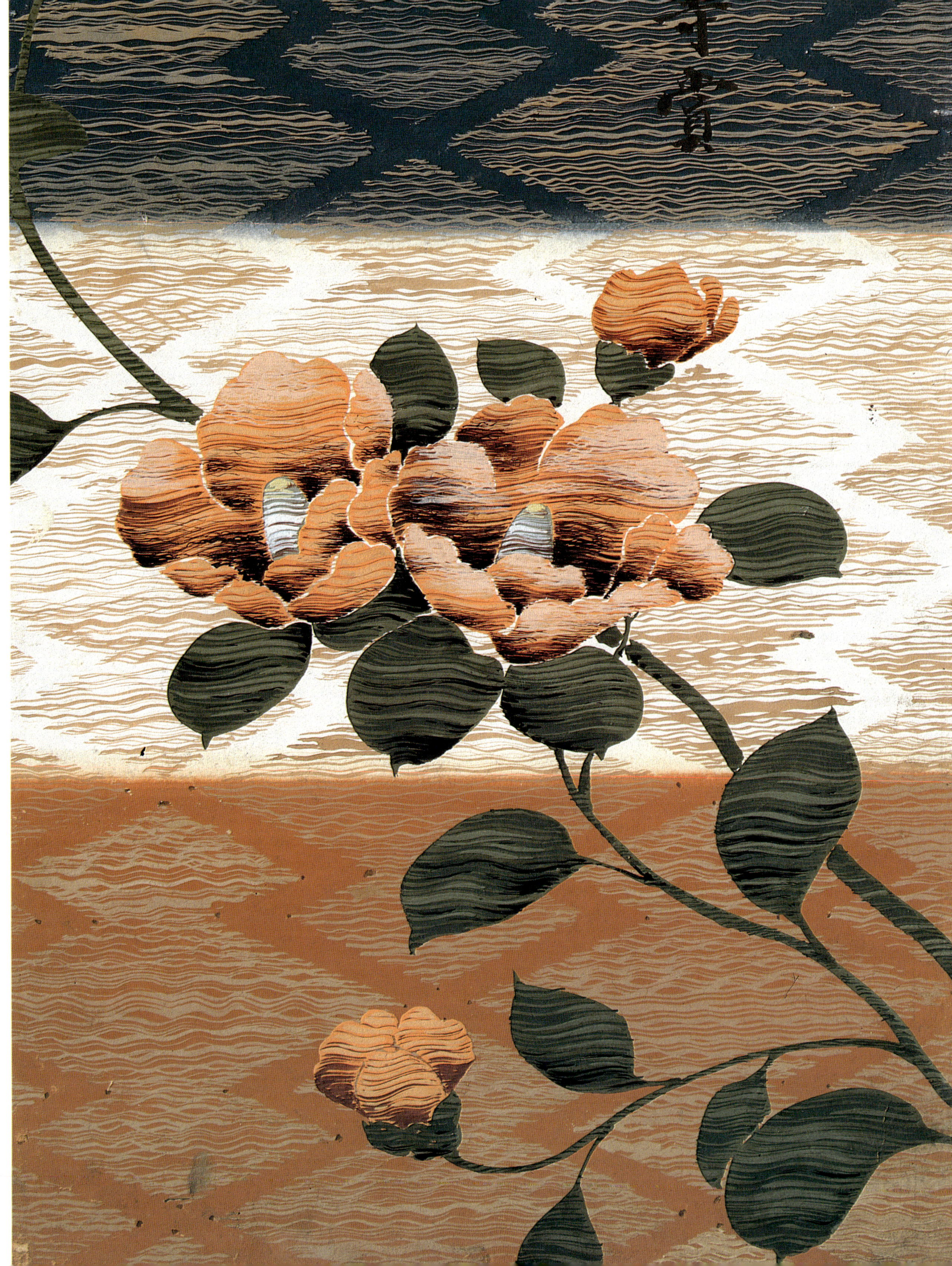

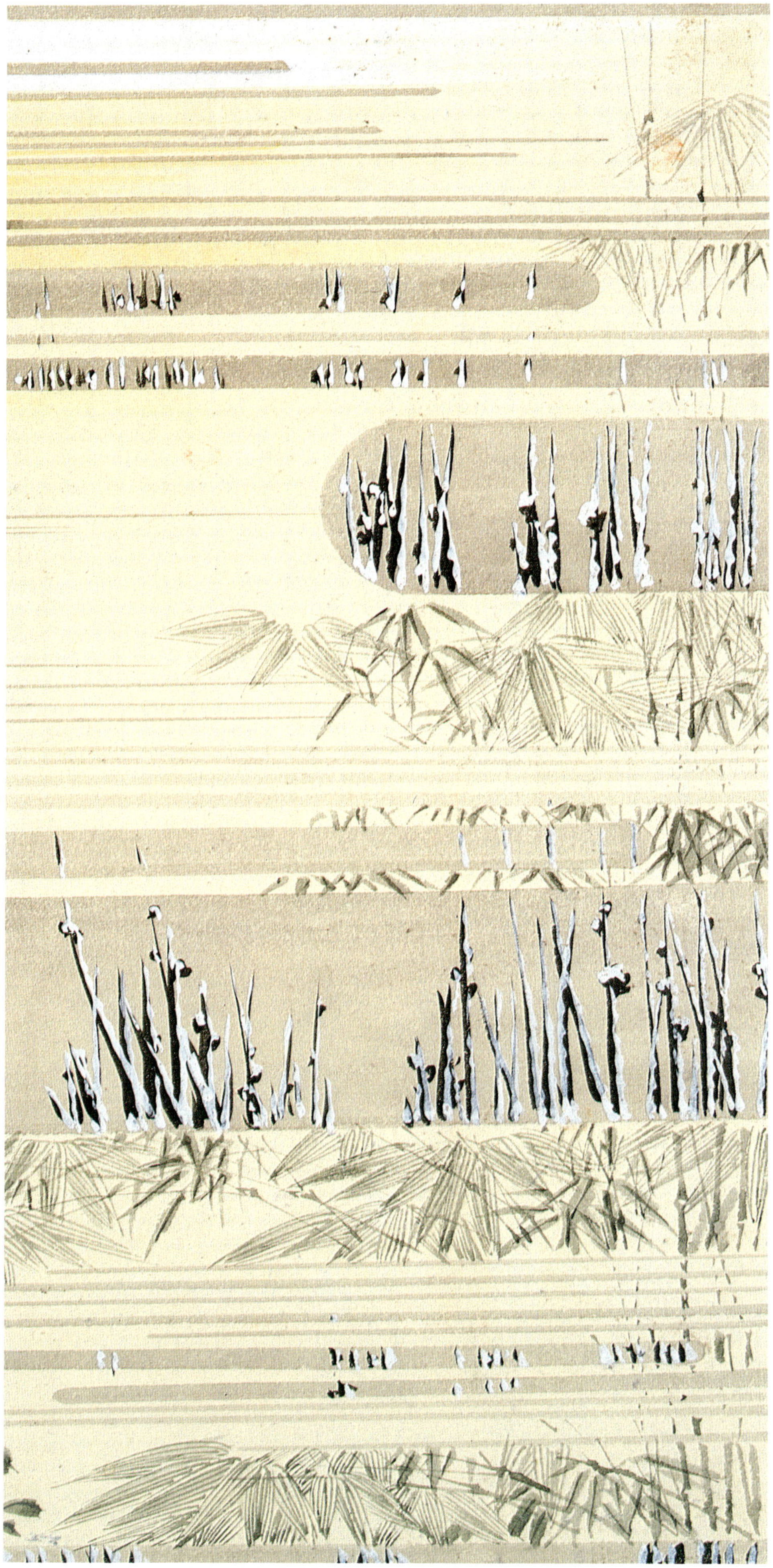

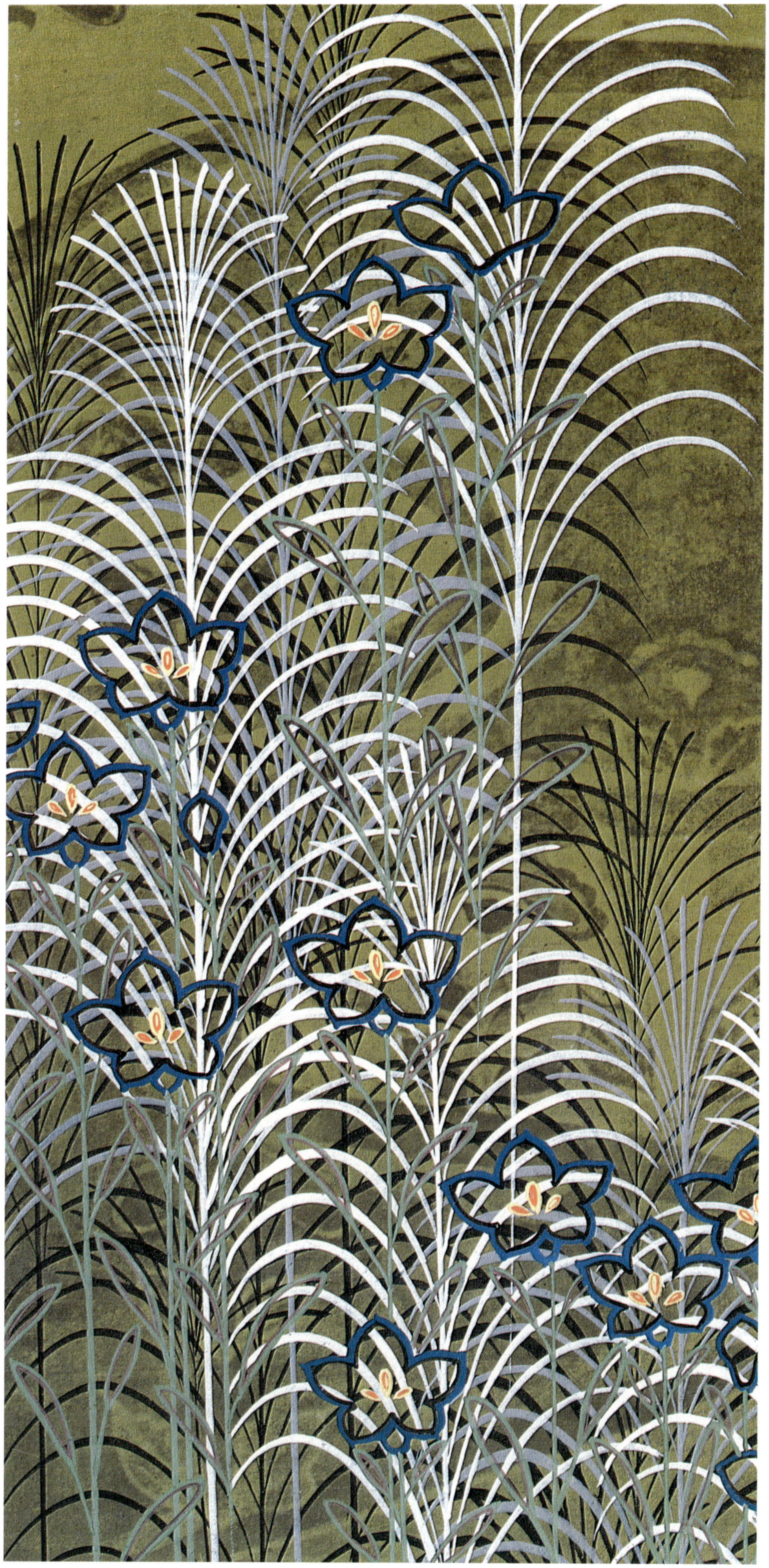

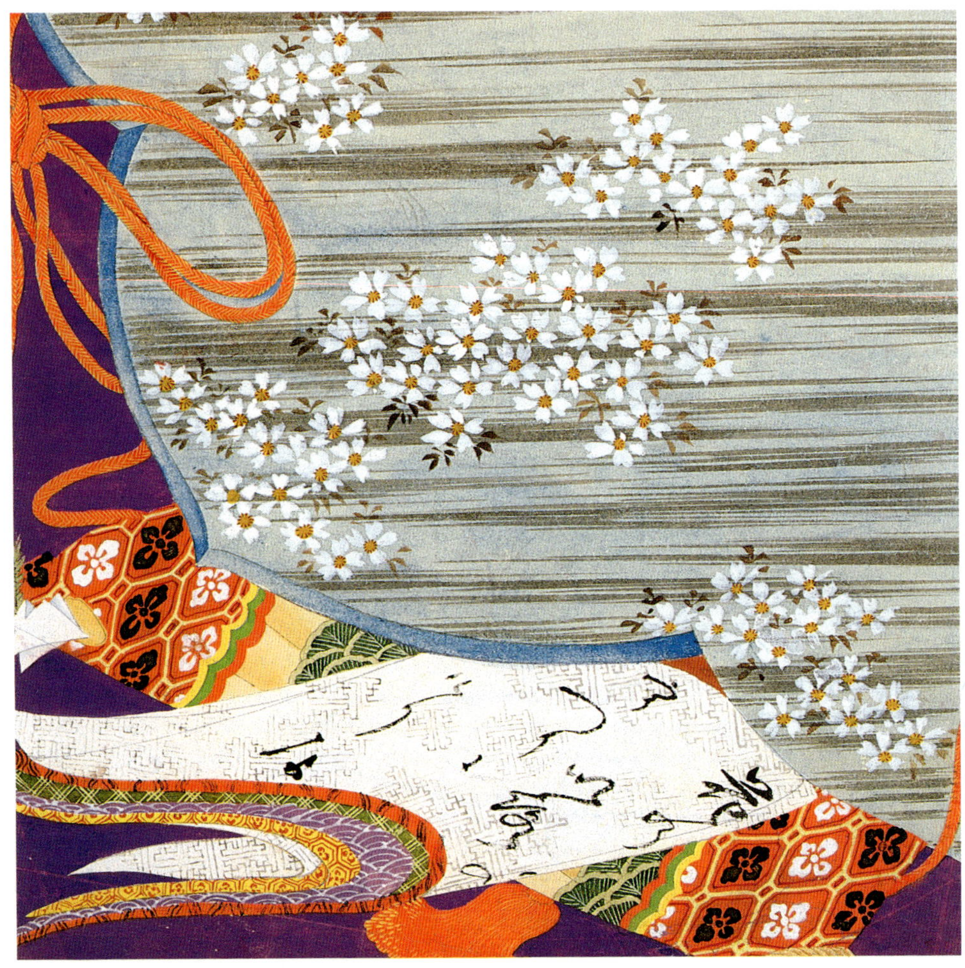

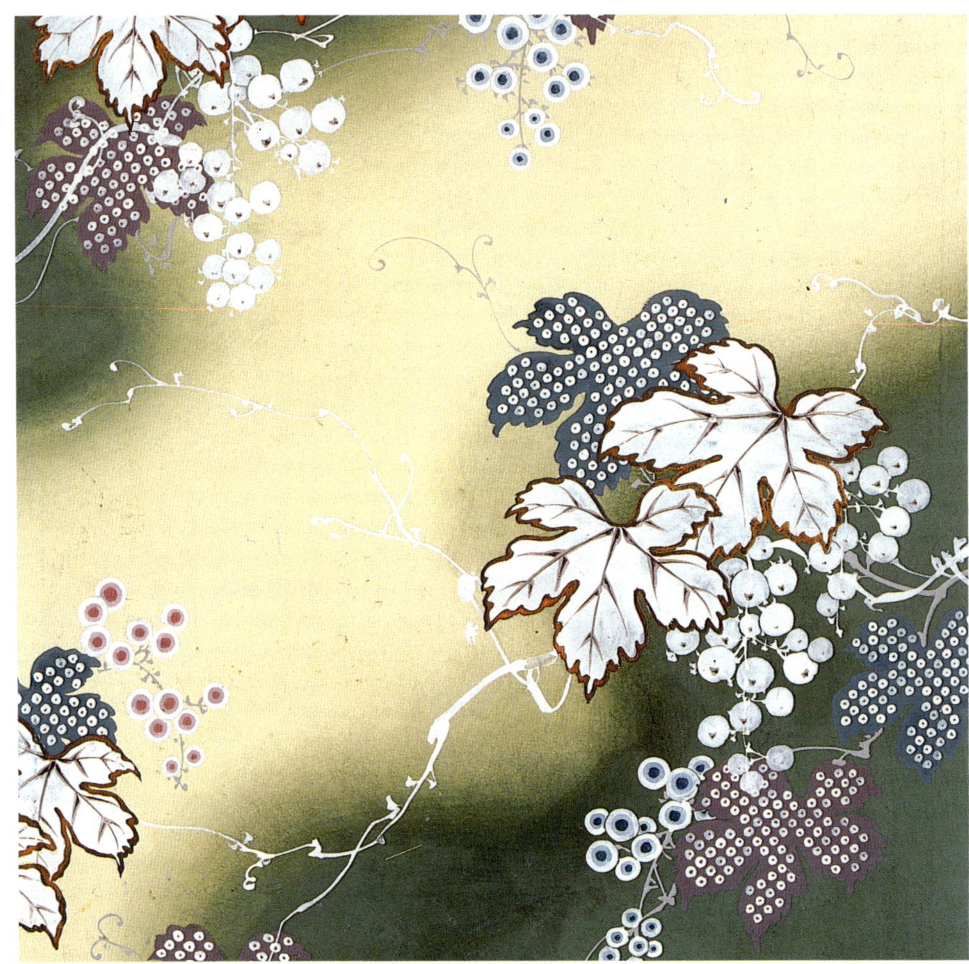

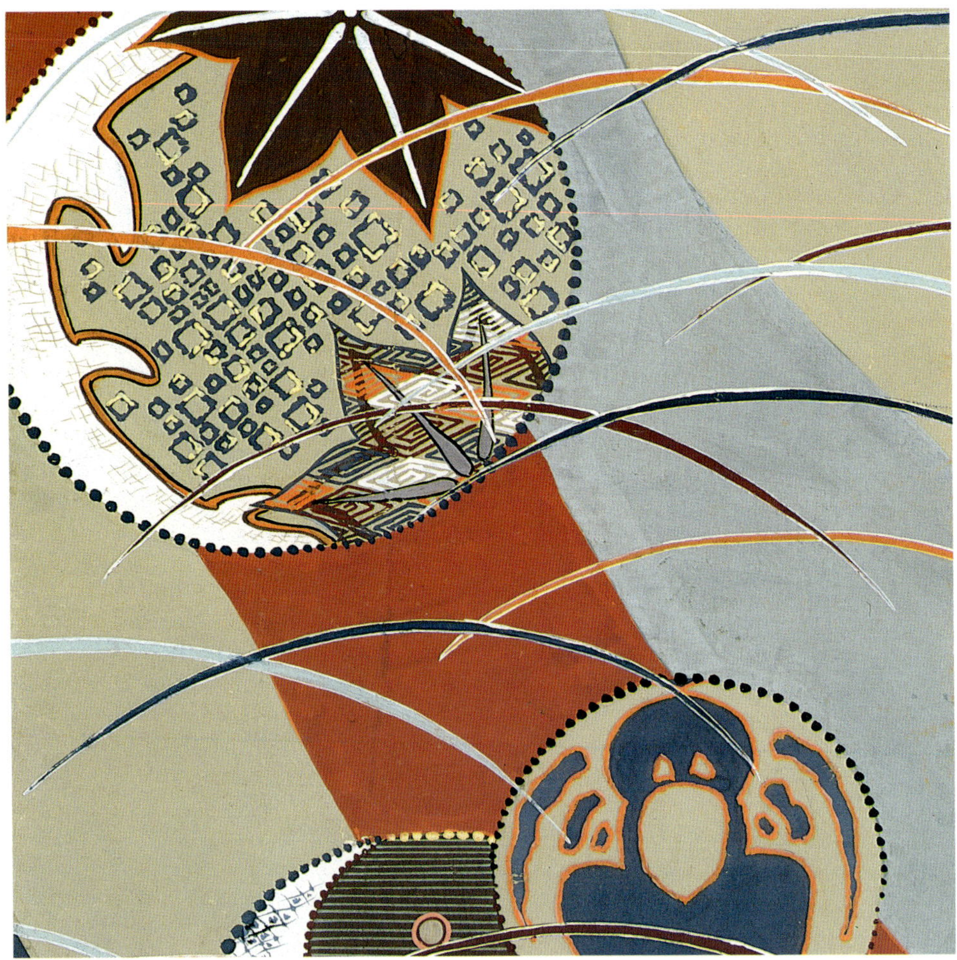

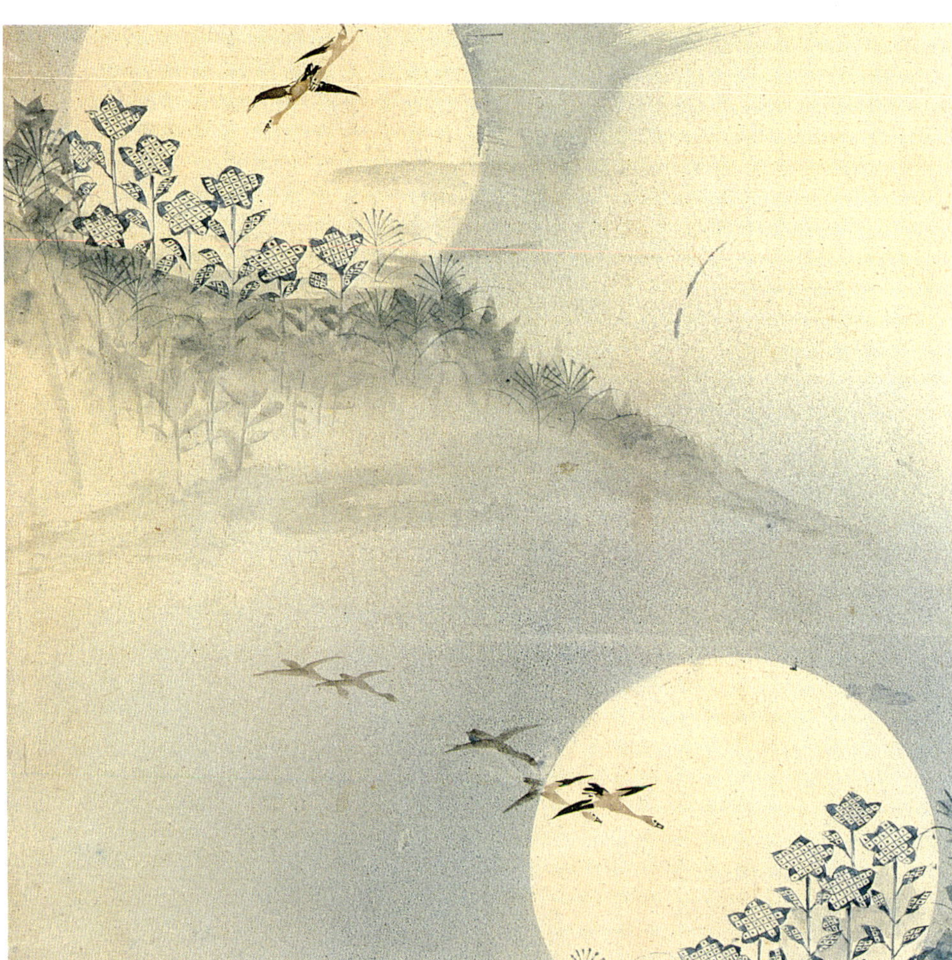

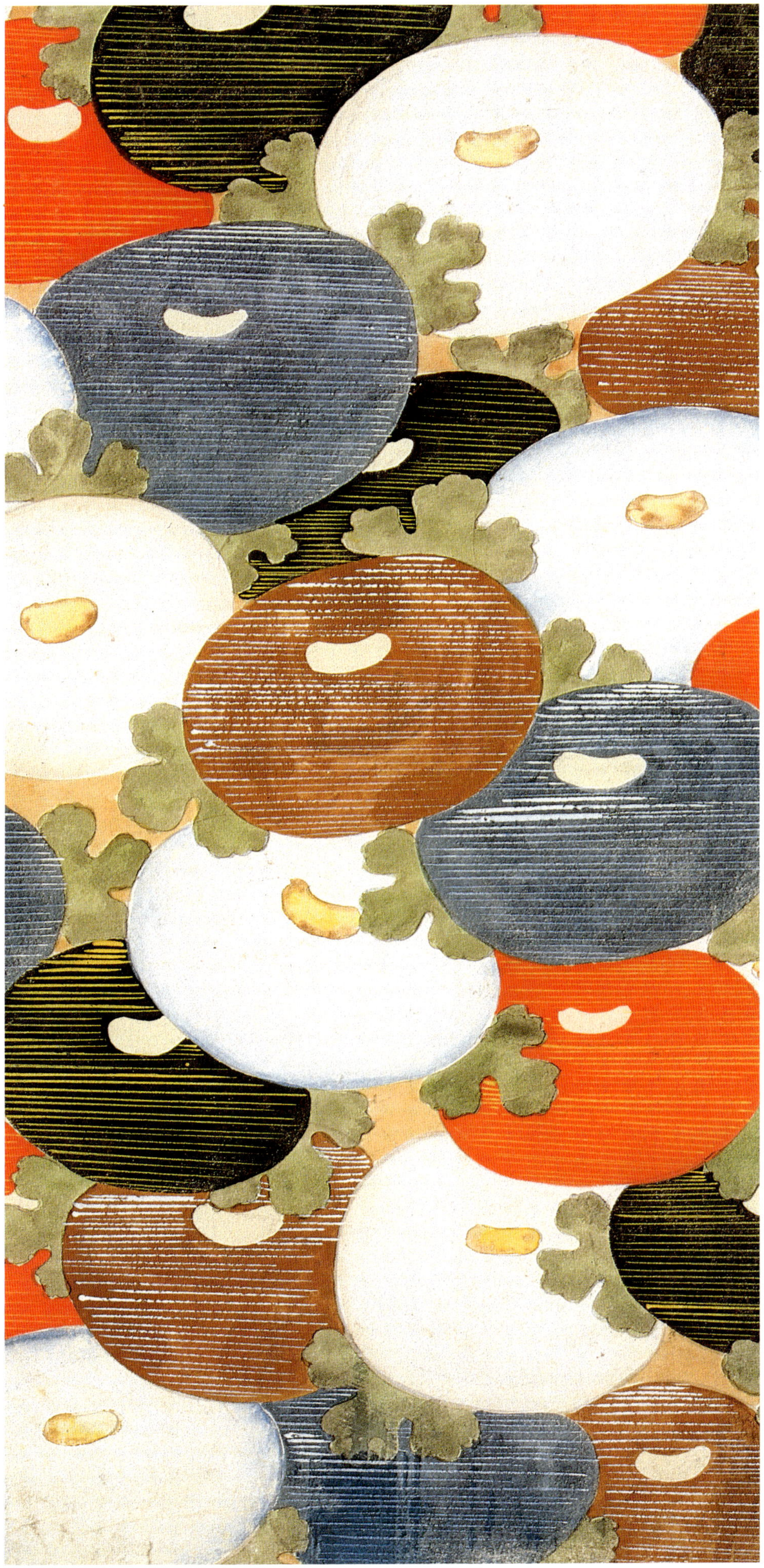

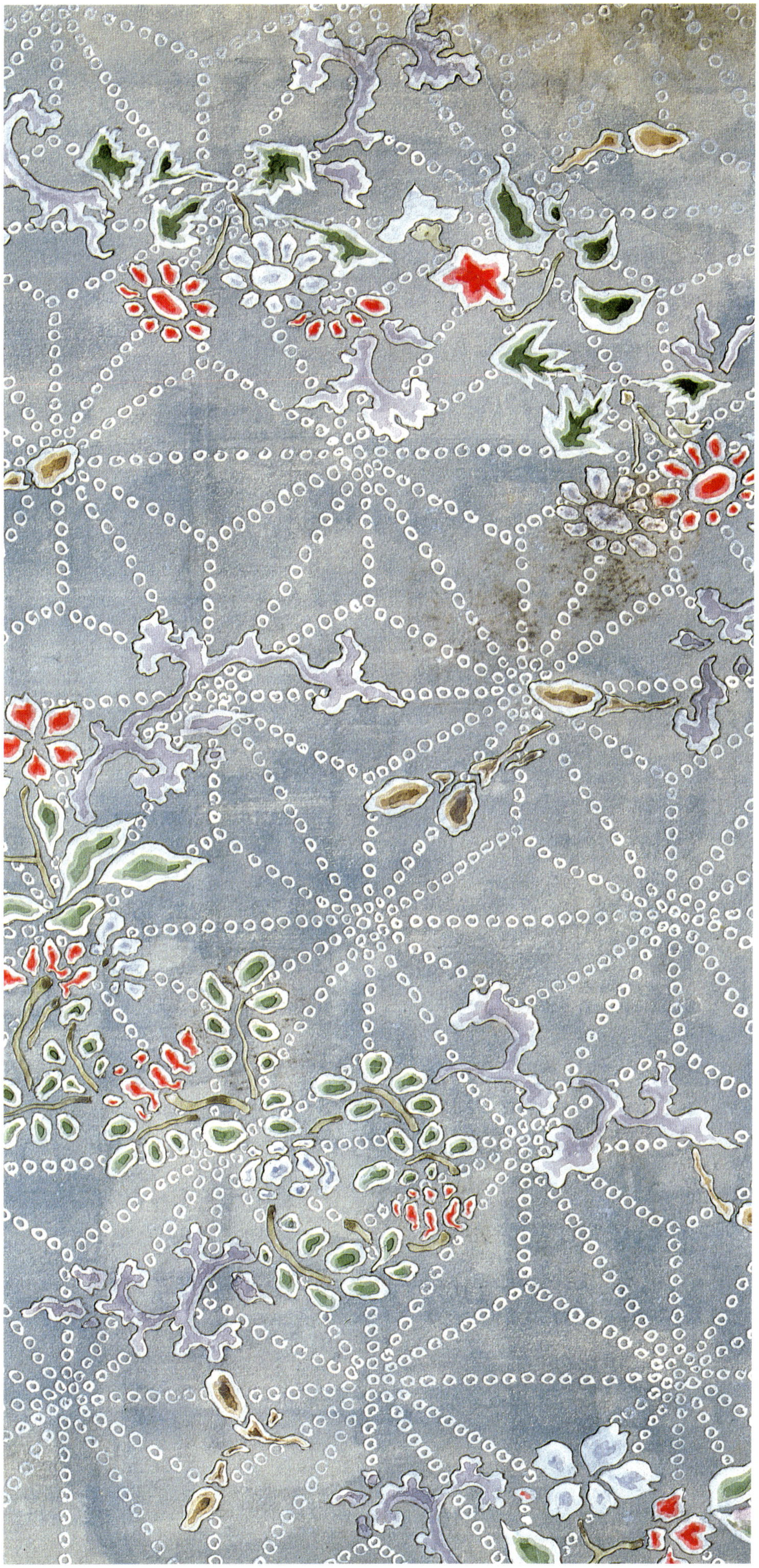

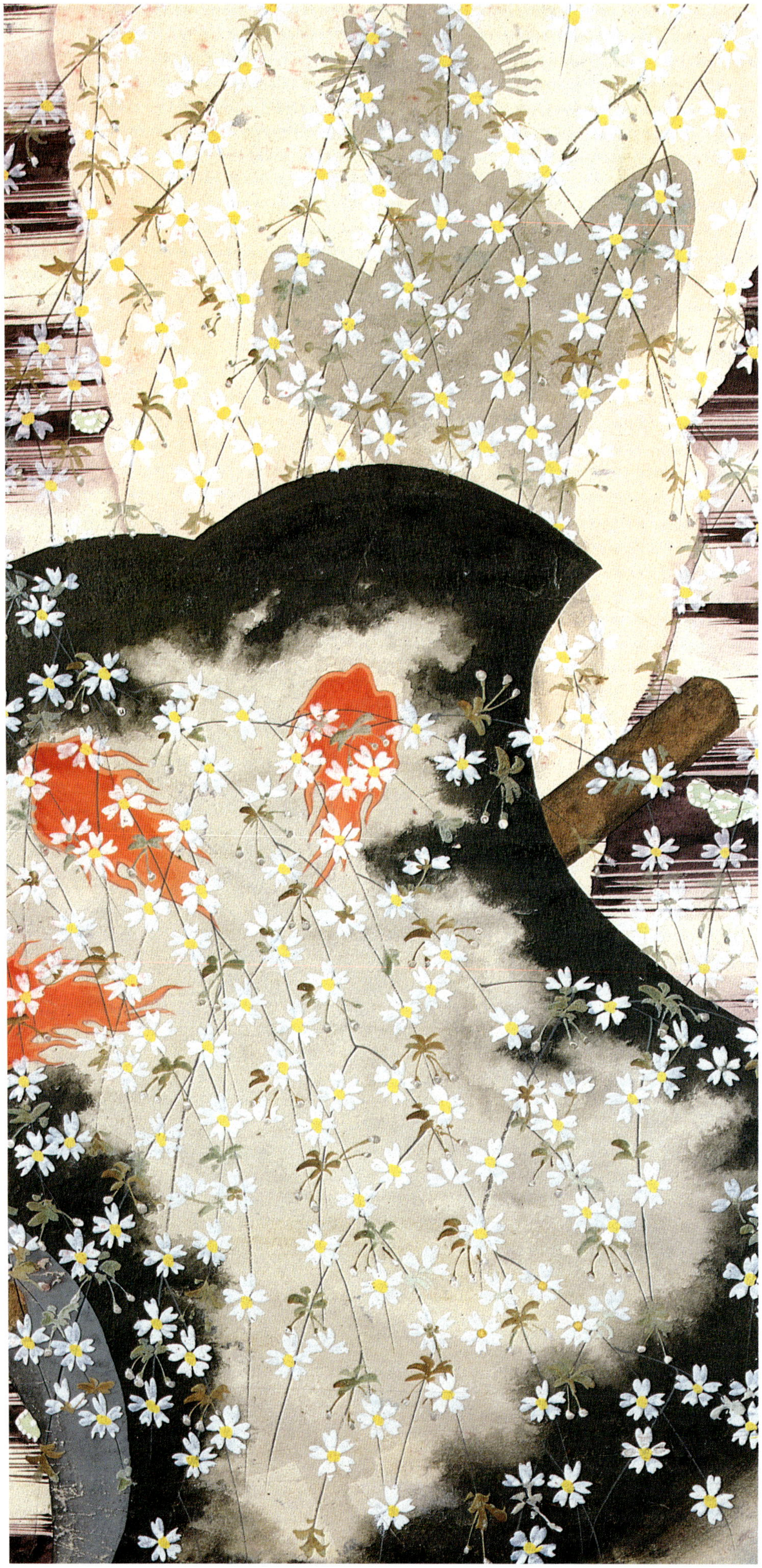

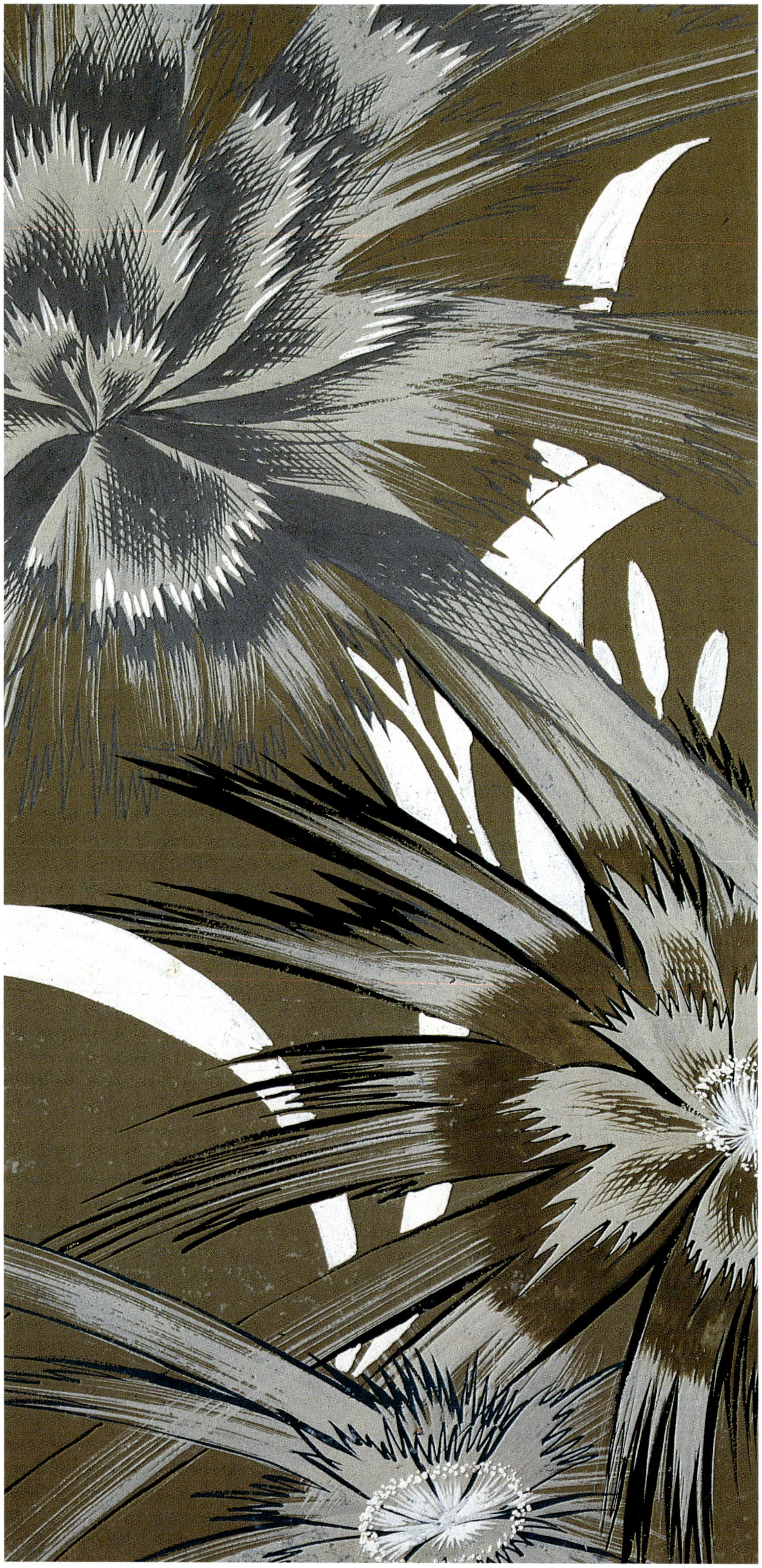

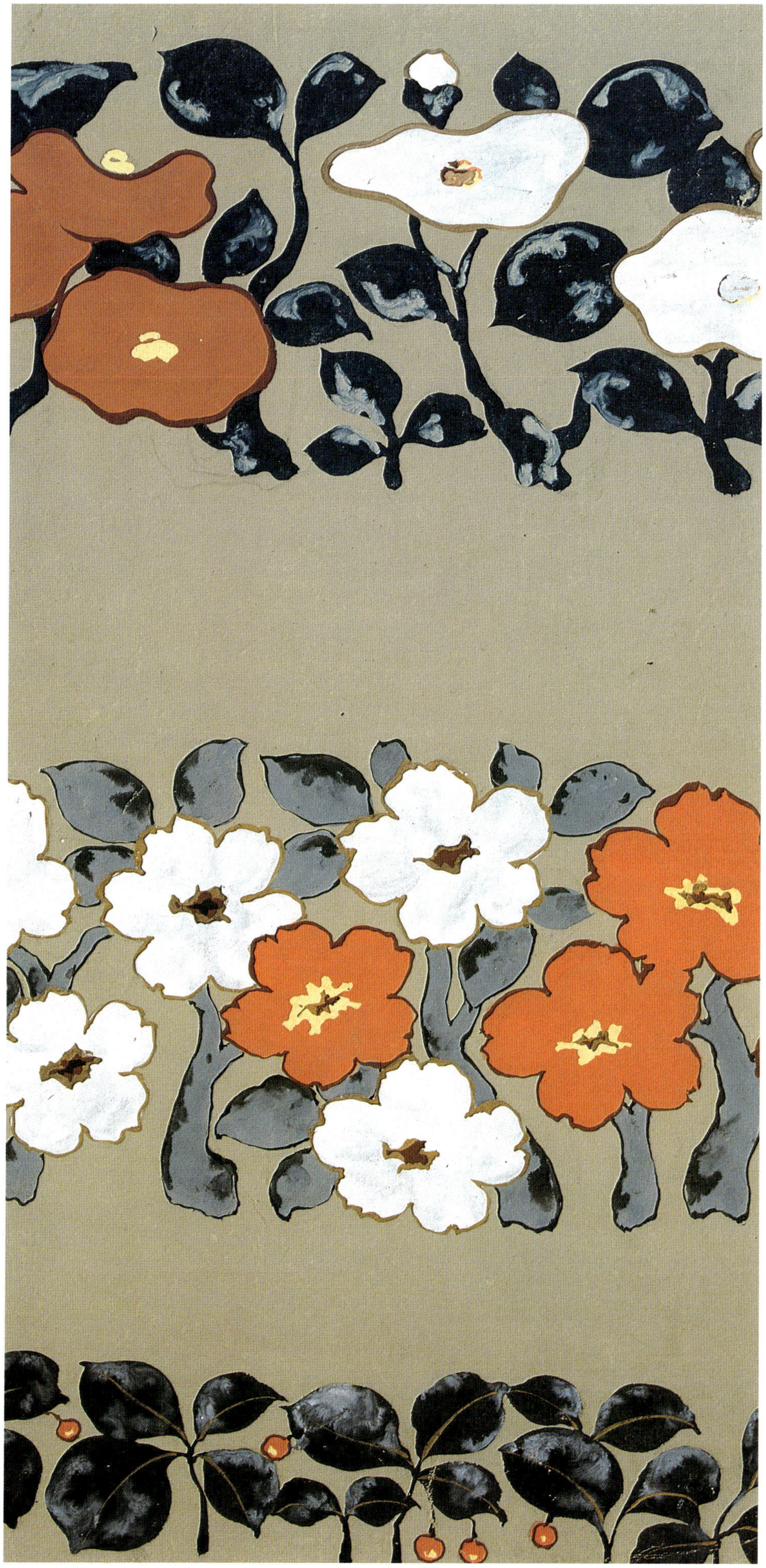

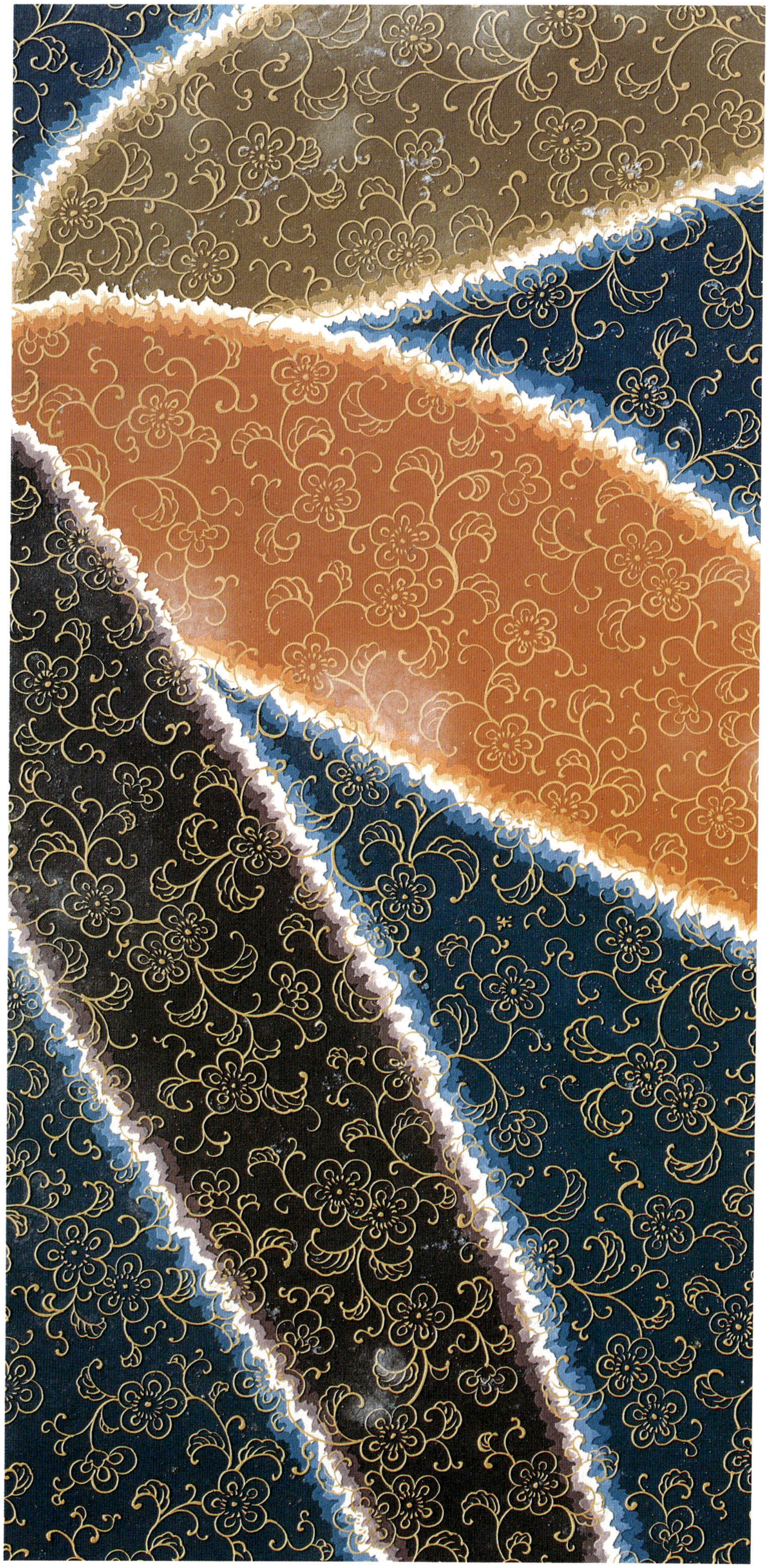

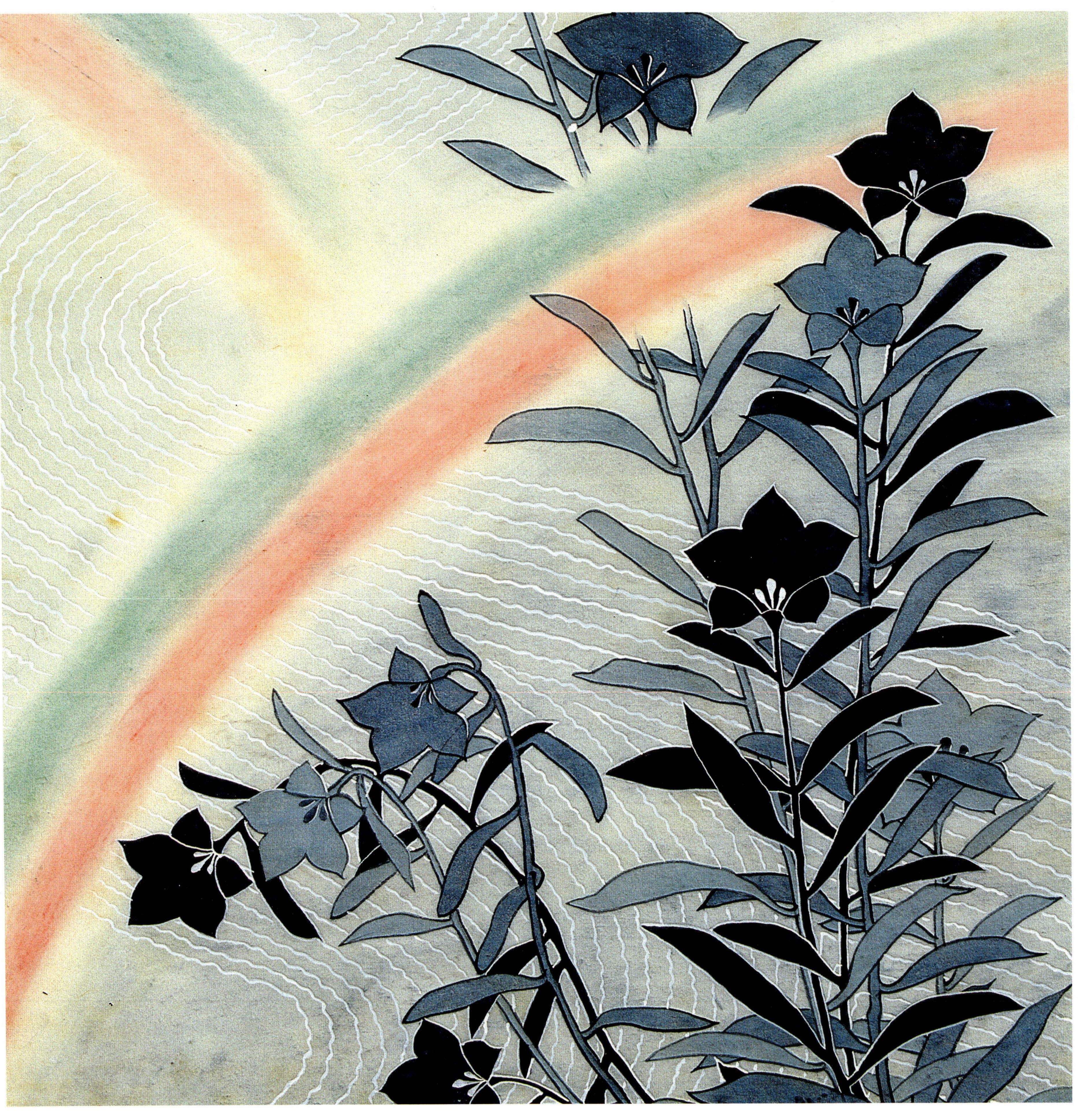